工業安全與
緊急應變概論

蔡嘉一　陳珊玟　著

五南圖書出版公司　印行

謹以本書來紀念我母親蔡邱花養育我的辛勞，並紀念我父親蔡崇林，感謝他不辭辛勞栽培我，讓我接受良好教育。

　　「工業安全」關係著勞工生命安全與健康，同時也會影響勞資和諧關係；對於企業永續經營，產業升級更有密切關聯。因此，政府除致力健全工業安全法制外，並陸續實施多項改進工業安全的方案與措施，期使工業安全能夠向「災害歸零，勞資雙贏」的目標邁進。

　　我國為健全災害防救體制，強化災害防救功能，以確保人民生命、身體、財產之安全及國土之保全；特於 89 年 6 月 30 日經立法院三讀通過《災害防救法》；並於同年 7 月 19 日奉總統公布施行。該法共計八章五十二條，在此重要法案中，特將「災害應變」列為災害防救的重要措施；亦即今後我國災害防救的處理階段區分為：(1) 災害預防（包括減災及準備）；(2) 災害應變措施；(3) 災後復原重建；從此「災害緊急應變」亦由於《災害防救法》的頒布實施而予以法制化，足見政府對於災害緊急應變的重視。

　　至盼大家本著「尊重生命、關懷安全」的理念，實際行動，恪遵法令；將工業安全與緊急應變的意識融入生活之中，共同創造安全舒適的工作環境，建構平安健康的生活空間；使得企業得以永續經營，達成勞資兩利的目標；人民得以安居樂業，免除災害威脅的恐懼。

　　工業安全與災害緊急應變均為當今政府施政的重要政策。蔡嘉一先生於 1971 年任職行政院衛生署環境衛生處，後至美、加留學深造，並在加拿大政府環境部從事環境緊急應變工作將近十年；對於工業安全與緊急應變的造詣堪稱理

論與實務兼具；相信本書之出版問世，必將對社會產生一定程度的貢獻，故樂為之序。

內政部部長

張博雅　謹識

2001 年 2 月 1 日

依據最可靠的估計，目前約有四百萬種化學物，市場的化學物約有八～九萬種，而且每年新增的化學物約有二千種。大部份的化學物有它的用處，但同時也有它的潛在危害性，因此我們要作好這些化學物的管理，以及管理人材之培育。

近年來我國歷經幾個重大工業安全事故，例如六輕火災（2010）、高雄氣爆（2013）、八仙樂園爆燃（2015），以及最近的震災維冠大樓等災難，造成重大社會成本和悲劇，足見工業安全之重要。

檢討上述問題，我認為政府施政，於處理環境／工安問題要強調「期待和預防」，環安緊急的管理平常就要做。此次不幸之維冠大樓震災慘劇，說明政府經歷八八水災土石流事件後，在環安緊急管理與災防策略上，要從「反應」（Reactive）導向調整為「主動」（Proactive）導向，落實民眾對週遭危害「知的權力」（Right to Know）之普世價值，諸如潛在土壤液化區之公布、「地區災防計畫」（災防法）之研訂並公布於網站、港區危險品貨櫃專區規範之訂定與建立等等。

今筆者與陳珊玫博士合作，將「工業安全與緊急應變」一書重新修訂再版，以反應近年職安法規之修訂與社會變遷。

筆者曾服務於加拿大聯邦政府環境部，負責 Alberta、Manitoba 與 Saskatchewan 三省，以及西北邊疆地區（Northwest Territory）之環境緊急規劃與應變工作十多年，並深入協助工廠之工業安全及緊急應變領域。1991 年回國任職經濟部與環保署之「工業減廢聯合小組」顧問，曾協助勞委會研擬並落實「危害通識規則」、環保署規劃並推動運輸系統之「責任照顧制度」與油罐車司機訓練、交通部落實道安規則之危險品運送管理等，具豐富之實務與企業經驗，並於大學作

育英才。筆者之共同作者是陳珊玫博士，任教於正修科技大學。

　　此書再版內容除反應近年法規修改外，且涵蓋歷年工業安全國考題目。

行政院災害防救專家諮詢委員（第八屆）

台灣重大工業意外防治協會理事長

國立中山大學環工所副教授（兼）

聯合大學環安系所副教授（兼）

蔡嘉一

2016 年　夏

bbl*	barrel
Bq	bacquerel
BTU/h	British thermal unit per hour
℃	degree Celsius
Ci	curie
cm	centimetre
dm	decimetre
℉	degree Fahrenheit
ft	foot
g	gram
gcal	gramcalorie
K	Kelvin
kBq	kilobacquerel
kcal	kilocalorie
kg	kilogram
kj	kilojoule
kPa	kilopascal
kW	kilowatt
ℓ	litre
lb	pound
m	metre
mCi	millicurie
mg	milligram
mℓ	millilitre

mm	millimetre
MPa	megapascal
mrem	millirem
mSv	millisievert
μCi	microcurie
N	newton
nCi	nanocurie
pa	pascal
ppm	part per million
psi	pound-weight per square inch
s	second
Sv	sievert
t	tonne
TBq	terabecquerel
W	watt

*bbl (barrel, 桶) ＝英國 163.5 升＝美國 119 升

A	B	C = A×B
atm	$1.013,25 \times 10^5$	pascal
atm	$1.013,25 \times 10^5$	Nm^{-2}
British thermal unit(Btu)	$1.055,055,9 \times 10^3$	joule(J)
BTU	252	cal
Btu/lb-deg F(heat capacity)	$4.186,800,0 \times 10^3$	joule/kilogram-kelvin (J/kg-K)
Btu/hour	$2.930,771,07 \times 10^{-1}$	watt(W)
Btu/second	$1.055,055,9 \times 10^3$	watt(W)
Btu/ft²-hr-deg F(heat transfer coefficient)	$5.678,263,3$	joule/meter²-second-kelvin (J/m²-s-K)
Btu/ft²-hour(heat flux)	$3.154,590,7 \times 10^{-3}$	joule/meter²-second (J/m²-s)
Btu/ft-hr-deg F(thermal conductivity)	$1.730,734,7$	joule/meter-second-kelvin (J/m-s-K)
degree Fahrenheit($^{\circ}$F)	tk = (tf+459.67)/1.8	kelvin(K)
fluid ounce(U.S.)	$2.957,353,0 \times 10^{-1}$	meter³(m³)
foot	$3.048,000,0 \times 10^{-1}$	meter(m)
foot(U.S. Survey)	$3.048,006,1 \times 10^{-1}$	meter(m)
foot of water(39.2 $^{\circ}$F)	$2.988,98 \times 10^3$	pascal(Pa)
foot²	$9.290,304,0 \times 10^{-2}$	meter²(m²)
foot/second²	$3.048,000,0 \times 10^{-1}$	meter/second²(m/s²)
foot²/hour	$2.580,640,0 \times 10^{-5}$	meter²/second(m²/s)
foot-pound-force	$1.355,817,9$	joule(J)
foot²/second	$9.290,304,0 \times 10^{-2}$	meter²/second(m²/s)
gallon(U.S. liquid)	$3.785,411,8 \times 10^{-3}$	meter³(m³)
inch of mercury(60 $^{\circ}$F)	$3.376,85 \times 10^3$	pascal(Pa)
inch of water(60 $^{\circ}$F)	$2.488,43 \times 10^2$	pascal(Pa)
kilocalorie	$4.186,800,0 \times 10^3$	joule(J)
kilogram-force(kgf)	$9.806,650,0$	newton(N)
mile(U.S. Statute)	$1.609,344,0 \times 10^3$	meter(m)
mile/hour		

A	B	C = A×B
millimeter of mercury(0℃)	$4.470,400,0 \times 10^{-1}$	meter/second(m/s)
	$1.333,223,7 \times 10^{2}$	pascal(Pa)
pascal(= 1N/m²)	$7.500,62 \times 10^{-3}$	torr(mmHg)
pound-force(lbf)	$4.448,221,6$	newton(N)
pound-force-second/ft²	$4.788,025,8 \times 10^{1}$	pascal-second(Pa-s)
pound-mass(lbm avoirdupois)	$4.535,923,7 \times 10^{-1}$	kilogram(kg)
pound-mass/foot³	$1.660,184,63 \times 10^{1}$	kilogram/meter³(kg/m³)
pound-mass/foot-second	$1.488,163,9$	pascal-second(Pa-s)
psi(lb/in²)	$6.894,757,3 \times 10^{3}$	pascal(Pa)
ton(long,2240 lbm)	$1.016,046,9 \times 10^{3}$	kilogram(kg)
ton(short,2000 lbm)	$9.718,474 \times 10^{2}$	kilogram(kg)
torr(mmHg,0℃)	$1.333,223,7 \times 10^{3}$	pascal(Pa)
watt(joule/sec)	$0.239,000$	cal/sec
watt-hour	$3.600,000,0 \times 10^{3}$	joule(J)
yard	$9.144,000,0 \times 10^{-1}$	meter(m)

資料來源：參考資料[92]

字頭（Prefix）	符號（Symbol）	所代表的乘數因子（Multiplying Factor）
exa	E	$10^{18} = 1,000,000,000,000,000,000$
peta	P	$10^{15} = 1,000,000,000,000,000$
tera	T	$10^{12} = 1,000,000,000,000$
giga	G	$10^{9} = 1,000,000,000$
mega	M	$10^{6} = 1,000,000$
kiℓo	k	$10^{3} = 1,000$
hecto	h	$10^{2} = 100$
deca	da	$10^{1} = 10$
		$10^{0} = 1$
deci	d	$10^{-1} = 0.1$
centi	c	$10^{-2} = 0.01$
milli	m	$10^{-3} = 0.001$
micro	μ	$10^{-6} = 0.000,001$
nano	n	$10^{-9} = 0.000,000,001$
pico	p	$10^{-12} = 0.000,000,000,001$
femto	f	$10^{-15} = 0.000,000,000,000,001$
atto	a	$10^{-18} = 0.000,000,000,000,000,001$

例如：kilogram, millisecond, gigameter, -cm, Mg, mK, etc.

溫度換算公式

- $°F = (°C \times 1.8) + 32$

- $°C = (°F - 32)/1.8$

- $°R = °F + 459.67$

- $°K = °C + 273.15$

目　錄

第 *1* 章

化學物生命週期與
責任照顧制度

1.1 一般說明

聯合國報告〈我們的共同未來〉（Our Common Future）指出，以價值來計的話，化學物占全世界貿易總額的 10%。依據可靠估計，目前有四百萬種化學物，市場的化學物約有八到九萬種【10】，而且每年新增的化學物約有二千種【10】。大部分的化學物雖有它的用處，但同時也有潛在危害性。

要減少危害性化學物所帶來的問題，有賴於對其施予所謂「搖籃到搖籃」（Cradle-to-cradle）的管理方法，也就是說以生命週期（Life Cycle）的理念，作為管理化學物的分析工具。本章介紹化學物管理之「生命週期」理念，以及由其衍生而來的「責任照顧制度」【15c, 16c, 79-83】。

1.2 化學物生命週期

「生命週期」是一種用來表明化學物在其生命週期內，所經過的每一階段（從研究和發展、市場的進入、製造、運輸、銷售、使用到處置，甚至再成為其他產品的原料）的一種簡便方式，如圖 1-1 所示【16】。

所應強調的是，化學物的生命週期流程並非一成不變地按照由「研究和發展」到「處置」這些程序。實際上，每個階段彼此之間的交互作用遠比圖 1-1 中複雜得多，例如每個階段都可能有「處置」的問題存在。生命週期流程中也包含回饋（Feedback）路線，把評估的結果，回饋於生命週期的相關階段上，使化學物的管理能得到持續地改善。最重要的關鍵在於有系統地探討，如何經由整個生命週期去管理化學物和其殘留物，以避免或降低其對人體健康和環境的風險；或是如果從製造設計之初，就考慮不同原料最後將進入不同的循環，用創新的方式將其改造，則材料不但可以保持原有的性質，甚至可以做到「升級回收」（Upcycling）；就如同先考慮像大自然一樣，不斷循環利用，依然不減其價值（甚至還能增值利用），即是從搖籃持續走向搖籃。

顯然地，產品生命週期分析模式乃是多目標環境管理決策的工具，就化學物的管理而言，它不只是考慮其製造階段，也要對其他階段，諸如運輸、銷售、使用到最終處置，做出分析和決策。下面介紹生命週期流程的各個階段【16】。

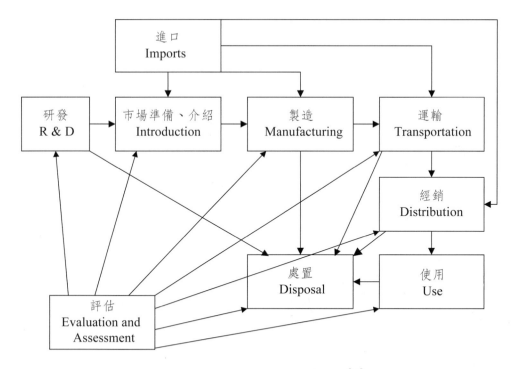

圖 1-1 化學物生命週期示意圖[16]

1. 研究發展

研究發展這一階段包括新化學物、化學物產品和製造方法的開發，因此它牽涉到新物質特性的試驗，以決定是否要生產這種新物質；但不包括在消費者層次的市場試驗，因為這一層次牽涉到一個顯著的因子——暴露。

本階段的化學物管理重點，在於如何對從事研究開發之員工健康與安全上之可能的風險，採取適當的控制措施，以及如何對化學物樣品和放流水給予適當的處置。

2. 市場的進入

此階段也就是商業產品的準備期，包括試驗銷售以及人體健康與環境影響的調查。在化學物的管理上，要強調數據和資訊的充分提供，以便能有意義地去評估在整個生命週期上的潛在風險，如此，才能採取預防措施去降低或消除風險。

3. 製造

此階段包括與製造設施有關的正常／不正常操作。化學物管理的重點在於工廠的選址和建廠標準、工廠的完整性、操作和維護步驟、工人安全與健康、廢棄

物和放流水的處置以及緊急應變規劃。

4. 運輸

運輸階段包括化學原料、產品、添加劑、副產品和廢棄物的運輸。運送的工具可能是卡車、公路槽車、鐵道槽車、飛機、輪船或管道等等。化學物管理包括評估資訊的轉移、訓練、裝卸程序、容器和包裝容器（Packaging）的充分性、運輸車輛的操作步驟、鐵道作業以及運輸緊急因應系統。

5. 銷售

生命週期在這一階段所包括的對象，主要是中小企業的活動。這些中小企業包括加工者、包裝者、重新配方者和進口商，他們向化學物使用者供應或銷售化學物。

銷售者對化學物應有的知識和經驗，往往比不上該化學物的製造商，因此可能會沒有能力把所需的資訊轉移到下一個使用者，因此資訊的轉移是化學物管理的主要重心。

6. 使用者

生命週期在這階段可分為二部分：

(1) 工業和機關的使用者：這些單位在他們的作業中，例行性地使用化學物，因此化學物管理的重點類似於前述之製造階段，包括員工的健康和安全、資訊的轉移、化學物安全使用與其處置的訓練等項目。

(2) 一般消費者：化學物管理的重點幾乎都是在於向他們提供可靠的化學物資訊，使其有知識去做決定，也就是所謂大眾認知的工作。

7. 處置

這個階段是因為化學物已喪失它的商業或經濟價值而將其處置於環境中。「處置」可能發生在生命週期的所有階段上，化學物管理的重點是去確定有適當的處置設施可供使用。

大部分的化學物對人體健康和環境的影響，特別是長期性的影響，可以說仍然不太清楚，因此只好以各種管理措施去預防／管制它們在生命週期上的某些特殊階段，例如製造或處置。

至於像戴奧辛（Dioxins）這種已知具有危害影響的化學物，就應該對其整個生命週期上所有的階段，採取特殊的措施、標準或規範加以管理，例如：

(1) 限制含戴奧辛化學物的使用。

(2) 規定化學物的戴奧辛含量（技術改良可以提高化學物的純度）。

(3) 使用含戴奧辛化學物時，應確實遵循作業規範。

(4) 避免或減少由燃燒源排放戴奧辛。

(5) 對含戴奧辛廢棄物，要應用良好的處理和處置方法。

1.3 責任照顧制度

責任照顧制度（Responsible Care）是由加拿大化學物製造者協會（Canadian Chemical Producers' Association, CCPA）率先開始的一連串協助保護員工、社區和環境之活動。

CCPA 創立於 1962 年，由 73 家公司所組成。這些公司所經營的化學工廠橫跨加拿大 200 多個地方，分布於 110 個社區內；它們所生產的化學物數量，占全國總化學物生產量的 90% 以上。

1984 年 CCPA 要求其所屬的會員公司總經理簽署乙份責任照顧的宣言書，宣稱其公司「要致力採取每一個可行的、事先周密規劃的措施，去確保產品不會對員工、客戶、大眾和環境造成風險」，承諾對其化學產品的整個生命週期上，進行安全管理──由新產品的規劃，經過製造、運輸、銷售、使用，到最終處置。兩年後，美國化學製造業者才知道這個制度，並於 1988 年由美國化學製造者協會（American Chemical Manufacturers Association, CMA）正式由加拿大引進且推動之。顯然地，責任照顧制度反映出企業界欲使整個化學物在其生命週期更安全的決心。

CCPA 責任照顧制度的實施內容涵蓋四個基本要素：承諾聲明（Commitment Statement）、指導原則（Guiding Principles）、良好作業規範（Code of Practice）、參與責任照顧制度之公司對執行進展的自我評估（Self-evaluation）。責任照顧制度與過去的環境管理實務，有其顯著的不同。在這個新的制度下，化工廠不僅在於只要合乎政府法規的要求，它還要超越現行法規要求，可以圖 1-2 表示之。

目前實施責任照顧制的國家有四十多個（2012），包括加拿大（1984）、美國（1988）、英國（1989）、澳洲（1989）、比利時（1991）、芬蘭（1991）、德國（1991）、愛爾蘭（1992）、義大利（1992）、日本（1991）、墨西哥（1991）、荷蘭（1992）、紐西蘭（1991）、西班牙（1991）、瑞典（1991）、瑞士（1991）、奧地利（1992）和巴西（1992）等 18 個國家。在 1992 年後，

陸續有阿根廷、智利、哥倫比亞、捷克、丹麥、法國、希臘、香港、斯洛伐克（Slovak）、印度、馬來西亞、挪威、秘魯、菲律賓、波蘭、新加坡、南非、土耳其與辛巴威（Zimbabwe）等國實施。國內環保署依加拿大之模式，於 1994 年首次委由本書作者，推動實施運輸責任照顧制度[16]，1997 年勞委會與經濟部工業局亦推動之。台灣責任照顧協會（Taiwan Responsible Care Association, TRCA）成立於 1998 年 1 月 16 日。

美國和加拿大的經驗顯示，工業界實施責任照顧制度是基於下列原因：

(1) 工業界將可改善其在安全衛生與環保上的表現。

(2) 在環保上，負責任的工業界才能吸引第一流的人才來工作。

(3) 客戶要求工廠對他們自己的產品，不得導致無法管制之健康或法定責任的風險。

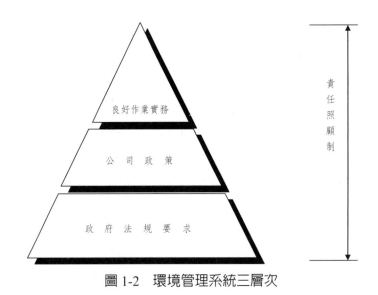

圖 1-2　環境管理系統三層次

1992 年美國 CMA 董事 Paul F. Oreffice（同時也是 Dow Chemical CO. 的董事長）指出：「這是對大眾承諾的時候，而這個承諾就是責任照顧；在這個大眾嚴屬監督的環境下，它是唯一能讓工業界生存下來的方法；也是一種對大眾的關心，給予回應的繁榮追求方法」[11]。

1.3.1　良好作業規範與知的權利

CCPA 的責任照顧制度已研訂了六個良好作業規範，分別為[12-14]：社區認知

與緊急應變、運輸、研發、製造、銷售、有害廢棄物管理。

加拿大人可以說比以前更關心環境和化學品對健康、環境的影響，因此這六項良好作業規範就是建立在一般社區民眾「知的權利」（Right to Know）基礎上。CCPA 確認大眾對化學品之風險不但有「知的需要」，而且也應有「知的權利」。這樣的認知便在其責任照顧制度中的準則表露出來：

(1) 確定工廠操作不會對員工、客戶、大眾及環境產生無法接受程度的風險——顯然地，CCPA 認為社區民眾對工廠的化學物風險「有知的需要」和「知的權利」，因此要求會員公司將風險降低到可接受的程度。

(2) 提供客戶有關危害性化學品的安全資料——這一點表示 CCPA 承認社區有「知的需要」。

(3) 對於社區大眾的合理關切事件，應能隨時作適當的回應——這是 CCPA 承認社區有「知的權利」。

CCPA 對於社區「知的權利」訂定以下準則：

(1) 社區民眾應和工廠員工一樣，享有權利向工廠取得化學物之有關健康及安全的資料。

(2) 公開給一般民眾的資料，應顧慮到合理的商業機密。

(3) 即使有商業機密性問題，也應該詳細地公開危害性化學品資料。

(4) 在 CCPA 會員工廠設施附近的民眾，對於與化學品生產、銷售、運輸等相關之健康、安全及環境等風險，應享有「知的權利」。

(5) 位於 CCPA 會員主要運輸線路上的社區民眾，對於運輸產品及其產量之範圍所帶來的風險與安全資料，應有「知的權利」。

(6) 會員公司應以文件將其所生產的化學品性質、量及儲存處所告知當地的緊急應變機構。

1. 社區認知與緊急應變（Community Awareness Emergency Response, CAER）

第一個良好作業規範是有關「社區認知與緊急應變」。CCPA 欲藉由 CAER 方案，使得工廠與社區緊急應變計畫整合起來；民間領袖、緊急因應人員和社區居民也能參與緊急因應的規劃。

責任照顧制度就是透過 CAER 方案，把基礎建立在社區知的權利上。CAER 方案影響到其他五項規範的實施。一份積極的 CAER 方案文件，應該在任何使用化學品的場合均可取得。

在 CAER 方案下，CCPA 要求會員公司：

(1) 對社區潛在的危害及處理提出建言。

(2) 有內部的緊急應變計畫，並將其與社區緊急應變計畫整合起來。

表 1-1 說明工廠、政府和 CARE 在緊急應變規劃上，分別扮演的角色。第 1.3.2 節對 CAER 有更進一步的說明。

表 1-1　工廠、政府和 CAER 在緊急應變規劃上的角色

工廠責任	CAER 方案的益處	地方政府的責任
1. 確保安全的作業	打開溝通的管道	提供一個安全的社區
2. 確保員工及訪客的安全	共享資訊	確保社區居民和路過者的安全和福利
3. 建立安全方案	協調緊急計畫和程序	建立大眾安全方案
4. 保護廠內員工生命和財產	聯繫其他緊急因應單位	保護生命和公私財產
5. 在緊急事件時，協調所有員工	合辦講習和訓練	在緊急因應時，協調社區緊急因應人力
6. 擬定計畫和步驟去因應緊急事件	組成解決共同問題的團體	擬定計畫和步驟去因應緊急事件
7. 提供有關化學危害的資訊、安全工具和一般訓練	互助合作	與其他因應單位進行社區內之演練

2. 運輸

第二個良好作業規範是運輸作業規範，它要求 CCPA 會員公司對其所製造的化學品和各種運輸方式（鐵路、公路、海運、空運或管線），應施行良好之管理。CCPA 認為其產品運輸路線所經之社區的居民有權知道，運輸中化學品所引起的可能風險，以及運輸車人員到底採取什麼安全預防措施；更重要的是，他們有權知道，一旦外洩時，到底有什麼緊急因應措施。它的精神是與「社區知的權利」政策一致。運輸規範要求每家會員公司在運輸化學品時，沿途要盡量降低對大眾、運輸人員及環境所造成的風險！

運輸社區認知與緊急應變（Transportation Community Awareness and Emergency Response, TransCAER）就是屬此規範運作中的一個方案，其目的是要減少運輸意外的次數。它要求會員公司要有詳細的政策與程序，以建立高水準之員工

訓練，並選擇具責任感的運輸業者，來達到預防運輸意外之目的。

TransCAER 方案包括下列要素：

(1) 建立 CCPA 會員公司之化學品運輸與管理準則，以符合政府管制基準，甚或超越之。

(2) 促進化學品製造業者與運輸業者的合作關係。透過較佳的裝備規格說明、操作控制和意外預防方案，不斷地提升運輸安全的水準。

(3) 找出可提供大眾資訊的資源，並設有專人提供大眾相關化學品運輸危害問題的因應措施，以及化學緊急事故處理之步驟。

(4) 要求會員公司積極地參與緊急應變規劃。

(5) 對初步因應員（警察、消防隊與救護服務等）（First Responder），提供必要之協助。

TransCAER 方案的安全訓練可協助會員公司，符合優良運輸規範的指導原則，履行其應盡的義務。明確地說，它將在以下三方面來提供指導與訓練：

(1) 預防：會員公司員工的槽車安全裝卸。

(2) 緊急應變：最先到達現場的初步因應員組織（消防人員、警察等）。

(3) 認知：一般大眾要求槽車安全、化學品運輸安全和不危害環境的措施。

TransCAER 的加拿大汽車運輸業者評估方案（Canadian Motor Carrier Evaluation Program），評估在加拿大公路上行進的化學運輸車業者之安全標準與執行績效，其目的在於促進化學製造業者與運輸業者間的彼此合作，以加強化學車輛運輸之安全。

3. 研發（**Research and Development Code of Practice**）

第三個良好作業規範是有關研發。研發的規範包括所有相關新化學產品之製程、裝備、使用以及現有產品新應用的研究技術工作。

此規範涵蓋研發的每一階段。由研究的開始到產品進入市場，若不符合此規範，就不能進行研究，也不能引進產品。

4. 製造（**Manufacturing Code of Practice**）

第四個良好作業規範是有關製造。此規範涵蓋範圍包括製造場所、新廠之選址與舊廠的關閉。

本規範的目的是要求製造系統能使員工、社區及環境免於因製造（包括工廠的設計、結構和運轉）而產生的任何危害影響。

5. 銷售（Distribution Code of Practice）

第五個良好作業規範是有關銷售。此規範所涉及的課題，包括化學品、化學產品的販賣與售後服務的提供，及由供應商運至轉賣處的相關作業。須逐一列舉化學品之儲存與管理的規範、程序及訓練。

銷售者若不能承諾依規則行事，就不可以從事銷售的活動。同樣地，如果消費者不能遵守規範的要求，則不准其向會員公司購買此產品。

6. 有害廢棄物管理

第六個良好作業規範是有關有害廢棄物，內容涵蓋有害廢棄物的管理，包括儲存、運輸、處理、處置和摧毀，以及有害廢棄物處理場的地點及其停止使用後的除役問題。鼓勵會員找出有害廢棄物減量、再利用、再循環或回收等減廢方法，以取代傳統的處理措施。

1.3.2 社區認知與緊急應變

環保問題是情緒性的，這種情緒形諸大眾，也就是所謂的民意。經過適當導引的民意，就成為所謂「共識」，否則只能是自力救濟了。

無論是共識的民意或自力救濟的民意，它們都有強大的影響力。這幾年來，國內民眾已深深體會到民意的力量。所以如何取得環保共識，是一個相當重要的課題。

增進大眾對環保的認知，是引導民意，達成環保共識的重要政策。那麼要以什麼管道來達成知識傳遞呢？本節以加拿大石油業資源保育協會（Petroleum Association for Conservation of the Canadian Environment, PACE）的 CAER 方案，來說明工業界如何傳播知識，以達成共識。

1.3.2.1 印度波帕爾災變的教訓

1984 年 12 月印度波帕爾市（Bhopal）的異氰酸甲酯（Methyl Isocyanate, MIC）外洩災變，提供我們下列事實 [18]：

緊急醫療處理：災變的事後調查顯示，該市的醫療人員已盡全力救治受害者，但是醫療人員是在災變 24 小時後，才取得有關 MIC 的治療劑資料。這個事件告訴我們，一定要使我們的醫療人員具備足夠的知識，並且能夠在短時間內取得如何治療化學災變受害者所需的資訊。

社區認知：在波帕爾市的居民，如果事先對 MIC 具備些許常識，是否會降

低災害的嚴重程度？顯然地，該事件造成世界各國的工業界，認為民眾有權知道他們居處附近的工廠，到底使用什麼危害性化學物，以及應採取何種安全措施，以保護自己。

緊急因應：大部分的報告指出，現場沒有足夠的警告系統，更糟糕的是，警報器在外洩數小時後才響；同時員工和附近居民也缺乏因應訓練或知識。顯然地，外洩警報應該要爭取時間；因應要參考事先與社區整合之緊急應變計畫書。

1.3.2.2　加拿大 PACE 的 CAER 方案

PACE 的 CAER 方案，基本上是一項屬於自發自動性質的「溝通方案」。至於以什麼方式去溝通？溝通些什麼？在什麼時候和什麼地點去溝通？全由各工廠自行決定。

社區認知（Community Awareness）的目的是在於改善工廠的形象，和提高它在民意中的地位，進而取得社區的尊敬和合作。

社區緊急應變規劃（Community Emergency Response Planning）的目的在於整合工廠和社區的緊急應變計畫，以期對災害提供協調的和有效的因應。

1. CAER 目標

PACE 的整套 CAER 方案，具有下列詳細的目標：

(1) 將工廠的操作、危害物、環保和緊急應變等資料，提供給社區。

(2) 將石油工業參與社區緊急因應規劃和緊急網路的範圍，再行擴大。

(3) 整合工廠和社區個別計畫，成為一項整體計畫，以便在緊急時，能提供協調性的因應。

2. CAER 步驟

PACE 的 CAER 方案提出一些規範給工廠，期望工廠能參考這些規範去參與社區認知和緊急因應規劃工作。茲說明如下：

(1) 社區認知

工廠經理可以很容易地將下列設計好的資料轉移給社區，以提高居民對工廠的認知：

a. 工廠的作業性質。

b. 工廠對社區和整個社會的貢獻。

c. 工廠所用和所儲存的物料種類、特性及其控制方法。

d. 現有的污染管制方案和設備。

e. 現場因應外洩的能力。

有許多方法和技巧，可以將上述資料傳達給社區或與其溝通，例如：藉助傳播公司、贊助社區活動，例如里鄰大會、運動會等、傾聽和答覆社區民眾的抱怨、在集會上（村里民大會）發表演講、定期開放工廠，邀請地方的民意代表、居民和媒體參觀，並予以講解、邀請社區民眾到工廠，給予緊急應變的示範演練、領養一個學校、組織危害物或緊急應變的諮詢委員會、分發新聞稿給大眾、提供化學品之物質安全資料表（MSDS）給大眾、舉行特別研討會、自發自動地推動社區緊急應變規劃。

下列措施有助於準備執行「社區認知和緊急應變規劃」：

a. 撰寫一份標準的簡報：這份簡報可敘述工廠對社區經濟安定的貢獻、工廠緊急應變能力、石油工業的良好安全紀錄及 CAER 方案的目的。要強調廠外應變規劃需與現有工廠應變能力整合的重要性，同時也要強調經整合後的社區應變計畫，可增進各種危害物外洩的因應能力。為了方便分發給居民，簡報單的大小要適中。

b. 隨時提醒員工加強其對緊急應變規劃的認知：員工的安全訓練，應包含基本的緊急應變概念。如果已擬定一個新的工廠應變計畫，或將修正舊計畫，或者已開始與社區的計畫書整合，可以將這些消息貼在公告欄，或刊登在廠內出版的廠報上。

c. 準備乙份社區公關計畫書：要從蒐集地方機構、政府機關、社區團體和地方媒體的名單上著手，以便向他們簡報 CAER 方案。也要了解過去地方媒體對本廠的報導如何，研究過去工廠的努力溝通是否有效，然後判斷社區領導者是否了解本工廠。

(2) 社區緊急應變規劃

步驟 1：建立管道和評估狀況

a. 與社區人員（例如警察、消防隊、衛生單位或協會等）會談。

b. 利用會談的機會，記錄目前社區的情況，以便決定工廠能扮演的角色。應蒐集的資料，包括：可能的參與者之姓名、身分、可能的貢獻和所具備的資源等。在社區緊急應變規劃上，初步的會談和所蒐集的資料可用來決定未來的動向。

c. 提供工廠緊急應變計畫書給社區的協調團體，並與他們一同審閱計畫書。

d. 取得其他工廠和社區的緊急計畫書並審閱之。

步驟 2：整合工廠和社區的計畫書

找出能導致社區緊急情況的風險（Risk）和危害（Hazards）：

a. 列出工廠所有的危害和評估其潛在的影響。

b. 列出所有可能發生的情境。在規劃過程中要經常考量這些情境，萬一這些假設情境真的發生了，才可以「有效地」並「及時地」因應之。

評估工廠和社區的應變計畫，例如面臨上述假設情況時，在協調因應下，有什麼可能的優缺點；找出計畫書中，尚待補充或加強的部分。

必要時，修改目前工廠和社區的計畫書，並予以整合。

a. 撰寫整合計畫草案。注意：草案要採用政府主管單位認可的格式。

b. 要確定該草案包含了所有的基本要項。

c. 進行模擬演練。

d. 找出計畫書中的弱點。

必要時，計畫書草案要經常修改，直到所有的缺點都修正了，同時協調團體的成員也同意了。

步驟 3：正式寫成計畫書

整合後的計畫書，一定要寫下來並函報政府主管單位備查。

步驟 4：訓練

將整合後的社區計畫書通知參與成員和社區居民，其法如下：

a. 對所有相關團體演講，以便闡述在該計畫中，他們能扮演的角色及他們需要何種訓練。

b. 準備一些標準之緊急因應程序的小冊子，以便分發給住在可能遭污染地區的居民。

c. 準備一些記載地方政府和化工廠聯絡人、工廠背景的資料，置放於整合計畫書資料的資料袋內。資料袋要說明，在緊急情況下，到何處取得進一步的相關資訊。

d. 向媒體簡報和舉辦訓練班，以便將上述的資料袋分發給有關人士，同時向他們說明，在緊急情況下工廠需要媒體扮演何種角色。

步驟 5：試驗與修正

建立整合計畫書定期演練、評核和修正的程序。

【討論】

1. 試說明化學物之生命週期。

2. 化學物之「生命週期」與「責任照顧制度」兩者之間有何關聯？

3. 化學物之責任照顧制度是由那一個機構創研並率先實施的？其意義為何？

4. 責任照顧制度與過去之環境管理實務有何不同？

5. 加拿大化學物製造者協會（CCPA）所推動的責任照顧制度，其第一個良好作業規範是有關 CAER 方案，試申論 CAER 方案。

6. 試說明加拿大化學物製造者協會（CCPA）如何在其責任照顧制度的準則中，來向其會員公司顯示或確認社區民眾對工廠化學物的風險有「知的需要」和「知的權利」。

7. 印度波帕爾市（Bhopal）的 MIC（Methyl Isocyanate）外洩災變，它給我們什麼教訓，試就化災緊急應變規劃的立場申論之。

8. Recycly 和 Upcycly 之區別

   說明：Recycly（回收）和 Upcycly（升級回收）均屬減廢之技術。Recycle 是材料完全分解，製成完全不一樣的物品，但其中也涉及能源消耗；然而 Upcycle 是用創新的方法，改變物品的使用方式而已，而不對其原料進行再處理，因此其過程不涉及能源消耗。

【選擇題】

1. 責任照顧制是由那一個單位所創始　(1) 加拿大的 CCPA　(2) 美國的 CMA　(3) 台灣的 CNS。　　　　　　　　　　　　　　　　　　Ans：(1)

2. 在責任照顧制度的理念下，化工廠的環境管理要　(1) 超越現行法規　(2) 只合乎目前法規　(3) 只合乎公司政策的要求。　　　　　　　　Ans：(1)

3. CCPA 責任照顧制度所頒布的良好作業規範是建立在一般社區民眾　(1) 知的權利上　(2) 自力救濟上　(3) 上述兩者皆非。　　　　　　　Ans：(1)

4. 加拿大責任照顧制度的第一個良好作業規範是　(1)CAER 方案　(2) 運輸作業規範　(3)R&D 作業規範。　　　　　　　　　　　　　　Ans：(1)

【是非題】

1. 在化學物生命週期上，「處置」（Disposal）可能發生在生命週期的任何階段上。　　　　　　　　　　　　　　　　　　　　　　　Ans：(○)

2. 在責任照顧制度下，環境管理要超越法規的要求。 **Ans**：（○）

3. 在責任照顧制度下，參與工廠（公司）總經理的承諾聲明（Commitment Statement）是一項非常重要的基本要素，以確保制度推行之成功。**Ans**：（○）

4. 責任照顧制度之推動，要確認大眾對化學品之風險有「知的需要」，且「有知的權利」，這兩者一定要在制度中的準則顯示出來。 **Ans**：（○）

5. 加拿大或美國的責任照顧制度是藉由 CAER 方案，把基礎建立在社區「知的權利上」。 **Ans**：（○）

第 *2* 章

危險物品分類與特性

2.1　名詞沿革與界定

危險物品的界定，可以說是政府主管機關管理危險物品問題的首要步驟。如果某物質具危險性，那它的儲存、裝輸和處理，就必須遵循嚴格的法定標準。

危險物品因法規之不同，而有不同敘述的名詞，依《道路交通安全規則》（道安規則）是為「危險物」；依《危險物與有害物標示及通識規則》（危害通識規則）是為「危險物」或「有害物」（附錄六）；依《毒性化學物質管理法》（毒管法）是為「毒性化學物質」（毒化物）。

《道安規則》第 84 條訂有準則，將危險物品加以界定，凡合乎該項準則者即為「危險物」。85 年 2 月 27 日《道安規則》修正，將《危害通識規則》及《毒管法》所分別管制之「危害物」（危險物與有害物）與「毒化物」，納入「危險物」之範疇，因此危險物品的含意包括了「危害物」與「毒化物」。換句話說，在廠內為「危害物」或「毒化物」，但一出廠門，即為《道安規則》所謂的「危險物」了。

危險物品在英文上亦因法規之不同，而有許多類似名詞，茲列舉如下[24]（NFPA 472）：

(1) 有害物料（Hazardous Materials）：美國交通部（Department of Transportation, DOT）採用 Hazardous Material 這個名詞，並依危害特性，將其分為十一大類[118, 119]，其中有些在類之下另有分組。DOT 並將美國環保署（Environmental Protection Agency, EPA）所列管的有害物質（Hazardous Substance）和有害廢棄物（Hazardous Waste），無法適用其他類別者納入第九類的「其他有害物料」（Miscellaneous Hazardous Material）。

(2) 有害物質（Hazardous Substances）：美國 EPA 對某些所謂 Hazardous Substance（40 CFR Part 302 Table 324）的化學物，如果釋放到環境中，超過某一特定值，必須通報者，視其對環境之威脅程度，聯邦政府將參與處理此意外事件。

(3) 非常有害物質（Extremely Hazardous Substances）：美國 EPA 依《超級基金修正與再授權法》〔Title III of the Superfund Amendments and Reauthorization（SARA）of 1986〕表列某些非常有害物質，如果其釋放到環境中的量超過某特定的恕限值時，必須向主管機關通報。

(4) 有害化學物（Hazardous Chemicals）：美國職業安全與健康署（Occupational Safety and Health Administration, OSHA）界定某些化學物，當員工在工作場所暴露於其中，會導致風險者，為有害化學物。

(5) 毒性化學物（Toxic Chemicals）：美國 EPA 列舉（Title III of SARA）某些所謂毒性化學物，凡製造、加工或使用此類化學物之設施的所有者（Owner）或操作者（Operators），必須每年通報其總排放量（Emission）或釋放量（Release）。

(6) 危險品（Dangerous Goods）：加拿大的《危險品運輸法》（Transportation of Dangerous Goods Act）把有害物稱為危險品[25]。

2.2 危險物品的分類

2.2.1 聯合國分類系統

聯合國危險物品運輸專家委員會（Committee of Experts on the Transport of Dangerous Goods）的報告——《危險物品運輸之建議》（Recommendations on the Transport of Dangerous Goods）[52]，由於它的封面為橘色塑膠皮，因此又稱《橘皮書》（Orange Book）。它針對危險物品分類、危險物品表列、包裝要求、試驗步驟、標誌（Marking）、標示（Labeling）或告示牌（Placarding），以及運送文件等提出建議。雖然這些建議並沒有法律上的拘束力，但它提供了一個共同的基礎，給各國政府在立法上之參考，以改善危險物品之國際運輸。

聯合國的分類法將危險物品分為九大類及若干分組。這個分類系統的特色，是它賦予在運輸上常見之化學物的編號，又稱之為聯合國號碼（UN.No.）。美國運輸部於其所列管之有害物品表中（49 CFR 有害物品表），也加註 UN.No.，並要求在運送文件上，列出相關之 UN. No.。

目前有很多系統被用來作為物質危害的指標，但從緊急因應的角度來看，聯合國的危險物品分類系統是最常被引用的。我國與許多國家或國際組織也都參考該系統，來制定自己的危險物品分類標準，例如[20]：危險物及有害物通識規則、國際民航組織（International Civil Aviation Organization, ICAO）、國際空運協會（International Air Transport Association, IATA）、美國鐵路協會（Association of American Railroads）、加拿大危險品運輸法（Transportation of Dangerous Goods Act）、美國聯邦法規 49（Title 49 of the US Code of Federal Regulation）。

2.2.2　國際海事組織分類法

運貨者（shipper）如採用海上運輸，自應遵守國際海事組織（International Maritime Organization, IMO）的《國際海運危險品準則》（International Maritime Dangerous Goods Code, IMDG Code）。

《海上生命安全公約》（International Convention for the Safety of Life at Sea）處理有關海上安全事宜，其第 3 章的 Part A 規範有關危險物品（包裝或散裝之液體或固體）之運輸，也同時整合 IMDG Code，作為公約簽約國之管理船舶運送危險物品的基礎。

IMDG Code 於 1965 年公布實施，目前經數度修改，對於危險物品之安全包裝和存放有詳細之說明。該規範採用上述之聯合國的危險物品分類系統，訂有分類準則，並表列出 3,600 多種危險物品；其所表列之主要考量，為其對於海域生態環境的危害。

2.2.3　我國分類法

《中國國家標準》（CNS 6864 Z5071）的危險物品分類，也是參考聯合國分類系統而制定的。

不管是《道安規則》或是《危害通識規則》，它們都是依《中國國家標準》將危險物品分為九大類（表 2-1），其中除了第三類「易燃液體」、第六類「毒性物質」、第八類「腐蝕性物質」及第九類「其他危險物」之外，其餘五類又有若干分組，可提供更多的資訊。此系統（表 2-1）經適當的分類，然後以特定的符號、顏色、圖式加以標示。

圖式是以鑽石狀之菱形圖案表示，它是用來指示包裝／容器內之危險物品，在搬運、運輸和儲存時，可能引發之危害特性。因此圖式系統在設計上，要達到下列目的[52]：

(1) 可使得危險物品在適當距離內，容易藉圖式之圖案、顏色和形狀辨認出來。

(2) 可使得危險的本質容易藉由圖式的象徵符號或顏色，被鑑定出來。

(3) 藉由圖式的顏色，提供裝輸和儲存之第一手指南。通常物品具有不同底色之圖式時，就不應裝載在一起；對於某些例子，甚至物品具有相同的圖式顏色，亦應避免裝載在一起。

2.3 危險物品特性分析

表 2-1 國內危險物品分類表（危害通識規則）

危險物分類	所表危險物之物類	圖式之類組號
第一類	**爆炸物**	
1.1 組	有整體爆炸危險之物質或物品	1
1.2 組	有拋射危險，但無整體爆炸危險之物質或物品	1
1.3 組	會引起火災，並有輕微爆炸或拋射危險但無整體爆炸危險之物質或物品	1
1.4 組	無重大危險之物質或物品	1.4
1.5 組	很不敏感，但有整體爆炸危險之物質或物品	1.5
1.6 組	極不敏感，且無整體爆炸之物質或物品	1.6
第二類	**氣體**	
2.1 組	易燃氣體	2
2.2 組	非易燃，非毒性氣體	2
2.3 組	毒性氣體	2
第三類	**易燃液體**	3
第四類	**易燃固體；自燃物質；禁水性物質**	
4.1 組	易燃固體	4
4.2 組	自燃物質	4
4.3 組	禁水性物質	4
第五類	**氧化性物質**	
5.1 組	氧化性物質	5.1
5.2 組	有機過氧化物	5.2
第六類 *	**毒性物質**	
6.1 組	毒性物質	6
第七類	**放射性物質 I、II、III 分類、可分裂物質**	7
第八類	**腐蝕性物質**	8
第九類	**其他危險物**	9

註：1. 分類號碼之次序，並不代表其危險程度大小。

　　2. 除了 1.4 組、1.5 組、1.6 組、5.1 組與 5.2 組外，圖式上只標出分類號。

* 原第 6.2 組（毒性物質 III 分組）已於 88 年修訂取消。

2.3.1　第一類：爆炸物（Explosives）

爆炸物質包括其製造過程會產生爆炸或煙火者，如飛彈、炸藥、爆竹等皆屬此類。

第一類爆炸物分為六個組別（聯合國分類系統），爆炸的危險度由 1.1 組至 1.6 組逐漸減小。但要注意的是，大量的 1.3 組爆炸物的爆炸危害，可能會比少量的 1.1 組爆炸危害要來得大，所以爆炸危害不僅是要考慮爆炸物的分組，而且還要考量爆炸物量的多寡。

第一類爆炸物之圖式皆以橙底黑字來表示。表 2-2 與表 2-3 分別為大量引爆時，會造成爆轟（Detonation）與爆燃（Deflagration）的危險物品舉例。

意外注意事項如下所述：

如果因意外造成爆炸，唯一可做的就是救人和預防火焰的擴散。如果爆炸物鄰近發生火災，應盡可能在安全允許的情況下，進行救火或把爆炸物移到安全處。

當因應意外事件時，應考慮爆炸物的分類及數量的多寡。火災在密閉空間，可能導致爆轟。在沒有火苗的情況下是較為安定的，但意外事件可能會造成物質的壓縮、加熱或冷卻（取決於天氣的狀況及意外事件時的相關條件），進而影響到物質的安定性。所以在意外事件之後，需要極度小心與謹慎，因為爆炸物可能已經成為不安定的物質。在密閉的空間起火，可能會造成引爆；要記住：火災會使得爆炸物變得極不安定，甚至在火勢被熄滅後亦然[79]。

表 2-2　會造成爆轟之危險物品

物質名稱	一般用途
甘油炸藥	工程用爆炸物
三硝基甲苯（TNT）	軍用彈藥、工業染料、工業用照相、藥品的中間產物
黑色火藥	定時炸彈、安全熔絲
軍用彈藥	彈藥

表 2-3　會造成爆燃之危險物品

物質名稱	一般用途
煙火	煙火表演
火箭	推進器
軍用彈藥	彈藥

2.3.2　第二類：氣體（Gases）

　　當蒸氣由液相釋放出來，即可稱之為氣體。液體和氣體之間的差別，最主要還是在於固定或標準溫度下，物質所能產生的蒸氣壓力，例如依聯合國標準，任何物質只要於 21.1℃（69.9 ℉）時，能產生大於 275kPa 蒸氣之壓力；或依中國國家標準（CNS），在 50℃時，其蒸氣壓大於 300kPa 者；或在 20℃標準壓力 101.3 kPa 時，完全為氣體狀態者，即可歸類於氣體。

　　道安規則將氣體基於運輸安全之包裝需要，分為四種型式：壓縮氣體（Compressed Gases）、液化氣體（Liquefied Gases）、冷凍氣體（Refrigerated Gases）與溶解氣體（Dissolved Gases）。危害通識規則依氣體在製程或運輸階段之主要危害性，分為易燃氣體、非易燃氣體和毒性氣體等三組。

　　(1) 2.1 組：易燃氣體（Flammable Gases）：在 20℃、標準壓力 101.3kPa 下，若氣體與空氣混合後，氣體所占體積百分比在 13% 以下時，尚能引燃（亦即氣體之易燃上限 ≦ 13%），或氣體易燃範圍（即爆炸上限與爆炸下限之差距）大於 12% 者，即稱之為易燃氣體（CNS）。

　　許多氣體在自然界是易燃的，且一旦點燃，可能在持續燃燒下而完全耗盡；表 2-4 是易燃氣體例。

表 2-4　易燃氣體例

物質名稱	一般用途
氫氣	焊接、化學製程、蔬菜油的氫化作用
乙炔	焊接、合成化學物與塑膠的生產
丙烷	燃料
丁烷	燃料
乙烯	石油化學製品（例如聚乙烯、氯乙烯）之重要原料

(2) 2.2 組：非易燃氣體（Non-flammable Gases）：非易燃氣體係指氣體在 20℃、壓力 ≧ 280kPa 下，以冷凍液體方式運輸，且有下列情況之一者（CNS）：

　　a. 窒息性：可稀釋或置換空氣中氧氣之氣體。

　　b. 氧化性：藉提供氧氣，使其他物質在空氣中較易燃燒之氣體。

　　c. 不包含在其他類組之氣體。

二氧化碳、氧氣與氮是本組之物質例（表 2-5）。

表 2-5　非易燃氣體例

物質名稱	一般用途
二氧化碳	碳酸飲料、滅火劑
氧氣	製鋼業、急救系統
氮	工業用途（例如氮封）

(3) 2.3 組：毒性氣體（Poisonous Gases）：毒性氣體係指已知對人體健康會造成毒害，在標準狀況下，其半數致死濃度（LC_{50}）≦ $5,000ml/m^3$（ppm）之氣體（CNS）。氰化氫、四氧化二氮、光氣與氯是毒性氣體例（表 2-6）。

表 2-6　毒性氣體例

物質名稱	一般用途
氰化氫	薰蒸劑
四氧化二氮	火箭燃料中的氧化劑
光氣（Phosgene）*	戰爭用、化學製程用
氯 *	化學製程、漂白

* 環保署列管之毒化物。

意外注意事項如下所述：

人無法全用眼睛觀察或鼻子嗅出氣體的存在，而且有些容器暴露於熱時，由於內部冷凍壓縮之氣體急速膨脹可能會爆裂，導致碎片四處飛射，所以必須極度小心。

1. 易燃氣體

大氣要具有易燃性，必須存在二個重要的因素：

(1) 氧氣：需有足夠量以助燃。

(2) 燃料：在能夠助燃的濃度下，以易燃蒸氣的型式存在。

在意外事件現場的開放空間，一般具有足夠的氧氣助燃（氧在空氣中的濃度為 20.8%）。

易燃氣體（燃料）在氧濃度為 20.8% 時，要氧去扮演助燃能的兩個濃度限制條件是：

(1) 易燃下限（Lower Flammable Limit, LFL）：指能產生持續性燃燒所需之最低蒸氣濃度，又稱爆炸下限（Lower Explosive Limit, LEL）。

(2) 易燃上限（Upper Flammable Limit, UFL）：指能產生持續性燃燒之最高蒸氣濃度限值，又稱爆炸上限（Upper Explosive Limit, UEL）。

LFL 和 UFL 是較正確的技術用語，但 LEL 和 UEL 則最常被引用。上述爆炸限值（以蒸氣體積所占百分比表示之）可藉由實驗室測定的方法（AST-ME681）來決定或由已公布的一些物質安全資料表（MSDS）查得。一般限值範圍（25℃、760mmHg）是在 2 ～ 20% 之間，例如 LPG 的 LFL 為 5%、UFL 為 14%；但也有極端的例子，例如環氧乙烷（EO），LFL 為 3%、UFL 為 100%。LFL 與 UFL 兩者之間的濃度範圍稱為易燃範圍（Flammable Range），有時又謂爆炸範圍（Explosive Range）（圖 2-1）。

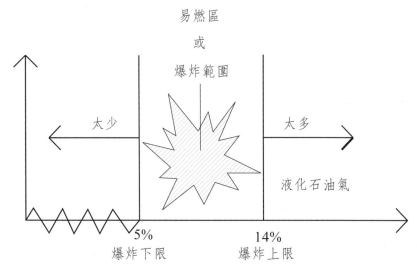

圖 2-1　液化石油氣的爆炸範圍

易燃限值因溫度、壓力而變動。一般而言，溫度或壓力升高會導致 LFL 之減少及 UFL 之增加；如果溫度或壓力降低，其效果剛好相反。因此文獻所提供之 LFL 與 UFL 值，應注意其試驗之溫度與壓力。NFPA49 係採用 25℃與 1 個大氣壓。

一般參考資料所引用的爆炸限值是指在 20.8% 的氧濃度下。大氣中富氧或缺氧的情況，也會造成爆炸限值的變化。濃度高於 25% 的富氧空氣，將引起 UEL 和 LEL 之間範圍的擴增。同樣的，濃度低於 19.5% 的大氣，將引起 UEL 和 LEL 之間範圍的縮減，直到當易燃氣體濃度範圍縮至一點時，燃燒將不會發生。這個情況即為所謂的惰性氣體，通常是在氧濃度為 8% 時。圖 2-2 表示氧氣濃度與爆炸上下限值的關係。

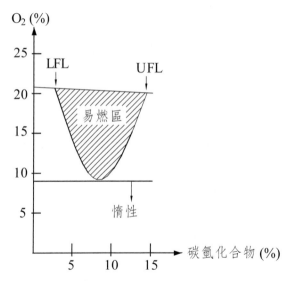

圖 2-2　氧氣濃度與爆炸上下限值的關係 [20]

2. 非易燃氣體

當惰性氣體釋放至空氣中時，與空氣混合，結果取代了供呼吸用的空氣。要特別注意，因大量的氧氣被外洩氣體所取代，以至於會對那些沒有做好防護的人員造成窒息的危險，特別是在密閉空間內。

非易燃氣體量少時，一般以氣態或液體運送；但大量運送時，則以液態型式運送。

大量運送的非易燃氣體，以氯和氨最為普遍。無水氨雖屬非易燃性，但仍可

能因為蒸氣直接流經火焰，或蒸氣暴露於高溫下而起火燃燒。氯氣在高溫下會對鋼產生強烈的腐蝕效應，其他不具毒性的非易燃氣體，也可能因置換氧氣導致人員窒息而亡。

3. 毒性氣體

有些毒性氣體可能會令人致命，所以人員必須保持警覺，並位於上風處。有些毒性氣體的次要危害可能是易燃與非易燃氣體的危害，所以要記住這類危險物品可能會有多重的危害產生[79]。

2.3.3　第三類：易燃液體（Inflammable Liquids）

易燃液體是指液體或液體混合物、溶液或懸浮物中含有固體之液體（例如油漆、清漆、噴漆等），其閃火點（Flash Point）低於某特定溫度者。所謂閃火點是指在試驗容器（開杯或閉杯）的液體，當其釋放之蒸氣量與空氣混合後，成為可被點燃之混合氣體時的最低溫度。要注意的是，在英文上 Inflammable 和 Flammable 是同義字。

聯合國對於易燃液體定義（圖 2-3）為液體之閃火點，在開杯試驗（Open-cup Test）時，須在 65.6℃（150 ℉）以下（含）；閉杯試驗（Close-cup Test）時，須在 60.5℃（141 ℉）以下（含）。美國對此有不同的定義：閃火點在 37.8℃（100 ℉）以下之液體，稱為易燃性（Flammable）液體，閃火點在 37.8～93.3℃（100～200 ℉）間之液體，稱為可燃性（Combustible）液體。在國內，對於此類易燃液體不做另行分組，而易燃液體的定義則是採用聯合國的準則。表 2-7 是易燃與可燃液體例。

液體若要能燃燒，則液體表面必須要有足夠的蒸氣，才能達到被氧助燃的效果；而蒸氣中混合物，亦須含有適量的氧氣與充分的熱，才能點燃。

液體表面蒸氣量的多寡，最主要還是在於液體的揮發性，也就是在某一溫度下，蒸氣被釋放出來的量。在相當低的溫度下，液體可能無法釋放足夠的蒸氣來導致燃燒。將易燃液體加溫，則可釋放足夠的蒸氣以助燃。

要了解易燃液體之特性，可藉由上述理論加以延伸。圖 2-4 為一液體加熱裝置示意圖，在加熱過程中，液體表面經常保有一個火源。最後，當液體到達某一溫度時，液體表面之蒸氣將會點火燃燒，此時之溫度，即稱為閃火點，也是液體釋放出足夠蒸氣與接近液體表面之空氣形成的混合物，所能引燃的最低溫度。

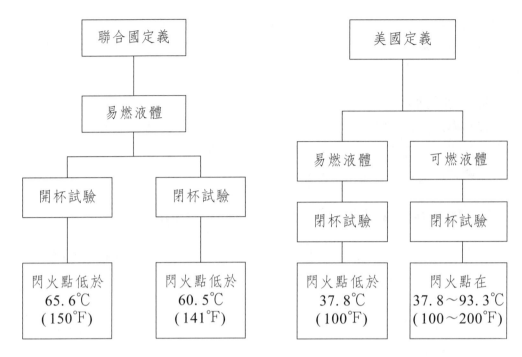

圖 2-3　聯合國與美國對易燃液體的定義

表 2-7 易燃與可燃液體例【88】

物質名稱	一般用途
易燃液體	
汽油（Gasoline）	燃料
乙醇（Ethyl Alcohol 或謂 Ethanol）	燃料、溶劑和消毒劑，也用於製取其他化合物（酒類、塗料、製藥溶劑）
甲苯（Toluene）	可用於製造噴漆、有機化合物。
丙烯腈（Acrylonitrile）	製造橡膠、塑膠、紡織纖維等原料
苯＊（Benzene）	有機化合物之合成
環氧乙烷（Ethylene Oxide）	薰蒸劑、各種有機化合物之合成原料
可燃液體	
燃油（Fuel Oil）	燃料
柴油（Diesel Oil）	燃料
斯托達德溶劑（Stoddard Solvent）	溶劑

＊環保署列管之毒性物質。

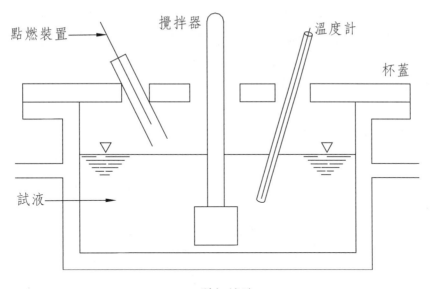

(a) 閉杯試驗

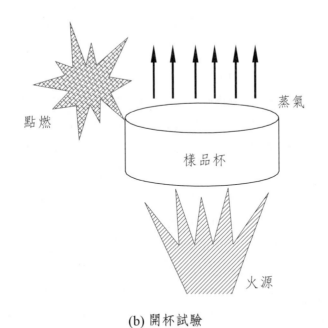

(b) 開杯試驗

註：開杯試驗之閃火點約高於閉杯試驗之閃火點 5～10℃

圖 2-4　閃火點開杯與閉杯試驗

閃火點與沸點（Boiling Point）不能混淆，沸點是當液體蒸氣壓等於大氣壓時（760mm 或 14.7psia）的液體溫度。液體的沸點通常高於它的閃火點。至於自燃溫度（Auto-ignition Temperature）係指液體無須藉助外界之火源而能自行引燃之最低溫度。丁烷（Butane）[98] 之閃火點為 −73℃，沸點為 −0.48℃（1atm），而自燃溫度為 287℃。

意外注意事項如下所述：

在容器內的易燃液體或氣體，遇有火源時，可能會導致爆炸的危險，產生所謂「沸騰液體膨脹氣體爆炸」（Boiling Liquid Expanding Vapor Explosion, BLEVE）。

BLEVE 是當液體溫度大於其大氣壓沸點溫度時，液體達到沸騰狀態，氣體體積逐漸增加而膨脹，進而從密閉容器中急速衝出釋放，同時使得液滴與蒸氣上升形成氣雲，一旦遇到火源就會引燃，形成爆炸與火球的一種劇烈現象。

大部分 BLEVE 案例都與易燃氣體有關，這是因為有很多易燃氣體是以液化型態儲存或運送。明火是造成 BLEVE 的最重要因素，盛有液化氣體的容器若遭火源加熱，就會使液體沸騰。且液化氣體容器之安全閥壓力設定值通常較高，而容器之結構強度此時很可能已大大地減弱，結果經常導致在安全閥打開、急速釋放氣體時，容器就爆開了。

圖 2-5(a) 至圖 2-5(g) 是 BLEVE 發生順序示意圖[20]，說明如下：

在工廠裡，一輛罐槽車正將儲槽內之丙烷灌裝於儲槽體中〔圖 2-5(a)〕。在此操作過程中，突然於管線的某一點發生外洩，由於風向，丙烷蒸氣蔓延至槽車〔圖 2-5(b)〕。丙烷接觸到火源，並同時產生火舌回燒的現象〔圖 2-5(c)〕。槽車內的液體被外面的火焰加熱，使得槽內蒸氣壓增加。結果槽體之壓力安全閥被打開了，但槽體底部的火源持續對液態丙烷加熱〔圖 2-5(d)〕。由安全閥釋放出來的氣體亦被引燃。火焰及其所釋放出來的熱，使得槽殼不僅變得紅熱，其結構也更加脆弱，特別是與火舌接觸的部分，而槽體內之壓力亦持續地增加〔圖 2-5(e)〕。槽體由於受到加熱和壓力上升的影響，結構繼續減弱，而後造成槽體材質的破裂。這將使得液態丙烷快速降壓，大量的蒸氣被釋放出來並迅速引燃〔圖 2-5(f)〕。由燃燒中的氣體所產生的力量，引起槽體進一步破裂，然後槽車整個爆破並斷成兩截〔圖 2-5(g)〕。

以上所描述的整個程序，可能不到 10 分鐘就完全發生。在爆炸時，整個槽車碎片可能飛射至意外現場外數百公尺之遠的距離。BLEVE 通常伴隨著垂直方向的大火球，及水平方向的燃火現象。

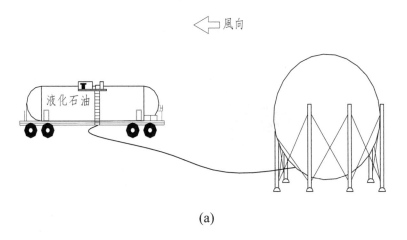

(a)

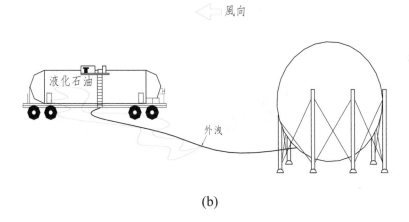

(b)

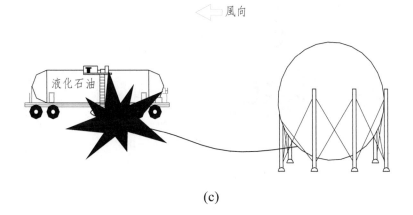

(c)

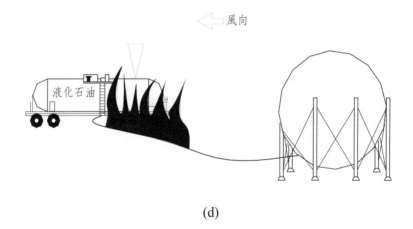

(d)

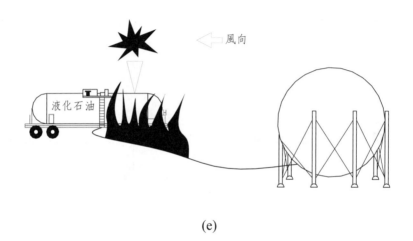

(e)

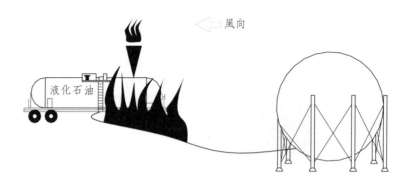

(f)

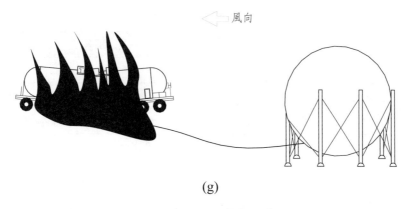

(g)

圖 2-5　BLEVE 過程示意圖

如果載運有包裝之易燃液體的車輛（非鐵道桶槽車或公路槽車）發生意外時，應該假設該包裝已經破裂並有液體外洩，極有可能導致火災的發生，這一點很重要。蒸氣的出現，一般可由化學物的獨特氣味察覺。在安全許可內，應將車窗與車門打開使其通風，車輛或易燃液體包裝應小心移至安全的地方，遠離火源。火源的移除，對因應員的安全而言，是絕對必要的。

應以化學性相容的吸收劑，如泡沫、泥土、沙土或其他特殊的吸收劑，完全覆蓋在洩漏出來的易燃液體上。

要特別牢記在心的是，容器內的易燃氣體或液體，當火災發生時，會有爆炸的危險，極可能引起 BLEVE。不論 BLEVE 的危險出現在何處，疏散程序必須及早考量。除非能及早以「大量的水」朝向容器噴灑，否則這些容器都很有可能破裂。

2.3.4　第四類：易燃固體、自燃物質、禁水性物質

1. 4.1 組：易燃固體（**Inflammable Solid**）

易燃固體極易點燃並劇烈燃燒，如經摩擦可能導致失火者，自行反應或強烈放熱反應即有爆炸之虞者，或未經足夠稀釋之鈍化爆炸物均屬此類（CNS）；表2-8 是易燃固體例。

表 2-8　易燃固體例

物質名稱	一般用途
赤磷	火柴的製造、老鼠藥
萘＊（Naphthalene）	驅蟲劑、染料
三硝基甲苯（TNT）	軍用彈藥、工業染料、工業用照相藥品的中間產物

註：萘（Naphthalene）又謂臭樟腦、石腦油精，遇明火、高熱易燃；與強氧化劑，如
　　鉻酸酐、氯酸鹽和高錳酸鉀等接觸，會發生強烈反應，引起燃燒或爆炸。[112]

　　磷在 86 ℉或以上的溫度下，與空氣接觸會引發自燃反應，並產生腐蝕性的
五氧化磷蒸氣。一旦吸入少量五氧化磷蒸氣，就可能導致嚴重的傷害，所以應避
免吸入此一物質。

2. 4.2 組：自燃物質（Spontaneously Combustible）

　　此類物質在運輸時，可經由間接的火花或火燄點燃，或易於自燃發熱，或暴
露於空氣中時，容易造成溫度上升而著火（CNS）；表 2-9 是自燃物質例。

表 2-9　自燃物質例

物質名稱	一般用途
油性棉屑	紡織廢棄物、紙類製造
燒製成的纖維製品	棉農用、載運業用

　　黃磷亦稱白磷，當暴露於空氣中，會發煙並引燃。雖然它的自燃溫度是
30℃，但當與氧反應所產生的熱，卻已足夠造成引燃。白磷通常是儲存在水面
下，以防止其與空氣的接觸。

3. 4.3 組：禁水性物質（Dangerous When Wet）

　　禁水性物質與水汽接觸或與水相互作用，會釋放大量易燃氣體並起火燃燒
（CNS）。遇到火源時，易燃氣體會點燃，且水分愈多，愈可能引發強烈的火
災。一些物質在沒有火源的情況下，也可能會燃燒或爆炸。表 2-10 是禁水性物
質例。

表 2-10 禁水性物質例

物質名稱	一般用途
金屬鈉	汽車燃料抗震劑化合物的製造、靛藍染料、不起閃光的街燈
碳化鈣	乙炔原料、肥料製造

外洩注意事項說明如下：

(1) 易燃固體：易燃固體外洩時，要對外洩物採取隔離措施，並防止容器或物質進一步攪動；因為空氣和水氣都會影響這類危害物的穩定性，所以與其隔離是極為重要的。

(2) 自燃物質：磷暴露於空氣中，會被點燃。含磷之桶槽於意外時，一旦蓋子被掀開，就可能起火燃燒。應以濕沙滅火；以堤圍堵燃燒中的磷，以免過度對桶槽加熱，否則暴露的時間過長可能造成劇烈破裂。外洩的磷可以暫時將它掩埋，並覆以泥巴。要注意的是，燃燒後的磷轉變成磷酸，成為一種腐蝕性物質。[107]

(3) 禁水性物質：鈉是屬於禁水性的易燃固體，會與空氣中的水汽反應，生成金屬的氫氧化物及氫氣。在反應過程中，會釋放大量的熱並引燃氫氣，造成爆炸。運輸時，以氮封形式由槽車運送。石灰或氮氣可做為這些物質之滅火材料。水、二氧化碳、四氯化碳、泡沫或任何其他濕式滅火劑，包括鹵化物或海龍（Halons）不得作為滅火劑；因為這類物質會與鈉產生強烈反應或起火燃燒。如果鈉容器破裂外洩，可使用乾蘇打、乾沙、乾鹽、乾石灰或其他乾燥的惰性物質覆蓋。不論使用那一種滅火劑，都必須是乾性的，在某些情況下，也許讓鈉反應消耗，是保護環境最好的方法。

鹼性鋁暴露在空氣或水汽之下，會快速分解。海龍滅火劑在處理此類事件上，可能沒有什麼效果。二氧化碳可用來窒息小火的燃燒，不過一旦二氧化碳逸散後，再點燃的情況將會發生。乾沙、蛭石或石墨常用來熄滅大火的燃燒。

2.3.5 第五類：氧化性物質與有機過氧化物

1. 5.1 組：氧化性物質（Oxidizing Substance）

氧化性物質本身並不易燃，但因內含大量的氧，很容易釋放出氧氣，引發其他物質燃燒（CNS），例如硝酸銨肥料。表 2-11 是氧化性物質例。但要注意，有些物質雖不含氧，卻能「氧化」其他分子，例如甲烷能在氯或氟中燃燒或被氧化，其情況如同在氧中燃燒一樣。氯、氟和溴均屬此類化學物質。

表 2-11　氧化性物質例

物質名稱	一般用途
硝酸	肥料、爆炸物、硝酸有機化合物、蝕刻金屬
硝酸鉀與硝酸鈉	炸藥、肥料
次氯酸鈣	游泳池殺菌劑
過錳酸鉀	木材防腐劑、除臭劑、漂白劑、消毒劑
過硫酸銨	漂白劑、染料
三氧化鉻 * （Chromium trioxide）	漂白劑、染料
氯 * （Chlorine）	漂白劑、染料、殺菌劑

＊環保署列管之毒性物質。

2.5.2 組：有機過氧化物（Organic Peroxide）

含有兩價之 -O-O- 結構的碳氫化合物，稱之為有機過氧化物。這類物質很不安定，具易燃性，可能會因反應放熱而加速物質的分解。此外，此類物質可能兼具易於爆炸分解、快速燃燒、對撞擊或摩擦敏感、會與其他物質產生危險反應、導致眼睛的傷害，以上等一項或多項性質（CNS）。

表 2-12 是有機過氧化物例。有機過氧化物比無機過氧化物更具危險性，因大部分有機過氧化物都是不穩定的，若受到撞擊會分解形成自由基，並立刻反應形成其他自由基等等。當自由基的消滅無法趕上它們的生成反應時，就會造成爆炸。

表 2-12　有機過氧化物例

物質名稱	一般用途
苯甲醯過氧化物（Benzoyl Peroxide）	塑膠聚合
過氧化十二醯（Lauroyl Peroxide）	塑膠聚合

外洩注意事項說明如下：

(1) 氧化性物質

在國外，某些氧化物包括硝酸、混酸（硫酸和硝酸的混合液）、過氯酸和過氧化氫，一般是以鐵路桶槽車的型式運送。

若載運氯酸鹽的槽車發生意外事件時，要特別小心，避免因摩擦或與酸類接觸而造成點燃的機會。氯酸鹽若與有機物混合，可能會形成易燃性混合物；與硫酸接觸，則容易引發起火或爆炸。

無機過氧化物會與水反應，釋放氧及足夠的熱量，並可引燃其他物質。

氧化劑含有氧，所以在加熱時會變得不穩定，且會分解產生氧，大部分的氧化反應都會伴隨著大量熱的釋放，而這些熱能已足夠引燃可燃物質。

固態的氧化物若與易分解的可燃物質混合，可能就會引起極劇烈的燃燒。發生意外時，如果有必要將槽車內的氧化物移走，應由熟知此類危險特性，並具有專業能力的人員為之。

(2) 有機過氧化物

有機過氧化物無論是液體或固體，都容易分解而釋放出氧和熱，助長火災情勢的擴大。當此類物質開始分解時，不但會釋放大量的熱，也有可能釋出有毒氣體，例如：過氧化二苯甲醯（Dibenzoyl Peroxide，過氧化苯）。有機過氧化物提供了火災必備的氧氣與燃料，其所造成的潛在危害大小，依有機物與氧化物的混合效應而定。

長時間暴露於火或熱中，有機過氧化物的容器可能會引起爆炸。

液態的有機過氧化物較不易被點燃，但是一旦被點燃，將迅速燃燒，造成危害。固態的有機過氧化物較易被點燃，點燃後亦會迅速燃燒，若與易分解的可燃物質混合，可能會形成爆炸性混合物。

某些有機過氧化物是以冷凍的型式運送，若冷凍失效，物質可能分解而釋放出足夠的熱能，起火燃燒。

現場的隔離與防護，可能是初步因應員最審慎、最重要的行動。

2.3.6 第六類：毒性物質

1. 6.1 組：毒性物質（**Poisonous Substance**）

毒性物質係指一旦吸入、食入或與皮膚接觸，能導致嚴重的傷害，甚至死亡之物質（CNS），表 2-13 是此類物質例。

表 2-13　毒性物質例

物質名稱	一般用途
苯胺	染料、墨汁
四乙基鉛	汽油的抗震化合物
巴拉松	殺蟲劑
氰化鈉	熱處理工廠、電鍍廠
氯仿（三氯甲烷）	溶劑、薰蒸劑的製造
丙烯腈 *（Acrylonitrile）	各種高分子原料、有機合成原料
四氯化碳 *（Carbon Tetrachloride）	溶劑
丙烯醯胺 *（Acrylamide）	合成染料、膠帶
六氯苯 *（Hexachlorobenzene）	有機合成、木材防腐劑

環保署所列管之毒性物質。

　　IMDG Code 依毒性的大小，將包裝類別區分如表 2-14 所示，CNS 亦採用類似的毒性程度分級。其中 LD_{50} 表示「毒物半數致死劑量」，定義為：試驗動物群在一定的化學物劑量（mg/kg）下，觀察 14 天，能造成半數（50%）試驗動物死亡的劑量，單位為 mg/kg，分子為物質之量，分母為試驗動物的體重。LC_{50} 表示「毒物半數致死濃度」，是指在固定濃度下，暴露一段時間（通常為 1～4 小時）後，觀察 14 天，能造成半數（50%）試驗動物群致死的濃度，單位為 ppm。同樣的，登載 LC_{50} 數據後，亦要註明試驗動物的種類及暴露時間。

表 2-14　IMDG Code 毒性分級與包裝類別

包裝 類別	LD_{50}（口服） mg/kg	LD_{50}（皮膚吸收） mg/kg	LC_{50}（one hour） 粉塵／液滴 （dust/mist）mg/l
I	$\leqq 5$	$\leqq 40$	$\leqq 0.5$
II	>5～50	>40～200	>0.5～2
III 固體	>50～100	>200～1,000	>2～10
液體	>50～500	>200～1,000	>2～10

資料來源：IMDG Code, Vol. IV IMO, 1998.

IMO 依 LD_{50} 之大小，將毒性分為 0～4 共五級（表 2-15）。

2.6.2 組：感染性物質（Infectious Substance）

感染性物質係指含有公認或懷疑對動物或人類造成疾病之微生物或其毒素之物（CNS）。危害通識規則自民國88年起，將本分組（毒性物質III分組）刪除。

表 2-15 IMO 依 LD50 之毒性分級

等級	說明	LD50（mg/kg）
4	高度危害（Highly Hazardous）	5
3	中度危害（Moderately Hazardous）	5～50
2	低度危害（Slightly Hazardous）	50～500
1	幾乎沒有危害（Practically Nonhazardous）	500～5000
0	沒有危害（Not Hazardous）	5000

外洩注意事項說明如下：

因為第 6.1 組的物質可能經由吸入、食入或皮膚接觸而導致傷害或死亡，所以事先的預防措施，防範不必要的暴露是非常重要的。

即使在外洩現場，有個人防護裝備（PPE）與空氣監測儀器可使用的情況下，暴露於毒素的危險仍有可能會發生，所以因應人員要了解毒素對人體所造成的影響。

當工作環境中危害物質濃度低於八小時的時量平均容許濃度（TLV-TWA），人員可以不必配戴供氣式裝備，但必須經常監測這個區域，以確保濃度並未升高。在外洩現場，發生濃度上升的可能性相當高，因此許多因應小組都會利用一個安全的濃度範圍來考慮不穩定的環境，也就是說，假如某一種外洩物質的 TLV-TWA 是 20ppm，則不需任何防護的濃度值，可設定在 5ppm。當污染物於空氣中的濃度無法被確定時，則須使用供氣式呼吸器做適當的防護。

2.3.7　第七類：放射性物質（Radioactive Substance）

放射性物質係指物質自發性地與連續性地釋放出某特定的輻射種類：α 射線（Alpha）、β 射線（Beta）、中子射線（Neutron）、γ 射線（Gamma）、X 射線，其放射性比活度（Specific Activity）大於 70KBq/kg 者（CNS）。CNS 是引用聯合國《橘皮書》的定義。這些輻射可能會傷害到健康，但無法以任何人體的

感覺（包括視覺、聽覺、嗅覺、觸覺等）偵測出來。這種輻射可能只能以某些適當的偵測器才能測得出來，而其所能偵測到的輻射劑量，遠比傷害健康的輻射劑量要低得多。表 2-16 是此類物質例。Bq（貝克）與 Curie（居里）之說明見本章後面「討論 16」。

表 2-16　放射性物質例

物質名稱	一般用途
碘（放射性）	醫療服務
鈷（放射性）	醫療服務、工業用 X 光照片
鈾	核能發電的燃料元素
鈽	核能發電用

比活度（Specific Acticity）係指放射源的放射性活度與其質量之比，即單位質量所含某種核素的放射性活度。

意外注意事項說明如下：

這類意外事件，需要初步因應員立即採取措施，禁止所有接近現場的行動。只有在滅火或急救受害者時，才可接近容器與物質，但要盡量減少本身停留的時間，盡可能遠離現場，位於上風處。

2.3.8　第八類：腐蝕性物質（Corrosive Materials）

腐蝕性物質一旦與生物組織接觸時，會引起化學反應而導致嚴重的傷害，或一旦洩漏時，會導致其他物品或運輸工具之損壞、損毀，並可能造成其他危害（CNS）。

某些腐蝕性物質可能如水一般，無色且無味或淡味；某些物質可用水稀釋以減低腐蝕度；某些物質可能會與其他物質反應而生成煙霧。這些物質不會燃燒，但會導致嚴重的環境危害。

工業界上所使用的物質有很多是具腐蝕性的，任何腐蝕性的固體或液體物質，都可能或已知會對人體皮膚或其他物質產生傷害。

腐蝕性物質（表 2-17、表 2-18）可分為兩大類：酸和鹼。酸和鹼的程度可由刻度 1 ～ 14 得知，也就是 pH 值。pH 值 7 代表中性物質；大於 7 代表鹼性物質；小於 7 代表酸性物質。

表 2-17　腐蝕性物質（酸性）例

物質名稱	一般用途
硫酸	化學製程用、製造業用
硝酸	肥料、爆炸物、合成纖維、金屬蝕刻
氫氯酸	焊接、電鍍鐵、生產家庭用清潔液
氯化鐵溶液	染料或顏料的製造

表 2-18　腐蝕性物質（鹼性）例

物質名稱	一般用途
氫氧化鈉	石油產品的純化，肥皂、紙漿及紙類的製造
氫氧化鉀	軟性或液態肥皂的製造
鹼性電池液	電池

強腐蝕性的物質比腐蝕性物質更容易引起二次問題，包括腐蝕性／毒性蒸氣的釋放、熱量的產生、氧氣的釋放等等。

這些二次影響的最好例子就是硫酸，例如濃硫酸與少量的水混合，將會放出大量的熱，並產生煙霧與腐蝕性／毒性氣體；假如硫酸外洩在有機物質上，則可能引發點燃的機會；若外洩在金屬上，則可能產生氫氣和熱，導致火災與爆炸。許多其他的強腐蝕性物質都會有類似反應。

外洩注意事項說明如下：

因應員必須要知道所運送的物質不論是強酸、強鹼或弱酸、弱鹼，都可能導致身體的傷害。無論強腐蝕性或弱腐蝕性物質，都可能與其他物質反應，而生成毒性煙霧／起火燃燒。

身體一旦接觸到腐蝕性物質時，應立即以大量的水沖洗至少 15 分鐘，然後再尋求醫療上的協助。如果此一動作能在被污染時立即行動，則極可能避免或減低對受害者所造成的傷害影響。

避免吸入腐蝕性物質的蒸氣，因為這可能會導致嚴重的呼吸疼痛，而這些效應可能會延續數個小時或數天後才會發生。

2.3.9 第九類：其他危險物質（Miscellaneous）

第九類其他危險物質，係指危害物質特性所產生的危險，無法歸類於上述第一類至第八類之物質或物品者（CNS）。表 2-19 是本類危險物例。

表 2-19　其他危險物質例

物質名稱	一般用途
活性石灰	鐵和鋼的生產、農業用
木絲	包裝物質
磁性物質	磁性設備
家庭清潔用品	可於藥店、雜貨店與硬體商店購得
多氯聯苯＊（UN. No.2315）	變壓器、電容器
石綿＊（UN. No.2590、2212）	絕緣材料

＊環保署列管之毒性物質。

2.4　易燃液體之分類

美國國家消防協會（National Fire Protection Association, NFPA）將易燃液體（Flammable）與可燃液體（Combustible）依其易燃特性，分為 Class I、Class II 與 Class III 等三組。

Class I 液體係指閃火點（閉杯）在 37.8℃（100 ℉）以下，且在 37.8℃時，其蒸氣壓不超過 40psi 之易燃液體。這類液體一旦大量釋放到大氣中，可能產生大體積之氣體，特別是像汽油、丙烷（Propane）、丙烯（Propylene）、乙烷（Ethane）、乙烯（Ethylene）和丁烷（Butane）等揮發性高的液體，其所涵蓋之危害區域很大。

Class II 液體的閃火點（閉杯）為 37.8℃以上，但在 60℃（140 ℉）以下。這類液體一旦被加熱到閃火點以上，其所產生之蒸氣爆炸濃度範圍很靠近釋放點。例如柴油和一些煤油（Kerosene），當其被加熱到閃火點以上，所產生之蒸氣量很少。

Class III 液體係指閃火點（閉杯）在 60℃或以上者。這類液體一旦釋放，其所涵蓋的危害區域非常小，非常靠近釋放點。

一般而言，Class I、Class II 和 Class III 這三類液體由於有不同之蒸氣壓，因此有不同之蒸發率。在某已知之溫度下，Class I 之蒸氣壓高於 Class II 和 Class III；Class II 之蒸氣壓高於 Class III。一旦釋放到大氣中，這些蒸氣將涵蓋不同之地面距離。

2.5 危險物品特性排序

某一種危險物品也許具有多重危險特性，至於何種為主特性？何為次要特性？其排列順序可依下列原則[88]，在前者為較重要之特性：

(1) 放射性物質。

(2) 毒性氣體或毒性液體（I 分組）。

(3) 易燃氣體。

(4) 非易燃氣體。

(5) 易燃液體。

(6) 氧化物質。

(7) 易燃固體。

(8) 腐蝕液體。

(9) 毒性液體或固體（II 分組）。

(10) 腐蝕固體。

(11) 毒性液體或固體（III 分組）。

2.6 危險場所之分類

所謂危險場所（Hazardous Location），係指可能產生易燃性液體、易燃性蒸氣／氣體或可燃性粉塵，進而可能導致爆炸性混合物之場所。NEC（National Electrical Code）根據危害物質的存在情況，將工作場所歸納為下列三大類：

(1) 第一類場所（NEC Class I）：本類場所之易燃性氣體或蒸氣濃度，可能大到足以產生爆炸性或可點燃性之混合物。

(2) 第二類場所（NEC Class II）：本類場所具有可燃性粉塵。

(3) 第三類場所（NEC Class III）：本類場所具有容易點燃之纖維或飛揚物，但其懸浮於空氣中之量，足以產生可點燃性之混合物。

每一種易燃性蒸氣／氣體或可燃性粉塵，一旦爆炸都可能產生很大超壓

（Overpressure）。NEC 根據各種易燃物的爆炸特性，而將它們分組：第一類危險場所，易燃性物質分為 A、B、C 和 D 等四組；第二類危險場所，可燃性粉塵分為 E、F 和 G 等三組。這些組合相當重要，因為它提供我們選用防爆（Explosion-proof）器材，以及選用防止空氣中塵埃被點燃（Dust-ignition Proof）之器材的依據；每一組防爆工具代表不同之防爆強度。

第一類場所依據其危害程度，又可分為第一級（Division I）和第二級（Division II），來代表危險程度。第一類之第一級危險場所，係指該場所空氣中之可燃性氣體或蒸氣，經常達到可點燃的濃度；而第二級危險場所係指可燃性氣體或蒸氣「偶爾」出現，代表無立即危險狀態。決定危險程度後，才能決定選擇何種電氣工具，以達到某種安全或可接受安全之狀態。所以說，危險程度是用來量度所欲使用之電氣工具類別；而工具類別是用來量度安全程度。表 2-20 是兩個分級劃分之準則。

表 2-20　第一類危險場所各分組劃分準則

第一級（Division I）	第二級（Division II）
• 密閉空間，且常常有外洩發生或常常打開（污染源）。 • 密閉但未充分通風。 • 逐漸增加的磨損。 • 一旦故障，會同時造成電氣工具的失敗。 • 能造成早期點燃（Early Ignition）。	• 密閉但並非經常外洩或打開。 • 通風良好。 • 沒有逐漸增加的磨損。 • 一旦故障，不會同時造成電氣工具之失敗。 • 不會造成早期之點燃。 • 鄰近第一級場所，且第一級場所會產生可點燃性氣體或蒸氣。

2.6.1　防爆電氣設備

如前所述，第一類危險場所的危險程度是以「危險狀況」（Dangerous Condition）和「非立即危險狀況」（Remotely Dangerous Condition）來表示，亦即所謂「第一級」（Division I）和「第二級」（Division II）危險區。這種劃分提供了選擇防爆工具的依據，如果屬第一類危險場所的第一級區，就必須選用防爆器材，如果是第二級區，可採用能夠提供可接受安全程度的非防爆器材。

【討論】

1. 試指出依《道路交通安全規則》、《危險物與有害物標示及通識規則》與《毒性化學物質管理法》，危險物品分別叫做什麼？

2. 依中國國家標準（CNS）何謂毒性氣體？並試舉一例。

3. 《道路交通安全規則》第幾條規範危險物品之運輸？

4. 聯合國有一本報告叫做《橘皮書》（Orange Book），它是由那一個委員會研擬的？其內容主要是針對什麼？試說明之。

5. 國際海上危險物品運輸，主要受到那一個國際準則的規範？

6. 試指出聯合國危險物品的圖式系統設計目的。

7. 依《中華民國國家標準》（CNS），何謂易燃氣體？非易燃氣體？並試各舉一化學物為例。

8. 何謂閃火點（Flash Point）？其與沸點（Boiling Point）和自燃溫度（Auto-ignition Temperature）有何不同？

9. 根據 NEC 規範（National Electrical Code），何謂第一類危險性工作場所？第二類危險性工作場所？第三類危險性工作場所？

10. 試說明 NFPA 的 Class I、Class II 與 Class III 三類易燃液體之定義及其特性。

11. 名詞解釋：

    (1) 閃火點（Flash Point）。

    (2) LFL 與 UFL。

    (3) BLEVE。

    (4) LD_{50}。

    (5) LC_{50}。

    (6) NFPA。

    (7) IMDG Code。

    (8) 易燃範圍（Flammable Range）。

    (9) Orange Book。

    (10) 爆炸範圍（Explosive Range）。

12. 填入以下危險物品的九大類分類號碼：

    (1) 毒性氣體 (2.3)。

    (2) 爆炸物 (1)。

    (3) 易燃固體 (4.1)。

    (4) 腐蝕性物質 (8)。

(5) 氧化性物質 (5.1)。

(6) 其他危險物質 (9)。

(7) 放射性物質 (7)。

13. IMDG Code

國際海事組織 IMO（International Maritime Organization）早期名稱為 IMCO（Inter-Governmental Maritime Consultative Organization，政府間海事諮詢組織），於 1959 年 1 月成立。IMCO 成立後的首要工作之一就是召開會議，去修改 SOLAS 1948。SOLAS 1960 於 1965 年生效實施，同年，IMO 依據 SOLAS 1960 之第 56 項建議，研訂並公布了第一版的《國際海運危險物品規範》（IMDG Code），使得危險物品海上運輸有了國際協議。IMDG Code 每兩年定期修訂一次。危險物品海上運輸文件、包裝與容器應依 IMDG Code，使用其所認可之危險物品名稱，並標示其所對應之 UN. No.。 [100]

14. 海上生命安全國際準則（SOLAS）

1912 年 4 月的鐵達尼號（Titanic）遊輪慘劇，船上 1,500 多人喪命，促使國際認識到使用國際協議來管理海事之重要性。兩年後，第一次國際會議接受了第一次的《國際海上生命安全準則》（International Convention for the Safety of Life at Sea, SOLAS），即所謂的 SOLAS 1914。後來 SOLAS 經過數次修訂，SOLAS 1960 到 1965 年才生效實施 [110] 。

15. 化學品全球調和制度（GHS）

GHS（Global Harmonized System）是聯合國為降低化學品對勞工與使用者健康危害及環境污染，並減少跨國貿易障礙，所主導推行的化學品分類與標示之全球調和系統。GHS 施行後，將可提供國際上通用且容易理解的危害通識系統，不僅可提升對人類健康及環境保護，並可節省跨國企業製作標示及物質安全資料表的費用與時間。目前聯合國已於 2003 年 4 月公布 GHS 之系統文件初版內容，並於 2008 年於全球展開實施；APEC 會員體將在自願性的基礎上展開推動，我國自 2006 年起已透過跨部會推動方案，於 2008 年開始，分階段展開 GHS 分類標示及物質安全資料表的實施。相關介紹於本書第 9 章有進一步說明。

16. 貝克（Bq）／居里（Ci）

最不複雜的活度（Activity）「單位」是以每秒衰變的數目（Number of Disintegration Per Sec, dps）來量測。一個「dps」表示平均每秒有一個放射性原子核將轉變或衰退；於國際單位系統上（SI），這個單位叫著貝克（Bq），它相

當於一個「dps」。「Bq」的前身是「居里」（Ci），它們關係如下：

(1) Bq（貝克）= 1 衰變／秒。

(2) Ci（居里）= 3.73×1,010 衰變／秒 = 3.73×1,010Bq（貝克）。

這些單位量測輻射源之輻射線放出來的速率，但並不考量放出來之輻射線特性。在加拿大，「活度」的法定單位是貝克（Bq）；雖然如此，他們常常講的單位仍然是「居里」（Ci）。

貝克（Becquerel, Bq）是用來紀念法國物理學家 Heneri Becquerel；他發現鈾鹽之放射性，而與居禮（Curie）夫人同獲諾貝爾獎。他亦發現利用磁場使電子偏向，以及發現 γ 射線之存在。

17.危險品之分類與載運恕限值規定[118, 119]

美國紐約及紐澤西海底隧道對危險品之分類是採用美國交通部之分類規定，主要分為：可燃性液體（Combustible Liquid）、腐蝕性物質（Corrosive）、潮溼時具危險性之物質（Dangerous When Wet）、具爆炸性物質（Explosive Material）、易燃性壓縮氣體（Flammable Compressed Gas）、易燃性液體（Flammable Liquid）、易燃性固體（Flammable Solid）、刺激性物質（Irritating Material）、非易燃性壓縮氣體（Nonflammable Compressed Gas）、有機過氧化物（Organic Peroxide）、氧化劑（Oxidizer）、毒性物質（Poison Material）及放射性物質（Radioactive Material）等類。

載運恕限值則以危險物之特性加以分類：

(1) 完全禁止載運通行者，如具有爆炸性之物質及其他說明規定者。

(2) 有載運恕限值者，又細分為下列 11 類：

第 1 類：酸鹼液或燻煙劑，如醋酸（Acetic Acid）／ 1 加侖。

第 2 類：易燃性液體，如乙醇（Alcohol）／ 55 加侖。

第 3 類：壓縮氣體，如壓縮氧氣（Compressed Oxygen）／ 55 加侖。

第 4 類：腐蝕性物質，如鹽酸（Hydrochloric Acid）／ 120 加侖。

第 5 類：爆炸性物質，如信號器（Signal Device）／ 10 磅。

第 6 類：易燃性物質，如丙烯腈（Acrolein）／ 10 加侖。

第 7 類：易燃性固體，如有機金屬鈉（Sodium, Organic Metal）／ 30 磅。

第 8 類：氧化性物質，如過氧化氫（Hydroperoxide）／ 100 磅。

第 9 類：毒性物質，如硫光氣（Thiophosgene）／ 60 加侖。

第 10 類：放射性物質，如鈷（Cobalt）／不得載運進入。

第 11 類：其他規定者，如鉻酸鈉（Sodium Chromate）／ 2,000 磅。

　　　　上述 11 類規定中又有細分小節及詳細載運量。

　　(3) 不受限制者，非表列者及特殊規定者，例如氯化鈉（Sodium Chloride）。

【是非題】

1. 危險物品的圖式，如有不同之底色，就不應裝載在一起。　　　　　　**Ans**：（○）

2. 危險物品的圖式之所以設計為菱形，是因為我們周遭的菱形物品（或圖案）很少，可以很容易察覺出來。　　　　　　　　　　　　　　　　　　**Ans**：（○）

3. 易燃下限（LFL）是指能產生持續性燃燒，所需之最低蒸氣濃度。

　　　　　　　　　　　　　　　　　　　　　　　　　　　　　　　　　Ans：（○）

4. 易燃上限（UFL）是指能產生持續性燃燒，所需之最高蒸氣濃度。

　　　　　　　　　　　　　　　　　　　　　　　　　　　　　　　　　Ans：（○）

5. 易燃氣體外洩，要盡可能排除「火源」，例如進行交通管制，不讓外界車子駛近現場。　　　　　　　　　　　　　　　　　　　　　　　　　　**Ans**：（○）

6. 氣爆的產生，易燃氣體的濃度必須要在易燃下限與易燃上限之間。

　　　　　　　　　　　　　　　　　　　　　　　　　　　　　　　　　Ans：（○）

7. 液化氣體每一單位體積的液體蒸發，會變成 200～600 單位體積的蒸氣。

　　　　　　　　　　　　　　　　　　　　　　　　　　　　　　　　　Ans：（○）

8. 一種危險物品可能具有二種（或以上）之危害特性。　　　　　　　　**Ans**：（○）

9. 物質之閃火點越低越危險。　　　　　　　　　　　　　　　　　　　**Ans**：（○）

10. BLEVE 會導致爆炸和火球。　　　　　　　　　　　　　　　　　　**Ans**：（○）

11. 易燃氣體和易燃液體均可能導致 BLEVE。　　　　　　　　　　　　**Ans**：（○）

12. 第 2.3 類與第 6.1 類的圖式是骷髏頭。　　　　　　　　　　　　　**Ans**：（○）

13. 放射性物質是第 7 類。　　　　　　　　　　　　　　　　　　　　**Ans**：（○）

14. 易燃液體是第 3 類。　　　　　　　　　　　　　　　　　　　　　**Ans**：（○）

15. 第一類爆炸物分為六個組別，其危險度由 1.1 組至 1.6 組逐漸減少。

　　　　　　　　　　　　　　　　　　　　　　　　　　　　　　　　　Ans：（○）

16. 危險物品圖式貼在運輸車上時，一定要注意到背景（車）的顏色與圖式顏色之對照性，以便分辨出圖式。　　　　　　　　　　　　　　　　　　**Ans**：（○）

17. 任何化學物均有 UN. No.。　　　　　　　　　　　　　　　　　　**Ans**：（×）

18. 國際海上危險品運輸主要受到 IMDG Code 的規範。　　　　　　　**Ans**：（○）

19. 放射性物質可用人體的感覺偵測出它的存在。　　　　　　　　　　**Ans**：（×）

20. NEC Class Ⅰ Division Ⅰ 場所應選用防爆工具。　　　　　　　　**Ans**：（○）

【選擇題】

1. 氯具有下列那種危害特性　(1) 毒性氣體（2.3 組）　(2) 氧化性物質（5.1 組）與非易燃氣體（2.2 組）　(3) 以上皆是。　　　　　　　　　　　　**Ans**：(3)

2. 閃火點越高　(1) 越安全　(2) 越不安全　(3) 無關緊要。　　　　**Ans**：(1)

3. LC_{50} 值越低　(1) 越毒　(2) 越不毒　(3) 無關緊要。　　　　**Ans**：(1)

4. 閃火點就是　(1) 沸點　(2) 自燃點　(3) 以上皆不是。　　　　**Ans**：(3)

5. 某一槽車翻覆，有物質外洩，如果我們無法鑑定出外洩物名稱時，就要假設外洩物為　(1) 危害物　(2) 一般物質　(3) 無關緊要。　　　　**Ans**：(1)

6. 如何偵測到危險物第七類的物質　(1) 用視覺　(2) 用嗅覺　(3) 用偵測儀器。　　　　　　　　　　　　　　　　　　　　　　　　　　　**Ans**：(3)

7. Flammable 與 Inflammable 的意義　(1) 相同　(2) 相反　(3) 上述兩者皆可能。　　　　　　　　　　　　　　　　　　　　　　　　　　　　　　**Ans**：(1)

8. 大氣要具易燃性，必須存有　(1) 氧氣　(2) 燃料　(3) 上述兩者皆要。　　　　　　　　　　　　　　　　　　　　　　　　　　　　　　　　　**Ans**：(2)

9. 《道路交通安全規則》有關危險品之運輸規定是　(1) 第 84 條　(2) 第 74 條　(3) 第 64 條。　　　　　　　　　　　　　　　　　　　　　　　**Ans**：(1)

10. 《聯合國危險物品分類法》中，將危險物品分為　(1)6 大類　(2)8 大類　(3)9 大類。　　　　　　　　　　　　　　　　　　　　　　　　　　　　**Ans**：(3)

11. 依據《危險物與有害物標示及通識規則》，氧化性物質是　(1) 第八類　(2) 第五類　(3) 第六類。　　　　　　　　　　　　　　　　　　　　　**Ans**：(2)

12. 依據 NEC 規範，第一類危險場所第一級（NEC Class Ⅰ、Division Ⅰ）表示該區之易燃性氣體濃度經常達到　(1) 易燃範圍　(2) 非易燃範圍　(3) 易燃下限之下。　　　　　　　　　　　　　　　　　　　　　　　　　　　**Ans**：(1)

13. NEC Class Ⅰ、Division Ⅰ 場所的危險程度比 NEC Class Ⅰ、Division Ⅱ 場所　(1) 高　(2) 低　(3) 上述兩者皆有可能。　　　　　　　　　　**Ans**：(1)

第 *3* 章

重大危害設施與安全距離

3.1　一般說明

　　雖然有很多國家儲存和使用大量的危害物質，但這些國家對危害物質所施行的控制方法，彼此之間的差異可能很大——從很複雜的檢查和管制架構到有限的檢查方法。前者有賴於地方主管機關和中央主管機關的配合與協調；而後者往往將其工作重心集中於廠房結構安全的考量，忽略了操作上的重大危害。各國之間對危害物質的管制措施有這樣大的差異，原因主要有二點[6]：檢查員的經驗和訓練程度的不同，與各級政府可用於控制系統之資源的多寡。

　　如上所述，因此政府如何就有限的資源（人力與物力），來做有效的運用，是一項很重要的課題。重大危害（Major Hazard）與重大危害設施的界定，就是要使政府主管單位能將資源用在刀口上。

　　什麼是重大危害和重大危害設施（Major Hazard Installation）呢？重大危害控制系統包括那些要項呢？本章就國內外相關規定對此加以介紹，同時也介紹了歐盟與英國、巴西、加拿大、俄羅斯與美國對重大危害設施所衍生之安全距離問題。

3.2　重大危害控制系統

　　表 3-1A 與表 3-1B 是過去所發生的重大化學災害。1974 年英國 Flixborough 爆炸事件，導致 28 人死亡、89 人受傷，並造成鄰近工廠的房子大量受損；1975 年荷蘭 Beek 市的某一煉油工廠因乙烯（Propylene）外洩而爆炸，當場死亡 14 人。又 1976 年義大利的 Seveso 與 Manfredonia 的毒性化學物質外洩，造成暴露的民眾健康受害。上述這些事件可說是歐洲經濟共同體（European Economic Community，EEC）考慮控制重大危害設施的導火線[13]。

　　1984 年印度波帕爾市（Bhopal）的 MIC（Methyl Isocyanate）事件死了 2,000 多人，更促使世界銀行（World Bank）也採取類似 EEC 的措施，擬訂了鑑定重大危害設施的規範與《重大危害設施危害評估技術手冊》[13]。

　　過去這些重大意外（Major Accidents）的發生，引發了「重大危害」的概念，認為對某些工業活動，需要採取較一般的工廠作業，更嚴格的控制，以保護員工和鄰近居民的安全。這種控制構成了所謂重大危害控制系統（Major Hazard Control System）。

表 3-1A　重大毒性物質外洩案例 [6, 13]

毒性物質	死亡人數	受傷人數	日期	地點
光氣（Phosgene）	10	—	1950	Poza Rica,Mexico
氯（Chlorine）	7	—	1952	Wilsum,Germany
環己烷（Cyclohexane）	28	89	1974	Flixborough, England
乙烯（Propylene）	14	—	1975	Beek, Holland
戴奧辛（Dioxin / TCDD）	—	2,000*	1976	Seveso, Italy
氨（Ammonia）	30	25	1977	Cartagena, Columbia
二氧化硫（Sulphur Dioxide）	—	100	1978	Baltimore, Maryland, USA
硫化氫（Hydrogen Sulphide）	8	29	1978	Chicago, Illinois, USA
MIC（異氰酸甲酯）（Methyl Isocyanate）	2,000	200,000	1984	Bhopal, India

*600 人疏散，2000 人接受戴奧辛中毒治療 [85]。

表 3-1B　重大化災案例（加拿大 MIACC）

日期	地點	化學物與外洩量	型態	死亡人數
1990	Channel View, Texas（工廠）	石化物（Petrochemicals）	爆炸	17
1989	Saint-Basile-le-Grande, Quebec（儲存倉庫）	多氯聯苯 90,000 公升（Askarel w / PCBs）	火災 / 爆炸	0
1988	Memphis, Tennessee（陸上運輸）	丙烷（Propane）	爆炸	18
1988	Pampa, Texas（工廠）	丁烷及氧 10 公噸（Butane & Oxygen）	爆炸	3
1984	Mexico City,Mexico（煉油廠）	液化石油氣 200 公噸（LPG）	爆炸	500
1984	Bhopal, India（工廠）	異氰酸甲酯 40 公噸（Methyl Isocynate）	毒氣雲	3,300
1981	Montana, Mexico（鐵道運輸）	氯 90 公噸（Chlorine）	毒氣雲	29

日期	地點	化學物與外洩量	型態	死亡人數
1980	Port Kellog, Malaysia（儲存區）	氨及氧乙炔（Ammonia & Oxyacetylene）	爆炸	3
1979	Mississauga, Ontario（鐵路運輸）	氯及丙烷（Chlorine & Propane）	毒氣雲／爆炸	0
1978	Waverly, Tennessee（鐵路運輸）	丙烷（Propane）	爆炸	16
1976	Houston, Texas（陸上運輸）	脫水氨 20 公噸（Anhydrous Ammonia）	毒氣雲	4
1976	Seveso, Italy（工廠）	戴奧辛（TCDD）	毒氣雲	0
1975	Texas City, Texas（管道）	氨 50 公噸（Ammonia）	毒氣雲	0
1974	Flixborough, U.K.（工廠）	環己烷 30 公噸（Cyclohexane）	毒氣雲／爆炸	28
1973	St. Aimand-les-Eaux, France（陸上運輸）	丙烷 18 公噸（Propane）	爆炸	6
1973	Shinetsu, Japan（工廠）	氯乙烯 4 公噸（Vinyl Chloride）	爆炸	1
1973	Potchefstroom, S.A.（儲槽）	氨 38 公噸（Ammonia）	毒氣雲	18

　　世界勞工組織（International Labor Organization, ILO）認為一個重大危害控制系統，包括下列基本要項[6]：

　　(1) 重大危害設施的鑑定。

　　(2) 有關設施之設計、操作和危害特性資料。

　　(3) 工業活動的管理措施，例如安全政策、技術檢查、維修、員工訓練和意外調查等。

　　(4) 立法和管制措施。

　　(5) 緊急應變規劃。

　　ILO 認為[6] 重大危害控制系統的推動和實施，要以階段漸進方式為之；在每個階段之方案上，需要建立優先課題。先進國家的經驗顯示，如果不這樣做，

將無法在預期的期程上，達成既定的目標，隨之而來的是執行人員之士氣喪失。

3.3 重大危害設施的界定

找出重大危害，可說是進行重大危害控制系統的首要之務。那麼，什麼是重大意外呢？

歐洲共同體委員會（歐盟委員會，Council of European Communities）在 1982 年針對重大意外之危害，發布一項指導原則，又稱為《歐盟指導原則》（EC Directive）。該指導原則，將重大意外界定為[6]：

> 「由於一項工業活動的過程，未控制性發展所引發的大量釋放、火災或爆炸，有一種或多種危險物涉及此意外事件，導致對人（立即或稍後、位於建築物內部或外部）與環境構成嚴重危險」。

上述所謂「未控制性發展」（Uncontrolled Development）係指[13]事件發生得很快；可能超越一般所預期的操作範圍之外；顯示出只有很小的機會去進行預防措施；所需要的行動只是緊急因應。所謂對人構成嚴重的危險（Serious Danger to Persons），係指意外能造成死亡或健康的嚴重傷害，不論這種後果是立即的或是經過一段時間才產生影響；對「環境構成嚴重的危險」（Serious Danger to the Environment），係指[13]對空氣中、水中與陸上之動植物造成顯著的、長期的（但並不一定是不可恢復性的）影響，最後可能導致人類嚴重危險。

上述這些定義是很抽象、無法據以執行的。這種定義是所謂法律上的定義（Statutory Definition），因此歐盟據此定義，又擬定了一些準則，並根據準則，表列了合乎準則的化學物名字（附錄 2）。像這種把法律上的定義，轉換成可執行、運作的詞句，就是管制上的定義（Regulatory Definition）或謂實用上的定義（Substantive Definition）。

除了歐盟外，有許多國家包括加拿大和世界銀行，均對「重大危害」做出實用上的定義[13, 18]。基本上，實用上的定義是採用準則（Criteria）或列舉法（表列法，Listing），或兩者並用。以下說明歐盟和世界銀行之實用上的定義。

3.3.1 歐盟指導原則

《歐盟指導原則》是在 1976 年義大利謝維索（Seveso）的災害發生後，將不同國家的條例整合在一起，所以又稱《謝維索指導原則》（Seveso Directive），並自 1984 年開始實施。

為了鑑定重大危害設施，《歐盟指導原則》依據化學品的毒性、可燃性和爆炸性訂出一些準則。凡合乎這些準則的化學物，其量如果超過某恕限值（Threshold Quantity），就構成了所謂重大危害性化學物質（附錄 2）。當然運作此類化學物的設施，也就是屬於重大危害設施了。茲就《歐盟指導原則》所訂的準則說明如下 [8]：

1. 毒性物質（劇毒及毒性）

表 3-2 是能造成重大危害之劇毒物質及其毒性特性。所應注意的是，本準則與物質的儲存量無關，亦即無恕限值。

表 3-2　造成重大危害之劇毒物質準則（EC-Directive）

LD_{50}（口服）*mg/kg	LD_{50}（傷口吸收）**mg/kg	LC_{50}***mg/l
$LD_{50} < 5$	$LD_{50} < 10$	$LC_{50} < 0.1$
$5 < LD_{50} < 25$	$10 < LD_{50} < 50$	$0.1 < LC_{50} < 0.5$
$25 < LD_{50} < 200$	$50 < LD_{50} < 400$	$0.5 < LC_{50} < 2$

*LD_{50} 是由鼠口服。

**LD_{50} 是由鼠或兔經傷口進入體內。

***LC_{50} 是由鼠吸入，4 小時。

2. 易燃物質

易燃氣體：常壓時為氣態的物質，與空氣混合後變為可燃性；常壓時，沸點是 20℃或更低。

高易燃液體：閃火點（Flash-point）低於 21℃；常壓時沸點高於 20℃的物質。

可燃液體：閃火點低於 55℃，加壓時維持液態的物質；在特殊製程情況下，例如高溫高壓，可能造成重大危害事故。

3. 爆炸性物質

受火焰影響會爆炸的物質，或比二硝基苯（Dinitrobenzene）對震盪或摩擦更敏感的物質。

ILO 就《歐盟指導原則》所列出的重大危害物質，選出一些優先考慮的化學物（表 3-3），作為鑑定重大危害設施的依據。

表 3-3　鑑定重大危害設施的優先化學物（ILO）[8]

物質名稱	恕限值	EC 表列的順序碼
一般易燃性物質		
易燃性氣體	200t	124
高易燃性液體	50,000t	125
特殊易燃性物質		
氫氣（Hydrogen）	50t	24
環氧乙烷（Ethylene oxide）	50t	25
特殊爆炸性		
硝酸銨（Ammonium nitrates）	500t	146
硝化甘油（Nitroglycerine）	10t	16
三硝基甲苯（Trinitrotoluene）	50t	145
特殊毒性物質		
丙烯腈（Acrylonitrile）	200t	18
氨（Ammonia）	500t	22
氯（Chlorine）	25t	16
二氧化硫（Sulphur dioxide）	250t	148
硫化氫（Hydrogen sulphide）	50t	17
氰化氫（Hydrogen cyanide）	20t	19
二硫化碳（Carbon disulphide）	200t	20
氟化氫（Hydrogen fluoride）	50t	94
氯化氫（Hydrogen chloride）	250t	149
三氧化硫（Sulphur trioxide）	75t	180
特殊劇毒物質		
異氰酸甲酯（Methyl isocyanate）	150kg	36
光氣（Phosgene）	750kg	15

3.3.2　世界銀行

如同《歐盟指導原則》的規範，世界銀行對重大危害物質的界定，同時採用了準則法和表列法[13]。世界銀行認為，凡屬重大危害設施者，應進行重大危害評估。下面是它所用的準則：

1. 超劇毒物質（Very Acutely Toxic Substances）

表 3-4 的準則是用來鑑定任何劇毒（Very Toxic），且需要進行重大危害評估（Major Hazard Assessment）的物質。這些準則與物質的儲存量、製程或形成不必要的副產物之反應等無關。

「劇毒物質」的定義是：

(1) 符合表 3-4 第一列的物質。

(2) 符合表 3-4 第二列的物質，而且由於他們的物性與化性能使隨之而來的重大意外災害和第一列所提及的物質所引起的類似。

表 3-4　世界銀行重大危害物質準則 —— 超劇毒物質

LD_{50}（口服）* mg/kg	LD_{50}（皮膚吸入）**mg/kg	LC_{50}***mg/l
$LD_{50} < 5$	$LD_{50} < 10$	$LC_{50} < 0.1$
$5 < LD_{50} < 25$	$10 < LD_{50} < 50$	$0.1 < LC_{50} < 0.5$

*LD_{50} 是由鼠口服。

**LD_{50} 是由鼠或兔經皮膚進入體內。

***LC_{50} 是由鼠吸入，4 小時。

若 LC_{50} 的值是基於較短的暴露時間「t」，則 LC_{50}（4 小時）可依下式估算：

$$LC_{50} \text{ (4 hours)} = LC_{50} \text{ (t hours)} \times t / 4$$

2. 其他的劇毒物質（Other Acutely Toxic Substances）

此類準則與化學物運作量有關。表 3-5 是世界銀行所表列的劇毒物質及其恕限值，除了表 3-5 的物質，下列準則是用來鑑定其他的毒性物質，由於其物性及化性可能引起重大的意外事故，且其儲存或處理的量大於 1 噸。

LD$_{50}$（口服）*mg/kg	LD$_{50}$（皮膚吸入）**mg/kg	LC$_{50}$***mg/l
25 < LD$_{50}$ < 200	50 < LD$_{50}$ < 400	0.5 < LC$_{50}$ < 2

*LD$_{50}$ 是由鼠口服。

**LD$_{50}$ 是由鼠或兔經由皮膚進入體內。

***LC$_{50}$ 是由鼠吸入，4 小時。

表 3-5　劇毒物質及其恕限值（世界銀行）

物質名稱	量（噸）
光氣（Phosgene）	2
氯（Chlorine）	10
氟化氫（Hydrogen fluoride）	10
三氧化硫（Sulphur trioxide）	15
丙烯腈（Acrylonitrile）	20
氰化氫（Hydrogen cyanide）	20
二硫化碳（Carbon disulphide）	20
二氧化硫（Sulphur dioxide）	20
溴（Bromine）	40
氨（無水或重量百分比濃度大於 50% 的氨溶液）	60

4. 高反應性物質與爆炸物（Highly Reactive Substances and Explosives）

表 3-6 為具高反應性物質的運作量恕限值，超過此限值時，需作重大危害評估。除了表 3-6 的物質外，以下準則是用來鑑定具潛在爆炸之危害特性，與所儲存或製造的物質無關。

爆炸物即受火焰影響會爆炸的物質，或比二硝基苯（Dinitrobenzene）對震盪或摩擦更敏感的物質。

表 3-6　高反應性物質及其恕限值（世界銀行）

物質	恕限值（噸）
氫氣（Hydrogen）	2
環氧乙烷（Ethylene oxide）	5
環氧丙烷（Propylene oxide）	5
三級丁基過氧乙酸鹽（tert-Butyl peroxyacetate）	5
三級丁基過氧異丁酸鹽（tert-Butyl peroxyisobutyrate）	5
三級丁基過氧順丁烯二酸鹽（tert-Butyl peroxymaleate）	5
三級丁基過氧異丙基碳酸鹽（tert-Butyl peroxy isopropyl carbonate）	5
二基過氧碳酸氫鹽（Dibenzyl peroxydicarbonate）	5
雙三級丁基過氧丁烷〔2,2-Bis（tert-butylperoxy）butane〕	5
雙三級丁基過氧環己烷〔1,1-Bis（tert-butylperoxy cyclohexane）〕	5
雙二級丁基過氧碳酸氫鹽（Di-sec-butyl peroxydicarbonate）	5
二氫過氧丙烷（2,2-Dihydroperoxypropane）	5
二正丙基過氧碳酸氫鹽（Di-n-propyl peroxydicarbonate）	5
丁酮過氧化物（Methyl ethyl ketone peroxide）	5
氯酸鈉（Sodium chlorate）	25
液氧（Liquid oxygen）	200
一般物質群（General Groups）	
有機過氧化物（以上並未列出者）（Organic peroxides）	5
硝化纖維化合物（Nitrocellulose compounds）	50
硝酸銨（Ammonium nitrates）	500

4. 易燃物質（**Flammable Substances**）

表 3-7 為易燃化學物類別與其恕限值。

表 3-7 易燃物質及其恕限值（世界銀行）

易燃性物質	恕限值(噸)
1. 易燃性氣體（Flammable Gases）： 氣體或混合氣體，在空氣中具易燃性，而且以氣體型態存在者。	15
2. 製程中所承受之壓力和溫度，高於常溫、常壓之液化氣體及易燃性液體： 物質或任何混合物，在空氣中具易燃性，其儲存溫度通常維持在其沸點（絕對壓力 1bar）以上，以液體型態或液體和氣體混合物型態存在，且其絕對壓力維持在 1.4bar 以上（例如 LPG）。	25
3. 冷凍液化氣體（Refrigerated Liquefied Gases）： 液化氣體或任何液化氣體之混合物，在空氣中具易燃性，其沸點低於 0°C（絕對壓力 1bar），通常以冷凍或冷卻方式儲存，其絕對壓力維持在 1.4bar 以下（例如 LNG）。	50
4. 高易燃性液體（Highly Flammable Liquids）： 不包括在上述1～3項內的液體或液體混合物，其閃點低於21°C者。	10,000

註：所謂絕對壓力（Absolute Pressure），即流體的真正壓力。

3.3.3 勞動檢查法

在台灣地區，依照《勞動檢查法》與《各類場所消防安全設備設置標準》，「危險性工作場所」這個用語取代了「重大危害設施」這個名詞。危險性工作場所之目的與重大危害設施類似，均是作為政府施政的重點，以有效運用資源。

《勞動檢查法》第 26 條明訂下列危險性工作場所，非經勞動檢查機構審查或檢查合格，事業單位不得使勞工在該場所作業。依法源之界定方式，下列項目應認定為危險性工作場所：

(1) 從事石油產品裂解之石化工業的工作場所。

(2) 農藥原體合成之工作場所。

(3) 爆竹煙火工廠及火藥類製造工作場所。

(4) 設置高壓氣體類壓力容器或蒸汽鍋爐；前者一日處理能力大於 100m^3 或

冷凍能力大於 20 公噸，後者熱傳面積大於 500m² 之工作場所。

(5) 製造、處置、使用危險物或有害物之數量，達表 3-8 及表 3-9 之規定數量之工作場所。

(6) 中央主管機關會商目的事業主管機關指定之營造工程工作場所。

(7) 其他中央主管機關指定之工作場所。

《勞動檢查法》第 38 條中規定，該法修正施行前已依法令設立，屬第 26 條所規定之工作場所者，亦屬危險性工作場所。故應於中央主管機關指定期限內，向當地勞動檢查機構申請審查或檢查合格；其目的不僅在於續行以往之檢查要求，建立整體符合法規安全衛生要求之工作場所作業前檢查制度，最重要的是，藉由審查／檢查事項之規定，促使事業單位自主地做好危險性工作場所安全管理，並以安全分析之技術，進行危險性工作場所之診斷，以找出並消弭各種危害潛因，確實做好職業災害之預防工作。

《危險性工作場所審查及檢查辦法》（104.08.04）規定有關審查或檢查事項。

依據《危險性工作場所審查暨檢查辦法》第 4 條規定，應經勞動檢查機構審查之危險性工作場所如下：

(1) 從事石油產品之裂解反應，以製造石化基本原料之工作場所（甲類工作場所），石油產品包括 LPG、汽油、輕油、航空燃油、煤油、柴油、燃料油；製造石化基本原料則指以乙烯、丙烯、丁二烯為主要產品者。

(2) 製造、處置、使用危險物或有害物之數量，達某特定數量者（表 3-8、表 3-9；甲類工作場所）。

(3) 中央主管機關會商目的事業主管機關指定之營造工程工作場所（丁類工作場所）。

(4) 從事合成農藥原體之工作場所（乙類工作場所）。

(5) 利用氯酸鹽類、過氯酸鹽類、硝酸鹽類、硫及硫化物、磷化物、木碳粉、金屬粉末等原料製造爆竹煙火類物品之工廠（乙類工作場所）。

(6) 從事以化學物質製造爆炸性物品之工作場所（乙類工作場所）。

(7) 設置高壓氣體類壓力容器或蒸汽鍋爐，高壓氣體類壓力容器其處理能力一日在 100m³ 以上或冷凍能力在 20 公噸以上，或蒸汽鍋爐其傳熱面積在 500m³ 以上者之工作場所（丙類工作場所）。

(8) 其他經中央主管機關指定之工作場所。

表 3-8　勞動檢查法危險物列管恕限值

危險物名稱			數量* （公斤）
中文	英文	化學式	
過氧化丁酮（甲乙酮） （濃度大於 60%）	Methyl ethyl ketone per-oxide	$C_8H_{16}O_4$	2,000
過氧化二苯甲醯 （濃度大於 90%）	Dibenzoyl peroxide	$C_{14}H_{10}O_4$	3,000
環氧丙烷	Propylene oxide	C_3H_6O	10,000
環氧乙烷	Ethylene oxide	C_2H_4O	5,000
二硫化碳	Carbon disulphide	CS_2	5,000
乙炔	Acetylene	C_2H_2	5,000
氫氣	Hydrogen	H_2	5,000
過氧化氫	Hydrogen peroxide	H_2O_2	5,000
矽甲烷	Silane	SiH_4	50
硝化乙二醇	Nitroglycol	$C_2H_4(NO_3)_2$	1,000
硝化甘油	Nitroglycerin	$C_3H_5(NO_3)_3$	1,000
硝化纖維 （含氮量大於 12.6%）	Nitrocellulose	$C_6H_7O_2(NO_3)_3$	10,000
三硝基苯	Trinitrobenzene	$C_6H_3(NO_2)_3$	5,000
三硝基甲苯	Trinitrotoluene	$C_6H_2CH_3(NO_2)_3$	5,000
三硝基酚	Trinitrophenol	$C_6H_2OH(NO_2)_3$	5,000
過醋酸	Peracetic acid	CH_3COOOH	5,000
氯酸鈉	Sodium chlorate	$NaClO_3$	25,000
雷汞	Mercury fulminate	$Hg(CNO)_2$	1,000
疊氮化鉛	Lead azide	$Pb(N_3)_2$	5,000
史蒂芬酸鉛	Triphenyl lead	—	5,000
丙烯腈	Acrylonitrile	C_3H_3N	20,000
重氮硝基酚	Diazodinitrophenol		1,000
其他中央主管機關指定公告者	—	—	中央主管機關指定公告者

* 包括製造、處理、使用；同一工作場所中，其製造、處理、使用危險物之場所間距在 500 公尺以內者，應合併計算其數量。

資料來源：《勞動檢查法施行細則》第 29 條（103.06.26）。

表 3-9　勞動檢查法有害物列管恕限值

有害物名稱			數量 *（公斤）
中文	英文	化學式	
黃磷火柴	Yellow Phosphorus match	P_4	1
含苯膠糊	Glue that contains benzene	―	1
二氯聯苯胺及其鹽類	Dichlorobenzidine and its salts	$C_{12}H_{10}Cl_2N_2$	10
a- 奈胺及其鹽類	α-Naphthylamine and its salts	$C_{10}H_7NH_2$	10
鄰一二甲基聯苯胺及其鹽類	O-Tolidine and its salts	$N_{14}H_{16}N_2$	10
二甲氧基聯苯胺及其鹽類	Dianisidine and its salts	$C_{14}H_{16}N_2O_2$	10
鈹及其化合物	Beryllium and its compounds	Be	10
四羰化鎳	Nickel carbonyl	$Ni(CO)_4$	100
β- 丙內酯	β-Propiolactone	$C_3H_4O_2$	100
氯	Chlorine	Cl_2	5,000
氰化氫	Hydrogen cyanide	HCN	1,000
次乙亞胺	Ethyleneimine	C_2H_4NH	500
磷化氫	Phosphine	PH_3	50
異氰酸甲酯	Methyl isocyanate（MIC）	CH_3CNO	300
氟化氫	Hydrogen fluoride	HF	1,000
四甲基鉛	Tetramethyl lead	$Pb(CH_3)_4$	1,000
四乙基鉛	Tetraethyl lead	$Pb(C_2H_5)_4$	5,000
氨	Ammonia	NH_3	5,000
氯化氫	Hydrogen chloride	HCl	5,000
二氧化硫	Sulfur dioxide	SO_2	1,000
光氣	Phosgene	COC_{l2}	100
甲醛	Formaldehyde	HCHO	5,000
丙烯醛	Acrolein	C_2H_3CHO	150
臭氧	Ozone	O_3	100

有害物名稱			數量 * （公斤）
中文	英文	化學式	
砷化氫	Arsine	AsH_3	50
溴	Bromine	Br_2	1,000
其他中央主管機關 指定公告者	—	—	中央主管機關 指定公告者

* 包括製造處理、使用；同一工作場所中，其製造處理使用有害物之場所間距在 500 公尺以內者，應合併計算其數量。

資料來源：《勞動檢查法施行細則》第 29 條（103.06.26）。

3.4 危害設施安全距離

印度波帕爾（Bhopal）意外事件顯示住宅區如果緊鄰工廠，有可能使得化學意外的後果嚴重惡化。就以前面所提到的義大利謝維索意外來講，也造成 600 人疏散與 2,000 人戴奧辛中毒治療[85]；因此住宅區、購物中心、學校與醫院等建築物應盡可能遠離儲存或避免使用大量危害物設施。

1996 年 12 月所發布之《歐盟指導原則》（Council Directive 96/82/EC）的目標，係預防重大意外的發生，以及一旦發生時，能限制其對生命與環境所產生之後果，以確保整個歐盟能得到一致性與有效性之高程度保護。本次指導原則又稱《謝維索第二次指導原則》（Seveso II Directive），要求會員國應就上述預防重大意外與限制，藉由其土地使用政策或其他相關政策，加以落實[85]。這是《謝維索第一次指導原則》（1982 年）所未涵蓋的。

在土地使用規劃上，安全距離之決定方法可歸納為三種[6, 85]：

(1) 後果影響分析法（Consequence-based Approach）。

(2) 風險法（Risk-based Approach）。

(3) 查表法（Look-up Table）。

1. 查表法

直截了當公布重大危害設施之安全距離，以供開發場所之依據。這種技術較普遍，但以相當輕微之意外而言，能提供完全保護；除此之外，對嚴重但很少發生的重大意外，提供非常有用（但並非完全）的保護。有很多規範已訂定儲槽之

安全距離（第 5 章）。

使用「查表法」的主要原則是，各類土地使用彼此「不互容」（Not Compatible），必須以適當的距離分隔之；至於分隔距離則完全取決於工業類別或危害物的種類和數量。

2. 風險法

廣義的風險評估（Risk Assessment），係指一套結構性步驟（Structured Procedure），用來定量或定性地評價（Evaluate）危害源所產生之風險程度；其評估範疇（Scope）是：分析工廠／設施（Establishment）之安全，與決定其對周遭人口、環境所帶來之風險[85]；其目標是促進安全與減少風險。風險評估法又謂或然率法（Probabilistic Approach）、或然率風險評估法（Probabilistic Risk Assessment, PRA）、或然率安全分析法（Probabilistic Safety Analysis, PSA）以及定量風險評估法（Quantified Risk Assessment, QRA）[85]；其目的是分析可能潛在意外的嚴重性，以及估計其發生的可能性（Likelihood）。評估發生之可能性的方法很多，從簡單的由相關資料庫（Database）選出案例，到應用複雜的分析工具，例如事件樹分析與故障樹分析（Event Tree and Fault Tree Analysis）。特別要強調的是，這些各種不同的風險評估法，不管是定量或定性的，其結果或許有所不同，但其範疇是相同的；風險評估的重點不在於其預測之絕對精確性，而是在於能不能示範出或改善工廠／設施之安全。

以定量風險評估來預測新開發處之風險，然後再進一步決定這種風險是否可被接受。本法往往須進行複雜之分析與計算；而且只適合於那些已採行重大危害控制措施的工廠[6]。

對於死亡之最大個別風險（Individual Risk），針對已經存在之重大危害設施而言，可訂為 10^{-5}／年；也就是說，住宅不得位於風險值大於 10^{-5}／年之距離內，但可作為農業用途。如果是新開發案，最大可接受風險可訂為 10^{-6}／年[85]。

3. 後果影響分析法

後果分析係針對意外的後果加以評估，而不對意外的可能性加以定量[85]。使用這種方法的主要理由是避免因為要將潛在意外的頻率加以定量，而產生的不確定性。各種後果分析技術在第 8 章有更詳細之介紹。

後果分析法常被用來界定最惡劣的情境（The Worst Scenario），其理由是，在最惡劣的意外中，如果有充分的措施可用來保護人口，那麼其他非最惡劣的意外，自然可以找到充分的保護措施。

後果分析在土地使用規劃上的應用，其定量的表達方式是安全距離（Safety Distance）[85]：

(1) 毒性釋放安全距離：決定相當於致命劑量（例如 $LC_{1\%}$）或嚴重受傷的距離。

(2) 火災熱效應安全距離：決定相當於能造成致命燒傷或嚴重受傷的熱輻射距離。

(3) 爆炸安全距離：決定相當於能造成致命或嚴重受傷的超壓（Overpressure）距離。

所謂 $LC_{1\%}$ 係指在暴露時間內，造成 1% 暴露人口死亡的氣體濃度。以最惡劣的情境下所發生的意外，來計算危害距離或範圍，政府單位在核可開發許可時，只限於危害範圍之外。本法的缺點是，最惡劣的情境，例如 100% 的內容物全部外洩出來的機率並不高，而所計算出來的危害距離卻可能有數公里之遙，嚴重影響土地資源之有效、經濟利用[6]。

3.4.1　美國安全距離

美國於安全距離方面係採用後果分析法，但要注意的是，其目的是針對緊急應變規劃以及對居民的溝通。

依據美國《空氣清淨法》（Clean Air Act）的化學意外預防條款（40 CFR Part 68 Chemical Accident Prevention Provisions），工廠所使用之列管化學物，其量超過恕限值者，應進行危害評估，包括廠外後果分析（Offsite Consequence Analysis），並將其結果列入風險評估計畫內（Risk Management Plan, RMP）。化學意外預防條款共列管了 77 種毒性化學物質與 63 種易燃化學物質。後果分析是依據最惡劣情境（Worse-case Scenario）以及至少一件其他意外情境。最惡劣情境界定為從容器或管線失敗之最大量內容物外洩，所導致的終點距離。

評估者應估計以最惡劣情境終點距離所劃之圓圈內的人口數，且報告敏感族群（學校、醫院等等）或環境敏感區是否位於圓圈內。工廠應將最惡劣情境、其他情境與人口分布資料報告在 RMP 內。這些資料就作為 US EPA 決策的依據，特別是在緊急應變規劃方面。

3.5　重大危害評估

由於重大危害設施有可能導致重大意外，因此要進行重大危害評估。所謂重大意外係指[13]：

(1) 火災所引發的熱輻射在工廠周界超過 $5kW/m^2$，其時間維持連續數秒之久者。

(2) 危害物質外洩量占世界銀行準則（第 3.3.2 節）所表列化學物恕限值顯著比例者，例如數噸的「其他毒性物質」類、數噸的加壓或冷凍易燃物質或數十噸的易燃液體。

(3) 反應性或爆炸性物質之爆炸，造成建築物或工廠損毀，結果導致數星期無法運轉。

3.5.1　評估目的

第 3.3.2 節介紹了世界銀行將構成重大危害設施的化學物質分成四大類，並訂出一些準則，同時也表列出合乎這些準則的化學物及其恕限值。它要求任何設施，凡其所運作的化學物，如果在它的表列名單內（所謂列管化學物），且其運作量超過其恕限值時，開發者應進行重大危害評估（Major Hazard Assessment），其目的是：

(1) 鑑定設施所使用的危害物質特性。

(2) 說明設施對安全操作所作之安排；可能導致重大意外之偏差（Deviation）之控制；現場之緊急步驟。

(3) 鑑定可能發生之重大危害種類及其後果。

(4) 用以宣示開發者已重視工廠活動所可能發生的潛在重大危害，並已考量到所採取之控制是否足夠。

3.5.2　製程安全資料蒐集

進行製程危害評估前，應蒐集製程安全書面資料。唯有如此，評估者才能了解化學物或製程的相關危害。製程安全資料包括化學物或製程危害之資料、製程所用之技術資料與製程所用之工具資料[101]。

(1) 化學物危害特性資料：毒性資料、允許暴露限值、物性數據、反應性數據、腐蝕性數據、熱與化學穩定性數據、不小心與其他物料混合之可預期危害效應。

(2) 製程技術資料：製程之流程、製程化學反應、溫度、壓力、流量或成分之安全上限與下限、偏差之後果分析。

(3) 製程之工具資料：工具材質、PIDs、釋放閥系統設計、通氣系統設計、相關設計規範、準則、安全系統，例如連鎖（Interlock）、偵測或壓制（Suppression）系統。

3.5.3 評估報告內容

一項重大危害評估報告內容宜涵蓋下列資料：

1. 所使用列管化學物資料

(1) 化學物名稱。

(2) 化學物的危害特性敘述。

(3) 如果化學物可以從反應容器分離出來，指出它的濃度、雜質及其百分率。

(4) 如果可能產生失控反應（Runaway Reaction），應詳細敘述，並將其後果加以說明。這個步驟也許要藉助電腦模式。

2. 設施資料

(1) 設施場址與其四周地圖。圖的尺寸大小應足以顯露出任何有助於評估與場址有關之風險／危害之任何特點。

(2) 須備場址位置比例平面圖，並於圖上標出所有大量庫存危害物質之量。

(3) 涉及危害物製程或儲存之敘述，以及正常運作情況之說明。

(4) 場址之可能最高人數。

(5) 土地使用特性資料以及鄰近人口數與分布。

3. 管理系統資料

(1) 負責工安與緊急步驟、以及通知政府主管單位等人員之名字，如果可能，其職務代理人亦應包括進去。

(2) 為確認安全操作所採取之措施是否已適當地設計、建構、試驗、操作與維護等所作之安排。

(3) 場地作業人員訓練之安排。

4. 與潛在重大危害意外有關之資料

(1) 重大意外之潛在源頭之說明，與可能導致某一重大意外之條件之敘述。

(2) 工廠流程，並顯示出與某一重大意外或其預防或控制有密切關係之特點。

(3) 為預防、控制降低任何重大意外之後果，所採取之措施之說明。

(4) 緊急釋放閥（Emergency Relief Valve）、洩料箱／槽（Blow-down Tank）、緊急洗滌系統、廢氣燃燒塔等設備尺寸之選用方法與其容量。

(5) 用以處理場地重大意外之緊急步驟之資料。

(6) 場地鄰近氣象資料。

(7) 可能暴露於報告中所提出之危害之人口數估計。

3.5.4　製程危害評估技術

製程危害評估要依據製程之複雜程度，而選用適當的評估技術，去鑑定、分析和控制製程之相關危害。如果設施有很多製程，那麼危害評估可依下列因子，建立評估之優先順序：

(1) 製程危害程度。

(2) 可能受影響之員工數。

(3) 製程老舊。

(4) 製程操作歷史。

《美國空氣清淨法》（Clean Air Act）於其意外預防條款（Accident Prevention Provisions）指定採用下列一種（或以上）之技術，去進行製程之危害評估[101]：

(1) 檢核表（Checklist）。

(2) 如果一結果分析（What If）／檢核表。

(3) 危害及可操作性分析（Hazard and Operability Studies）。

(4) 故障樹分析（Fault Tree Analysis）。

(5) 失誤模式與影響分析（Failure Modes and Effects Analysis）。

(6) 其他適當同等功能之技術。

【討論】

1. 製程安全評估報告書

依國內《危險性工作場所審查及檢查辦法》（101.07.13）第五條，製程安全評估報告書內容格式如下：

(1) 製程說明：

　a. 工作場所流程圖。

　b. 製程設計規範。

　　c. 機械設備規格明細。

　　d. 製程操作手冊。

　　e. 維修保養制度。

(2) 實施初步危害分析（Preliminary Hazard Analysis），以分析發掘工作場所重大潛在危害，並針對重大潛在危害實施下列之安全評估方法，實施過程應予以記錄，並將改善建議彙整：

　　a. 檢核表（Checklist）。

　　b. 如果—結果分析（What If）。

　　c. 危害及可操作性分析（Hazard and Operability Studies）。

　　d. 故障樹分析（Fault Tree Analysis）。

　　e. 失誤模式與影響分析（Failure Modes and Effects Analysis）

　　f. 其他經中央主管機關認可具有上列同等功能之安全評估方法。

(3) 製程危害控制。

(4) 參與製程安全評估人員應於報告書中具名簽認（註明單位、職稱、姓名，其為執業技師者應加蓋技師執業圖記），及該辦法第六條規定之相關證明、資格文件。

2. 試指出有那些國際組織對「重大危害」界定過？如何界定？

3. 試說明 EC Directive 如何界定重大危害（Major Hazard）。

4. 在界定危害物質上，常用準則法（Criteria）、列表法（Listing）或兩者並用，試說明這二種方法。

5. 在台灣地區，「重大危害設施」（Major Hazard Installations）這個名詞《依勞動檢查法》，又叫做什麼？試列舉一種這類工廠。

6. 為什麼我們要界定重大危害設施？

7. 試指出世界勞工組織（ILO）認為重大危害設施的控制系統應包括那些要項？

8. 名詞解釋：LC_{50}，LD_{50}。

9. 其化學物之 LC_{50} 為 100ppm（2 個小時），試依世界銀行之計算公式，估計該化學物 4 個小時之 LC_{50}。

10.試指出工廠安全距離之決定方法有幾種，並申論之。

【選擇題】

1. 歐盟和世界銀行均對所謂「重大危害」擬了一些準則，並表列一些合乎準則的化學物，這種界定名詞方法是所謂　(1) 法律上的定義　(2) 實用上的定義

(3) 上述兩者皆是。 **Ans**：(2)

2. 採用準則法來界定化學物，這種方法是所謂 (1) 法律上的定義 (2) 實用上的定義 (3) 兩者皆是。 **Ans**：(2)

3. LD_{50} 的單位為 mg/kg，kg 是 (1) 化學物的重量 (2) 試驗動物的重量 (3) 上述兩者皆非。 **Ans**：(2)

4. 火災熱輻射效應之安全距離的決定限值一般為 (1)$50kW/m^2$ (2)$5kW/m^2$ (3)$500kW/m^2$。 **Ans**：(2)

【是非題】

1. 重大危害設施的界定，有助於政府主管單位的資源有效利用。 **Ans**：（○）

2. 歐洲共同體委員會於 1982 年針對重大意外之危害發布了一項指導原則，又謂《謝維索指導原則》（Seveso Directive），或謂《謝維索第一次指導原則》（Seveso Ⅰ Directive）。 **Ans**：（○）

3. 《謝維索第二次指導原則》（Seveso Ⅱ Directive）之內容涵蓋土地使用規劃。 **Ans**：（○）

4. 危害評估之「後果分析法」（Consequence Analysis）對意外的可能性加以定量，亦即考量了意外之或然率（頻率）。 **Ans**：（×）

5. 「後果分析」（Consequence Analysis）在土地使用規劃或緊急應變規劃上，其量化的表達常藉助安全距離。 **Ans**：（○）

6. 危害物具爆炸性時，決定安全距離的危害限值是超壓（Overpressure）。 **Ans**：（○）

7. 危害物風險評估的重點是在其預測之絕對精確性。 **Ans**：（×）

第 4 章

工安評核制度

4.1　一般說明

　　工廠要執行持續性的經濟發展，一定要採用良好的環境與工安管理方法，而環境與工安評核（環安評核，Environmental and Process Safety Auditing）就是在先進國家逐漸被人認可的良好環境與工安管理方法之一。它是一種嶄新的管理理念，以有系統的方式，來評核公司的環安活動及其表現。

　　過去三十多年來，環安評核的概念和應用，在美國和加拿大私人企業快速成長。就企業類別而言[117]，它的使用者包括製造業、化學業、紙漿業、汽車業以及鋼鐵業等。一些大型公司例如 DuPont 和 Occidental，均有他們自己的環安評核方案，這是因為他們了解到藉由評核，公司可以「自動性」而不是「因應性」的方式去處理問題，去「期待和預防」那些可能使公司在社區中形象受損，甚至造成公司經濟損失的環安意外事件。因此，環安評核的作業也吸引了政府機關主管官署、工商協會、顧問公司、律師和學術界的注意。

　　加拿大聯邦政府於 1992 年起，要求所有聯邦機構都要執行環境評核的政策和程序。

　　本章說明環安評核的原理，及其在工安與環境管理系統上之應用[39-50, 117]。

4.2　評核的意義

　　根據《韋氏字典》（Webster's New Twentieth Century Dictionary）對「Audit」（評核）所下的定義是：「Examine and Check」（檢查和核對）。「工安評核」就是檢查和核對工安的活動或表現。在先進國家的私人企業界，他們認為環安評核乃是一種公司環境與工安的管理系統、控制和保護的自我檢討分析。就化學物質管理而言，工安評核涵蓋環境與工安兩個領域之評核，因為任何製程、儲槽的化學物質緊急工安事件，也往往會演變成環保事件。

　　圖 4-1 略示工安評核在管理週期（Management Cycle）中所扮演的角色。如圖所示，工安評核是檢查（Examine）和核對（Check）在週期中的每一階段之工安活動。值得一提的是，它的評核對象並不是只針對終端的表現，也包括導致終端表現的整個管理活動。在這一點上，工安評核就有點像內部的「會計評核」了。

　　其實工安評核可說是從「會計評核」演變過來的。後者是公司管理控制系統中的一個重要單元。它不僅僅要考慮到經費的收支平衡表，而且要評核這些與良好經費管理有關的作業。

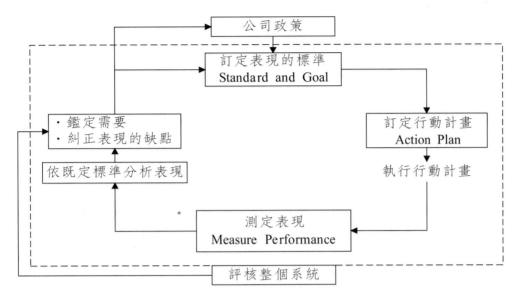

圖 4-1 評核在管理週期中所扮演之角色 [42]

利用「評核」措施,公司可以決定自己的經營是否按既定「政策」和「程序」;資源的利用是否有效率;公司的運作是否有達到既定目標。同樣地,利用「工安評核」,公司可以評核本身在工安與環保方面是否合乎政府法規、標準或規範的要求;或者是否合乎自己公司內部的工安與環保政策。

4.2.1 工安評核的基本活動

「工安評核」的目的可歸納為下列三種:

(1) 檢查和核實公司的作業是否遵守各級政府相關工安法規要求。

(2) 了解公司作業是否合乎公司的既定政策、程序和有關內部標準。

(3) 找出可能導致公司擔當責任的潛在工安與環境風險。

為達上述目的,「工安評核」作業的過程包括二個基本活動:「評估」(Assessment)與「核實」(Verification)。評估和核實就相當於前面所提到的《韋氏字典》對「Audit」所下的定義了。

所謂「評估」是指評核小組以其「專業」知識或意見來判斷工安管理系統是否具有足夠性和有效性;製程危害是否存在及其危害程度。在評估的過程中,其所考量的問題包括現有系統是否合乎公司資訊要求?例如意外時,有關人員是否能得到及時的通知?公司的政策是否能有效地轉知員工?有那些風險存在或可能

發生？

　　如果以試驗來決定公司的表現，這就是所謂「核實」的工作。更明確地講，它是用來示範或證實公司的作業是合乎相關工安／環境條例、公司政策、程序和良好管理措施，以及工安數據和報告是否正確。

　　「核實」的試驗工作可能包括經由各管理階層追蹤一份報告、操作設備的現場檢查和委請外界檢測機構進行的管線測漏工作。

　　當然「核實」的試驗結果，可能大大地影響評核小組的「評估」判斷。例如作業環境空氣品質如果合乎法規的要求，就可以作為工安控制的充分性指標。這表示「核實」和「評估」兩者之間，有其直接的關聯性。如以數學用語來講，在上述的情況下，「核實」相當於所謂「自變數」（Independent Variable），而「評估」是「他變數」（Dependent Variable）。一項有效的「工安評核」方案，應該同時含有「評估」和「核實」二種變數。

4.2.2　評核之定義

　　以上敘述已將環安評核的具體架構勾勒出來。美國環保署將環境評核定義為「公司對自己設施的操作和實務之符合環境保護要求情況，做有系統的、文件化的、定期的以及客觀的稽查」[49]，如圖 4-2 所示。有關美國政府之環境評核政策，後面將有更進一步之說明。

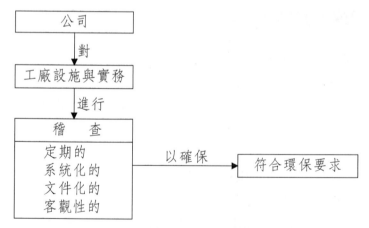

圖 4-2　美國環保署之環境評核定義[47]

　　《加拿大環境保護法》（Canadian Environmental Protection Act, CEPA）於1985 年 6 月正式生效實施。在 CEPA 之下，聯邦環境部在其執行與遵循政策（Enforcement and Compliance Policy）指出[44]：「環境評核是公司和政府機構自己內部的分析、探討（Evaluation），以確定合乎法規及公司自己內部政策與標準之要求，找出與法規相關的問題、管理系統上的缺點或風險所在」。

　　美國化學工程師協會（American Institute of Chemical Engineers, AIChE）認為，「製程安全管理系統評核（Process Safety Auditing）乃是一種工廠的正式回顧，依據已建立之相關標準找出製程危害，例如使用檢核表或其他評核指南，來檢查工廠設備」。該協會認為，製程安全管理系統評核〔Process Safety Management (PSM) System Auditing〕乃是：「製程安全管理（PSM）系統的回顧，用以證實這些系統的適用性及其有效實施」。顯然地，製程安全評核是有別於 PSM 系統評核。前者之活動僅僅著重於製程特殊危害的鑑定和分析，而後者是指整個管理系統之「評估」與「核實」，以確保例行之危害控制可以正常運作，產生預期之功能，亦即本章所謂之工安評核。

4.3　工安評核作業

　　工安評核是沒有標準化的方案[40]，因此甲公司發展出之評核方案不一定適用於乙公司；即使在同一種業別之中，也會因公司規模大小、員工人數、機器設備及原料使用等諸多因素之不同，而無法完全通用。所以，它必須依據每家公司設施所特有的危害風險以及內部管理系統的設計，加以研訂。

　　整個工安評核作業流程（圖 4-3），大致可分為三個階段：(1) 評核前之工作、(2) 現場評核、(3) 評核後之工作。

　　其中，評核前之工作包括評核組織和成員的選定、評核的規劃及評核前的準備工作。評核後之工作，包括撰寫評核報告與追蹤及回饋。特別要注意的是，各個評核階段中之分項工作雖有先後順序，但並不是絕對的，可視實際需要加以調整。

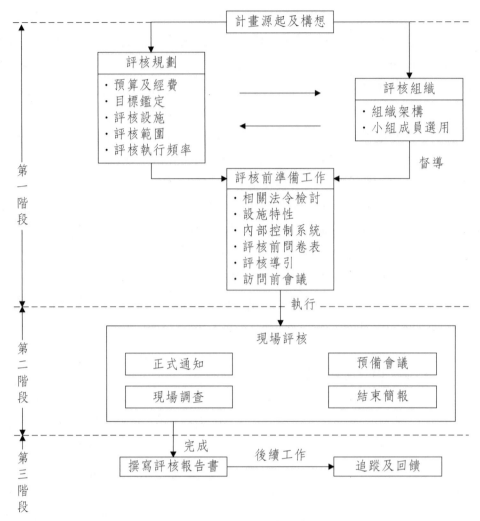

圖 4-3　評核作業之要項及執行流程

4.3.1　評核組織及成員

　　在評核工作開始前，首先必須完成的事就是如何成立評核組織及選定小組成員。評核組織的成立，主要考量是否完全由外界專家來執行評核工作，或是如果由公司內部單位負責，其評核組織如何定位的問題。至於評核小組成員的選定，則須考量成員應具有的專業知識與背景。

1. 由誰來執行

評核工作可由公司內部人員擔任，也可邀請外界的專家或由兩者組合而成。其優點各分析如下：

(1) 公司本身內部人員擔任之優點

a. 對公司之各項製程、運作、公司結構、歷史背景、財務狀況及內部控制系統等，舉凡有關公司內部之事務均較熟悉、清楚。這對公司長期發展及評核工作的持續性，會有莫大助益。

b. 如果由公司的長期發展或持續推動此項政策的著眼點來看，利用公司原有之內部人員，不僅培訓方便，而且在經費考量下亦較節省。

c. 公司本身人員，由於身處公司內部，對於人際溝通、協調意見及傳達指示方面，均較為容易。

d. 公司內部機密的維護較佳，因為評核工作難免會涉及公司諸多的商業機密，這對公司而言，絕對不容許外洩，故採用自己內部人員較能嚴守機密。

(2) 由外界顧問擔任之優點

a. 外界顧問受到公司內部支配或牽制之因素，相對地減少，因此較能有客觀、獨立之判斷。特別是對於評核後之建議事項，更能有具體的建言。俗語說「見樹不見林」，對於公司本身人員而言，可能只看到樹木，而未見到整片森林；但外界人士卻可以宏觀的視野，看到的不只是樹木而已，更可從外面見到整個森林，這是由外界顧問擔任評核小組人員或組長之優點。

b. 能有較新的技巧，注入新穎的觀念。大體而言，公司內部人員較易沿用老舊或未修改的法則，使評核工作進步有限，但由外界注入一股新的力量，將可加速評核工作及工安管理上的創新與改革，這對公司而言是一項寶貴的經驗。

(3) 由外界顧問與公司內部人員同時擔任的優點

聘用有經驗的外界顧問去設計和建立評核方案，並訓練公司人員去執行評核，一方面可兼有上述兩者之優點，使得評核工作之進展不但能夠再創新，又不失其「本土化」的精神。

2. 評核組織定位

評核組織如何在一公司內定位，最通常的考量問題是此評核組織與公司環安部門的關係及距離。事實上，如果不是全部委託外界專家來執行評核工作，一般公司的做法是將評核組織置於環安部門內，其主要考量是兩者之組織與工作性質的相近。

但也有其他不同的做法，例如將評核組織置於公司內部評核部門，其用意是視評核為公司內部「管理」的工具，而非單純的「工安或環境」管理工作。這樣的評核計畫便成為工安環保單位對環境管理之外的另一雙重稽查。評核組織也有置於生產部門之下的，這主要是反映生產部門必須為環境與工安管理負責的公司策略。至於將評核組織置於公司的法務部門，是因為有的評核工作牽涉到敏感的法律問題。

針對公司工安評核方案組織的設計，主要考慮的因素有工廠設施之數目、型態、所在位置、公司的組織結構和公司從前的環保與工安紀錄。不管用何種組織設計，要注意下列各點：

(1) 一個能控制及組織此工作之正式系統。

(2) 評核方案與其他組織或單位間之關係。

(3) 各組織或單位之聯繫與報告之程序架構。

(4) 工安評核小組及成員的角色與責任。

(5) 公司對內部評核人員訓練及再訓練的政策。

(6) 管理階層之責任。

3. 評核小組成員

評核小組成員的選擇，無疑是整個評核工作執行過程重要的項目之一。小組成員的能力、訓練、專長和熟練程度，將直接影響整個評核方案的品質。一般而言，評核小組成員不外乎由下列人士擔任：公司高層管理人員、工廠的工安環保主管或人員、公司法規人員、外界顧問、公司專業或具經驗的人員。

另外，評核小組成員若能來自不同專業領域、經驗及背景，則較能集思廣益，對評核工作會有很大的助益，例如包含會計人員、財務（內部）人員、工程師、環保及工安專業人員等，具有各種不同領域知識背景之人士。至於實際上要由那些人來組成，往往受到經費和人力資源的影響。基本上，評核小組成員應具備下列專長：

(1) 設施操作：小組的成員，應該至少有一人熟悉所要評核之設施特性。這點非常重要，因為這將對現場調查與操作人員之面訪溝通工作有很大的助益。小組成員可以選自公司內部，也可以來自外界專家。前者由於認識所要評核設施之員工及其操作，便更能深入地了解許多非正式的現行控制方法（技術上的和管理上的）。

(2) 工安法規：工安與環保可以說是一體兩面，因此評核小組成員不但要有

人熟悉相關的工安法規,而且也要知道環保法規,並將此方面的知識應用到評核工作上。評核工作不可避免地會面臨一些法律問題,例如污染排放是否符合規定,是否需要領有排放許可證等,這都需要有熟悉環保法規的人士參與這項工作。此外,對於公司本身的環保政策與規定,小組成員也應有人了解。

(3) 工安控制科技:評核成員應有人具有相當的科學、工程與技術背景,以便能找出潛在的工安危害與風險,這可能包括了環境與自然科學的領域,如環境科學、工業安全、化學工程、公共衛生與毒物學等。

(4) 評核程序:評核小組更應有熟悉評核工作之實際運作過程及其技巧的專業人士。這不但有助於工作的順利推展,且更能提高評核工作的效率,加速評核工作的早日完成。

(5) 溝通協調能力:人際溝通及組織協調能力的技巧也非常重要。由於在評核過程中需要接觸到許多不同層次與背景的人士,而且評核工作本身就是一種內部控制程序,需要蒐集許多資料及事實,因此有可能會得罪某些人。如何做好協調溝通工作,化解被評核單位不安之情緒,亦是評核工作中另一項需要努力的課題。

4.3.2 評核工作規劃

規劃一個良好的工安評核工作,需要考慮到很多法令、政策及相關的實務問題,包括公司預算經費的考量、計畫目標之界定、評核設施之選定、方案範圍(深度及廣度)、評核指南的建立及評核頻率等等。這些都是評核工作進行前,必須要確定的因素。

1. 公司預算經費

評核工作是公司本身內部控制制度之一,因此其運作當然要受到公司預算及財務上之限制。公司若在這方面有明顯的一定政策,則財務支應較無問題,否則就有賴公司高層管理人員的相互溝通、協調,才易獲得一致共識。

2. 評核方案目標

所謂「目標」,簡而言之,就是努力的方向,並期望能夠有所表現,得到成就、成果與滿足。評核方案目標的界定是非常重要的。有明顯的目標,才可使執行者有所依循,不致偏離方向;正確而明顯的目標對於評核工作的執行及效果,會有深遠且重大的影響。這些影響通常涵蓋了工安評核預算使用、設計、範圍與

其他的工作程序。

評核方案的目標應該盡量提早界定，且要能得到公司最高管理階層、環安部門及評核小組人員的共識。此外，工安評核工作之目標亦須與公司其他政策目標、公司企業文化、經營方向及環境管理哲學相契合。如此一來，工安評核工作才能落實，執行時才不易遇到阻礙。

下列是工安評核方案的可能目標：

(1) 符合各級政府法令規章。

(2) 符合公司政策與程序。

(3) 向管理階層提供工安管理與執行成效之保證。

(4) 改善公司上下職員之工安認知。

(5) 估計符合工安法規要求之費用。

(6) 確定未來工安工作所需支出成本及潛在節省費用。

(7) 鑑定工安風險，以便提早警告。

(8) 改善公司管理階層與生產操作部門之溝通。

(9) 提供比較各生產設備作業之機會，找出共同問題與其解決方案。

(10) 確保工安資訊的正確性，以作為內部管理、決策之參考依據。

(11) 提供改善公共關係之有力依據，顯示出公司「自身反省」與「自身檢討」的精神與態度。

(12) 評估目前員工之訓練計畫。

(13) 藉著減少環境污染問題，改善操作設備之整體環境表現。

(14) 加速環境管理及控制系統之全面發展。

(15) 避免產生公司或員工間的「責任歸屬」問題，以免受罰。

3. 評核設施

由於公司中之作業設施可能不是只有一座，因此應先決定那一個設施目前需要被評核。其中之主要問題是：是否此評核方案適用於每項工廠設施，或只是其中少數而已？再者，何種設施應被列入評核對象？選擇的標準及原則為何？未列入評核方案的設施，又是因為什麼因素而不被納入呢？

公司最終之政策目標，乃是評核公司中所有的設施，但可能因為技術性或其他考量，因而先行設立某種標準，依此先後對不同設備進行評核。這種取決程序的準則，應考慮下列因素：

(1) 對環境的潛在擾亂。

(2) 環境的敏感性。

(3) 員工的暴露程度。

(4) 與住宅區之距離。

(5) 設施大小。

(6) 原料、化學物與製程。

(7) 已存在之問題。

(8) 已知之風險。

(9) 過去評核經驗。

(10) 新的環保與工安法規要求。

事實上，設施的選擇常常是主觀性的考量，特別是當第一次選擇評核設施時，更是如此。有時候公司可能選擇狀況較佳之設施進行評核，以期能達到較好的成果，或掩飾其他部分設施的真正狀況，這是一種不正確的態度及做法。良好的工安評核工作，應該避免這樣的心態。

4. 評核範圍

評核的工作範圍，是指要被調查與檢討的領域或活動。基本上，工安是整體性的系統，它包括環境因素，污染物可從甲環境媒介轉移至乙媒介，因此環境污染不應被視為獨立的單項媒介，例如空氣、水或土地問題。因此評核範圍無論如何界定，都應反映出污染問題的「多媒介」本質。

另一方面，評核範圍依其層次，可分為對政府法規遵循的評核、公司政策與管理的評核，以及對工廠操作和物料的風險評核（圖 4-4）。對政府法規遵循的評核是最基本的層次，對潛在性風險的評核則是最廣泛與最高的層次。

對政府法規遵循的評核：合乎政府的工安法規是工安管理的首要工作，因此對政府法規遵循的評核，便應是評核的基本範圍。但必須注意的是，在現行的法律上，公司自主的法規遵循評核，並無法取代政府勞檢與環保單位的定期或不定期稽查。

I
潛在風險
（良好作業規範）

II
公司政策
與管理

III
法規要求

圖 4-4　工安評核範圍之層次

　　公司政策與管理的評核：為了做好對附近社區的責任負擔與提高公司的企業形象，有些公司的工安政策與規定是超越政府法律之要求，因此，對於公司本身政策執行的成效評核，便是評核範圍的第二層次。另外，此層次評核範圍也包括對於公司工安管理系統運作是否適當的評核。公司管理階層可藉此評核結果，了解公司政策和管理系統之推行狀況及可能必須修正之方向，以符合公司長期發展的利益。這些評核範圍如：公司政策與規定、內部控制系統、員工教育與訓練、預防維修、緊急規劃、社區認知。

　　製程和環境的潛在性風險評核：針對製程和環境的所有潛在性風險評核，應算是評核中範圍最廣的，也是最難以界定的。這些潛在性的風險，可能並非在政府或公司的工安要求管制範圍內，而必須靠評核者本身敏銳的專業常識予以評估。這些評核範圍如：

　　(1) 工廠設施的硬體設計不適當、維護不良或防護不當。

　　(2) 外力因素，例如地震、暴風或暴動對工廠設施的影響。

　　(3) 公司管理系統缺乏彈性，或者對各階層職責界定不清楚。

　　(4) 高壓氣體儲槽只有一個安全閥（此點違反了良好作業規範所需的兩個安全閥）。

5. 評核頻率

工安評核到底要多久才施行一次並無常規，通常是以定期方式實施，而非永遠就只有一次。定期評核的間隔時間，必須充分到有足夠的時間去做規劃、執行並進行相關修正措施；但亦不宜間隔太長，否則可能讓新的問題發生，且發展到不易修正的地步。一般而言，合理的評核間隔大約為 1～3 年。

另外政府環保或勞檢當局可能因毒性化學物質生產量、排放污染的潛在性或過去的重大意外事件等，將工廠設施列為重大危險性的設施。這樣的設施，自然就應考慮較高的評核頻率。

4.3.3 評核前準備工作

凡是要順利且有效率地完成一件工作，事前的準備工夫是不可或缺的。評核前的準備工作就是指在未正式執行現場調查前，先行準備的工作。一般而言，評核前準備工作（圖 4-3）包括下列各項：

(1) 工安法規要求：公司的作業是否符合法律規範要求，是評核的基本工作內容。新的工安法規與排放標準不斷地在修訂，因此每一次評核之前，都要適當地了解相關的工安法規，才能決定公司的作業是否合乎現行政府工安要求。

(2) 設施特性：若欲了解政府有關法令規定對該工廠設施之適用性，就必須先清楚廠內相關設施的特性，熟悉各製程區之技術操作，例如化學物質的儲存、輸入、反應過程、排放及處理情形和特殊的操作單元（如煙囪、廢氣焚化爐、管線、排放口及廢棄物處理系統等）。藉由了解這些設施本身特性與相關法規之要求，有助於建立工安評核之分析要項。

(3) 內部控制系統：公司內部控制是指公司用來引導、控制和檢查它的工安活動之方法、系統和程序；形式上可分為正式與非正式；其目的是要找出和防止與公司的政策、作業程序、既定目標與法規要求不相符合的情況。一般來說，在管理及行政上的措施算是一種「軟體」控制；而技術上、操作上的控制，則算是一種「硬體」控制。這些所謂「軟體」及「硬體」的控制系統對評核小組而言，都是必須了解的。

(4) 評核前問卷表：評核前的問卷表可用來蒐集所欲檢閱項目的之資料。它可以縮短蒐集資料的時間，並可據此對所欲評核的設施，進行初步的了解。這在第二階段的現場調查工作上，是一項相當重要的預備工作。評核前問卷表可採用不同型態的回答方式，以適合不同層次問題的需要，且期望能適切地回答問

題，提供有用資訊及建議。問卷的設計方式包括是非題、選擇題（單一或多重選擇）、簡答題、申論題等，以適應不同問題之需要與特性。

(5) 評核指南的編寫：對相關法規的要求、設施特性及內部管理系統有了了解，並完成評核前問卷表，就可以編寫一份很好的評核指南（Audit Protocol）。評核指南是工安評核當天用來導引評核者，執行評核的書面文件，類似的稱呼有評核檢核表（Audit Checklists）和評核指引（Audit Guide）。評核指南對工安評核者非常有用，它代表評核者想要完成的具體評核計畫，可作為評核小組成員間的工作分配、工作進度、摘要與記錄的基礎。一份設計很好的評核指南，也可用來訓練尚無經驗的評核者，減少評核小組領導者的督導時間。國外很多公司藉由評核指南來建立每次工安評核執行的一致性，尤其是當不同的評核小組執行評核計畫時。是非問答表（或稱檢核表）是評核上最常用的導引，附錄七是檢核表範例。

(6) 訪問前說明會：工安評核在進入現場調查前，需要召開一場或數場訪問前說明會，其目的主要是向管理階層及被評核單位介紹工安評核的觀念，使其對評核的目的、效益及程序等，能有初步認知。

4.3.4 現場評核

現場評核為整個工安評核過程中的核心。現場中的調查工作，主要為蒐集現場資料及審視相關之文件、檔案及紀錄。有很多方法可運用在現場調查工作上，例如：問卷表、檢核表、訪談、設施檢查、觀察、抽樣及測試等。

不同的業別或工廠，各有其不同檢查方法與程序，但都必須注意到，為使現場調查工作能有效地進行，應避免讓受訪廠長或操作人員有被調查之不安感覺而有意規避檢查。評核小組進行現場調查時，應盡可能讓這些人員參與，讓其以協助方式完成工作，這樣評核小組也可因此獲得較為確實之評估。現場調查工作大致可分為正式通知、評核前預備說明會、現場調查、結束說明會四個程序。

1. 正式通知

一般而言，在現場調查之前應預先正式通知受檢單位。雖然也有些人主張和實施「非預警式」的現場評核，讓受檢單位在無事前準備的情況下接受調查，但這應屬於評核一般規則中的例外情形。工安評核的精神不是在對工廠經理或作業線上人員打小報告，而是協助他們達成公司的目標及政府的法規要求，因此如果工廠經理人員覺得評核工作是在「幫助」而非「調查」他們時，便能較合作而主

動的指出問題重點所在。

但預先的通知也有可能讓受檢單元做「自我缺點清除」工作，因而減少評核應有的成效。雖然工廠設施應以最誠實的心態表現其正常的作業與程序，但受檢單位的「自我缺點清除」工作也有其正面效果。因為預先通知受檢單位，仍有助於提醒其定期保養、檢查，雖較傾向於被動的型態，但亦能提高其工安的整體表現。另外，事前通知被評核的設施時，也可避免影響工廠的正常運作。

正式通知和現場調查時間的間隔依公司而異，大約是 1～3 天，美國也有間隔時間高達數月之久的例子。

2. 預備說明會

現場評核的第一步是評核小組與現場設施相關員工的預備說明會。評核小組可利用這個機會，概述評核指南、目的及設施範圍，以及需取得的資料和如何取得。任何較特殊或關切的問題可在此互相討論。設施人員也可在說明會中，建議應面談那些作業員工以及最有效率之資料取得方式。

在說明會雙方人員也可藉此互相認識與熟悉，除了獲取共識促進配合之外，對下一步的現場調查工作的進行，也有不少助益。

3. 現場調查

現場評核的主要目的是求證評核前，由工廠記錄、報告、人員、問卷表或其他來源所蒐集的資料是否確實無誤。對前次評核報告要求的改進事項，應是現行評核檢閱的重點之一。現場評核的另一目的是蒐集新的資料，並記載評核前尚未確認之問題與現象。

現場調查的特點，視公司之評核目標、範圍、財務狀況、小組成員之專長以及評核前準備情況而異。然而其方法不外乎包括詢問、觀察、文件檢閱和測試等四種活動，每一種活動，都會產生不同但具有價值之資訊，公司可依本身需要，要求較詳盡之觀察或測試。當然工作愈多，也必須花費愈多的成本和時間。

4. 現場評核結束簡報

在現場調查工作結束後，要對設施職員（特別是主管人員）進行簡報。將初步的發現，例如設施的表現與目前管理與控制系統的效率告知他們。另一方面，簡報可提供設施管理者解釋的機會，也可藉此對評核過程中所發現之問題加以補充說明，如此將有助於評核小組準備最終的評核報告。

4.3.5　評核報告

評核小組必須將評核結果以書面報告給相關管理階層。評核報告書內容文字必須簡潔、明瞭與一致。評核報告因其目的、格式、內容和分發對象等之不同而變化很大。在整個評核過程，要就報告些什麼（What）、如何報告（How）、何時報告（When）以及向誰報告（Whom），做出很多決定。每一個決定，都會對工安評核方案的效果產生很大影響。

1. 報告書之目的

評核報告書主要的目的就是傳達評核的發現。報告內容一方面要能符合評核方案的目的和目標，同時也要能滿足公司各個管理層系的不同需要，例如公司上級主管所需之內容型式不同於工廠管理者的需求，因此報告書應盡可能兼顧雙方面之需求。報告書的另一個目的是作為修正措施的依據，評核報告鑑定出各項缺失，並將其轉告相關負責人員，以讓他們能採取修正措施。

2. 報告書內容

報告書內容當然為報告之主體，故需特別慎重。報告書和評核方案之最終價值，端視於將何種報告訊息傳達給何方人員。報告書內容應以簡潔、明白易懂之文字為主，一般而言，它要符合下列原則：

(1) 必須先行掌握公司的文化及管理哲學。

(2) 後續工作之陳述必須明確。

(3) 必須能提供足夠的背景資料。

(4) 切合實際，避免不必要的猜疑。

(5) 能有充分的證據及資料，足以支持評核結果。

(6) 避免過於極端的言詞。

報告書應能將工廠設施的優點與缺點，分別加以說明，它應找出哪些地方合乎法規要求，哪些作業與程序是適當的，並加以敘述；同樣地，哪些地方不合乎法規要求、作業與程序不適當的，也要加以指出。

3. 報告書用語

報告書的用字遣詞要非常小心。它必須能指出評核小組的發現和觀察，因此用語上不要超越這個範圍，否則易導致額外的聯想；不得有猜測的用語。表 4-1 是用語範例。

表 4-1　報告書用語範例

不當用語	適當用語
• 該廠沒有⋯⋯ （The plant does not have ......）	• 我們無法證實⋯⋯ （We were unable to confirm that ......） • 評核小組無法證實⋯⋯ （The audit team was not able to verif ......） • 工廠人員無法找出⋯⋯報告（資料） （Plant personnel were unable to locate copies of ......）
• 我發現⋯⋯是真的 （I found ...... to be true）	• 我們了解到⋯⋯ （We understand that ......） • 我們被告知⋯⋯ （We were told that ......） • 顯然地⋯⋯ （It appears that ......）
• 工廠合乎法律規定 （The plant is in compliance）	• 根據我們的評估，我們發現工廠合乎法律規定（On the basis of our review, we observed the plant to be in compliance） • 根據我們的評估，顯然地⋯⋯ （On the basis of our review, it appears that ......） • 根據檢查 × 資料（紀錄），發現⋯⋯ （On the basis of × records examined, it was found that ......）

資料來源：Arthur D. Little, Inc.

4. 報告書格式

　　工安評核報告書尚無標準格式。一則是歐美各國亦正發展之中，沒有一種公認的標準；再者，各業別乃至於各個公司、工廠，由於評核的範圍及項目、執筆人的不同，而有所差異。但若某公司已選定一種格式，則不妨繼續沿用，此有助於檔案之整理與管理。表 4-2 是報告書格式案例。

表 4-2　工安評核報告書格式例

1. 一般說明

   1.1　誰執行此評核工作？

   1.2　在何處執行此評核？

   1.3　何時執行？

   1.4　為何要執行？

   1.5　此次評核範圍（評核之範圍將包括何項？）

        —— 儲槽安全系統

        —— 裝卸作業

        —— 空氣污染排放

        —— 緊急應變規劃

        ——PCBs

        —— 其他

  **　注意：這部分應該是相當坦率的，在長度上，以不超過 1～2 頁為宜。

2. 摘要

  將主要的結果及建議事項，簡短地載於此執行摘要中。其長度以不超過一頁為原則，做為高階管理人員回顧及審視之用。

3. 評核發現

   3.1

     a.　活動／操作 —— 簡述在設施中發生的狀況（該設施具有三座易燃性化學儲槽，均為 VOC 之主要來源）

     b.　要求（需求）—— 簡述法令引用條文之要求

     c.　結果 —— 簡述在評核中所發現的問題（例如：在 A 號儲槽裝卸作業時，發現廠方未具備裝卸標準步驟，司機未使用輪檔）

   3.2　儲槽安全系統（如上述 a、b、c 部分）

   3.3　裝卸作業（如上述 a、b、c 部分）

   3.4　緊急應變規劃

   3.5　其他列為評核的範圍亦可列入

  **　注意：此部分包括許多不同的結果，長度不定，可能 5～20 頁。

4. 建議

   4.1　儲槽安全系統

     a. 建議儲槽操作員應接受裝卸操作和減少 VOC 排放良好訓練

     b. 建議應研擬適當的裝卸標準程序

  **　注意：上述建議針對在評核報告第 3 部分（評核發現）中，所提之各項改善建議；除此之外，其他的各種建議（包括違法事項或不符合政府規定者）等，皆可書於此。

5. 輔助數據和資料

  假如可能的話，可將分析資料、圖表以及照片等資料或資訊附於此，以為輔助說明。

4.3.6 後續工作 —— 追蹤及回饋

完成一本工安評核報告書並將其分發，工安評核的工作並非就此結束。任何一項工作，其目的均是問題的發現與缺失的解決，因此評核的全程計畫除了評核工作本身的進行之外，更應包括後續的各項工作，例如評核後之回顧檢討、正確評核模式之發展、改正措施之執行與評估等。總而言之，追蹤與回饋將是評核後續工作之重點。

評核的後續工作並非只是增加公司的麻煩，相反地，這項工作對公司助益極大。若只是做了評核工作，而忽略了它的後續工作，則原先的問題可能依舊存在，當下次再度評核時，缺點依然可能再度出現。因此，能從後續工作來改正缺失，這是評核後續工作的第二個好處。

但另一方面，隨著不同產業及公司組成型態等差異，後續追蹤之範圍、功能、形態及追蹤，程序正常化的程度亦會有些不同。有些公司非正式的後續追蹤是由工廠一些不具決策的管理人員所負責，公司上層人士並不視後續追蹤為其公司的固定政策而予以程序正常化。但大部分的公司，則發展出一套正式的後續追蹤程序，並由公司高級管理階層負責執行監督，使評核後續工作之推展更加容易進行和更有效率，因此原則上，後續追蹤工作應該予以程序正常化，在評核方案之初始，就應釐清每個單位在這方面的權責。

另一種後續工作是評估整個評核方案的成效，也就是所謂「評核此評核」（Audit The Audit）。「評核此評核」應由與原設計與執行此方案無關的人士執行，或由包括評核小組之各方人員表示意見，以使此「評核」更具客觀性。有些公司甚至對受評核單位發出問卷表，以決定被評核者與評核本身的意見，這對下一次評核計畫的修訂應有所助益。一般而言，後續評核實施的時間應等到原評核方案之影響顯現出來後，因此評核方案與後續評核之間隔時間，將因不同的方案而異。

在評估整個評核工作時，應檢討下列問題：

(1) 此評核工作是否已達到預期目的？目標是否實際、可達成的、清楚地界定，並被各方所了解？

(2) 評核目標是否合乎管理上的需要與公司的價值，並支持環安管理措施？

(3) 評核小組是否得到現場員工之合作？

(4) 評核小組成員人選是否適當，並符合可靠、可信和客觀的原則？

(5) 評核程序是否恰當？有否需修正的地方？那些程序的進行無助於達到評

核目標而需要調整？

(6) 評核說明書和程序是否清楚？是否有充分的證據去支持評核的發現？

(7) 資料的蒐集機制是否適當？是否確實為評核工作所需？

(8) 評核小組與各管理階層之間，是否建有正式的報告關係？

(9) 評核報告書是否適時？文字是否簡潔、明白且清楚地指出評核的發現呢？

總而言之，一項真正的評核應能準確地描述公司的工安狀況，以及關切之事件、及時的修正行動、風險的避免、公司管理階層對評核價值的認可、信賴與支持。

【討論】

1. 試說明評核（Audit）之意義。
2. 試繪圖說明管理週期的意義。
3. 試以管理週期來說明工安評核所扮演的角色。
4. 評核作業過程包括「評估」（Assessment）與「核實」（Verification）二個基本活動，試舉例說明這二個活動。
5. 製程安全評核（Process Safety Auditing）與 Psm 評核有何不同？
6. 試申論工安評核之範圍。
7. 試指出執行工安評核前，有哪些準備工作，並申論之。
8. 何謂評核指南（Audit Protocol）？有什麼用途，試申論之。
9. 評核報告書之編寫應注意什麼？試申論之。
10. PSM

PSM 係藉由 PDCA（Plan-Do-Check-Action，規劃、執行、查核與行動）的系統化管理模式，來進行辨識、評估「製程」可能發生的危害及風險，並採取有效的控制措施，將整體風險降低至可接受程度，以確保廠內外人員的安全與健康。依 OHSA 之 PSM，共有 14 個單元，如本書附錄 8 之介紹。

【選擇題】

1. 《韋氏字典》（Webster's New Twentieth Century Dictionary）對 Audit（評核）所下的定義為　(1)Examine（檢查）與 Check（核對）　(2)Confirm（證實）與 Discover（發現）　(3)Discuss（討論）與 Check（核對）。　　　　　**Ans：(1)**

2. 醫生取血液檢驗，這個動作相當於所謂　(1) 核實（Verification）　(2) 評估（Assessment）　(3) 上述兩者皆非。　　　　　　　　　　　**Ans**：(1)

3. 評估小組以「專業」的知識來判斷工安管理系統是否具足夠性和有效性，這種活動係指　(1) 評估　(2) 核實　(3) 上述兩者皆非。　　　　**Ans**：(1)

4. 製程安全評核係針對設施之　(1) 硬體設備　(2) 軟體措施　(3) 以上皆涵蓋所做之系統化、文件化之回顧。　　　　　　　　　　　　　　**Ans**：(1)

5. PSM 系統評核係針對工廠之　(1) 硬體設備　(2) 軟體措施　(3) 以上皆涵蓋，所做之系統化、文件化之回顧。　　　　　　　　　　　　　　**Ans**：(3)

6. 工安評核是　(1) 定期的與文件化的　(2) 定期的，但並非文件化的　(3) 客觀的、但不文件化的　工安回顧作業。　　　　　　　　　　　　　**Ans**：(1)

7. 「評核此評核」（Audit The Audit）宜由下列哪一組人士執行　(1) 與原評核方案之設計及執行無關之人士　(2) 原評核小組成員　(3) 上述兩者皆可。**Ans**：(1)

8. 評核過程的「現場調查」　(1) 要事先通知受檢單位　(2) 要進行「無預警」式調查　(3) 是否事先通知或無預警式無關緊要。　　　　　　　**Ans**：(1)

9. 評核報告書上的用語需能指出評核小組的發現和觀察，下列哪種用語是不佳的　(1) 我們無法證實……　(2) 我們被告知……　(3) 我們發現操作員無專業素養。　　　　　　　　　　　　　　　　　　　　　　　　**Ans**：(3)

第 5 章

危險物包裝容器

5.1 一般說明

　　包裝容器（Packaging）係指用於盛裝物質之容器（Container）而言，一般可概分為非大型包裝（非散貨包裝）與大型包裝（散貨包裝）等二種（NFPA）。本章所謂包裝容器（包裝），並不涵蓋工廠之固定式儲槽。有關儲槽介紹見第 6 章。英文 Packaging 這個字係指含 / 盛有物質之任何東西，因此它是指內容物之包裝或容器本身而言；而 Package 係指 Packaging 與其內容物之整體[21, 91]。

　　包裝容器的型式與大小，有助於鑑定容器之內容物特性[51]，例如圓筒形容器可能存放加壓之液體或氣體；具塞子的鼓桶是用於盛液體的，鼓桶上的蓋子可被取下，是設計用來盛固體的。從包裝容器的材質，可以提供內容物的線索。腐蝕性物質會侵蝕碳鋼（Carbon Steel），因此其在運輸上，是盛於塑膠容器內或備有塑膠內襯之容器內。採用非碳鋼之金屬容器，表示內容物具不尋常之危害特性；這種容器外表看起來是不尋常的薄，或者與碳鋼容器比較起來，可以感覺出不相同的地方。

5.2 非大型包裝容器

　　非大型包裝容器（Non-bulk Packaging）（或謂非散裝容器）係指容器之容量合乎下列準則者（NFPA, CMA）：

(1) 液體：內部容積等於或小於 450 公升（119 加侖）者。

(2) 固體：容量等於或小於 400 公斤（882 磅）者。

(3) 壓縮氣體：水容積等於或小於 454 公斤（1,000 磅）者。

　　非大型包裝可能是單一包裝（例如鼓桶、大玻璃瓶），或者由一個以上之內包裝和一個外包裝組合而成（例如玻璃瓶置於紙盒之內）。

　　本類包裝包括下列各種容器：

(1) 袋子（Bag）：袋子是軟性包裝，其材料一般為布、麻布、牛皮紙、塑膠。利用這種包裝運送的物質有水泥、肥料和農藥等物質。

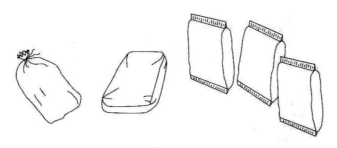

圖 5-1　綑綁式、摺疊膠黏式與縫線式袋子[21]

(2) 瓶子（Bottle）：瓶子一般用來裝盛液體和固體。製瓶子的材料主要為玻璃或塑膠，有時則以金屬和陶瓷做為製瓶材料。置於瓶內運送的物質有抗凍劑、實驗室試劑和一些腐蝕性液體等。

圖 5-2　外部具保護套瓶、塑膠瓶與玻璃瓶[21]

(3) 盒子（Box）：盒子常用來做為非散貨包裝的外層包裝，其材質包括硬紙板、木材、金屬、膠合板、塑膠等。有些盒子具有內部包裝，用於盛裝 1 ～ 9 加侖的電池液、實驗用試劑與路面柏油裂縫黏合劑。某些盒子本身含有內層包裝，其周圍鋪有吸收劑／橡皮墊襯，如蛭石（Vermiculite）等。

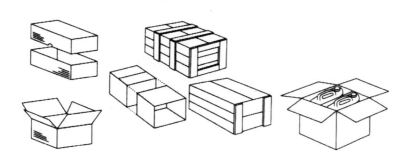

圖 5-3　硬紙盒、木質盒與分隔式硬紙盒[21]

(4) 多巢式包裝（Multicell Packaging）：多巢式包裝為可容納一個或數個瓶子的聚苯乙烯（Polystyrene）盒，裝載的物質為電子業所專用的化學物質，如氫氯酸、硫酸以及各種溶劑。

圖 5-4　多巢式包裝容器[21]

(5) 大玻璃瓶（Carboy）：大玻璃瓶用來盛裝液體，為玻璃或塑膠製，可能置於聚苯乙烯盒、木製條板箱或合板鼓桶內。瓶內所盛的物質，包括硫酸、氫氯酸和氫氧化銨等。

圖 5-5　聚苯乙烯包裝內之大玻璃瓶[21]

(6) 圓筒容器（Cylinder）：圓筒容器一般用於盛液化、非液化、已溶氣體或混合物，但有時也可用於盛裝液體或固體。圓筒容器往往又謂鋼瓶，其實它的構

材不一定是鋼。

圓筒容器又可分為下列三種型式：

a. 氣膠容器（Aerosol Container）：氣膠容器（圖 5-6）之材質包括金屬、玻璃或塑膠。內容物包括清潔劑、潤滑劑、油漆和化妝品等。

b. 冷凍（絕緣）鋼瓶〔Cryogenic（Insulated）Cylinders〕：冷凍（絕緣）鋼瓶（圖 5-6）的材質，包括一個絕緣的金屬瓶與一個防護用的金屬外殼，其內容物為冷凍液體，如氟、氦、氮和氧等。

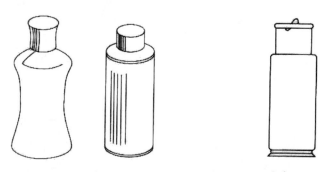

圖 5-6　氣膠容器與冷凍（絕緣）鋼瓶[21]

c. 非絕緣式鋼瓶（Un-insulated Cylinder）：一般為鋼製（圖 5-7），不過也有例外的，例如自給式呼吸防護具（SCBA）的空氣瓶，則是由鋁或由玻璃纖維包起來的鋁所製成的。盛裝的內容物包括乙炔（Acetylene）、氣態氮、LPG 和氧氣等。

圖 5-7　非絕緣式鋼瓶[21]

(7) 鼓桶（Drum）：鼓桶（圖5-8、圖5-9）用來裝載液體和固體，其材質包括金屬、塑膠、硬紙板、膠合板或其他合適的材質。事實上，任何液體或固體都能裝盛。

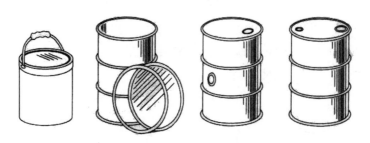

圖5-8　五加侖鼓桶、開口式與封閉式金屬鼓桶[21]

圖5-9　塑膠、纖維板、膠合板鼓桶[21]

(8) 大汽油（水）罐（Jerrican）：本包裝（圖5-10）可用來盛裝液體，為金屬或塑膠製。所盛裝的內容物，包括抗凍劑和其他特殊產品。

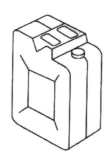

圖5-10　大汽油（水）罐[21]

(9) 木製水桶（Wooden Barrel）：木製水桶用來裝載液體和固體，材質為天然的木材，所載運的物質包括蒸餾酒精等。

圖 5-11　木製水桶[21]

5.3　大型包裝容器

大型包裝（Bulk Packaging）係指包裝之容積或容量大於非大型包裝者。本類包裝包括運輸車輛[21]。

5.3.1　運輸車輛上之大型包裝容器

運輸車上的包裝容器，有些須藉用起重工具來進行其裝卸，這類包裝包括：大型袋（Bulk Bag）、大型盒（Bulk Box）、貨盤（Palletized Non-bulk Package）、攜帶式槽與桶（Portable Tank and Bin）、噸級容器（Ton Container）、放射性物質之防護罐（或桶）（Protective Overpacks for Radioactive Materials）。

上述散貨包裝往往又謂「中型散貨容器」（Intermediate Bulk Container）。容量大於 450 公升或小於 3,000 公升的可攜帶式槽（Portable Tank）以及可攜帶桶（Portable Bin），稱為「硬性中型散貨容器」（Rigid Intermediate Bulk Container），至於大型袋及其他類似包裝則是「可撓性中型散貨容器」（Flexible Intermediate Bulk Container）。

以下就各類容器的材質與所常盛裝物質加以說明。

(1)大型袋：用來盛裝固體（圖5-12），由柔韌的材質如聚丙烯（Polypropylene）製成，有塗裝的（Coated），也有內襯的。盛裝的物質包括肥料、殺蟲劑和水處理用之化學物等。

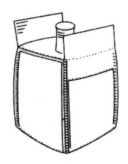

圖 5-12　袖式設計之大型袋[21]

(2) 大型盒：用來盛裝固體（圖 5-13），由多層硬紙板或膠合板做成。

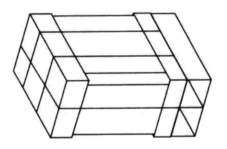

圖 5-13　大型盒[21]

(3) 貨盤：非散貨包裝常綑在一起，固定在一個貨盤（Pallet）上，以利於搬動並增加安全。這種作業的過程叫做貨盤化（Palletization）（圖 5-14）。當然這些貨盤的裝卸就要藉助起重機等工具。

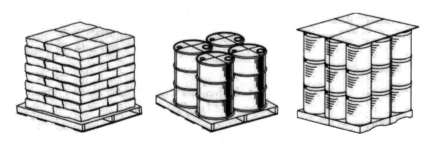

圖 5-14　非散貨包裝之貨盤化型式[21]

(4) 攜帶式槽與桶：攜帶式槽與桶可用於盛裝大量的氣體、液體和固體。此類包裝容器之材質，包括金屬和塑膠。

攜帶式槽可分為下列三種型式：

a. 非壓力式槽（Non-pressure Portable Tank）：非壓力式槽載運的物質，有食品類、液態肥料、樹脂、氰化鈉、水處理用之化學物與威士忌酒等。

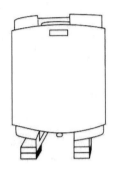

圖 5-15　攜帶式槽與桶（非壓力式）[21]

b. 壓力式槽（Pressure Portable Tank）：壓力式槽（圖 5-16）裝載液化壓縮氣體和液體，例如無水氨（Anhydrous Ammonia）、溴（Bromine）、LPG 和鈉等。

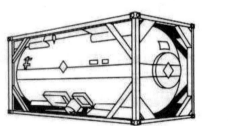 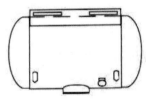 

圖 5-16　攜帶式槽（壓力式）[21]

c. 特殊式槽：(a) 冷凍型（Specialized Portable Tanks-cryogenic）之冷凍式槽（圖 5-17），用來載運冷凍液體，例如液化氬（Liquefied Argon）、乙烯（Ethylene）、氦（Helium）、氮和氧等。

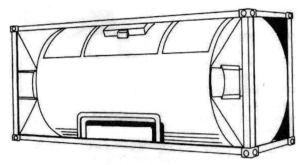

圖 5-17　攜帶式槽——冷凍型（NFPA）[21]

(b) 氣管模組型（Specialized Portable Tanks-tube Module）之管狀模組式槽（圖 5-18）用來載運大量氣體，如非液化的氦氣和氧氣等。本類屬水陸兩用運輸貨櫃槽體，見第 11 章之介紹。

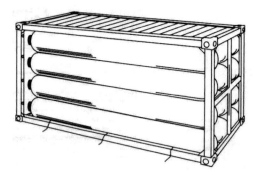

圖 5-18　攜帶式槽——氣管模組型（NFPA）[21]

(5) 噸級容器（Ton Container）：為圓筒形之壓力容器（圖 5-19），又謂「Multi-unit Tank Car Tanks」（US.DOT），用於載運氣體，例如氯、光氣（Phosgene）和二氧化硫等。本類容器約長 2.4 公尺（8 英呎）、直徑 1 公尺（3 英呎），具有凹進去或凸出頂端（圖 5-19），可用各種運輸車運送。

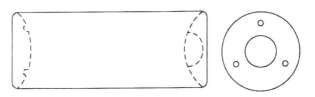

圖 5-19　噸級容器[21]

(6) 放射性物料的護具（Protective Overpacks and Casks for Radioactive Materials）：防護外套（Protective Overpacks）是硬性的包裝，外形為圓柱體或盒狀，專門用來保護放射性物質容器之用。圓柱形防護外套由薄層或實心木材製成，並可能覆有鋼片；至於盒形防護外套是由置於實質木板盒內的二個膠合板盒所組成；實質木板盒並以鋼條加強；外表面塗以一種遇熱則膨脹、形成一種保護膠之漆料。防護桶（Protective Cask）（圖 5-21）用於運送放射性物質，以硬性金屬材質製成，長可達 15 公尺（50 英呎），直徑約 3 公尺（10 英呎）。有些防護桶外部具有加強環。

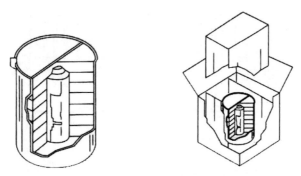

圖 5-20　放射性物質的防護外套容器[21]

圖 5-21　放射性物質的防護桶[21]

5.3.2 固定於運輸車輛上之大型包裝

另外一種大型包裝容器是固定在運輸車輛上的。這類車輛包括：公路機動車（Motor Vehicle）和鐵道載貨設備。後者包括底卸鐵道貨槽車（有蓋）（Covered Hopper Car）、鐵道桶槽車（Tank Car）和鐵道篷車（Gondola）。有關公路槽車的介紹，請參考第 10 章。

(1) 有蓋底卸式鐵道貨車：本類貨車用於運送固體散貨。它們具有平坦或圓形之邊，以及平坦或角型之兩端；其底有二個或以上傾斜之艙（圖 5-22）。艙之間以管線連結者，通常只有一個隔間；如果沒有管線連結，通常有許多隔間。利用此類運輸工具者，包括己二醇（Adipic Acid）、硝酸銨肥料與蘇打灰（Soda Ash）。

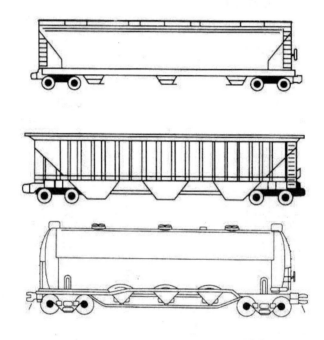

圖 5-22　有蓋底卸式鐵道貨車 [21]

本類貨車有些專門設計以真空方式卸顆粒狀固體；有些依鐵道桶槽車規範設計，以 15psig 或以上之壓力卸貨。前者之範例是蘇打灰與 PVC 顆粒。

(2) 鐵道桶槽車：本類槽車（圖 5-23）可用於運送散裝之液體、氣體或一些固體貨物。典型上，其構造有二個特點：圓形斷面與圓形之兩端。如果槽車具有熱絕緣之保護設備，則槽車兩端是平坦狀。

(3) 鐵道篷車：本類工具（圖 5-24）也可用於運送非散貨包裝物。有些鐵道篷車具有覆蓋，以保護內容物。

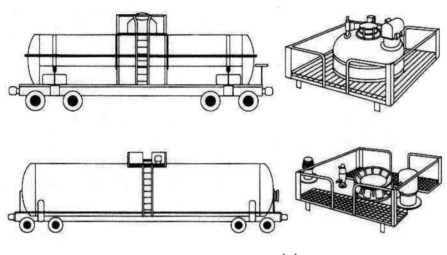

圖 5-23　鐵道桶槽車[21]

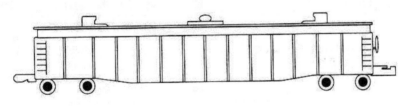

圖 5-24　具保護蓋之鐵道篷車[21]

5.4　危險物容器與包裝

前面介紹了各種包裝容器，可用於危險物品與非危險物品的運輸。危險物品有各種特性，表 5-1 針對這些特性，指出其適用之包裝容器。

表 5-1　危險物之包裝容器

包裝容器	爆炸性物質	壓縮氣體	易燃性液體	易燃性固體	氧化性物質	有機過氧化物	毒性物質	病原菌	放射性物質	腐蝕性物質	其他被管制的東西
桶（如水桶之有提把者）			●	●	●	●	●				●
為木箱、籠罩、鼓桶等所保護的玻璃瓶										●	
纖維板箱子（供容器包裝之用）	●		●	●	●			●	●	●	
木板箱子（供容器包裝之用）	●		●	●	●			●	●	●	
郵寄管子（指形狀而言，並非供郵寄之用）	●			●	●	●	●				
木製之琵琶桶											●
袋	●			●	●	●					●
鋼瓶（水平之圓柱狀，如瓦斯鋼瓶）		●	●				●		●	●	
纖維板鼓桶（Drum）			●	●	●	●	●		●	●	
金屬鼓桶	●		●	●	●	●	●			●	●
聚苯乙烯（Polystyrene）之塑膠盒（套）（供包裝之用）										●	
金屬小桶（通常在 10 加侖以下）	●									●	
鋁護套（供容器包裝之用）									●		
攜帶式桶槽			●	●	●	●				●	
油罐車（Tank Truck）	●		●	●	●	●				●	
桶槽車（指火車而言）（Tank Car）	●	●	●	●	●	●				●	
油輪（Tanker）			●	●	●		●			●	
大平底船			●	●	●		●			●	

註：●指含該類特性之危險物品，可以使用該種類容器。

5.5　IMO 包裝規範

　　物品一旦被歸類為危險物品，它在運輸過程中，不論其盛裝容器為何，政府行政單位均會採取適當的管理措施，以確保包裝安全無虞。任何盛裝系統在送給

客戶前的運輸過程，可以說都面臨某種潛在的危險性，例如交通意外，因此貨主應好好選擇適當的盛裝方法。聯合國的《橘皮書》與《國際海運危險品準則》（IMDG Code），均分別對陸上與海上的盛裝系統，做出適當的規範。

從本書第 2 章危險物品的分類介紹，可以知道危險品具有各種不同的危險類別以及不同程度的危險。IMDG Code 依據物品危險度，將包裝（Packaging）歸納為三級：

(1) PGI：高危險（Great Danger）。

(2) PGII：中度危險（Medium Danger）。

(3) PGIII：輕危險（Lesser Danger）。

PGI 級包裝物品需要高標準的 UN 包裝規格；PGII 級包裝相較於 PGI 級者，在運輸上，可以採取比較寬鬆的盛裝系統；至於 PGIII 級的包裝標準就比 PGI 級和 PGII 級放寬得多。到底要選用哪一級包裝，IMDG Code 均有訂出準則，例如某易燃液體，其閃火點（Flash Point）大於 61℃，且其沸點（Boiling Point）小於 35℃者，應採取 PGI 級包裝。

經包裝過的物品，在運送過程中稍有不慎，就可能引起危害，因此 IMDG Code 對盛裝系統訂出一些要求，以確保在運輸過程中，不因下列原因造成外洩：

(1) 震動（Vibration）：運輸過程，特別是海運，常有激烈震動，如果物品之包裝不良，有可能造成洩漏。最常見的震動影響，是容器的蓋子鬆了；最極端的例子是，容器接縫漏。

(2) 濕度、溫度或壓力之改變：溫度上升，可能造成液體膨脹，導致容器變形，損傷容器進而引起外洩；因此容器如盛裝液體，不要太滿，應預留適當之膨脹空間。纖維板紙盒（Fiberboard Box）最易受溫度影響，如果鼓桶（Drum）是鋼材，可能生鏽。如果容器裝得太滿，一旦壓力變化上升，也可能導致外洩。

(3) 互容性（Compatibility）：包裝容器的材質應選用與化學物互容者，以免與容器起反應，損傷容器。

【討論】

我國《道路交通安全規則》第 84 條中，對危險物品其運送及裝載危險物品時，有列出幾項相關規定如下：

一、廠商貨主運送危險物品，應備具危險物品道路運送計畫書及物質安全資料表，向起運地或車籍所在地公路監理機關申請核發臨時通行證，該臨

時通行證應隨車攜帶，其交由貨運業者運輸者，應會同申請，並責令駕駛人依規定之運輸路線及時間行駛。

二、車頭及車尾應懸掛布質三角紅旗之危險標識，每邊不得少於三十公分。

三、裝載危險物品車輛之左、右兩側及後方，應懸掛或黏貼危險物品標誌及標示牌，其內容及應列要項如《道路交通安全規則》之附件八所規範。危險物品標誌及標示牌應以反光材料製作，運輸過程中並應不致產生變形、磨損、褪色及剝落等現象而能辨識清楚。

四、裝載危險物品罐槽車之罐槽體，應依主管機關規定檢驗合格，並隨車攜帶有效之檢驗（查）合格證明書。

五、運送危險物品之駕駛人或隨車護送人員應經專業訓練，並隨車攜帶有效之訓練證明書。

六、裝載危險物品車輛應隨車攜帶未逾時效之滅火器，攜帶之數量比照《道路交通安全規則》第39條第一項第十二款有關大貨車攜帶滅火器之規定。

七、應依危險物品之性質，隨車攜帶適當之個人防護裝備。

八、裝載危險物品應隨車攜帶所裝載物品之物質安全資料表，其格式及填載應依行政院勞工委員會訂定之危險物與有害物標示及通識規則之規定，且隨車不得攜帶非所裝載危險物品之物質安全資料表。

九、行駛中罐槽體之管口、人孔及封蓋，以及裝載容器之管口及封蓋應密封、鎖緊。

十、裝載之危險物品，應以嚴密堅固之容器裝置，且依危險物品之特性，採直立或平放，並應綑紮穩妥，不得使其發生移動。

十一、危險物品不得與不相容之其他危險物品或貨物同車裝運；裝載爆炸物，不得同時裝載爆管、雷管等引爆物。

十二、危險物品運送途中，遇惡劣天候時，應停放適當地點，不得繼續行駛。

十三、裝卸時，除應依照危險物品之特性採取必要之安全措施外，並應小心謹慎，不得撞擊、摩擦或用力拋放。

十四、裝載危險物品，應注意溫度、濕度、氣壓、通風等，以免引起危險。

十五、裝載危險物品車輛停駛時，應停放於空曠陰涼場所，與其他車輛隔離，禁止非作業人員接近。並嚴禁在橋樑、隧道、火場一百公尺範圍內停車。

十六、裝載危險物品如發現外洩、滲漏或發生變化，應即停車妥善處理，如發生事故或災變並應迅即通知貨主及警察機關派遣人員與器材至事故

災變現場處理，以及通報相關主管機關，並於車輛前後端各三十公尺至一百公尺處豎立車輛故障標誌。

十七、行經高速公路時，應行駛外側車道，並禁止變換車道。裝載危險物品車輛，行駛路線經高速公路時，接受申請之公路監理機關應依高速公路管理機關認可之路段、時段核發臨時通行證，並以副本分送高速公路管理機關及公路警察機關。

輕型機車不得裝載危險物品，重型機車裝載液化石油氣之淨重未逾六十公斤及罐槽車以外之貨車裝載危險物品之淨重未逾下列數量者，得不依前述之規定：

一、氣體：五十公斤。

二、液體：一百公斤。

三、固體：二百公斤。

車輛裝載放射性物質及實業用爆炸物，除應符合本條規定外，並應符合行政院原子能委員會所訂有關放射性物質運送及經濟部所訂有關實業用爆炸物運送之法令辦理。

【是非題】

1. 壓縮氣體容器之水容積少於 1,000 磅（含）者，屬非散裝容器。 **Ans**：（○）
2. 液體容器，如內部體積少於 450 公升（含）者，屬非散裝容器。 **Ans**：（○）
3. 盛固體之容器，其容量少於 400 公斤者，屬非散裝容器。 **Ans**：（○）
4. 家庭用瓦斯桶，屬非散裝容器。 **Ans**：（○）
5. 散貨（裝）容器（Bulk Container）係指其容量大於 450 公升者。 **Ans**：（○）
6. 英文 Packaging 係指外部之包裝與其內部之內容物。 **Ans**：（×）
7. 英文 Package 係指包裝的內容物。 **Ans**：（×）
8. 包裝容器的型式與大小，有助於我們鑑定容器之內容物是否具危險性。

  Ans：（○）

9. 腐蝕性物質一旦與碳鋼接觸，將會侵蝕碳鋼。 **Ans**：（○）
10. LPG 的可攜帶容器屬壓力式。 **Ans**：（○）

【選擇題】

1. 非大型包裝容器（Non-bulk Packaging）係指其內部容積小於（含）　(1)450 公升　(2)550 公升　(3)650 公升。　　　　　　　　　　　　　　　**Ans**：(1)

2. 中型散貨容器（Intermediate Bulk Container）係指容量在　(1)450～3,000 公升　(2)550～3,000 公升　(3)650～3,000 公升之間。　　　　　　　　**Ans**：(1)

3. 大型包裝容器（Bulk Packaging）之容量大於　(1)450 公升　(2)550 公升　(3)650 公升。　　　　　　　　　　　　　　　　　　　　　　　　　**Ans**：(1)

4. 依 IMDG Code，PG Ⅲ 級包裝規範較 PG Ⅱ 級包裝　(1) 嚴格　(2) 寬鬆　(3) 相同。　　　　　　　　　　　　　　　　　　　　　　　　　　**Ans**：(2)

第 6 章

化學儲槽

6.1 一般說明

化學儲槽用於儲存各種化學物和石油製品，因此它在工安上扮演相當重要的角色。儲槽依其底端是否直接與地面接觸，技術上可分為地上儲槽（Aboveground Tank）和地面儲槽（Onground Tank）。兩者外觀最主要的區別在於地上儲槽的外表，包括槽底外表都可以容易地看得到。即使儲槽位於地窖中，只要這些部分沒有回填，人員可以進入窖中檢查槽的外部，就屬地上儲槽。至於地面儲槽係指槽直接座落地面或地基上，因此無法由外部直接觀察到槽底外表。在廣義上，地上儲槽涵蓋地面儲槽[10]，為地下儲槽（Underground Storage Tank，UST）之相對用語。

實務上，地上化學儲槽之分類是依據其所設計去承受之內部蒸氣壓的多寡，分為：常壓儲槽、低壓儲槽與高壓儲槽等三大類。所謂蒸氣壓是指密閉之儲槽，其內部液面上端空間之蒸氣，對槽壁所施加之壓力。

本章就地上化學儲槽之種類、設計規範以及相關之操作安全措施，包括防溢堤、消防、靜電、雷擊與儲槽檢查及清洗等，加以說明。

6.2 化學儲槽種類

6.2.1 常壓儲槽

常壓儲槽（Atmospheric Tank）（圖 6-1）係指儲槽之操作壓力大約為大氣壓，其槽體頂部設計必須能承受 0.5psig（786mmHg）的壓力（NFPA，OSHA）。所謂 0.5psig，係指比大氣壓力高 0.5 lb/in^2 的壓力。

(1) 固定頂式儲槽（Fixed Roof Tank）：儲槽由平坦的底板、直立式圓筒形之側板以及固定式之屋（槽）頂（圓錐形狀）所組成。

(2) 浮動頂式儲槽（Floating Roof Tank）：浮動式槽頂能依所存放液體量之增減，而上下移動。此類儲槽適合存放含有大量揮發性成分之液體，它可大大減少內容物蒸發的損失；廣泛地使用於石油類之儲存。由於最近之 VOC（Volatile Organic Carbon，揮發性有機碳）公害問題之重視，可預期原來之固定頂式儲槽所儲存之石油製品將移向浮動頂式者或其他 VOC 洩散較低之儲槽。

(3) 傘型頂與拱型頂式儲槽（Umbrella Roof and Dome Roof Tank）：這是由圓錐形屋頂演變而來的，槽頂採用圓形曲線和自行支撐的屋頂板。這類儲槽直徑一

般不超過十八公尺。

(4) 呼吸頂式儲槽（Breather Roof Tank）：本類儲槽採用平板屋頂，由具撓性之薄鋼板所組成，因此能作適度之擴張與收縮。

(5) 氣球形頂式儲槽（Balloon-roof Tank）：本類儲槽是呼吸頂式儲槽的一種，它能承擔較大體積的變化。

(6) 蒸氣－拱形頂式儲槽（Vapor-doom Roof Tank）：本類儲槽有一固定之拱形槽頂，其內有一撓性薄板，它能自由擴張和收縮，以承受大體積之變化。

(7) 圓筒形儲槽（Cylindrical Tank）：本類儲槽有的是直立的，也有水平的，適用於小量液體之儲存。

常壓儲槽常用於儲存石油產品，例如苯（Benzene）、甲苯（Toluene）、二甲苯（Xylene）、丁酮（Mek）、氯仿（Chloroform）、醇（Alcohol）、苛性鹼、酸（硫酸、鹽酸）及其他有機廢棄物[10]等。

常壓儲槽的構材一般為碳鋼或合金鋼，有些高腐蝕性化學物也有用鐵合金的材質。此外，也有採用 FRP、PVC、聚丙烯（Polypropylene）為構材者。美國職業安全衛生署（OSHA）禁止使用可燃材質（例如 FRP）之儲槽儲存可燃液體[10]。FRP 材質之說明參考本章後面之「討論」。

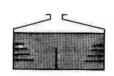

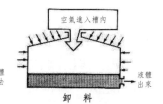

貯存液體

液體對槽壁與槽底施壓；壓力＝液面高。

填　裝（進料）

液體要進去，蒸氣必須出來。如果蒸氣出不來，槽內部上端就會承受壓力。要把空氣、蒸氣推出來，槽內之壓力必須較大氣壓為高。儲槽的設計必須能承受內部0.33psig的壓力（約20cm的水柱高）。

卸　料

液體要出去，空氣必須進來。如果空氣進不來，槽體內部就呈真空狀態。要讓空氣能被吸入，槽內的壓力必須較大氣壓低。儲槽的設計必須能承受0.1psig的壓力（約6.4cm的水柱高）。

6.4cm（2.5吋）水柱高，相當於茶杯底部所受的壓力

20cm（8吋）水柱高，相當於1品脫啤酒杯底部所受的壓力

圖 6-1　常壓儲槽設計壓力示意圖（NFPA）

115

6.2.2　低壓儲槽

低壓儲槽（Low-pressure Tank）的操作壓力由 0.5 ～ 15psig（NFPA）。此類型儲槽可分為：濕式儲氣槽、乾式多角形儲氣槽、乾式圓筒形儲未列出氣槽及隔膜式儲氣槽等四種型式。以下茲舉出其中三種類型儲槽做介紹：

(1) 濕式儲氣槽：此類型（圖 6-2）是使槽體浮於水槽內，能隨氣體之出入而升降，並藉水密封，將槽體內之氣體與大氣隔絕。

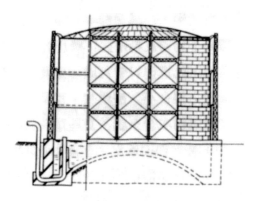

圖 6-2　濕式儲氣槽示意圖 [1c]

(2) 乾式多角形儲氣槽：此類型應用上相當普遍，整個槽體由正多角形截面的龐大筒形側壁，與沿著內面因應氣體之流入與排出而上下之活塞，以及底板、槽頂等部分所組成（圖 6-3）

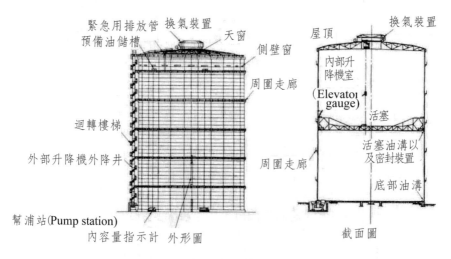

圖 6-3　乾式多角形儲氣槽示意圖 [1c]

(3)隔膜式儲氣槽：隔膜式（Diaphragm）儲槽為完全乾式，可建造於地盤較弱之地方，儲存溶水性之氣體，其密封機構為密封膜；由儲槽活塞、套筒及密封膜所組成，具升降能力（圖 6-4）。

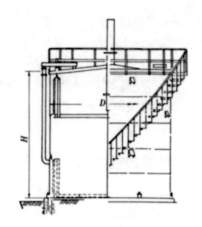

圖 6-4　隔膜式儲氣槽示意圖[1c]

低壓儲槽構材一般為鋼，並以焊接方式組合，適用儲存蒸氣壓較高之物質，例如輕石油腦（Light Naphthas）、戊烷（Pentane）及其他揮發性較高之化學物[10]。

6.2.3　高壓儲槽

高壓儲槽（High Pressure Tank）使用於操作壓力超過 15psig（NFPA）者；一般而言，常用於儲存 LPG、環氧乙烷（Ethylene Oxide）、氫（Hydrogen）、氮（Nitrogen）和二氧化碳[10]；其類型分為球形儲槽、扁球形儲槽、圓筒形儲槽及特殊儲槽等。

(1) 球形儲槽：球形儲槽用於常溫儲存高蒸氣壓物質，其外形可以說是高壓儲槽中最理想及最優異者。此類儲槽將鋼板用壓力機壓成球面狀，以焊接方式將其接連成球形（圖 6-5）。在球之半腰部（等於地球之赤道）裝設腳柱，支持全體，並在球之頂部裝有安全閥等安全設備。為了保養以及操作上的方便，設有樓梯以及平台。

圖 6-5　球形儲槽（台中港西碼頭，蔡嘉一攝）

(2) 扁球形儲槽：扁球形儲槽適於存放氣體。這類儲槽可任意設置在簡單基座上，不需要如球形儲槽藉用腳柱等來支持，因此在建造費用上比較便宜（圖6-6）

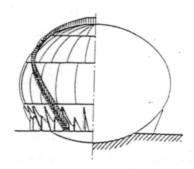

圖 6-6　扁球形儲槽示意圖 [10]

(3) 圓筒形儲槽：水平圓筒形儲槽又謂壓力子彈形儲槽（Pressure Bullet Tank）（圖 6-7），圓筒之兩端裝設半球、半橢圓碟形等壓力板之壓力容器，其容量約 3,800 ～ 11,400 公升（1,000 ～ 3,000 加侖），一般為單壁式 [51]。其構材為鋼，設計承受250psig之壓力，主要使用於儲存壓縮氣體，例如液化丙烷（Liquefied Propane）與無水氨（Anhydrous Ammonia）。

圖 6-7　高壓子彈形儲槽

(4) 特殊儲槽：特殊形狀儲槽的型式有多重球形（Multi-sphere）與多圓筒形（Multi-cylinder）等（圖 6-8），由幾個球殼或圓筒殼組合而成。這種儲槽之構造，將內部壓力均勻分布，其半徑可比同容積之球或圓筒之半徑為小，因此板厚可用較薄小者[4]。

圖 6-8　特殊儲槽

(5) 冷凍氣體儲槽：冷凍氣體儲槽（Cryogenic Tank）是壓力儲槽之特殊應用，其設計須符合美國機械工程師協會（American Society of Mechanical Engineers，ASME）鍋爐和壓力容器規範。槽體有單層壁式與雙層壁式兩種。雙層壁式者可以真空方法或填塞絕緣物質方式，例如珍珠岩（Perlite），達到絕緣目的。

6.3　儲槽設計規範

在實務上，低壓、常壓與高壓儲槽的設計，一般引用國際規範。這些規範內容涵蓋了儲槽型式、內容物、建構材質、建構方法或其附屬設備。表 6-1 列出這

些重要規範及其適用之儲槽型式,茲介紹如下 [4]:

1. 常壓儲槽

常壓儲槽雖然其操作壓力只是略高於大氣壓力,但設計上,仍應有充分的排氣裝置,以免在裝卸時造成高度的真空或壓力,致錐形槽頂變形,甚或超過設計壓力。

美國石油研究所(American Petroleum Institute,API)編著了一些有關鋼儲槽的規範,如表 6-1 所示。美國保險業試驗所(Underwriters Laboratories,UL)也編寫了一些儲槽規範,但大部分與 API 重複,而且沒有 API 的規範來得詳細,例如:UL 142:Steel Aboveground Tanks for Flammable and Combustible Liquids。

其他有關常壓儲槽的規範尚有:

(1) ANSI B 31.3:Petroleum Refinery Piping Code。

(2) API Standard 650:Welded Steel Tanks for Oil Storage。

(3) API Standard 2000:Venting Atmospheric and Low Pressure Storage Tanks。

2. 低壓儲槽

直立式圓筒形儲槽,依據 API Std 650 可設計用來操作略高於常壓的情況;也可依據 API Std 620 設計,使其操作高達 15psig。ASME 的規範(表 6-1)雖然並非針對操作低於 15psig 的儲槽,但它提供許多有用的設計準則。

3. 高壓儲槽

美國國家消防協會(National Fire Protection Association, NFPA)和 API 均編有高壓儲槽的設計規範,包括 API Std 2510(ANSI 2510)、NFPA 395 與 NFPA 325M。至於 ASME 的規範(表 6-1),也提供很詳細的高壓儲槽設計、施工和檢查標準。

表 6-1　儲槽設計重要規範 [4]

規範名稱	型式	出版者與規範號碼
Bolted tanks for storage of production liquids	A	API Spec.12B
Field welded tanks for storage of production liquids	A	API Spec.12D
Shop welded tanks for storage of production liquids	A	API Spec.12F
Pressure vessel inspection code	L,H	API Std.510
Design and installation of pressure-relieving systems in refineries	H	API RP520
Design and construction of large welded, low pressure storage tanks	H	API Std.620
Welded steel tanks for oil storage	A	API Std.650
Lining of aboveground petroleum storage tank bottom	A,L,H	API RP652
Tank inspection, repair, alteration, and reconstruction	A,L,H	API Std.653
Ignition hazards involved in abrasive blasting of atmospheric storage tank in hydrocarbon service	A,L,H	API Publ.2027
Venting atmospheric and low pressure storage tanks	A,L	API Std.2000
Protection against ignitions arising out of static, lightning, and stray currents	A,L,H	API RP2003
Cleaning petroleum storage tanks	A,L,H	API Publ.2015
Safe storage and handling of petroleum-derived asphalt products and crude oil residues	A	API Publ.2023
Design and construction of LPG installations at marine terminals, natural gas plants, refineries, and tank farms	L,H	API Std.2510 (ANSI 2510)
Ignition hazards involved in abrasive blasting of atmospheric storage tank	A,L,H	API Publ.2027
Low expansion foam systems	A,L,H	NFPA 11
High expansion foam systems	A,L,H	NFPA 11A
Carbon dioxide extinguishing systems	A,L,H	NFPA 12
Code for flammable and combustible liquids	A,L,H	NFPA 30
Automotive and marine station code	A,L,H	NFPA 30A
Hazardous chemical data	A,L,H	NFPA 49

規範名稱	型式	出版者與規範號碼
Storage and handling of LPG	L,H	NFPA 58
Storage and handling of LPG at utility gas plants	L,H	NFPA 59
General storage	A	NFPA 231
Fire hazard properties of flammable liquids	A,L,H	NFPA 325M
Standard in the storage of flammable and combustible liquids on farms and isolated construction projects	A,L,H	NFPA 395
Boiler and pressure vessel code： Section II-Materials specification • Section V-Nondestructive examination • Section VIII-Pressure vessels • Section X-FRP Pressure vessls	L,H	ASME

＊A 表常壓、L 表低壓、H 表高壓。

6.4　儲槽安全間距

1. 儲槽間安全距離

　　儲槽彼此之間、儲槽區與儲槽區之間、或儲槽與製程之間的距離當然越大越好，但由於土地資源有限，特別是台灣地區，這種理想也就受限於真實的環境。儲槽彼此之間如果太靠近，一旦失火，其鄰近的儲槽如果不被點燃，也可能遭受輻射熱的損害。工業風險保險業者（Industrial Risk Insurers, IRI）與美國國家消防協會（NFPA），均曾對儲槽彼此之間的距離作出建議。但像 IRI 這類保險機構所訂出之間距，係根據選出的少數意外案例，而不是根據操作或火災損害的科學計算方法，因此一般而言，他們所訂出的間距較為保守。

　　經濟部工業局曾參考 IRI、NFPA 與一些大公司的儲槽間距規範，訂出間距參考範圍。為了台灣地區土地資源的有效利用，表 6-2 參考工業局的建議範圍，並比較 NFPA 與 IRI 規範，取其最小值者作為儲槽間距準則。就廠商而言，如採用較小的間距，在建構上就可採用較短之管線與較少之管線支架，達到節省材料的目的；另一方面這種最小間距也應配合重大危害控制系統（第 3 章）的建立與落實。

表 6-2　儲槽最小間距準則 [7c]

單位：公尺

型式與容量		常壓儲槽							
		浮頂式				固定頂式			
		小於 1,000Kℓ	1,000～25,000 Kℓ	25,000～50,000 Kℓ	大於 50,000 Kℓ	小於 1,000 Kℓ	Class I 1,000～25,000Kℓ	Class II & III 1,000～25,000Kℓ	Class II & III 大於5,000Kℓ
常壓儲槽	浮頂式 小於 1,000 Kℓ	1/3 D	-	-	-	-	-	-	-
	1,000 ～ 25,000 Kℓ	1/3 D	1/3 D	-	-	-	-	-	-
	25,000 ～ 50,000 Kℓ	1/3 D	1/3 D	1/3 D	-	-	-	-	-
	大於 50,000 Kℓ	1/3 D	1/3 D	1/3 D	1/3 D	-	-	-	-
	固定頂式 小於 1,000 Kℓ	1/3 D	1/3 D	1/3 D	1/3 D	1/3 D	-	-	-
	Class I 1,000 ～ 25,000 Kℓ	1/3 D	1/3 D	1/3 D	1/3 D	1/3 D	1/3 D	-	-
	Class II & III 1,000 ～ 25,000 Kℓ	1/3 D	1/3 D	1/3 D	1/3 D	1/3 D	1/3 D	1/3 D	-
	Class II & III 大於 25,000 Kℓ	1/3 D	1/3 D	1/3 D	1/3 D	1/3 D	1/3 D	1/3 D	1/3 D
壓力儲槽		1/2 D, >30	2/3 D, >30	2/3 D, >30	D, >30	1/2 D, >30	2/3 D, >30	2/3 D, >30	D, >30
冷凍儲槽		D, >30							

註：1.D 為較大儲槽之直徑。

2.CLASS I：液體之閃火點小於 37.8°C（閉杯），且在 37.8°C時，蒸氣壓不超過 40psia 絕對壓力。
　CLASS II：液體之閃火點大於或等於 37.8°C，但小於 60°C。
　CLASS III：液體之閃火點大於或等於 60°C。

2. 儲槽區與周界之距離

對於內容物為不穩定化學物之儲槽，NFPA30 建議儲槽與周界之最小距離如表 6-3 及表 6-4 所示。

表 6-3　儲槽與周界之最小距離（NFPA30）

儲槽型式	防護方式	與既有或可確立之境界線的最小距離，包括公共道路的對面	與任何公共道路的鄰側或同財產範圍內的重要建築物間之最小距離
直立式或臥式儲槽，其緊急釋放壓力不超過 2.5psig	儲槽裝置下列任何一種防護設備：合格的灑水、惰化、隔熱、冷凍系統，及阻絕措施	表 6-4 值，但 ≧ 7.5 公尺	≧ 7.5 公尺
	暴露防護 *	表 6-4 值的 2.5 倍，≧ 15 公尺	≧ 15 公尺
	無	表 6-4 值的 5 倍，但 ≧ 30 公尺	≧ 30 公尺
直立式或臥式儲槽，其緊急釋放壓力超過 2.5psig	儲槽裝置下列任何一種防護設備：合格的灑水、隔熱、惰化 **、冷凍系統及阻絕措施	表 6-4 值的 2 倍，但 ≧ 15 公尺	≧ 15 公尺
	暴露防護 *	表 6-4 值的 4 倍，但 ≧ 30 公尺	≧ 30 公尺
	無	表 6-4 值的 8 倍，但 ≧ 45 公尺	≧ 45 公尺

* 儲存液體隔鄰工廠財產範圍內的結構物，可接受隔鄰工廠自有消防單位或消防隊所提供的消防水冷卻謂之。

** 參考 NFPA 69，暴露防護系統標準。

*** 1psig $= 0.07kg/cm^2 = 6.89kPa$。

表 6-4 引用表 6-3 時之參考資料（NFPA30）

儲槽容量（V） 立方公尺	與任何公共道路的鄰側或同財產範圍內的重要建築物間之最小距離（公尺）
V ≦ 1.045	1.5
1.045 < V ≦ 2.85	1.5
2.85 < V ≦ 45.6	1.5
45.6 < V ≦ 114	1.5
114 < V ≦ 190	3
190 < V ≦ 380	4.5
380 < V ≦ 1,900	7.5
1,900 < V ≦ 3,800	10.5
3,800 < V ≦ 7,600	13.5
7,600 < V ≦ 11,400	16.5
11,400 < V	18

註：$1gal = 3.8\ell = 0.003,8m^3$。

3. 其他距離限制

表 6-5 列出儲槽分別與壓縮機（Compressor）、廢氣燃燒塔（Flare）、反應容器（Vessel）、動火工具（Fired Equipment）或控制室（Control Room）之距離。表 6-6 為儲槽與廠區內道路之距離規範。

表 6-5 儲槽與其他製程單元之距離[26]

單位：公尺

單元間距	IRI 規範	石油公司平均值*	建議值**
儲槽與壓縮機	250	126	155
儲槽與廢氣燃燒塔	300	158	179
儲槽與反應容器（製程）	250	100	150
儲槽與已動火工具	300	108	131
控制室與儲槽	50	78	70

*6 家石油公司。

** 本書作者建議值，取 IRI 與六家石油公司之平均值。

表 6-6　儲槽與區內道路之距離規定

儲槽容量	儲存閃火點未滿 70℃物質之儲槽	儲存閃火點 70℃以上未滿 200℃物質之儲槽
5,000 公秉以下	6 公尺以上	6 公尺以上
超出 5,000 至 10,000 公秉	8 公尺以上	6 公尺以上
超出 10,000 至 50,000 公秉	12 公尺以上	8 公尺以上
超出 50,000 公秉	16 公尺以上	8 公尺以上

註：1 公秉＝1 立方米；1 公秉＝1000 公升
資料來源：日本消防法。

6.5　儲槽相關消防安全設備

儲槽區相關安全設施如防溢堤、儲槽安全附屬設備及消防設備，分述如下。

6.5.1　防溢堤有關之規定

(1) 防溢堤之容積，至少應為該儲槽容積之 110%，但二座（以上）儲槽共用防溢堤之容積，應為較大儲槽容積之 110% 以上。[30c]

(2) 防溢堤應為鋼筋混凝土構造，高度 0.5 公尺以上。[30c]

(3) 設於共用防溢堤內之儲槽不得超過 10 座；但儲槽內容物之閃火點（閉杯）在 60℃以上，且未滿 200℃者得為 20 座。[30c]

(4) 設於共用防溢堤內之儲槽，均應依表 6-6 之規定，面對區內道路。但儲槽內容物之閃火點在 200℃以上或防溢堤內儲槽之容量為 200 公秉以下之儲槽，面對不妨害消防活動之道路或空地者不受此限。[30c]

(5) 防溢堤應依儲槽之直徑與儲槽壁板保持規定距離，但內容物之閃火點在 200℃以上時，不受此限（表 6-7）。[30c]

表 6-7　防溢堤與儲槽壁板之距離規定

儲槽之直徑	與壁板應保持之距離
未滿 15 公尺	儲槽高度之 1/3 以上距離
15 公尺以上	儲槽高度之 1/2 以上距離

資料來源：日本消防法。

(6) 防溢堤之內部面積不得超出 80,000 平方公尺。[30c]

(7) 防溢堤內部，不得有與該儲槽無關之任何管線。

(8) 直徑 10 公分（4 英吋）以上配管不得貫通防溢堤，但採取不傷及防溢堤完整性之必要措施者（如二重堤）不在此限。

(9) 防溢堤應具排放內部積水之排水口設備，其操作閥須設在防溢堤外部，且其開關狀況應容易辨認。

(10) 總容量 10,000 公噸以上儲槽群之防溢堤，堤內部應裝設儲槽內容物外洩自動檢知器，能將信號傳輸到設於可採取緊急措施場所之警報器，使其發出警報。

(11) 高度1公尺以上之防溢堤，每隔約30公尺長度，應設進出防溢堤之階梯。

(12) 防溢堤內之儲槽如為一座以上，且其總容量在 10,000 公秉以上時，應加圍第二道防溢堤，並符合下列條件[30c]：

第二道防溢堤高度須在 0.3 公尺以上，其內容積為該儲槽區內最大儲槽之內容積以上。

貫穿第二防溢堤之排水溝等，在貫穿處應設閘門或同等功能之設備。

6.5.2 幫浦設備（包括馬達）有關規定[30c]

(1) 幫浦設備之周圍應保留 3 公尺以上寬度之空地，但設有防火上有效之隔離者，不受限制。

(2) 幫浦設備應固定於堅固基礎之上。

(3) 幫浦房應以不可燃性材料建造，且屋頂應為輕質不可燃性構造。

(4) 幫浦房之門窗應裝設防火門窗（鐵拉門），使用之玻璃應為夾金屬絲網玻璃。

(5) 幫浦房之地面應為不受危險物液體滲透之構造，其周圍需以 0.15 公尺高度之矮牆加圍。幫浦房之地面應有適當傾斜及集液坑。

(6) 幫浦房應有處理危險物所必要之採光、照明及通風換氣之設備。

(7) 可能滯留可燃性蒸氣之幫浦房，應具備將蒸氣排放於屋外高處之設備（圖 6-9）。設於幫浦房以外場所之幫浦設備，其地面應為不被危險物液體滲透之構造，且周圍 3 公尺範圍需以 0.15 公尺以上高度矮牆加圍，地面應有適當傾斜及集液坑設備（幫浦洩漏液體為油質者，集液坑應有油水分離之功能，例如 CPI 油水分離池等）。

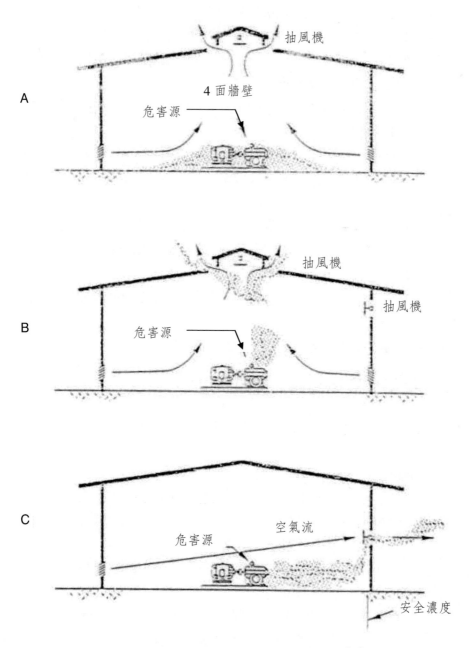

圖 6-9　幫浦房機械通風設計範例[27]

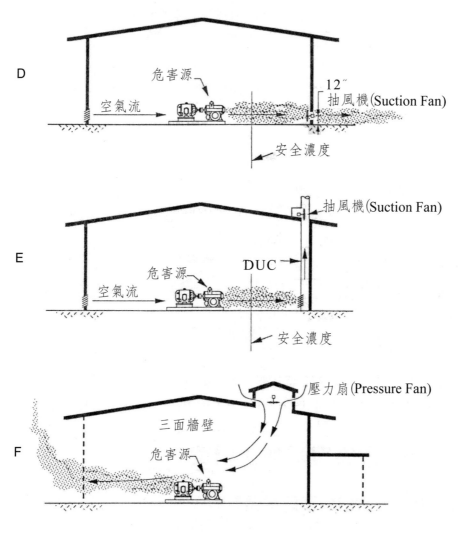

圖 6-9　幫浦房機械通風設計範例 [27]

(8) 處理閃火點未滿 21℃液體之幫浦設備，應在易見處設置標識，來顯示幫浦設備及防火要點。

6.5.3　特定危險物儲槽有關之規定 [30c]

(1) 二硫化碳儲槽應設置在不漏水之鋼筋混凝土構造水池內，形成整座儲槽在水面下之狀態；水池之底壁厚度在 0.2 公尺以上。

(2) 儲存固體禁水性物質之室外儲槽，應設防水性之不燃性構造覆圍設備。

(3) 烷基鋁化合物或烷基鋰化合物儲槽應有氮封設備，其周圍應設置存料洩漏擴散之侷限化設備，及可將其回收位於安全地點儲槽之設備。

(4) 乙醛（Acetaldehyde）及環氧丙烯（Propylene Oxide）之儲槽設備不得使用鎂、銅、水銀、銀或含有此等成分之合金製造。儲槽應裝設冷卻或保冷裝置，保持適當溫度。

6.5.4 消防器材有關規定 [30c]

(1) 具有閃火點液體之儲槽，應每座配置8公斤型手提乾粉滅火器二具以上。

(2) 儲槽之防溢堤外部 5 公尺以內地點應設置消防水栓等設備，形成有效半徑 35 公尺可保護該防溢堤內全部地面之狀態。

(3) 閃火點未滿 130℃液體儲槽，其液體表面積 40 平方公尺以上或儲槽高度 6 公尺以上者，設置有效的固定型泡沫滅火設備及壁板之灑水冷卻管設備（水環設備灑水量為每一平方公尺 2ℓ/min 以上）。

(4) 儲槽之泡沫滅火設備，其防溢堤外至泡沫發生器之管線，應以一條連接二個以上泡沫發生器。

(5) 儲槽之灑水冷卻設備（水環設備），應設於壁板頂端及每一風樑（補強環）下面。此設備得分為 4 節以上，各連接專用送水管至防溢堤外部。

6.6 靜電危害與雷擊之對策

6.6.1 易燃液體的靜電危害與對策

正電荷和負電荷總是成對出現，一旦將相接觸的物件分開，就有可能將正負電荷分開產生所謂靜電（Static Charge）。要產生大量的靜電，兩個物件彼此必須呈絕緣狀態，使得穿過接觸面的電子（Electron）在物件分開時，被捕集下來。二個物件在實質上完全分開，或其中有一個是絕緣體，均能達到上述所謂絕緣（Insulation）狀態。

很多流動液體的接觸（Contact）與分離（Separation），可以導致靜電。液體尚未流動前，含有等量之正、負離子數，因此就液體整體而言，呈中性狀態。雖然如此，有些同符號的離子可能被容器壁（或管線壁）所吸附，因此在流體之接觸面就存在許多相反符號的離子。一旦液體流動了，這些被管壁所吸附的離子

就會與液體中的自由離子分開,這個現象可用圖 6-10 來說明。注意:相反電荷因為電荷的自然吸引,因此金屬管壁之電荷流動方向與液體中電荷流動方向相同。

液體中之不純物,例如水、金屬氧化物與其他化學物具有增加靜電產生的特性。由流動液體中帶電粒子所產生的電流,即是所謂溪電流(Streaming Current)[29]。溪電流一旦進入金屬儲槽/容器內,就會在槽壁誘發電荷分離。在槽壁內部表面會產生與流體帶電量相同,但電荷正負相反的電荷;同時在槽外部表面也產生與流體相同的電荷。如果儲槽具「接地」(Grounding)措施,外部表面的電荷就會流入地;但內部電荷仍然藉由流體中的電荷吸引力,保留不變。最後藉由流體中電荷的移動,內壁電荷與流體中電荷匯合在一起。

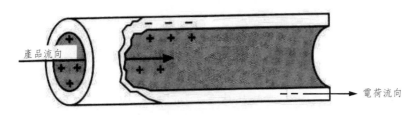

產品流向

電荷流向

圖 6-10　金屬管線中之電荷分離[29]

液體帶靜電的能力取決於其電導性,其特性的表示方法有電導度(Conductivity)、電阻度(Resistivity)與電量半衰期(Half-value Time)等三種[29]:

(1) 1 個電導度單位(1 conductivity unit)= 1picrosiemen/m = 1×10^{-12}siemens/m(西門子 /m)= 10^{-14}/ohm-cm = 10^{-14}/Ω-cm。

(2) 1 個電阻度單位(1 resistivity unit)= 10^{14}ohm-cm = $10^{14}\Omega$-cm。

(3) 電量半衰期 = 液體在金屬容器內,其帶電量減到一半所需之時間。

表 6-8 是四類液體之電導度、電阻度與半衰期。注意:一個電導度單位的反數是一個電阻度,後者是較常用的單位。

除了液滴(Mist),如果金屬容器中的液體,其電導度大於 50 個電導度單位(亦即 50picosiemen/m),其靜電累積並不顯著[29],因為超過此值,電荷之結合速率與分離速率一樣快。

1. 易燃液體中的帶電現象

如前所述,兩種物質接觸後再分離時,該處即可能產生靜電。以石油類而言,在通過管路、管閥、幫浦、過濾器時,流動的過程都會發生帶電現象,特

別是經過管線的過濾器所產生的電荷量，為沒有裝過濾器的 10 ～ 100 倍[29]（圖 6-11）。當然只要這些過量的電荷留在管線內並沒有什麼危險，因為管中並無空氣，不會產生爆炸性混合物。易燃液體大部分均屬於電絕緣性較高的液體，從油槽或容器中卸出時，即帶著正電荷或負電荷流入承接器，而油槽和容器之器壁，則產生與液體相反之電荷。

靜電的帶電量，為單位時間內所產生的電量減掉逸洩量，如果靜電發生的條件保持不變，且靜電逸洩速度小，也就是說，電阻越高的液體，就越容易帶電。石油類之電阻度皆高達 $10^{15}\Omega$-cm（表 6-8），相當於高分子絕緣體，故流動時容易產生靜電，且分子量越大者，帶電量就越高。

表 6-8　典型液體之電導度、電阻度與電量半衰期[29]

	電導度（picosiemens/m）	電阻度（ohm-cm）	半衰期（seconds）
高度純化之碳氫化合物	0.01	10^{16}	1,500
輕蒸餾物（Light Distillates）	0.01 ～ 10	$10^{16} \sim 10^{13}$	1,500 ～ 15
黑油（Black Oil）	1,000 ～ 100,000	$10^{11} \sim 10^{9}$	0.015 ～ 0.000,15
蒸餾水	10^{8}	10^{6}	4×10^{-6}

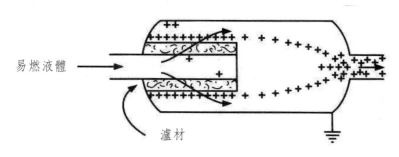

易燃液體

濾材

圖 6-11　過濾器中之電荷分離[29]

2. 靜電發生與逸洩

油槽供油時，除了幫浦、管線之摩擦以及注入油槽會產生靜電外，原油在槽內攪動也會產生靜電。帶正電荷的液體注入槽內時，槽壁即產生電荷分離，其內部表面產生與進來時等量的負電荷聚集，且把等量的正電荷推擠到槽壁之外部表

面。若儲槽之接地能有效地排除，則被推擠到壁外之正電荷，即受地面負電荷流動之影響，瞬間變成中性。

由於石油類之電阻極大，所以輸油作業或油類攪動，產生靜電蓄積之機會相當多。

(1) 油面帶電：油中如有水分存在時，經過攪動，會在油面產生靜電。油面產生相當高電位的靜電，以中心部分最高，越靠近槽壁則越低；油氣空間之氣霧亦會帶電；灌裝完畢，電位變為零的時間與油面之直徑大小成正比。

(2) 量油尺與人體帶電：工作人員自油罐車上方使用金屬製檢量尺插入槽內測定液面時，電荷會集中於檢量尺，可能導致槽壁放電產生火花。此時若槽內的爆炸性混合氣體濃度在爆炸範圍內，往往會發生爆炸。另外，裝卸用的塑膠管也會明顯帶電。

(3) 槽內部構造：槽內的設計也會對靜電造成影響。槽壁或槽頂如有凸出物時，成為靜電火花助發物（Spark Promoter），電荷就會集中到該處而產生局部性之高電位差，因此，此部分與液面之間，極易產生火花（圖6-12），應盡量拆除。

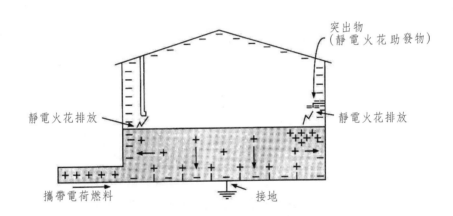

圖 6-12　槽內靜電火花助發物[29]

3. 靜電控制對策

絕緣體之所以可累積靜電之原因，在於靜電發生之速率與逸洩速度失去平衡。當前者大於後者時，二個電極之間的靜電位差到達 350 伏特時，即有可能發生靜電火花（Spark）[29]，因此，防止靜電之首要對策，在於抑制靜電的發生。

如果無法抑制，則應考慮迅速排除靜電，以防止累積。對於靜電的防範與抑制可採取下列對策：

(1) 減少靜電之產生：承受靜電物件之電壓大小，取決於靜電產生速率與逸洩速率，只要將前者加以控制或減少，就可以阻止電壓升高到可以發生靜電火花的程度。因此避免空氣或蒸汽泡以減少攪動、減少流速、減少以攪拌葉混合、減少液體自由掉落液面上等措施，都有助於減少或避免靜電的產生。儲槽進料時，會造成攪動或噴濺，特別是當進料管出口位於液面上方時，因此進料管應深入、接近槽底。為達此目的，所以在儲槽設計上，進料管常伸入槽內，離槽底約 15 公分（6 英吋）以內[10, 30]，如圖 6-13 所示。開始進料時，速率宜限制在 1m/sec，一直到進料管出口深入液面二倍管道直徑或 0.6m 深以上（兩者之值取其較大者）；如果是浮頂式槽，上述速率限制要維持到頂蓋能浮動為止[29]。

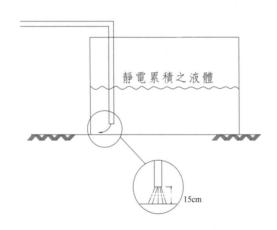

靜電累積之液體

15cm

圖 6-13　進料管離槽底不得大於 15 公分（NFPA 30）

(2) 增加靜電之逸洩：液體所帶之電荷，其逸洩速率是時間與液體本身電導性之函數[29]。填加抗靜電劑，增加了液體之電導性，提高靜電之逸洩速率。延長液體在密閉管中之停留時間，可以使得液體有更多時間讓靜電逸洩。

(3) 金屬連結與接地：將可燃液體注入容器（槽）內時，為了使容器、輸送管、漏斗、承受器等保持同一電位，應將各物件以金屬線連接（Bonding）（圖 6-14），並以堅固的金屬線確實接地（Grounding）（圖 6-15），且定期檢查接地點是否完整。此外，將液體注入儲槽時，應使輸送管抵達槽底，配合儲槽接地，此時流入儲槽的液體雖帶有電荷，亦可因其觸及槽底之際，即被消除。

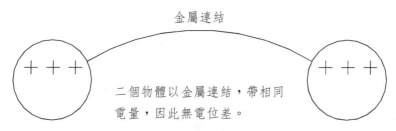

金屬連結

二個物體以金屬連結，帶相同
電量，因此無電位差。

圖 6-14　金屬連結之絕緣體帶相同之電量[29]

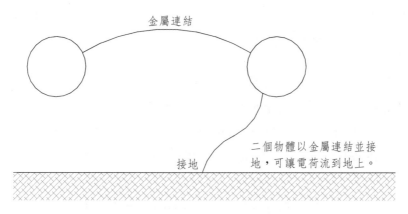

金屬連結

接地

二個物體以金屬連結並接
地，可讓電荷流到地上。

圖 6-15　金屬連結之絕緣體接地不帶電[29]

　　(4) 電導性：使用電導性物質來替代高電阻物質，例如使用金屬製可撓性管或螺旋狀電導性橡皮管來替代氯乙烯輸送管等，而作業場所之地板應以電導性材料構築，且工作人員需穿著導電性橡膠靴等。汽車輪胎亦宜用導電性橡膠；於橡膠中添加少量碳黑，即呈電導性。

　　(5) 濕氣：濕度（Humidity）大大影響固態絕緣物件表面累積靜電的程度。在正常的濕度範圍（≧ 50%）[29]，大部分絕緣物件表面形成一層細薄、肉眼看不見的水膜。這層水膜也就成為靜電荷洩漏的路徑。例如塑膠輪胎，一旦滾動於路面上，車上之靜電就藉由輪胎上之水膜排離車體。若能使工作場所濕度保持75% 以上[10c]，則可使物體表面生成凝結水之薄膜，此時空氣中之二氧化碳則溶解於此而生成導電性，得以防止靜電蓄積。

6.6.2 雷擊

　　直接雷擊（Lightning）會對其所命中之物體，藉由熱與機械力，以及直接點燃易燃物質，而造成嚴重損失或傷害。高度不高的油槽區雖不如高聳的廢氣燃燒塔容易發生雷擊（Lightning Stroke），然而有時也會因為發生雷擊而造成火災。不過，避雷針都能發揮其效用，避免因遭雷擊而引起爆炸成災。若儲存易燃液體的儲槽能符合以下條件，則不須使用避雷針[7]：

　　(1) 構成槽體的每一金屬板部分，是以鉚釘、螺栓或焊接等方式連結。

　　(2) 所有進入槽體之管線，在進入槽體之處，是以金屬與槽體連結之。

　　(3) 儲槽的汽／氣體開口確定緊閉或備有火陷保護設備，以防液面上產生易燃混合氣體，而有爆炸之虞。

　　(4) 儲槽之金屬蓋頂厚度超過 0.5 公分（3/16 英吋）。

　　(5) 金屬蓋頂以鉚釘、螺栓或焊接等方式連結。

　　此外，為了萬全保護，應行接地措施，以便一旦遭雷擊時，能安全宣洩雷擊電流，將損害降到最低。專家建議每一座儲槽至少應有二點接地，亦即儲槽之相對邊[7]。地極棒（Ground Terminal）之直徑不得小於1.3公分（0.5 英吋），伸入地面至少應有2.4公尺（8 英呎），進入地面位置離槽壁約0.6～1.0公尺（2～3 英呎）。槽體與地極棒之間的接地線（Grounding Wire）應為 6 號銅線（No. 6 Gage Copper Wire）[7]（圖 6-16）。要特別強調的是，金屬儲槽的接地措施並不會減少或增加雷擊的機會，也不會減少點燃儲槽內容物的可能性[29]。

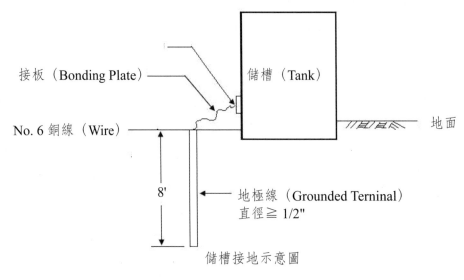

圖 6-16　儲槽接地示意圖[7]

1. 固定頂式與水平儲槽

具固定金屬頂之儲槽與水平儲槽之金屬成分或附件彼此之間接觸緊密，只要維護良好，則不受雷擊之點燃或損害[29]。如果外逸之蒸氣不幸被點燃，儲槽之壓力－真空排氣閥（Pressure-vacuum Vent）仍然可以阻止點燃之火焰進入槽內[29]。

2. 壓力儲槽

金屬儲槽、容器以及製程工具，如於壓力下盛裝易燃液體或氣體，一般無需雷擊防護。這類工具一般接地良好，且其厚度頗厚，雖受雷擊不會被擊穿[29]。

3. 浮動頂式儲槽

開放浮動頂式儲槽（Open Floating Roof Tank）如果很高，且其內容物為易燃物，一旦其頂之邊緣遭受雷擊，可能造成火災。過去已有多起案例，大部分的火發生於密封（Seal）之上方，但都以手提式泡沫滅火器或移動式乾粉（化學劑）滅火[29]。

6.7 儲槽檢查

6.7.1 檢查重點

儲槽的檢查程序，因儲槽是否在使用中而異。對於一座使用中的儲槽，其檢查只能限於外部表面及其附屬配件。只要以目視方法小心地檢查，不難發現表面有腐蝕的地方。一旦發現鏽垢，要將其去除。圖 6-17 標示為儲槽檢查時，要特別注意的地方，例如進料閥，不但應保持關閉，而且要鎖住。表 6-9 是用來說明圖 6-17 之檢查要點。

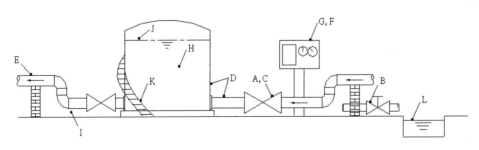

圖 6-17　儲槽檢查重點[4]

表 6-9　儲槽檢查重點[4]

項目	檢查要點
A	進料閥不用時，應在關閉的位置。
B	防溢堤之門閥必須是人工操作式，而且在任何時間應是關閉。
C	所有的閥應檢查是否有滴漏狀態。
D, E	進料、卸料管以及槽法蘭（Flange）應檢查有無滴漏，並確定其支撐沒有問題。
F, G	進料與卸料自動控制設備應檢查其操作是否正常。
H	槽體表面應以目視方式檢查有無生鏽，特別是塗裝脫落之處、焊接處以及接縫處。
I	防溢堤內部表面應檢查有無裂漏或外洩跡象。
J	液位偵測器應檢查，以確定液面上方是否尚有充分之空間（Freeboard）。
K	外部梯階和走道應檢查，以確定無阻礙。
L	油／水分離器應檢查液面上方是否有充分空間（Freeboard）。

註：本表需配合圖 6-17 使用。

6.7.2　儲槽基礎檢查

應以目視檢查儲槽基礎牆（Ring-wall Foundation）和混凝土地基，看看有沒有惡化現象。任何龜裂或損毀應立即修補，以恢復結構的完整性，避免雨水或其他液體累積於儲槽之下。要利用測量水準儀，依某一已知參考點，測定地基是否下陷（請參考 API Std. 653 之 Appendix A）。

一般支撐結構，例如柱、腳應以目視檢查其完整性，並藉用彎腳規檢查看是否有過度之腐蝕。槽壁與槽底相接處之角鐵焊接處也要檢查。圖 6-18 顯示儲槽基礎之檢查要點。

6.7.3　檢查頻率

儲槽檢查頻率

檢查頻率之訂定要考量下列因素：

(1) 內容物之化學特性。

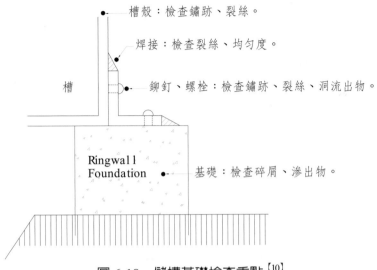

槽殼：檢查鏽跡、裂絲。

焊接：檢查裂絲、均勻度。

鉚釘、螺栓：檢查鏽跡、裂絲、洞流出物。

槽

Ringwall
Foundation

基礎：檢查碎屑、滲出物。

圖 6-18　儲槽基礎檢查重點[10]

(2) 可能之侵蝕速率。

(3) 槽壁厚度之可允許侵蝕厚度。

(4) 其他以前所觀察到的情況。

　　一座儲槽系統之外部零件，一般可以目視方法或簡單工具檢查，這些項目如表 6-10 所列出的每日或每星期例行性檢查。不管這些例行性外部檢查方案重點的特性為何，它一定要能查出初步的侵蝕、洩漏、過度沉陷、排放設備釋壓閥以及其他零件之異常功能。

表 6-10　儲槽自動檢查項目與頻率建議值

頻率	項目
	每月以目視檢查閥莖和法蘭（Flange）是否洩漏。
	每日以目視檢查管線是否彎曲、變形或洩漏，特別要注意套接處、肘狀彎曲處和接頭處。
每日	檢查垂直或水平儲槽四周地面，看看是否有外洩之徵兆。
	裝卸作業前，檢查裝卸控制設備，以確定其功能正常。
	檢查防溢堤之門閥（Gate Valve），以確定其是在關閉位置。
	檢查和紀錄儲槽之內容物，以建立庫存資料。

頻率	項目
每星期	檢查液位計，以確定其功能正常。
	檢查槽頂排水有無阻礙。
	檢查排氣（Vent）與釋壓設備，有無阻礙。
	檢查接地線與接頭之完整性。
	檢查階梯之扶手，有無受損。
	檢查防溢堤，是否具完整性。
	油水分離槽是否需要抽取。
	油水分離槽放流水是否清澈。
	防溢堤內部是否需要排水。
	檢查防護器材。
每月	檢查儲槽外表、焊接處、鉚釘、螺栓與基礎。
	清點所有外洩因應器材。
每季	以非破壞性厚度測試法檢查管線和閥。
每年（維修停工時進行）	槽壁厚度測試。
	基礎洩漏測試。
	高儲槽檢查支撐結構物之結構穩定性以及測試壓力釋放閥。
	檢查儲槽之內襯。
	測定槽體到土壤電位。

　　每月應詳細檢查槽體外表、焊接處、鉚釘以及基礎，特別是圖 6-17 之檢查重點。

消防設備檢查頻率

對各項消防器材自動檢查，其檢查頻率如表 6-11 所示。

表 6-11　消防設備自動檢查頻率建議值

項目	頻率
滅火器	每星期定期檢查一次。
消防栓（箱）	每星期定期檢查一次。

項目		頻率
消防幫浦 *	引擎	每日檢查並試運轉。 每月試放水一次。
	電動	每日巡檢,每月試運轉一次。
系統滅火設備		每三個月定期檢查一次。
火警警報設備		偵測器每三個月一次。
		受信總機、119 電話每月測試一次。
防火衣、防毒面具、帽、鞋、空氣呼吸器		每三個月定期檢查一次。
消防車 *		每日起動運轉。
		每星期試射水一次。

* 包括消防隊設備。

6.8　儲槽清理

　　一般而言,在儲槽清洗的過程中,清洗的方法是否與儲槽之內容物及槽體材質具相容性,是最重要的考量因素。所以事前應先好好地規劃作業方法,並將其告知作業員工。

　　清洗儲槽如果不小心,可能導致高度的危險。甚至處置少量固態、液態或氣態危害化學物的殘餘物,都有可能帶來危害,例如:可能引起爆炸並導致火災、工作人員在進入槽內時,可能會面臨缺氧的狀況、毒性蒸氣的吸入、當清洗含鉛汽油槽時,可能會有暴露於鉛中毒的危險、皮膚吸收、灼傷和(或)因接觸到石油化學物等而引起的刺激反應、用於儲存酸性物品與原油的儲槽,其硫成分含量較高,會有吸入硫化氫的危險。

　　因此我們應該知道,除非採取適當之預防措施,否則人員進入儲槽清洗是很危險的事。

　　儲槽的清洗,一定要有適當的程序與裝備。後者包括空氣供應設備或呼吸防護具、防護衣,例如抗化學性衣物、橡膠靴、手套、護目鏡與面罩;緊急逃生的準備與救難計畫;適當的清洗工具;安全帶、救護索與梯子;氣體監測器和急救器材與藥品。如果是石油儲槽,防護衣的材質最好是以抗油性橡膠或乙烯基製造

的。這點對於個人安全防護是極為重要的。除此之外，對於易燃物質儲槽的清洗，應盡可能避免火源的出現。嚴禁工作人員攜帶火柴或打火機進入工作區域內，附有鋼釘的鞋子亦禁止穿入，所有工具皆應有不起火花的設計或盡量採用不易因衝擊而起火花之金屬（例如：黃銅、鋁、青銅、鈹、銅等）。機動車輛應禁止進入工作場所。

適當的清洗工具包括蒸汽噴嘴、噴沙器、攪拌器以及空氣監測儀器（包括可燃氣體指示器與氧氣指示器）。儲槽清洗工具在使用時，皆應以導線連接至槽壁上，以防靜電火花。所有在儲槽內部或附近使用之照明工具或電動設備，皆應具有實質之安全，或接用接地線，以防引發火花。

6.8.1 儲槽清洗程序

每座儲槽因其內容物之特性與儲槽本身之結構不同，而有特殊之清洗步驟，以下所述，是這些步驟之共同要點[4, 10]：

1. 將電源開關上鎖

(1) 關閉儲槽內之任何可啟動之機械裝置（例如攪拌機）之電源，並由每一位進入儲槽之作業員於電源開關上鎖，以免作業中起動。同時應加以上鎖之標示。

(2) 各作業員各自保管上鎖之鎖匙。開鎖之工作只限於持鎖匙之作業員。

2. 關閉儲槽出入口之緊急遮斷閥與手動閥

這個步驟的目的是避免產品再回流到儲槽內。

3. 排放槽及管線之內容物

這個步驟必須使用適當的設備，作為臨時儲存內容物之用，而且要特別注意化學物的互容性和員工安全。當將儲槽的內容物轉移到臨時儲存容器時，要避免可能的火源。儲槽與承受器之間，宜以金屬線連接（Bonding），並予以接地（Grounding），以防因不導電性內容物（例如苯、乙醚）流動而發生靜電。

4. 拆除配管

所有的產品管線及其他管線，都應在蒸氣驅除前，將其拆解；如無法拆解，應將閥關閉並上鎖，使其於作業中無法啟動。拆除後應在管線側之凸緣加上盲板。採用凸緣接頭者，應在凸緣接頭間插入盲板。

5. 驅除儲槽內的蒸氣

(1) 化學蒸氣的驅除，可藉由灌入蒸氣、乾燥空氣、惰性氣體或以水取代等方法來達成。當然，所選用的驅除方法，必須與儲槽內容物具相容性，例如蒸氣法就不適用於禁水性物質的驅除。空氣法如果使得儲槽內的蒸氣變成可燃性，就不適用。無論如何，依儲槽內容物的性質，選擇適當的蒸氣驅除步驟是非常重要的。另外，灌通物的流量不宜太大，以免導致與儲槽連接之管線破裂。

(2) 用來吹氣的風扇、吹風機或工具，必須是防爆型的。

(3) 至於儲槽內的可燃氣體有沒有驅除乾淨，或槽中氧氣夠不夠，可藉由可燃氣體偵測器和氧含量計測知。市面已有儀器，可同時偵測上述兩種氣體。讀者可參閱第 16 章「化災現場環境偵測」。

6. 開放全部儲槽之人孔及排氣孔

7. 清洗

6.8.1.1　入槽清洗注意事項

工作人員入槽前，須先決定可燃蒸氣的驅除程度或是槽內是否有足夠的氧氣可供呼吸。以下為進入槽內清洗前應注意事項[4]：

(1) 決定可燃氣體驅除的操作程序。進行迫淨（Purge）工作時，槽內及其周圍的空氣應隨時以儀器偵測氧氣濃度，以確保槽內的氧含量應大於 18%（國內法規），避免造成缺氧危害；並測定易燃氣體濃度，以確認其值不超過易燃下限（LEL）的 20%。當蒸氣濃度降低至易燃下限的 10% 時，易燃氣體的驅除可以算是達到標準了。然而，這樣的結果並非永久不變的，通風的工作及可燃氣體與氧濃度的測試，仍應繼續進行。易燃氣體濃度 ≧ 25%LEL 時，應立即停止工作（U.S. EPA）[113]。

(2) 測試者應完全熟悉儀器的讀取與操作。儀器在使用前，應檢查其是否正常，並予以校對。儀器的檢查與校對一定要遵照儀器製造商的建議。

(3) 若槽內空氣不甚安全，應設法通風以排除危害。若通風的效果無法如期達成，清洗人員應使用自給式呼吸防護具或其他適當的呼吸防護裝備。

6.8.1.2　清洗時無需入槽之注意事項

如果儲槽清洗工作員工無需進入槽內進行，那麼最易達成的方式為灌通水蒸

汽，且應持續至少 10 分鐘，以確保槽內的表面都已加熱到接近水沸點的程度。

在蒸汽清洗後，儲槽應以熱水沖洗，使水充滿儲槽後，任其溢流，以排除任何固體物，但需避免污染鄰近水源。將此步驟連續循環做幾次，直到排出之水無產品味道為止。

如果水蒸汽無法達到儲槽的清洗目的，可使用化學清洗液清洗儲槽。清洗完畢後，需將清洗之廢液排出。在選擇化學清洗液時，應考慮其與材質的互容性，例如以苛性鹼溶液清洗鋁和鋅壁的儲槽，會形成氫氣，所以在選擇化學清洗液時應特別小心。

6.8.2　儲槽清洗緊急措施 [10]

1. 設置監視人

(1) 當有人進入儲槽時，槽外應有一監視人。

(2) 監視人之位置，應可監視儲槽內全部作業人員，其視線不得脫離作業人員。

(3) 除非另有一個監視人，緊急時，監視人不得親自進入儲槽內部，應立即召集急救人員使用安全帶搶救罹難者。

2. 備有防護具

在儲槽鄰近，至少備有一套急救用防護具，例如缺氧空氣中使用之氧氣面罩或輸氣管式面罩。

3. 救護索

(1) 於可能遭遇困難之場所，作業員應攜帶有救護索之安全帶。

(2) 安全帶應置有胴帶與肩帶，可使用肩胛骨中央之鐵環，將罹難者於站立之狀態吊升。

(3) 作業員於儲槽內作業期間，監視人應持救護索之一端，保持可隨時吊升之狀態。

6.8.3　儲槽迫淨與清洗之靜電問題 [29]

所謂迫淨（Purge）是指去除密閉空間之化學蒸氣（特別是可燃蒸氣），隨後並完全代之以空氣或隋性氣體之作業。利用蒸氣噴射流會在噴射頭（Nozzle）以及噴射流所噴達之絕緣物體產生靜電。如果使用蒸氣去迫淨、清除儲槽或其他

工具，蒸氣所達之所有具絕緣之導電物體（Conductive Insulated Objects）以及排放管應與儲槽或工具進行金屬線連結（Bonding）。如果有其他方法，應避免以蒸氣做覆蓋（Blanketing）。

CO_2 噴射流也是靜電的產生者，因為它含有 CO_2 之固態顆粒。它在使用上，應注意之處與上述蒸氣噴射流相同。如果 CO_2 是作惰性氣體用，則應設法不得讓它形成 CO_2 顆粒。另外一種方法是把乾冰（CO_2）放置於容器內，讓它蒸發。要注意 CO_2 滅火器使用時，一般會放出 CO_2 顆粒，因此是靜電生產者。曾經有個案例，以 CO_2 滅火器噴向含有易燃蒸氣與空氣混合物之儲槽內，結果發生爆炸[29]。

6.8.4　儲槽清洗意外案例 [7]

一位儲槽清理人員的領班提早到達坦帕市（Tampa，位於佛羅里達州）的工作地點，此時天色仍是昏暗的。儲槽的防溢堤已被打開，領班將卡車駛入防溢堤內。為了加速清理過程，他決定打開儲槽的清洗口之一，這需要拔除許多保持在墊片上的螺帽。領班打開他的前車燈做為照明之用。當工作持續進行時，卡車上電池的電力逐漸耗盡，燈光開始轉暗。他看到這到個情況，即發動車子的引擎以增強燈光的亮度，並為電池充電。這個動作此時立刻製造了點燃機會，引發爆炸，毀壞了空槽及車輛，並造成領班嚴重受傷。爆炸原因是蒸氣從鬆動的清洗口外洩，蒸氣停留在地表並聚集在防溢堤內，並藉由卡車發動系統的火花而點燃。幸運的是，附近裝滿液體的儲槽並未受到火焰波及而損壞，因此也避免了一場重大意外事件的發生。

【討論】

1. 名詞界定：
   (1) Psig。
   (2) 高壓儲槽。
   (3) 低壓儲槽。
   (4) 常壓儲槽。
2. 浮動頂式儲槽有何特點。
3. 試申述儲槽彼此間之安全距離決定的方法。
4. 有那些國際機構的規範常被引用於儲槽的設計。

5. 試說明儲槽清理的一般原則與應採取之緊急措施。

6. 當存放過易燃液體的儲槽欲進行清理時，你認為槽內易燃氣體的濃度最高不得超過多少，人員才方可入槽內作業。

7. 試說明二件金屬物件進行金屬線連結（Bonding）之目的。

8. 試說明二件金屬物件接地（Grounding）之目的。

9. 何謂溪電流（Streaming Current）？

10. 何謂靜電流（Static Electricity）？
   靜電流的產生是由於不同電導性（Conductivity）的物件分開或相互摩擦所造成；流動液體可能產生此類靜電。[6]

11. FRP（Fiberglass Reinforced Plastics）
   FRP 是玻璃纖維強化塑膠的簡稱，其所使用的樹脂材料具有耐水、耐藥、耐熱等特性，且有良好的表面張力，因此具有良好的耐蝕性及高強度。目前諸多廢水處理設備採用 FRP 材質，例如化糞池、CPI 油水分離池等；然而，美國職業安全衛生署（OSHA）禁止使用可燃性材質之儲槽——例如 FRP 儲槽——儲存可燃性液體。

【選擇題】

1. 常壓儲槽的槽體頂部設計必須能承受　(1)0.5psig　(2)1psig　(3)5psig 的壓力。　　　　　　　　　　　　　　　　　　　　　　　　　　　　**Ans**：(1)

2. 低壓儲槽的操作壓力範圍一般為　(1)0.5～15psig　(2)15～20psig　(3)20～30psig。　　　　　　　　　　　　　　　　　　　　　　　　　　　**Ans**：(1)

3. 高壓儲槽的操作壓力超過　(1)15psig　(2)5psig　(3)25psig。　　**Ans**：(1)

4. 為避免儲槽進料時，攪動液面或噴濺產生靜電，因此在設計上，儲槽內進料用的伸入管（Drop Tube），一般離槽底　(1)15 公分　(2)2 公分　(3)50 公分以迅速藉由槽體之接地排除靜電。　　　　　　　　　　　　　　　**Ans**：(1)

5. 1 個電導度（1conductivity unit）等於　(1)1picosiemen/m　(2)1×10^{-12}siemen/m (3) 上述兩者皆是。　　　　　　　　　　　　　　　　　　　　　**Ans**：(3)

6. 1 個 siemen 等於　(1)Ω　(2)Ω^{-1}　(3)Ω-cm。　　　　　　　　　**Ans**：(2)

7. 帶電的流體一旦進入儲槽內，就會在槽壁內部表面誘發與流體帶電量相同，但電荷正負　(1) 相同　(2) 相反　(3) 上述皆有可能。　　　　　　**Ans**：(2)

8. 電量半衰期（Half-value Time）係指液體在金屬容器內，其帶電量減到　(1)

一半　(2)4 分之 1　(3)6 分之 1　所需之時間。 **Ans**：(1)

9. 一般而言，如果金屬容器中的液體，其電導度大於　(1)50 個　(2)500　(3)5,000 個電導度單位（picosiemen/m），靜電累積不顯著。 **Ans**：(3)

【是非題】

1. 石油類產品在通過管路、管閥、幫浦或過濾器時，都易發生帶電現象。 **Ans**：(○)

2. 石油類之電阻很高，因此流動時易產生靜電。 **Ans**：(○)

3. 油中如有水分存在，經過攪動，會在油面產生靜電。 **Ans**：(○)

4. 儲槽進料時，應使輸送管盡可能深入靠近槽底，並配合槽體之接地措施，儘速消除靜電。 **Ans**：(○)

5. 為避免靜電之累積，高電阻流體之輸送可使用可撓性金屬性管或導電性橡皮管。 **Ans**：(○)

6. 為避免靜電之累積，儲槽與槽車裝卸區工作人員宜使用導電性橡膠靴。 **Ans**：(○)

7. 氯乙烯輸送管的電阻非常高，易導致靜電之累積，因此不適用於高電阻之液體輸送。 **Ans**：(○)

8. 油罐車進行灌裝作業前，需將槽車與儲槽，用金屬線連接（Bonding）並接地（Grounding）。 **Ans**：(○)

9. 槽車灌裝完畢，先拆除接地，然後放回槽車進料管蓋或人孔蓋。（參見第 10 章圖 10-16） **Ans**：(×)

10. 1 個電阻度（resistivity unit）為 $10^{14}\Omega$-cm。 **Ans**：(○)

11. 石油之電阻度高達 $10^{15}\Omega$-cm，因此流動時容易產生靜電。 **Ans**：(○)

12. 油料填加抗靜電劑的目的是要增加它的電導度，以提高靜電的逸洩速率。 **Ans**：(○)

13. 儲槽壁或槽頂如有突出物，會成為靜電火花之助發物（Spark Promoter）。 **Ans**：(○)

14. 液體填加抗靜電劑，是為了增加液體之電導性，以提高靜電之逸洩速率。 **Ans**：(○)

15. 每座儲槽至少應有二點接地。 **Ans**：(○)

第 7 章

工廠製程單元危害評分法

7.1　一般說明

國內《危害性工作場所審查暨檢查辦法》第五條與第九條要求須審查之甲類與乙類危險性工作場所，應完成〈製程安全評估報告書〉，以為風險管理之依據。報告書又規定要先進行初步危害分析，以找出重大之潛在危害，然後針對重大潛在危害再進行較詳細之危害分析，例如 HAZOP。

本章介紹快速危害評分系統（Rapid Hazard Ranking System）[6]，它是一種用來鑑定工廠中在那個地方或那一個製程單元具有潛在危害，並依其危害程度加以評分的技術。本評分系統是荷蘭政府將道氏（Dow）化學公司的危害評分方法加以簡化而成的。它不但考量了物料之火災與爆炸特性，而且同時也考量了物料之毒性。

7.2　工廠設施單元之分類

在應用危害指數（Hazard Index）之前，必須將工廠設施分成不同的獨立單元（Unit）。「單元」是工廠的一部分，可以邏輯地依其特性，而把它從工廠分離出來的單體（Separate Entity）[108]。一個單元也許包括依空間、距離或防護牆而分隔出來的工廠設備／元件（Plant Element），例如一組儀器或一套系統；也許是有特殊危害存在的地方。下面是獨立單元的例子：

- 填料段（Feed Section）。
- 加熱段／冷卻段（Heating Section/Cooling Section）。
- 蒸餾段（Distillation Section）。
- 清洗段（Wash Section）。
- 蒐集系統（Collection System）。
- 過濾段（Filtration Section）。
- 緩衝槽（Buffer Tank）。
- 廢氣燃燒段（Flare Section）。
- 摧毀段（Destruction Section）。
- 回收段（Recovery Section）。
- 驟冷段（Quench Section）。

以倉儲設施為例，每一座儲槽或漏斗槽（Silo）都是一個獨立的單元。

如果有許多含危險物質的包裝容器（例如袋、瓶子、鼓桶等）置放於同一位置，那麼這些包裝容器算是單一元件，因為這一區具有共同特殊的危害。

7.3 火災爆炸指數和毒性指數之決定

每一個存放易燃物或毒化物的工廠元件，其火災爆炸指數 F（Fire Explosion Index）可依 Dow 化學公司所研發的火災與爆炸指數來決定。

火災與爆炸指數 F 之計算如下：

$$F = MF \times (1 + GPH_{tot}) \times (1 + SPH_{tot}) \tag{1}$$

其中：

MF = 物質係數（Material Factor）。

GPHtot = 一般製程危害（General Process Hazards）。

SPHtot = 特殊製程危害（Special Process Hazards）。

物質係數是危險物質之潛在能量的指標。要計算 F，首先必須知道該物質的物質係數，其值在 0～40 之間。美國國家消防協會（National Fire Protection Association, NFPA）列出許多危險物之物質係數（表 7-6）。

一般製程危害，依製程之本質和特性而異，而特殊製程危害，則是用來衡量特殊設施之危害。兩者之內容分別詳述於第 7.5 節與第 7.6 節。

毒性指數 T（Toxicity Index）之計算，詳見第 7.6.9 節。如果某一元件中，涉及一種以上的危險物質，那麼每一種物質之 F、T 就必須分別計算，然後依 F、T 之最高值，決定該元件之危害等級。

物質之濃度小於 5% 者（液體與固體以重量計，氣體以體積計），在計算 T、F 時，可不必加以考量。

7.4 物質係數

MF 值依物質之易燃性（N_f）和反應性（N_r）而定，用來表示某一化學物之穩定性及其與水的反應性。MF 值愈大，表示危險物之潛能愈高，當然也就愈不安定了。

N_f 與 N_r 依 NFPA 之分類，各有五個危害等級，由 0～4 來代表，其意義如

下[28, 90]：

$N_f = 0$　物質不燃燒。

$N_f = 1$　物質必需先加熱，才能點燃。

$N_f = 2$　物質必須先以中等程度的加熱，或暴露於相當高的溫度，才能點燃。

$N_f = 3$　液體或固體在大氣溫度下，可以點燃。

$N_f = 4$　物質在大氣壓力與正常大氣溫度下，可以快速地完全蒸發，或容易蒸發到空氣中，而且很容易燃燒。

$N_r = 0$　物質完全穩定（甚或暴露於火的情況下），且不與水起反應。

$N_r = 1$　物質在高壓、高溫下，呈不穩定狀態。

$N_r = 2$　在高熱與高壓下，很容易進行激烈化學變化；與水起激烈反應；或與水起反應，產生爆炸性混合物。

$N_r = 3$　物質處在密閉空間時，具爆轟（Detonation）特性。

$N_r = 4$　物質雖不處在密閉空間，但仍呈爆轟特性。

注意：反應性（N_r）包括自行反應性（亦即不穩定性），和與水起作用之反應性。

N_f 與 N_r 可取自 NFPA 的文獻（表 7-6），然後依表 7-1 計算之。至於化學物從 NFPA 資料查不到 N_f 或 N_r 時，N_f 值可從閃火點（Flash Point）或 Hcv 導出。化學物之燃燒熱（Heat of Combustion）乘以在溫度 300K（27℃）時之蒸氣壓，即得 Hcv。至於沸點小於 300K 者，取蒸氣壓為 1.00。N_r 可由絕熱分解溫度（Adiabatic Decomposition Temperature，T_d）導出。

【範例】

以環氧乙烷（Ethylene Oxide）為例，其 $N_f = 4$，$N_r = 3$，依表 7-1，可得 MF = 29；丙烯酸丁酯（Butyl Acrylate），其 $N_f = 2$，$N_r = 2$，結果 MF = 24。

解：環氧丙烷（Propylene Oxide）的化學特性如下：

(1) 閃火點 <−20℃。

(2) 燃燒熱 30.703kJ/g。

(3) 分子量 58。

(4) 一個分子之燃燒熱為：30.703kJ/g×58g/mole ＝ 1780.78kJ/mole。

(5) 蒸氣壓 0.745bar（27℃）（註：1bar ＝ 14.7psi）。

分解溫度 $T_d = 675℃$。

導出 N_f：

由於閃火點低於 $-20°C$，因此 $N_f = 4$（表 7-1）。

N_f 也可用 Hcv 導出：

$H_{cv} = 1780.78 \times 0.745 = 1326$ kJ bar/mole，依表 7-1 可得 $N_f = 4$。

導出 N_r：

分解溫度是 $T_d = 675+273 = 948K$，依表 7-1，可得 $N_r = 2$。

導出 MF：

因此環氧丙烷之 $N_f = 4$、$N_r = 2$，從表 7-1，得 MF = 24。

7.5 一般製程危害

7.5.1 放熱反應（Exothermic Reaction）

1. 燃燒：固體、液體或氣體燃料與空氣混合燃燒，如同在火爐中一樣，扣 0.20 分（Penalty），亦即賦予危害點數 0.20。

2. 下列反應之危害點數為 0.30。

(1) 氫化（Hydrogenation）：雙鍵或三鍵（Bond）之填加氫原子。

(2) 水解（Hydrolysis）：化合物與水反應，例如以氧化物製造硫酸或磷酸。

(3) 烷基化（Alkylation）：因取代作用或加乘作用，將烷基（Alkyl Group）導入有機化合物分子上的反應。烷基化單元一旦發生意外，由於其所用之化學物的揮發物比空氣重，可能導致嚴重爆炸和火災損害。

(4) 異構化（Isomerization）：有機分子中之原子重新排列，例如由直鏈（Straight Chain）變為非直鏈分子，或雙鍵（Double Bond）之取代；危害因化學物本身之穩定性與其反應性而異，某些情況，賦予危害點數 0.50。

(5) 磺酸化（Sulfonation）：藉 H_2SO_4 之作用，將 SO_3H 基添加於有機分子上。

(6) 中和反應（Neutralization）：酸與鹼作用，產生鹽與水的反應。

3. 下列反應之危害點數為 1.00。

鹵化（Halogenation）：將鹵原子（氟、氯、溴或碘）導入有機分子的作用；這是一種很強的放熱和腐蝕性製程。

4. 下列反應之危害點數為 1.25。

硝化（Nitration）：以硝基（NO_2）取代有機分子中的氫原子。這是非常強的放熱反應，可能產生爆炸性副產品。

7.5.2 吸熱反應（Endothermic Reaction）

一般製程危害之吸熱反應的危害點數為 0.20。下列是吸熱反應例：

(1) 煅燒（Calcination）：將物質加熱，以去除水分或其他揮發性物質的反應。

(2) 電解（Electrolysis）：以電流將離子（Ions）分開的反應；由於易燃性或高反應性產物的存在而具有危害性。

(3) 熱解或裂解（Pyrolysis/Cracking）：以高溫和催化劑去分解大分子；以另外一個燃燒步驟去再生催化劑，可能是危險的。如果煅燒、熱解的進行，係藉助燃燒來供給所需之能量，危害點數加倍，變成 0.40。

7.5.3 物料運送

(1) 危險物之裝卸，特別是涉及槽車（公路與鐵路）與船舶輸送管線之套接的接、解動作（Coupling and Uncoupling）：其危害點數 0.5。

(2) 存放危險物包裝容器（鼓桶、鋼瓶和運輸用之槽體等）的倉庫和儲存廣場（不包括儲槽）。

(3) 危險物之儲存溫度在沸點之下：危害點數 0.30。

(4) 危險物之儲存溫度在沸點之上：危害點數 0.60。

上述所給的危害點數，是基於在運送過程中的可能暴露以及潛在的火災危害。應注意的是，本項準則與危險物之量無關。

7.5.4 室內製程單元

製程單元位於建築物內，而且同一座建築物內也有危險物料於此處理或儲存時，由於自然通風受到阻礙，因此增強了其危害性。

(1) 易燃性液體高於閃火點，但低於大氣沸點：危害點數 0.30。

(2) 易燃性液體或 LPG 高於大氣沸點：危害點數 0.60。

7.5.5 其他

包裝、鼓桶或盒子之裝填危險物料、離心機之使用、開放性裝置之批式反應的攪拌、在同一個裝置有二個以上之反應：危害點數為 0.50。

7.6 特殊製程危害

7.6.1 製程溫度

(1) 如果製程或搬運溫度高於物料之閃火點：危害點數 0.25。

(2) 如果製程或搬運溫度高於物料之大氣沸點：危害點數 0.60。

(3) 物料例如己烷（Hexane）和二硫化碳（Carbon Disulphide）有低自燃（Auto-ignition）溫度，並且一遇過熱之蒸氣管線可被點燃者：危害點數 0.75。

表 7-1　物質係數計算準則 [6]

閃火點	Hcv KJ · bar / mole	分解溫度 Td , K		< 830	830～935	935～1010	1010～1080	>1080
				反應性				
		N_f ＼ N_r		0	1	2	3	4
None	< 4*10^{-5}	易燃性	0	0	14	24	29	40
> 100	4*10^{-5} ～ 2.5		1	4	14	24	29	40
40~100	2.5 ～ 40		2	10	14	24	29	40
−20 ～ +40	40 ～ 600		3	16	16	24	29	40
< −20	> 600		4	21	21	24	29	40
				物質係數 MF				

7.6.2 低壓

如果空氣進入系統內不會造成危害，那麼在大氣壓力或低於大氣壓力下操作之製程，其危害點數為零，例如乙二醇（Glycols）之真空蒸餾。

(1) 當空氣一旦進入系統內，可能造成危害者：危害點數為 0.50。

(2) 氫蒐集系統：危害點數為 0.50。

(3) 如果空氣進入系統能造成危害者，任何低於 0.67 bar 的真空蒸餾：危害點數為 0.75。

7.6.3 易燃範圍之操作

(1) 室外儲槽儲存易燃性物質；如果該內容物之氣體與空氣混合，在蒸氣空間其濃度經常維持在易燃範圍內（易燃上下限之間）：危害點數為 0.50。

(2) 製程的操作接近於易燃限值（Flammable Limits），或其氮或空氣的迫淨（Purging）步驟在爆炸界限之外：危害點數為 0.75，例如甲苯（Toluene）變成苯甲酸（Benzoic Acid）的氧化。

(3) 經常在易燃範圍內操作之製程：危害點數為 1.00，例如環氧乙烷（Ethyl-ene Oxide）的蒸餾與儲存作業。

7.6.4 操作壓力

操作壓力高於大氣壓力，應予扣分，其危害點數因操作壓力之上升而增加。危害點數與操作壓力之間的關係如圖 7-1 所示，可以下列方程式表示之：

$$Y = 0.453 \log P$$

其中：Y = 危害點數

　　　P = 絕對壓力（Absolute Pressure），bar（14.7psi），壓力釋放閥所設定之壓力。

上述所得之危害點數，尚須依下列原則校正之：

(1) 高黏性物質如瀝青、重潤滑油、焦油等：危害點數乘以 7。

(2) 壓縮氣體：危害點數乘以 1.2。

(3) 加壓液化易燃氣體：危害點數乘以 1.3。

(4) 不適用於擠壓（Extrusion）或澆鑄（Moulding）之操作。

7.6.5 低溫

(1) 操作於 0 ~ −30℃之製程：危害點數為 0.30。

(2) 操作於 −30℃以下之製程：危害點數為 0.50。

上述之目的是考量金屬暴露於易碎之轉移溫度。更有甚者，一旦發生隙裂，冷的液體與外界高溫環境接觸，導致大量蒸發。

7.6.6 易燃物之量

1. 製程中

危害點數可由圖 7-2 求得。橫座標是物料量乘以燃燒熱（kJ/kg）。

危害點數 Y 也可依下列方程式計算之：

$$\log Y = 0.305 \log eQ - 2.965$$

其中 e = 物料之燒燃熱（kJ/kg）。

Q = 易燃物量（kg）。

考量最惡劣的情況，易燃物的量可以採用：(1) 最大製程容器之物料量，或 (2) 許多相連結在一起之製程容器內之物料量。後者是考量這些相連在一起之製程中的物料，有可能同時被釋放出來。

2. 在儲存中

在儲槽內的易燃物，其危害點數因其量而異，可從圖 7-3 查出。所應注意的是，圖中曲線 A 代表壓縮液化氣體；曲線 B 代表易燃液體。

危害點數 Y 也可依下列方程式計算之：

$$Y = \sqrt{(185) - [\log x]^2} - 11.45 \cdots\cdots\cdots\cdots 液化氣體$$

其中 $x = (eQ10^{-9}/700,000)$。

$$Y = \sqrt{55 - [\log R]^2} - 6.4 \cdots\cdots\cdots\cdots 易燃液體$$

其中 $R = (eQ10^{-9}/270)$。

7.6.7 腐蝕與侵蝕

對於由外部和內部的腐蝕（Corrosion）所產生的危害要加以評估，下列是一些宜加以考量的地方：

(1) 製程液體中之不純物，對腐蝕的影響。

(2) 外部塗裝脫落所造成之腐蝕。

(3) 裡襯（Linings）（例如塑膠、磚塊）對接縫（Seam）、接頭（Joint）或小孔洞（Pinholes）的保護能力。

引用下列危害點數：

(1) 腐蝕率小於 0.5mm/ 年，帶有局部腐蝕的風險：0.10。

(2) 腐蝕率大於 0.5mm/ 年，但小於 1mm/year：0.20。

(3) 腐蝕率大於 1mm/ 年：0.50。

7.6.8 洩漏－接合處與包裝

墊圈（Gasket）、接頭或軸心（Shaft）之密封處（Sealing）是可能之洩漏點，特別是在有溫度或壓力循環的情況下；因此對於這些項目，應根據其設計和構料，給予適當之危害點數：

(1) 幫浦和活塞桿常有輕微之外洩發生：危害點數為 0.10。

(2) 已知常在幫浦和法蘭（Flange）接頭發生外洩的製程：危害點數為 0.20。

(3) 具有滲透性的製程液或磨損性稀泥，能造成連續的密封問題者：危害點數為 0.40。

(4) 視玻璃、風箱組合系統（用以吹火）和膨脹接頭：危害點數為 1.50。

7.6.9 毒性指數

毒性物質將使得緊急人員的因應複雜化，結果使他們對意外的調查或救災能力降低[28]。

毒性指數 T 可依下列方程式計算之：

$$T = \frac{T_h + T_s}{100} \ (1 + GPH_{tot} + SPH_{tot}) \tag{2}$$

其中：T_h = 毒性係數（Toxicity Factor）。

　　　T_s = 危害點數，依物質之最大容許濃度而定。

　　毒性係數（T_h）是導自 NFPA 的健康危害指數（N_h）；物料之 N_h 在 0～4 之間（表 7-6），所代表之意義如下[28, 90]：

N_h = 0 物質暴露於火災下，不產生超越一般可燃物質之危害。

N_h = 1 物質可能造成刺激性，但只是輕微之殘餘傷害。

N_h = 2 需快速得到醫療照顧，以免暫時失能（Incapacitation）。

N_h = 3 物質能造成嚴重之臨時或殘餘傷害。

N_h = 4 短暫暴露會導致死亡或傷害。

　　物質如果不在表 7-6 中，可參考 NFPA 文獻《Identification of the Fire Hazards of Materials》[28]，再依表 7-2，將 NFPA 的 N_h 轉換成毒性係數 T_h。如果是混合物，取其成分之最大 N_h 值[90]。

表 7-2　NFPA 健康危害指數與毒性係數對照表

NFPA 健康危害指數（N_h）	毒性係數（T_h）
0	0
1	50
2	125
3	250
4	350

　　除此之外，毒性指數尚須考量物質之最大容許濃度（Maximum Allowable Concentration, MAC）依表 7-3 作適當修正。

表 7-3　最大容許濃度之危害點數

最大容許濃度 *（ppm）	危害點數（T_s）
≦ 5	125
5-50	75
>50	50

* 指 MAC，亦即 TLV-TWA（見第 20 章）。

7.7　危害分類等級

　　危害程度可劃分為三個等級，如表 7-4 所示。由上述方法（表 7-5）所計算出來的 F、T 指數，依表 7-4 之準則而加以分級。第一級是指工廠製程單元具最低潛在危害者，而第三級係指最高潛在危害者。

　　如果某一物質可以同時導出火災爆炸指數與毒性指數，要採用危害等級分類較高者。

表 7-4　製程單元危害等級

危害等級	火災爆炸指數（F）	毒性指數（T）
第一級	F<65	T<6
第二級	65 ≦ F<95	6 ≦ T<10
第三級	F ≧ 95	T ≧ 10

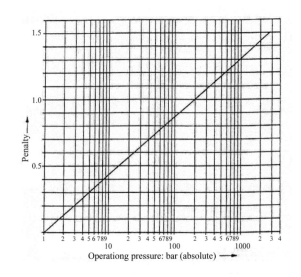

圖 7-1　操作壓力之危害點數

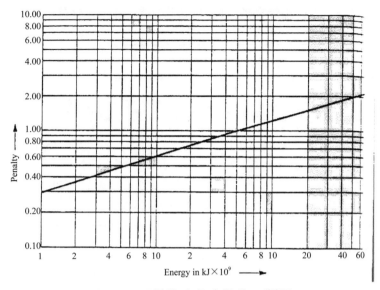

圖 7-2 易燃物之危害點數：製程

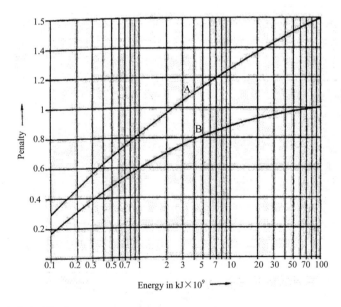

曲線 A：加壓液化氣體（Pressurized Liquefied Gas）。

曲線 B：易燃液體（Flammable Liquids）。

圖 7-3 易燃物之危害點數：儲槽

表 7-5　火災爆炸指數（F）與毒性指數（T）之計算格式例

			姓名		日期
位置			工作號碼		
工廠		部門	主管		
物料和製程 *					
物料			溶劑		
• MF ───────────────────▶					
一般製程危害（GPH）			危害點數	採用之 危害點數 **	
放熱反應					
吸熱反應			0.20		
物料運送					
室內製程					
合計：GPH$_{tot}$					
• (1 + GPH$_{tot}$) × MF = 次因子					
特殊製程（SPH）					
製程溫度					
> 閃火點			0.25		
> 沸點			0.60		
> 自燃溫度			0.75		
低壓（大氣壓力／大氣壓力之下）					
產生過氧化物之危害			0.50		
氫蒐集系統			0.50		
真空蒸餾（<0.67 bar，絕對）			0.75		
易燃範圍內（或靠近）之操作					
室外易燃液體與 LPG 之儲存			0.50		
依賴迫淨作業（Purging）（儀器、氮或空氣），使在易燃範圍外之操作			0.75		
經常在易燃範圍內之操作			1.00		
操作壓力					
低溫					
0 ～ −30℃			0.30		
< −30℃			0.50		
易燃物量					
製程中					
儲存中					
腐蝕與侵蝕					
接合處與包裝洩漏（Leakage Joints and Packing）					
合計：SPH$_{tot}$ ───────────▶					
• (1 + SPH$_{tot}$) × 次因子 = 火災爆炸指數 F					
毒性指數 T					
$T = \dfrac{T_h + T_s}{100} \times (1 + GPH_{tot} + SPH_{tot}) = $ 毒性指數					

資料來源：ILO, Major Hazard Control-A Practical Manual, Geneva, 1988.

* 所謂「製程」包括運作（Handling）與儲存（Storage）。

** 參考本章第 7.5 與第 7.6 節。

表 7-6　化學物之物質係數與 NFPA 之危害等級

化學物	NFPA 分類等級			MF*
	健康	火災	反應性	
Acetaldehyde	2	4	2	24
Acetic acid	2	2	1	14
Acetic anhydride	2	2	1	144
Acetone	1	3	0	16
Acetonitrile	2	3	1	16
Acetyl chloride	3	3	2	24
Acetyl peroxide	1	2	4	40
Acetyl salcyl acid	1	1	0	4
Acetylene	1	4	3	29
Acrolein	3	3	2	24
Acrylic acid	3	2	2	24
Acrylamide	2	1	1	14
Acrylonitrile	4	3	2	24
Allyl alcohol	3	3	1	16
Allylamine	3	3	1	16
Allyl chloride	3	3	1	16
Allyl ether	3	3	2	24
Ammonia	3	1	0	4
tert-Amylacetate	1	3	0	16
Aniline	3	2	0	10
Barium stearate	3	1	0	4
Benzaldehyde	2	2	0	10
Benzene	2	3	0	16
Benzoic acid	2	1	0	4
Benzoyl chloride	3	2	1	14
Benzoyl peroxide	1	4	4	40
Bisphenol A	2	1	0	4
Bromobenzene	2	2	0	10
Butane	1	4	0	21
1,3-Butadiene	2	4	2	24
Butanol	2	3	0	16
1-Butene	1	4	0	21
n-Butyl acetate	1	3	0	16
Butyl alcohol	1	3	0	16
n-Butylamine	2	3	0	16
Butyl bromide	2	3	0	16
n-Butyl ether	2	3	0	16
tert-Butyl hydroperoxide	1	4	4	40
Butyl nitrate	1	3	3	29

化學物	NFPA 分類等級			MF*
	健康	火災	反應性	
tert-Butyl peroxide	1	3	3	29
Butylene	1	4	0	21
Butylene oxide	3	3	2	24
Calcium carbide	1	4	2	24
Calcium stearate	0	1	0	4
Carbon disulphide	2	3	0	16
Carbon monoxide	2	4	0	21
Chlorine dioxide	3	4	3	29
1-Chlorobutane	2	3	0	16
Chloroform	2	0	0	0
Chloromethylethyl ether	2	1	0	4
o-Chloro Phenol	3	2	0	10
Chloropicrin	4	0	3	29
1-Chloropropane	2	3	0	16
Chlorostyrene	2	2	2	24
Coumarin	2	1	0	4
o-Cresol	2	2	0	10
Cumene	2	3	0	16
Cumene hydroperoxide	1	2	4	40
Cyanuric acid	2	0	1	14
Cyclobutane	1	4	0	21
Cyclohexane	1	3	0	16
Cyclohexanol	1	2	0	10
Cyclopropane	1	4	0	21
Diesel fuel	0	2	0	10
Dibutyl ether	2	3	0	16
o-Dichlorobenzene	2	2	0	10
p-Dichlorobenzene	2	2	0	10
1,2-Dichloroethylene	2	3	2	24
1,2-Dichloropropene	2	3	0	16
2,3-Dichlcropropene-crude	2	3	0	16
3,5-Dichlorosalicylic acid	0	1	0	4
Dicumyl peroxide	0	2	3	29
Dicyclopentadiene	1	3	1	16
Diethyl amine	2	3	0	16
Diethyl benzene	2	2	0	10
Diethyl carbonate	2	3	1	16
Diethyl peroxide	0	4	4	40
Diethanolamine	1	1	0	4
Diethylene glycol	1	1	0	4

化學物	NFPA 分類等級			MF*
	健康	火災	反應性	
Diethylamine triamine	3	1	0	4
Diethyl ether	2	4	1	21
Diisobutylene	1	3	0	16
Diisopropylbenzene	0	2	0	10
Dimethyl amine（anhy）	3	4	0	21
2,2-Dimethyl propanol	2	3	0	16
n-Dinitrobenzene	3	1	4	40
2,4-Dinitro Phenol	3	1	4	40
m-Dioxane	2	3	0	16
Dioxolane	2	3	2	24
Diphenyl oxide	1	1	0	4
Dipropylene glycol	0	1	0	4
Di-tert-Butyl peroxide	1	3	4	40
Divinyl benzene	1	2	2	24
Divinyl ether	2	3	2	24
Dowtherm A heat tr. agt.	2	1	0	4
Epichlorohydrin	3	3	2	24
Ethane	1	4	0	21
2-Ethanolamine	2	2	0	10
Ethyl acetate	1	3	0	16
Ethyl acrylate	2	3	2	24
Ethyl alcohol	0	3	0	16
Ethyl benzene	2	3	0	16
Ethyl bromide	2	3	0	16
Ethyl chloride	2	4	0	21
Ethylene	1	4	2	24
Ethylene carbonate	2	1	1	14
Ethylene diamine	3	2	0	10
Ethylene dichloride	2	3	0	16
Ethylene glycol	1	1	0	4
Ethylene oxide	2	4	3	29
Ethylenimine	3	3	2	24
Ethyl nitrate	2	4	4	40
Ethylamine	3	4	0	21
Formaldehyde	2	4	0	21
Glycerine	1	1	0	4
Heptane	1	3	0	16
Hexane	1	3	0	16
n-Hexanol	2	2	0	10
Hydrazine	3	3	2	24

化學物	NFPA 分類等級			MF*
	健康	火災	反應性	
Hydrogen	0	4	0	21
Hydrogen sulphide	3	4	0	21
Isobutane	1	4	0	21
Isobutyl alcohol	1	3	0	16
Isopentane	1	4	0	21
Isopropanol	1	3	0	16
Isopropyl acetate	1	3	0	16
Isopropyl chloride	2	4	0	21
Isopropyl ether	2	3	1	16
Jet fuel	1	3	0	16
Lauroyl peroxide	0	2	3	29
Maleic anhydride	3	1	1	14
Magnesium	0	1	2	24
Methane	1	4	0	21
Methanol	1	3	0	16
Methyl acetate	1	3	0	16
Methyl acetylene	2	4	2	24
Methyl amine	3	4	0	21
Methyl chloride	2	4	0	21
Methyl chloracetate	2	2	1	14
Methyl cyclohexane	2	3	0	16
Methylene chloride	2	0	0	0
Methyl ether	2	4	0	21
Methyl ethyl ketone	1	3	0	16
Methyl hydrazine	3	3	1	16
Merthyl isobutyl ketone	2	3	0	16
Methyl mercaptan	2	4	0	21
Methyl styrene	2	2	0	10
Mineral oil	0	1	0	4
Monochlorobenzene	2	3	0	16
Monoethanolamine	2	2	0	10
Naphtha	1	3	0	16
Naphthalene	2	2	0	10
Nitroethane	1	3	3	29
Nitroglycerine	2	2	4	40
Nitromethane	1	3	4	40
Nitropropane	1	2	3	29
Octane	0	3	0	16
Pentane	1	4	0	21
Peracetic acid	3	2	4	40

化學物	NFPA 分類等級			MF*
	健康	火災	反應性	
Phenol	3	2	0	10
p-Phenylphenol	3	1	0	4
Potassium perchlorate	1	0	2	24
Propane	1	4	0	21
Propargyl alcohol	3	3	3	29
Propargyl perchlorate	4	3	4	40
Proprionitrile	4	3	1	16
Propylene alconal	1	4	1	21
Propylene dichloride	2	3	0	16
Propylene glycol	0	1	0	4
Propylene oxide	2	4	2	24
Sodium dichromate	1	0	1	14
Stearic acid	1	1	0	4
Styrene	2	3	2	24
Sulphur	2	1	0	4
Sulphur dioxide	2	0	0	0
Toluene	2	3	0	16
1,2,3-Trichlorobenzene	2	1	0	4
1,1,1-Trichloroethane	3	1	0	4
Trichoethylene	2	1	0	4
Triethandamine	2	1	1	14
Triethylene glycol	1	1	0	4
Triethyl aluminium	3	3	3	29
Triisobutyl aluminium	3	3	3	29
Triisopropanol amine	2	1	0	4
Triisopropyl benzene	2	3	0	16
Trimethyl aluminium	3	3	3	29
Trimethyl amine	2	4	0	21
Tripopylamine	2	2	0	10
Vinyl acetate	2	3	3	24
Vinyl acetylene		4	3	29
Vinyl allyl ether	2	3	3	24
Vinyl benzyl chloride	2	1	0	4
Vinyl chloride	2	4	1	21
Vinyl cyclohexane	2	3	2	24
Vinyl ethyl ether	2	4	2	24
Vinyl toluene	2	2	1	14
Vinylidene chloride	2	4	2	24
Xylene	2	3	0	16
Zinc stearate	0	1	0	4

*MF：物質係數，依 NFPA 之火災（易燃性）與反應性等級，由表 7-1 求得。

【名詞解釋】

裂解（Cracking）：裂解的原理是將高分子量的碳氫化合物加熱到相當溫度，使其分解為較小之分子的反應。如果溫度持續上升或加熱時間延長，則分解反應繼續進行，分子再分裂成更小的分子。另一方面，在這種裂解過程中，也可能產生其他諸如聚合化（Polymerization）、異構物化（Isomerization）等反應。

例如丙烷之加熱裂解：

$$CH_3CH_2CH_3 \xrightarrow{500^{\circ}C} CH_4 + CH_2 = CH_2$$

$$CH_3CH_2CH_3 \xrightarrow{500^{\circ}C} CH_3CH = CH_2 + H_2 \text{（脫氫反應）}$$

裂解可分為觸媒裂解與加熱裂解，前者係指於裂解過程中添加觸媒者。

【討論】

1. 試指出對工廠設施單元進行危害評估分級的理由。

2. 快速危害評分系統（Rapid Hazard Ranking System）是根據哪一個公司的危害評分方法研發的？它考量物料那三個特性？

3. 試寫出快速危害評分系統之火災爆炸指數（F）與毒性指數（T）之計算公式並說明之。

4. 物質係數 MF 具有什麼意義？哪個機構所出版的文獻提供化學物之 MF 的資料。

5. 醋酸之 $N_f = 2$，$N_r = 1$，依表 7-1，其 MF 為多少？（MF = 10）

6. 在考量毒性指數時，不但須考量該物之 NFPA 的健康危害指數，而且也需考量其最大容許濃度（MAC）。依你的看法，後者以該物質之 TLV 或 IDLH 來代表較妥當？

7. 化學物質之易燃性（N_f）與反應性（N_r），一般可從哪一個機構出版的文獻找到？除此之外，N_f 和 N_r 亦可分別從什麼導出？

【選擇題】

1. 物質係數（MF）是危險物質之　(1) 重量　(2) 容積　(3) 潛在能量指標。

　　　　　　　　　　　　　　　　　　　　　　　　　　　Ans：(3)

2. 物質係數（MF）的值在下列哪個範圍之間　(1)1～10　(2)0～30　(3)0～40。　　　　　　　　　　　　　　　　　　　　　　　**Ans**：(3)

3. 物質係數依該物質之 (1) 易燃性 (2) 反應性 (3) 上述兩者之特性而定。

Ans：(3)

4. 物質係數愈大，表示 (1) 愈安定 (2) 愈不安全 (3) 與上述兩者無關。

Ans：(2)

5. 化合物與水反應是所謂 (1) 水解 (2) 烷基化 (3) 異構化。 **Ans**：(1)

6. 將物質加熱，以去除水分或其他揮發性有機物的反應，是所謂 (1) 水解 (2) 裂解（Cracking） (3) 煅燒（Calcination）。 **Ans**：(3)

7. 某混合物含成分 A 與 B，其個別之健康危害指數（N_h）分別為 4 與 2，在考量該混合物的危害指數時，應取 (1)$N_h = 4$ (2)$N_h = 2$ (3)$N_h = (4 + 2)/2 = 3$。

Ans：(1)

【是非題】

1. 藉 H_2SO_4 之作用，將 SO_3H 基添加於有機分子上，是所謂磺酸化（Sulfonation）。 **Ans**：（○）

2. 物質係數愈大，表示物質愈不安定。 **Ans**：（○）

3. MAC（最大容許濃度）就是指 TLV-TWA。 **Ans**：（○）

4. 混合物之危害指數（N_h）應取其成分之最高 N_h 值。 **Ans**：（○）

第 8 章

危害評估

8.1 一般說明

第 3 章介紹了重大危害設施（Major Hazard Installation）。要成功地控制重大危害（Major Hazard），管理者要考量下列問題 [6]：

(1) 設施（工廠）中的毒化物、爆炸物或易燃物是否構成重大危害？

(2) 是否有那些儀器／裝置失靈或人為錯誤能導致重大意外？

(3) 如果一旦發生重大意外，其對員工、鄰近居民以及環境之衝擊為何？

(4) 管理階層能採取那些措施去防止上述意外的發生嗎？

(5) 有那些措施可以減輕意外後果嗎？

要回答上述問題，最適宜的方法就是進行危害評估（Hazard Assessment）。

世界銀行（World Bank）在貸款給開發中國家設立工廠時，事先要求進行危害評估，以了解一旦發生毒性、易燃性或爆炸性等物質意外釋放時，其可能之影響，並藉此找出其可能原因和重大危害源，以為風險管理之依據 [13]。美國環保署依《空氣清淨法》（Clean Air Act）所公布的〈風險管理方案〉（Risk Management Program），要求工廠所運作之列管毒性或易燃性化學物之量，如超過所規定之恕限值（見附錄八），則應進行危害評估，包括廠外後果分析 [101]。

風險評估包括危害的鑑別、風險評估及風險控制之規劃，是 OHSAS 18001 系統驗證規範中最重要的工作；而目前台灣為保護受雇勞工，於《職業安全衛生法》也把風險評估列為保護勞工之重要工具，主要是規定企業對受雇勞工身心健康應採取分級管理策略，因此將原《勞工安全衛生法》於 103 年 7 月 3 日更名為《職業安全衛生法》的目的，是針對高風險、高違規、高職災業者，優先實施檢查，並增列高風險事業之定期製程安全評估等監督機制。

雇主對於防止勞工過勞、精神壓力及肌肉骨骼相關疾病，應妥為規劃必要安全衛生措施。即明確規範雇主使勞工從事輪班、夜間工作、長時間工作等作業，為避免勞工因異常工作負荷促發疾病，應採取辨識及評估高風險群、安排醫師面談及健康指導、調整或縮短工作時間及更換工作內容、實施健康檢查、管理及促進等預防措施；雇主若未採取相關措施，經通知限期改善，屆期未改善，將處以新臺幣 3 萬元以上 15 萬元以下罰鍰，勞工若因此而罹患職業病，可再罰 30 萬元並公布事業單位負責人姓名。

本章介紹常用的危害評估技術，包括檢核表、初步危害分析、危害及可操作性分析、後果分析、荷蘭風險評估技術、加拿大風險評估技術與波羅比方程式等。

8.2 危害評估技術

要達到上述危害評估的目的，一定要遵循特定的步驟。危害評估技術可以分為定性與定量兩種方式，目前較常被運用的 12 種技術如下：

(1) 製程 / 系統檢核表（Process/System Checklists）。

(2) 安全回顧（Safety Review）。

(3) 相對排序、道爾與蒙德危害指標（Relative Ranking, Dow and Mond Hazard Indices）。

(4) 初步危害分析（Preliminary Hazard Analysis, PHA）。

(5) 如果─可能結果分析（What-if Analysis）。

(6) 危害及可操作性研究（Hazard and Operability Studies, HAZOP）。

(7) 失誤模式─影響與危機分析（Failure Modes-effects and Criticality Analysis, FMECA）。

(8) 故障樹分析（Fault Tree Analysis, FTA）。

(9) 事件樹分析（Event Tree Analysis, ETA）。

(10) 後果分析（Consequence Analysis）。

(11) 人為錯誤分析（Human Error Analysis, HEA）。

(12) 最大可信度意外事件分析（Maximum Credible Accident Analysis）。

初步危害分析（PHA）、危害及可操作性分析（HAZOP）是相輔相成的。故障樹分析是用來決定意外發生的或然率（機率）（probability）。表 8-1 為各種技術之概要特性，表 8-2 為各技術所能達到的目的[24c]。

危害評估方法的選用，需考慮因素如下[24c]：

(1) 屬於工廠設立之何種階段下使用。

(2) 危害性評估之目的。

(3) 潛在影響程度。

(4) 工廠製程之複雜程度。

(5) 執行人員之經驗。

(6) 所需之資料。

(7) 時間與費用需求。

表 8-1 　危害評估技術之特性 [24c]

特性　　危害評估技術	使用階段 D=設計 C=建造 SU=試車 O=運轉 SD=停工 M=檢修	目的 T=技術失敗 P=操作程序 H=人為疏失 C=影響	結果 QL=定性 QN=定量 RR=降低風險	系統複雜度 -=簡單 0=普通 +=複雜	需求 人員 P=工廠專業人員 S=安全專業人員	需求 資料 G=整體性 D=細部 I=相關	時間與費用 -=較低 0=普通 +=較高
檢核表	D+C+SU+O+SD	T+P	QL	− 0	P(制定檢查表後)	G+I	−
安全回顧	D+O	P	QL+RR	− 0 +	P+S	D（程序）	0 +
道爾與蒙德危害指標	D+O	T+C	QL+部分 QN	− 0	P	G	−
初步危害分析	D（早期）	T+C	QL+RR	− 0 +	P	G	−
如果－可能結果分析	D+SU	T+P+H+C	QL+RR	− 0	P+S	D+I	− 0
危害及可操作性研究	D+O	T+P	QL+RR	0 +	P+S	D	+
失誤模式－影響與危機分析	D+C+O	T	QL+	0 +	P	D（設備）	0 +
故障樹分析	D+O	T+H+C	QL+QN	0 +	S	D	0 +
事件樹分析	D+O	T+H+C	QL+QN	0 +	S	D	0 +
後果分析	D+O	T+P+H+C	QL+QN	− 0 +	S	D	0 +
人為錯誤分析	D+C+O	H+C	QL+RR+ 部分 QN	0 +	S	D+I	0 +
最大可信度意外事件分析	D+O	C	QN	− 0 +	S	G	− 0

表 8-2　危害評估技術之選擇 [24c]

安全評估步驟及目的	檢核表	道爾與蒙德危害指標	初步危害分析	如果－可能結果分析	危害及可操作性研究	失誤模式與影響與危機分析	故障樹分析	事件樹分析	後果分析	人為錯誤分析	危害運作指南*
找出與標準的偏差	✓	✓									
危害鑑定	✓	✓	✓	✓	✓						
估計「最壞情況」下的後果		✓	✓	✓	✓	✓					
發現減少損害的方法		✓	✓								
鑑定意外發生的起因				✓	✓	✓	✓			✓	
估計意外起因的可能性							✓			✓	
發現減少意外起因可能性的方法							✓			✓	
鑑定意外中各事故序列及後果				✓			✓	✓	✓		
估計各事故序列的可能性							✓	✓			
估計各意外序列的後果									✓		
發現減少各事故序列可能性或損害的方法							✓	✓		✓	
量化風險分析							✓	✓	✓	✓	

* 指 Dutch Method（由荷蘭政府所開發）。

8.3 檢核表（Checklist）

檢核表不但可提供評估人員依表逐一進行工廠危害鑑定，而且有助於決定適當的行動。檢核表有兩種形式：(1) 問答題；(2) 關鍵字（Key Word）。雖然檢核表使用方便，對於一位沒有經驗的評估員特別有用，但它的缺點是，沒有在檢核表中的項目就會漏檢了。一般而言，對於危害性相當低的工廠，檢核表就足夠勝任了。附錄六是工安檢核表範例。

8.4 初步危害分析（PHA）

PHA 顧名思義，可以說是危害分析的第一步。它是一種危害鑑定技術，從了解意外的種類（涉及毒性、易燃性或爆炸性物質）開始。這個步驟找出可能導致危害情況的系統元件（System Element）例如儲槽、反應槽或事件（Event）例如一座儲槽之進料太多或失控反應（Runaway Reaction）。

一旦找出危害性的系統單元，下一個步驟就是指出在那些情況下，可使該系統單元導致意外事件。對於這些事件，例如在儲槽內或外部形成爆炸性汽／氣雲（簡稱氣雲）或有毒氣體的釋放，就必須加以研究，以鑑定出工廠中能造成此意外之元件。然後把這些元件（例如儲槽、反應槽、管線、幫浦、攪拌器、釋放閥）找出來，以其他方法例如 HAZOP，進行更詳細的研究。表 8-3 是 PHA 結果的紀錄範例。

表 8-3　PHA 之 LPG 廠分析範例 [6]

意外	系統元件	危害	安全相關零件
氣雲爆炸	儲槽	儲槽外部之爆炸性氣雲之形成	
		安全閥瑕疵	安全閥
		儲槽腐蝕	儲槽之腐蝕防護
		超壓	壓力計、溫度計、濾水系統、安全閥

PHA 的結果指出哪個系統元件或程序需要進一步分析，同時就重大危害的觀點上，可以知道那個系統元件的分析並不是那麼迫切地需要。換句話說，評估者可把評估的重心放在重要的問題上，以避免精力的浪費。

8.5 危害及可操作性分析（HAZOP）

HAZOP 用於鑑定工廠的危害性和操作性。一旦 PHA 指出那個系統元件或事件能造成重大危害，那就必須考慮在這個系統上，那一個零件一旦偏離正常操作（偏差），可能導致危害事件。這就要對此系統仔細地分析，評估者可藉助 HAZOP 達到此一目的。

HAZOP 可對整個製程進行詳細檢查，或者至少把經由 PHA 鑑定，認為需要進一步分析的部分，挑出來再仔細地評估。它對工廠可能偏離正常操作情況逐一加以檢查，以期發現系統偏離原來所設計的功能（亦即偏差）是如何發生的，以及決定這些偏差是否可能造成危害狀態。

HAZOP 的執行是藉由討論的方式，配合它的導字（Guide Word）與製程參數，例如壓力、溫度、流量、濃度等，參考工廠管線設備圖（Piping and Instrument Diagrams, PIDs），就上述參數予以討論分析。「偏差」的造成如果沒有真實「原因」（Cause），或雖然有真實的原因，但其「影響」（Effect）並不重要，就可以不必加以考慮。如果「原因」是可靠的，而且其「影響」是顯著的，這種情況就可能需要藉由改變設計，以去除這種「原因」，或者需要進行更詳細的、可靠的分析，以決定其或然率是否高到需要採取某些措施去加以修正。

8.5.1 導字

導字是一種標準片語，用在 HAZOP 執行過程中，來引導腦力激盪的思考方向，將「意向」（Intention）加以定量或定性，以便找出「偏差」（Deviation）。表 8-4 是 HAZOP 常用的導字。當這些導字應用到工廠某一製程上，就可以得到一個相對應的參數偏差。這個參數偏差便可以用在 HAZOP 的分析上。並非所有導字可以應用到所有製程參數上，例如「壓力」這個參數，只有「較多」（More of）與「較少」（Less of）這兩個導字能得到有意義之「偏差」。茲舉例說明如何將導字與「參數」配合使用，以找出有意義的「偏差」如下：

導字	製程參數	偏差
無（None）	流量 程度／液位（Level）	沒有流量 零程度
較多（More）	流量 壓力 程度	高流量 超壓 高程度
以及（As well as）	單相 雜質濃度 物質壓力 雜質流量 雜質程度	雙相 濃度增加 壓力增加 流量增加 程度增加
除……之外（Other than）	操作 所欲之物質濃度 所欲之物質流量	維修 濃度零 流量速率零
部分（Part of）	濃度 流量 程度	濃度減少 流量減少 程度減少

表 8-4　HAZOP 常用導字及其意義[5]

導字	意義
無（不是），No（Not）	設計意向之否定
較少（Less）	量之減少
較多（More, More than）	量之增加
部分（Part of）	質之降低（減少）
除此之外，又（As well as）	質之增加，例如原來的設計，在反應器只應輸入原料 A，但發生同時又輸入原料 B（B 原料並非原設計之意向）的情況。
除……之外（Other than）	完全取代

「意向」是用來界定設施在沒有「偏差」的情況下，所預期之操作；「意向」可以敘述或作圖的方法來達到目的。所謂「偏差」係指有系統地應用「導字」所找出來之「意向」偏離。

8.5.2　HAZOP 範例

為了說明 HAZOP 的原理，現在假設有一座工廠同時採用二種化學劑 A 與 B，且兩者起反應，形成產品 C，並假設在整個製程，原料 B 的濃度不得超過原料 A 的濃度，否則可能導致爆炸[6]。

參考圖 8-1，從幫浦的吸管開始探討。它把原料 A 送到反應槽內。我們用「意向」來界定這部分是如何操作，一般採用流程或線圖來表達，本範例用流程配合將原料 A 以某特定流量運送的製程控制要求，來說明我們的意向。

現在我們應用「不是」（Not）、不可（Don't）或無法（No）這幾個導字到「意向」上，以得到第一個偏差「無流量」。把「導字」與「意向」組合成：

不可／無法輸送原料 A（Don't transfer A）

導字是「不可」，我們的意向是「輸送原料 A」。現在藉用流程（圖 8-1），來探討可能導致 A 流量完全停止的原因。這些原因（Cause）可能是：
(1) 供應槽是空的。
(2) 幫浦無法運轉（機械故障、失去電力、幫浦被關閉等）。
(3) 管線破裂。
(4) 閥是關閉的。

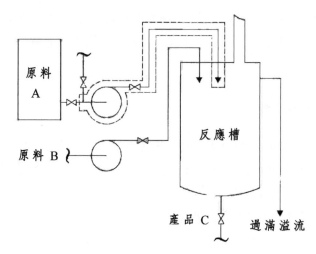

原料 A

原料 B

反應槽

產品 C

過滿溢流

反應：A＋B＝C。

B濃度不得超過A濃度，以免爆炸。

圖 8-1　HAZOP 分析簡易流程範例[6]

　　顯然地，至少上述這些理由是有可能發生的。它是真實的、有意義的，並非虛擬的，因此這種「偏差」也是真實的。

　　下一步我們考量它的後果（影響）。如果 A 的流量完全停止，那麼在反應槽中 B 的濃度就會很快超過 A 了，其帶來的後果是爆炸的風險。藉由這個步驟，我們發現了在設計上的「危害」，因此它需要評估者進一步的考量。

　　現在應用第二個導字「多於」或「過多」（More）於「意向」上，其「偏差」是：

過多的原料 A 被送進反應槽（More A is passed into the reaction vessel）

　　導字是「過多」，意向是「原料 A 被送進反應槽內」。造成「偏差」的「原因」可能是由於幫浦的特性，在某些情況可能造成流速過快。如果我們認為這種「原因」是真實的，其「後果」是：

　　(1) 反應生成物將被過多的原料 A 所污染。 A 成分將被帶到製程的下一個步驟。

　　(2) 反應槽的進料 A 超流量（Excess Flow），表示離開反應槽的部分是溢流（Overflow）。

至於上述的情況的後果，是否會構成「危害」，有待進一步探討。

下一個導字是較少（Less），其「偏差」是：

較少的物料 A 進入反應槽（Less A is passed into the reaction vessel）

「原因」是：

(1) 隔離閥（Isolation Valve）微關（沒有完全在開的位置）。

(2) 管線部分被阻塞。

(3) 幫浦無法產生滿流──由於螺旋葉腐蝕或閥磨損等。

其「後果」類似於流量完全停止，因此所帶來的潛在「危害」是可能的爆炸。

評估者尚需藉用更多的「導字」，才能將輸送原料 A 的管線分析完畢。做完這一部分，就改換其他部分，直到設計上的每一部分被分析過為止。

8.6 後果分析

只有意外所導致的後果已知，危害評估的工作才能算大功告成，因此危害評估的最後一步是分析潛在重大意外可能造成之後果，其對象包括工廠本身、員工、鄰近社區以及環境。分析的結果是用來決定需要裝設那些防護措施，諸如消防系統、警告系統、壓力釋放閥等等。

後果分析（Consequence Analysis）之作業應包括下列各項[6, 13]：

(1) 意外之說明（儲槽破裂、管線破裂、安全閥失效）。

(2) 洩逸量（毒性物、易燃物、爆炸物）之估計。

(3) 擴散計算（氣體或蒸發液體）。

(4) 影響推估（毒性、熱輻射、爆炸波）。

後二項需藉助模式（Model）的計算，有關氣體擴散模式之應用，詳見第十二章。

8.6.1 火球

如果下列火球（Fire Ball）的特性為已知，就可以估計 BLEVE 火球的熱輻射危害：

(1) 火球半徑。

(2) 火球單位面積所釋放之能量。

(3) 火球持續之時間。

1. 火球半徑可依下列公式計算之：

$$R = 29\ M^{1/3} \tag{1}$$

其中 R = 火球半徑（m）。

　　M = 燃料量（噸）。

2. 火球持續時間可依下列公式計算之：

$$t = 4.5\ M^{1/3} \qquad 如果\ M < 30\ 噸 \tag{2a}$$

$$t = 2.6\sqrt{10}\,M^{1/6} \qquad 如果\ M > 30\ 噸 \tag{2b}$$

其中 t = 時間（秒）。

　　M = 火球所含之燃料質量（噸）。

　　依據 ILO 之建議[6]，火球持續時間採用公式 (2a)；M 取儲槽容量之半，例如一座 50 噸的儲槽，就取 M=25 噸；然而如果 LPG 是儲存於由三座或以上之直立儲槽組合而成，建議以 90% 的儲槽容量為燃料量。

3. 輻射流（Radioactive Flux）

　　距火球之某目標所受到的熱輻射流，可以下列方程式表示之[6]：

$$q_t = EFT \tag{3}$$

其中 q_t = 目標之單位面積、單位時間所接受之熱輻射流（kW/m^2）。

　　E = 火單位表面積、單位時間所能釋放之能量（Surface Emissive Power, kW/m^2）

　　= 270 kW/m^2 ·····················鋼瓶（Cylinder）、水平與直立儲槽

　　= 200 kW/m^2 ···球形儲槽

　　= 320 ～ 370 kW/m^2 ···其他[92]

$$F = 視因子（View Factor）= \frac{R^2 r}{(R^2 + r^2)^{3/2}}$$

其中 r = 受害目標和火球或 LPG 儲槽之間的地面距離（m）；r 必須大於 2R。

　　T = 大氣傳輸係數（Atmospheric Transmissivity）

　　　= 1 − 0.058 ℓ_nr　　　　　　　　　　　　　　　　　　　　　　　　　(4)

　　　= 1　保守估計[3, 92]

　　一旦知道 q_t 的值，那麼就可以算出熱劑量（Thermal Dose），其值為 q_t×t，其中 t = 火球持續時間。

　　公式 (3) 是所謂實體－火焰模式（Solid-flame Model）。它是假設火球可用一個簡單幾何圖形的實體來代表，所有的熱皆從這個實體表面向四周發射出來。同時為了不忽略火球的體積，火球與目標的幾何形狀、目標距離均在公式中被考量。顯然地，有部分火球表面並不是從目標的位置可以看得到的，因此用視因子來作適當的修正。視因子的值因火與目標的形狀、以及火與目標之間的距離而定。

【範例】

　　一座 100 噸 LPG 儲槽發生 BLEVE，試計算離儲槽 300m 處之熱輻射流[6]。

解：計算火球半徑尺寸

　　R = 29 M$^{1/3}$ = 29×50$^{1/3}$ = 107 公尺

　　計算火球持續時間

　　t = 4.5 M$^{1/3}$ = 4.5×50$^{1/3}$ = 16.6 秒

　　計算輻射流 q_t

　　E = 270kW/m^2……直立儲槽

　　T = 1−0.058 ℓ_nr = 1− 0.058 ℓ_n300 = 0.67

　　$F = \dfrac{R^2 r}{(R^2 + r^2)^{3/2}} = \dfrac{107^2 \times 300}{(107^2 + 300^2)^{3/2}} = 0.106$

　　q_t = EFT = 270×0.106×0.67 = 19.2 kW/m^2

　　計算熱劑量或脈動（Pulse）

　　熱劑量 = q_t×t = 19.2×16.6 = 317 kJ/m^2

　　本題是依 ILO 之建議，假設 LPG 所形成的氣雲所含之燃料重，是儲槽內容物的一半。

1. 熱輻射傷害

易燃化學物因 BLEVE 產生爆炸與火球現象，將對周圍造成極強之熱輻射。專家已能依過去的經驗，建立一些準則，以估計火災對人體和財產的傷害。這些準則常以熱輻射的強度來表示。對建築物、自然環境和工具的影響而言，以是否能被點燃來度量，特別是當附近有木造建築物時。表 8-5 是過去所記錄到的各種熱輻射強度與破壞的型態。圖 8-2 可用來估計火球對人體健康的熱影響。

從這些觀察到的熱輻射強度與破壞的關係，我們可用來評估熱輻射流的危害（Hazard）。

【範例】

一輛液化丙烷（Liquefied Propane）槽車，其體積為 6,000 US. 加侖（$22.7m^3$），因車禍引發大火。該槽車 90% 滿載。假設全部丙烷都起火，試估計熱輻射影響。[92]

解：計算罐槽內丙烷之質量

液態丙烷之密度為 $585.3kg/m^3$，因此罐槽內容物總重為：

$M = 0.9 \times 22.7 \times 585.3 = 11,958$ kg $= 11.96$ 噸

計算火球半徑 R

$R = 29 M^{1/3} = 29 \times 11.96^{1/3} = 66.5$ 公尺

計算火球持續時間

$t = 4.5 M^{1/3} = 4.5 \times 11.96^{1/3} = 10.3$ 秒

計算輻射流 q_t

$E = 320 \sim 370$ kW/m^2，取 350 kW/m^2

$$F = \frac{R^2 r}{(R^2 + r^2)^{3/2}} = \frac{66.5^2 \times r}{(66.5^2 + r^2)^{3/2}}$$

$T = 1$（保守估計）

$q_t = EFT = 350 \times \{(66.5^2 \times r) / (66.5^2 + r^2)^{3/2}\} \times 1$

因此可計算不同距離 r 之輻射流如下：

R, m	F	q_t, kW/m^2
100	0.255	89
200	0.0945	33
500	0.0172	6.0
1000	0.00439	1.5

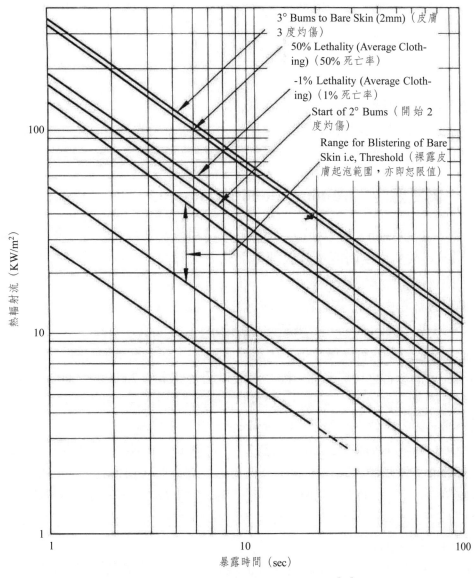

圖 8-2　熱輻射之受傷與死亡程度 [92]

表 8-5　不同程度之熱輻射流之傷害 [13]

熱輻射流（kW/m^2）	傷害型態
37.5	足以造成製程工具之破壞；100% 致命
25	在極短時間暴露之下，只需很少的能量就能點燃木材；100% 致命
12.5	只需很少的能量就可以點燃木材，熔化塑膠管；100% 致命
4	如在 20 秒內，不能掩護，將足以造成員工之痛苦；很可能導致皮膚起水泡（一度灼傷）；0% 致死
1.6	長時間暴露，會導致員工不舒服

2. 估計熱影響

熱對人體健康的影響因輻射流大小與火球持續時間的長短而異。本題 t 為 10 秒，不同距離之影響，可從圖 8-2 估計。本題之熱影響亦可以點源模式推估之。

8.6.2　氣雲爆炸（Vapour Cloud Explosion）

爆炸（Explosion）是一種物質能量的突然釋放，具有可聽到的震波（Shock Wave），其激烈程度因能量釋放速率而定。一般而言，危害設施所涉及的爆炸，包括物理和化學能量的釋放。

如果爆炸是由於化學能量的釋放，它有二種主要的型態：爆燃（Deflagration）與爆轟（Detonation）。兩者之區別，最主要是在於燃燒速率或火焰峰面（Flame Front）的進行速度，前者火焰峰面經由可燃氣體的前進速度相當緩慢，約 1m/sec，而後者之火焰峰面，配合震波以超音速率約 2,000 ～ 3,000m/sec，穿越可燃氣體 [6]。如果火源夠強，或者可燃氣體是侷限於某空間，爆燃也可能轉變成爆轟。爆轟所產生的超壓（Over Pressure）較爆燃為大。在密閉空間內，爆燃所產生的峰壓（Peak Pressure）約為 70 ～ 80kPa，而爆轟可輕易達到 200kPa。

當地面易燃氣體被點燃，產生半球形氣雲爆炸時，有兩種方法來估計其影響：第一種方法是先推估已知距離之受害目標之超壓和其他參數，然後據此估計受害目標之受損程度 [13]；第二種方法是先直接假設受損程度，然後推估受害目標之距離，茲分別說明如下。

(1) 爆炸超壓估計法：爆炸危害評估假設易燃氣雲之潛在爆炸威力與氣雲所

含燃料的總量成正比。這種方法不考量易燃氣體的濃度是否在易燃上下限範圍之內。本法又謂傳統的 TNT 當量法（Conventional TNT-equivalency Method），因為它把氣雲的爆炸威力，用位於氣雲中心的 TNT 之能量當量負荷來表示，那麼離氣雲中心 R 處所受之超壓，可以下列公式來計算：

$$\overline{R} = \frac{R}{W_{TNT}^{1/3}} \tag{5}$$

其中 $\overline{R}$ ＝霍浦金遜－比例距離（Hopkinson-scaled Distance，$m/ton^{1/3}$）。

W_{TNT} ＝ TNT 當量負荷（ton）。

R ＝真實距離（m）。

一旦 $\overline{R}$ 已知，其相對的超壓就可藉由圖 8-3 查得。

【範例】

假設[6]：

1. 當重大災難（Catastrophic Failure）造成幾近瞬間釋放時，LPG 儲槽是滿的。

2. 氣雲由外洩內容物之氣體與氣膠所組成。氣雲於 15℃，含儲槽內容物，丙烷（Propane）時為 62%；丁烷（Butane）時為 34% 的重量。

3. 1 公噸 LPG 相當於 0.42 公噸的 TNT。

試計算距離一座 100 公噸丙烷儲槽 300 公尺處，所受之壓力。

解：計算氣雲所含之燃料重：

氣雲中燃料（丙烷）質量＝M×0.62。

計算 TNT 當量重：

$W_{TNT} = 0.42 \times (M \times 0.62)$，

其中 M＝儲槽內容物之質量，公噸 (t)。

計算比例距離與超壓：

比例距離 $= \dfrac{300}{(0.42 \times 100 \times 0.62)^{1/3}} = 101 m/t^{1/3}$ 。

依圖 8-3，查得承受之超壓 = 2.23psig。

在估算出爆炸所產生的超壓值後，就可以根據過去所記錄到的經驗（表8-6A 與表 8-6B）來評估其可能之影響。

表 8-6B 將超壓受損區依其受影響程度分為四帶：A 帶指建築物完全受損，已沒有整修的經濟價值；B 帶指建築物部分傾倒或支架支撐失敗；C 帶指建築物雖受中等程度之損毀，但仍然可用，惟結構需進行修復；D 帶指輕微損害，包括玻璃破裂、牆壁輕裂以及屋頂可能受損。

表 8-6A　超壓之影響 [6, 92]

結構物	損害程度	超壓	
		psi	kpa
玻璃	5% 破損	0.1～0.5	0.7～1
	50% 破損	0.2～0.4	1.4～3
	90% 破損	0.5～0.9	3～6
房屋	瓦片移動	0.4～0.7	3～5
	門窗架彎折	0.8～1.3	6～9
	天花板、窗戶、瓦片破損	0.2～0.4	1.4～3
	輕微結構損害，接頭扭曲	0.5～0.9	3～6
	不適居住；屋頂部分或全部倒塌；外牆受損	2～4	14～28
	50～75% 的外部砌磚損毀或已成不安全狀態	5～12	35～80
	幾乎已完全損毀	11～37	80～260
電線桿	折斷	10～25	70～170
鐵路槽車（載貨）	傾倒	7	50
大樹	折斷	24～55	170～380
鐵路車廂	脫軌	12～27	80～190

註：1 bar = 100 kpa = 14.7 psi。

表 8-6B　超壓之影響[92]

受害區	損害等級	超壓（kPa）
A	全部摧毀	>83
B	嚴重損毀	>35
C	中等損毀	>17
D	輕微損毀	>3.5

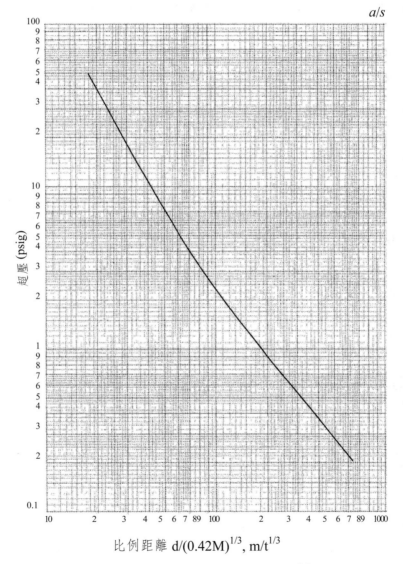

比例距離 d/(0.42M)$^{1/3}$, m/t$^{1/3}$

圖 8-3　TNT 壓力與比例距離關係[6]

(2) 損毀程度直接估計法：下列公式是利用損毀程度與爆炸能量之間的關係，來估計其相對應爆炸之距離[13]：

$$R(S) = C(S) (NEe)^{1/3} \tag{6}$$

其中 R(S) = 爆炸半徑（m）。

　C(S) = 特性係數 = $0.03 \sim 0.4$ mJ$^{-1/3}$。

　Ee = 爆炸總能量（Joule）= 氣雲（爆炸的部分）之總質量 × 單位質量之釋放熱。

　N = 輸出因子（Yield Factor）。

特性係數 C(S) 是根據 DSM 公司（Dutch State Mines Company）所導衍出來的實驗常數，其範圍在 $0.03 \sim 0.4$ 之間，代表由嚴重損毀（Heavy Damage）到輕微玻璃損毀和輕微受傷的不同損害程度（表 8-7）。Ee 是指氣雲所含之總能量。但在爆炸的過程中，並非所有能量可全部轉換成震波，因此在估計上，一般假設 Ee 只有一部分能量可供震波之用，這是所謂輸出因子 (N)，其值由 $6 \sim 10\%$ 不等，典型的均壓燃燒（Isobaric Combustion）為 10%[13]。

表 8-7 將損毀程度劃分為四個不同程度的等級，評估者可依據事先界定的受損等級，然後估計目標與爆炸間所需距離，亦即爆炸半徑。

當氣雲可用於爆炸之總能量大於 5×10^{12} 焦耳（Joules）時，目前並無數據可供受損影響之估計。因此本法只適用於碳氫化合物（Hydrocarbon）氣雲之總能量在 5×10^{12} 焦耳以下者，約相當於 100 公噸之碳氫化合物[13]。

表 8-7　各種爆炸受損程度之特性係數 [13]

受損程度之分級	C(S)	限值 mJ$^{-1/3}$	受損特性
1	C(1)	0.03	建築物與製程設備嚴重受損
2	C(2)	0.06	建築物受損情況，尚可修補
3	C(3)	0.15	玻璃震破，造成人員受傷
4	C(4)	0.4	約 10% 的玻璃破裂

8.6.3 閃火

閃火（Flash Fire）係指氣雲（Vapour Cloud）被點燃（Ignition），但並沒有造成爆炸，火焰（Flame）經由氣體與空氣之混合物前進，並未造成超壓或雖造成超壓，但其損害程度可被忽略（AIChE）。也就是說火焰的速度不高，但火很快地擴及整個氣雲的易燃區，亦即其濃度高於易燃下限（LFL）、低於易燃上限（UFL）的範圍內。

擴散模式（第 12 章）可用於建立易燃下限（LFL）和易燃上限（UFL）等濃度線圖。依世界銀行的建議[13]，氣雲一旦被點燃，其對人體的影響，可採用保守估計，假設 LFL 和 UFL 等濃度線之間，室外的人全部遇害；但在室內的人只有部分遇害；在進行初步評估時，可假設室內的人也全部遇害。

上述方法假設沒有發生超壓的情況，其應用適合空曠之處。

8.6.4 池火

池火（Pool Fire）來自外洩於地面或水面上之火或槽火，對環境的影響主要為其輻射熱。如果熱的強度夠大，則可能點燃周遭的易燃物。另一方面鄰近之生物也可能被燒傷或燒死。評估者可以經驗公式去決定池火之燃燒速率（Burning Rate）、熱輻射（Heat Radiation）和入射熱（Incident Heat），然後再參考過去的經驗數據，推估其可能造成之損害。

每單位液體表面積之燃燒速率，可以下列公式（荷蘭 TNO 研究所的經驗公式）表示之[13]：

$$dm/dt = \frac{0.001 H_c}{C_{P_\ell}(T_b - T_a) + H_{vap}} \tag{7}$$

其中 dm/dt = 質量之燃燒速率（$kg/m^2 s$）。

   T_b = 沸點（K）。

   T_a = 大氣溫度（K）。

   H_{vap} = 液體蒸發熱（Enthalpy of Evaporation）（J/kg）。

   C_{P_ℓ} = 液體在壓力 P_ℓ 時之比熱（Specific Heat）（J/kg/K）。

   H_c = 燃燒熱（Heat of Combustion）（J/kg）。

如果外洩液體之沸點低於室溫，上述公式簡化為：

$$dm/dt = \frac{0.001H_c}{H_{vap}} \qquad (8)$$

計算池火所放出之輻射熱：

$$q = H_c\frac{dm}{dt}X_e \qquad (9)$$

池火之輻射熱 q 可以下式表示之：

其中 q = 池火單位面積在單位時間內所放出之輻射熱（kW/m^2）。

H_c = 燃燒熱（Heat of Combustion）（J/kg）。

X_e = 燃燒熱以輻射熱型態釋放所占之百分比（%）。

一般而言，X_e 值介於 13 ～ 35%。如果沒有可靠數據可供引用，可取 35% 作為較保守之估計[13]。

一旦計算出液池表面之輻射熱，就可以進一步估計某物體單位面積在單位時間內所接受之入輻射熱（Incident Radiation Heat）：

$$I = qT/(4\pi x^2) \qquad (10)$$

其中 I = 單位面積在單位時間內之入輻射熱（kW/m^2）。

x = 某物體離池火中心之距離（m）。

T 是空氣傳輸係數，可依公式 (4) 計算；亦可假設 T = 1，以作為保守之估計[13, 92]。

8.6.5　二相流

第 5 章介紹了液化氣體的高壓容器。如果裂罅發生於儲槽液面上方，其洩漏型態可能為氣體洩漏；如裂罅發生於液面之下，則為液體外洩。但如果壓力儲槽之內容物是在高溫狀態，液面上方之蒸汽空間之槽壁或與其接連之管線破裂，實際上可能發生所謂二相噴射流（Two-phase Critical Flow, Two-phase Jet）釋放，亦即釋放型態混合了液體和氣體兩相。這種兩相流也可能發生於與儲槽連接，但離槽體較遠之管線失敗（圖 8-4）。兩相流釋放速率大小介於氣體釋放與液體釋放之間[13, 96]。

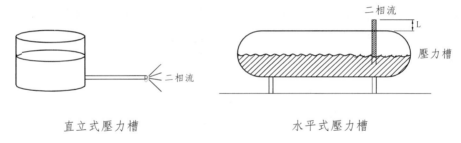

圖 8-4　壓力儲槽之二相流釋放示意圖[96]

依據 Fauske 氏[13, 15] 提出，在臨界壓力（P_c）時，外洩液體急速氣化（Flash）所形成氣體之部分（F_{vap}）的計算如下：

$$P_c = 0.55P_\ell \tag{11}$$

其中 P_c = 釋放平面之壓力（儲槽溫度 $T\ell$ 時之蒸氣壓）（N/m^2）。

P_ℓ = 製程或儲槽內的壓力（N/m^2）。

$$F_{vap} = C_{P\ell}(T_\ell - T_c)/H_{vap} \tag{12}$$

其中 F_{vap} = 在 P_c 時，液體急速氣化分率（Fraction of Liquid Flashed to Vapour）

　　　　 = 液體急速氣化之速率／總液體質量外洩速率。

H_{vap} = 液體蒸發熱（Enthalpy of Evaporation, J/kg）。

T_ℓ = 原來溫度（亦即儲槽之溫度，K）。

T_c = 在釋放平面壓力（P_c）之液體飽和溫度（Saturation Tempera Ture），亦即沸點溫度（K）。

$C_{P\ell}$ = 液體在壓力 P_ℓ 時之比熱（Specific Heat, J/kgK）。

液體外洩後，有一部分隨之氣化。氣化程度依液體之沸點而定。任何加過壓的液體，其氣化一般都很快，例如丙烷（Propane）與丁烷（Butane），其正常沸點遠較大氣溫度為低。因此為了計算到底有多少外洩物氣化，我們可以假設這種氣化過程很快，且是在絕熱系統內進行（Adiabatic System），亦即氣化所需之熱主要來自液體的熱含量（Enthalpy），而來自氣相與儲槽的熱含量較少。所以就單一化學物、固定溫度而言，依據熱平衡的原理，可得公式 (12)。[96]

假設所有未急速氣化的液體都以氣膠形態（Aerosol）被捲入噴氣流（Gas jet）；氣雲初期之溫度為液體之沸點溫度，那麼二相混合體（氣體與氣膠）之平均密度 D_m（kg/m³）為：

$$D_m = \frac{1}{F_{vap}/D_v + (1 - F_{vap})/D_\ell} \tag{13}$$

其中 D_v ＝ 外洩物於沸點時，氣態之密度（kg/m³）。

D_ℓ ＝ 外洩物在液態下之密度（kg/m³）。

外洩率 Q（kg/sec）可依白努利定律（Bernolli Equation）估算如下：

$$Q \approx A_r C_d [2D_m(P_\ell - P_c)]1/2 \tag{14}$$

其中 C_d ＝ 排放係數（Discharge Coefficient, 0.8）。

A_r ＝ 裂口有效面積（m²）。

上述公式之應用只限於 $F_{vap} < 1$ 的情況。這些二相流之計算方法是依據 Fauske 氏（1975）針對蒸汽－水之臨界排放之研究成果導出的。其假設為排放口之壓力與水體系統的上流壓力之比為 0.55（公式 11），也適用其他物質（假設其二相流也是均勻的，並且彼此在平衡狀態），所以本法又謂 Fauske Method，適用於壓力儲槽，其儲存之溫度高於其沸點者之飽和液體（Saturated Liquids）外洩 [13]。

於飽和液體狀態時，$P_\ell = P_c$，公式（14）可依下式估計 [96]：

$$Q/A \approx \frac{FH_{vap}}{(D_g^{-1} - D_\ell^{-1})(T_\ell C_{P_\ell})^{1/2}} \tag{15}$$

其中 F ＝ 摩擦損失因子（Frictional Loss Factor）。

D_g ＝ 於 T_ℓ 溫度時，氣體之密度。

F 值因管長度（L）與其直徑 (d) 之比值而異，Fauske 與 Epstein（1988）建議採用下列值 [96]：

L/d	F
0	1
50	0.85
100	0.75
200	0.65
400	0.55

【範例】

已知一直立儲槽，其高為 5m、直徑 4m；管之直徑 (d) 為 0.0381m，長（L）為 3.81m。氯儲存於常溫（T_ℓ）298K，加壓到 8atm（亦即飽和壓力）。儲槽座落於地平面，管離地面 1.5m，風速為 2m/s（離地面 10m），摩擦速度為 0.0808 m/s。[96]

已知：D_g = 23.218kg/m^3 （298K 時之氯氣密度）。

D_ℓ = 1574kg/m^3 （液氯密度）。

C_{P_ℓ} = 926J/（kgK）。

T_c = 239.1K（氯之沸點）；T_ℓ = 298K。

$A = \pi d^2/4 = 1.14 \times 10^{-3} m^2$。

H_{vap} = 287,840J/kg（液氯之蒸發熱）。

解：計算摩擦損失因子：

L = 3.81m，

d = 0.0381m，

L/d = 3.81/0.0381 = 100，因此 F = 0.75。

計算外洩率，依公式 (15)：

$$Q/A = \frac{0.75 \times 287,840}{(23.218^{-1} - 1574^{-1})(298 \times 926)^{1/2}} = 9,685 kg/(sm^2)，$$

$Q = 9685A = 9,685 \times 1.14 \times 10^{-3} = 11.04 kg/s$。

計算急速氣化量，依公式 (12) 得：

F_{vap} = 926(298−239.1)/287,840 = 0.189。

計算二相混合體平均密度：

D_ℓ = 1574kg/m^3（液氯密度），

D_v = 3.617kg/m^3（沸點時，239.1K，氣氯之密度），

$F_{vap} = 0.189$。

依公式 (13) 得：

$$D_m = \frac{1}{0.189/3.617 + (1 - 0.189)/1574} = 18.9 \text{km/m}^3 \text{。}$$

顯然地，二相流混合體之密度，約為空氣的 16 倍，可考慮應用沉重氣體擴散模式。以下再計算 Richardson 數值來確認。

計算 Richardson No.（李察遜數值），

連續高度噴射流（Continuous Elevated Jet）時：

$$R_i = \frac{g(\rho_{P_0} - \rho_a)V_{co}}{\rho_a U^{*3} h_s} \text{。}$$

其中 R_i = Richardson Number，

　　　　U^* = 摩擦速度（Friction Velocity）= 5～10% 的風速，

　　　　h_s = 高度，

　　　　ρ_a = 大氣密度（Ambient Density），

　　　　ρ_{p_0} = 煙流密度，

　　　　$\rho_{p_0} - \rho_a$ = 煙流密度 − 大氣密度，

　　　　V_{co} = 煙流剛開始之流率（體積）。

ρ_{p_0} = 18.9 kg/m^3（剛開始之污染物密度 = D_m），

ρ_a = 1.2 kg/m^3，

g　= 9.8 m/s^2，

h_s = 1.5 m，

U^* = 0.0808 m/s = 0.081 m/s，

V_{co} = $Q/(\pi\rho_{p_0})$ = 0.186 m^3/s，

$$R_i = \frac{9.8(18.9 - 1.2) \times 0.186}{1.2 \times (0.081)^3 \times 1.5} = 34,500 > 50 \text{，}$$

由於 R_i 小於 50，因此適用沉重氣體擴散模式。

8.7　危害性工業運作指南

　　由荷蘭所發展的危害性工業運作指南（Guide to Hazardous Industrial Activities），又謂荷蘭風險評估技術（Dutch Method），為最大可信度意外事件分析的一種，可依災害類別估量各種運作狀況下，各危害物質之相對危害情況（死傷範圍與人數）與風險。該方法以詳細分類及透過分析全世界以往所發生之大量災害事件所獲得的標準化參數為依據，適度地簡化了所需之個別資料，且所獲得的結果，已足以供政府決策參考之用。

　　Dutch Method 所用之基本假設（較差之情況，以求保守之估計）如下：

　　(1) 危害性氣體之擴散氣象條件為中性狀況（大氣穩定度 D）、風速 5m/sec、溫度 20℃。

　　(2) 效應分為死亡與可回復性之傷害二種。

　　(3) 毒性傷害所造成的「受傷」，係指毒性氣體的濃度大於 LC_{50}（30 分鐘）的 1/40 時，該區域人群視為 100% 受傷。

　　(4) 爆炸傷害所造成的「死亡」，界定為氣雲爆炸狀況下，爆炸區域內 100%人員死亡；「受傷」界定為爆炸造成之超壓（Over Pressure）大於 0.1bar，區域內 100% 人員受傷。

　　(5) 火災傷害所造成之「死亡」，界定為直接與火焰接觸區域內 100% 人員死；「受傷」為熱輻射對人體未受保護部分造成二級以上灼傷（相當於每 30 秒大於 $7kW/m^2$ 之熱輻射），區域內 100% 人員受傷。

　　(6) 危害源附近地表狀況為水平無凹凸起伏形狀，亦即液體溢散面積為均勻分布。

8.7.1　風險分析方法

　　Dutch Method 針對危害化學物之儲存與運輸，可能造成災害之意外事件，判定其潛在傷害程度與風險性，以推估危害影響範圍與發生機率。

1. 危害特性分類

　　Dutch Method 將化學物運作歸納為 6 種型態（表 8-8），並依危害特性與物理狀態，將危害性化學物分為 11 類（表 8-9）。對各種意外事件之可能狀況，藉用個別之圖表計算來決定受災（人員死亡或受傷）地區範圍之大小（附錄三），從資料中亦可推演出類似意外事件之發生率。

表 8-8　運作型態分類 *

運作之型態
公路運輸
鐵路運輸
內陸水道運輸
管線運輸
儲存裝置
製程

* 依 Dutch Method。

表 8-9　危害化學物分類與災害類型之關係 *

危害類別	編號	危害物質分類	災害類型
易燃性	1	易燃液體（F）	池火
			氣雲爆炸
	2	壓縮液化之易燃氣體（G）	過熱狀況下之爆炸
			快速洩漏氣雲爆炸
			持續洩漏氣雲爆炸
	3	冷卻液化之易燃氣體（H）	池火
	4	易燃壓縮氣體（J）	著火燃燒
爆炸性	5	爆炸物（K）	爆炸
毒性	6	毒性液體（L）	毒性氣雲
	7	壓縮液化之毒性氣體（M）	毒性氣雲
	8	冷卻液化之毒性氣體（N）	毒性氣雲
	9	加壓之毒性氣體（O）	毒性氣雲
	10	毒性粉末（P）	毒性氣雲
	11	毒性燃燒產物（Q）	毒性氣雲

* 依 Dutch Method。

這 11 種化學物質依據其危害特性，可歸納為三大類：

(1) 易燃物質

易燃物質可分為易燃液體與易燃氣體兩種。儲存易燃氣體可能有三種情況：壓縮液化、冷卻液化及加壓等，其火災及爆炸危險性取決於該物質的揮發性及沸點。

易燃液體的潛在物理效應可分為兩類：第一類僅發生池火效應（Pool Fire Effect）；第二類除可能發生池火外，還可能發生氣雲爆炸。區分這二類是以 20℃時，最大蒸氣壓（P_v）為基礎，若物質的 P_v>0.3bar，即可能形成氣雲爆炸。

(2) 爆炸物

爆炸物依物質單位重量（公斤）的爆炸效應，分成下列三種，以為辨識強度之參考：

a. 有機過氧化物。

b. 黃色炸藥（TNT）。

c. 爆竹。

為使用方便起見，每種均依下列原則轉換成相當於黃色炸藥（TNT）的重量（kg）：

a. 1kg 的「有機過氧化物」= 10kg 黃色炸藥（TNT）。

b. 1kg 的「爆炸物和彈藥」= 1kg 黃色炸藥（TNT）。

c. 1kg 的「爆竹」= 0.1kg 黃色炸藥（TNT）。

(3) 毒性物質

毒性物質依其物理狀態區分為三大種類：毒性氣體、毒性液體與毒性粉塵。

毒性氣體和液體之毒性強度可依表 8-10 將 LC_{50} 轉換為毒性等級（TOX）。若以物質之物理性質作為考量，液體的毒性強度依 20℃蒸氣壓（P_v）分為三種等級 1～3VL（表 8-11）；而氣體壓縮液化及冷卻液化，分別依其沸點分為二種等級 3～4VL；加壓氣體物質依儲存壓力分為三級 2～4VL。以物質的毒性等級（TOX）和揮發性等級（VL）的數值總和，進一步將毒性物質分為 6 級（表 8-12）。

毒物粉末（多數為殺蟲劑）災害距離的計算，是以毒性粉末（災源）的 10% 量形成被風吹散的強度來考慮。其毒性則依 LD_{50}（口服）來分級，如表 8-13 所示，共分為 5 級。

表 8-10　毒性等級分類（Dutch Method）

LC$_{50}$*, ppm	毒性等級（TOX）
0.01 ～ 0.1	8
0.1 ～ 1	7
1 ～ 10	6
10 ～ 100	5
100 ～ 1,000	4
1,000 ～ 10,000	3
10,000 ～ 100,000	2

＊大鼠，4小時。

表 8-11　揮發性等級分類（Dutch Method）

物質種類＋物理參數	揮發性等級（VL）
毒性液體 $P_v < 0.05$ bar $P_v = 0.05 ～ 0.3$ bar $P_v > 0.3$ bar	1 2 3
毒性氣體，壓縮液化 $T_b > 265°K$ $T_b < 265°K$	3 4
毒性氣體，冷卻液化 $T_b > 245°K$ $T_b < 245°K$	3 4
毒性氣體，氣體壓縮 $P < 3$ bar $P = 3 ～ 25$ bar $P > 25$ bar	2 3 4

註：P_v：溫度 20℃時之蒸氣壓（bar）；T_b：沸點（°K）；P：氣壓儲存壓力。

表 8-12　毒性物質等級分類（Dutch Method）

毒性等級＋揮發性等級（TOX＋VL）	毒性等級
$\leqq 5$	很低
6	低
7	中等
8	高
9	很高
$\geqq 10$	極高

表 8-13 毒性粉體等級分類（Dutch Method）

LD_{50}（mg/Kg）口服	毒性等級
<5	7 極高
5～50	6 很高
50～500	5 高
500～5,000	4 中等
>5,000	3 低

　　某些物質（大多為固體）的燃燒反應，會產生毒性氣體，另外在火災中，通常會因濃煙及缺氧造成窒息的危險。許多物質在燃燒時會改變其化學成分，Dutch Method 則以其燃燒時，可能重組產生之危害性物質加以進行分類。

2. 風險評估之主要步驟

　　Dutch Method 方法中之分類與評定重點，在於使用各種表格，用以登錄區域內所有潛在危害性運作及其參考資料，判定傷害程度及風險性。其所劃分的 11 類危害性化學物質，每一類物質均有一組表格，包括特性值和傷害距離為系統成分函數的圖表。從各組圖表或標準值來計算「致命區」及「受傷區」之災害範圍，其主要步驟請參考本書附錄三。

8.8　都市與工業危害評估指南

　　加拿大的重大工業災害協調委員會（Major Industrial Accidents Council of

Canada, MIACC）成立於 1987 年，是加拿大進行減少危險品重大工業災害頻率及危害的主要機構，其工作範圍包含了對於危害性化學物的製造、儲存、分配、運輸、管理、使用及處置，提供有關的預防、準備與因應的活動。MIACC 以荷蘭 Dutch Method 為基礎，發展出《都市與工業風險評估指南》（Risk Assessment Guidelines for Municipalities and Industries, MIACC Method）。此方法利用 Dutch Method 分析的結果，再進一步地探討相關問題，有助於評估者了解風險影響程度及距離，並配合土地使用規劃等。

MIACC 風險評估技術參考了 Dutch Method，做出如下假設與限制：

(1) 20℃的儲存溫度。

(2) 使用 D 級穩定度（一般雲層條件）與 5m/s 風速（中級風速）的氣象條件。

(3) 使用 LC_{50}（暴露 30 分鐘）來決定毒氣外洩的致死距離。

(4) MIACC 方法更進一步的假設如下：

a. 僅考量大量與少量釋放，忽略異常事件的發生。

b. 選擇大量與少量釋放的頻率是合乎自然的。

c. 對任何形式的化災有 90%的庇護率，亦即有 90%的人口獲得庇護或撤離。

MIACC 個別致死風險準則如下：

(1) 每年 10^{-4}，高過此數值的風險是不被允許的。

(2) 每年 10^{-6}，低於此數值的風險是可以安心接受的。

(3) 當提供合理與實際程度的風險控制措施後，介於 $10^{-4} \sim 10^{-6}$ 之間的風險值是可以被允許的。個別致死準則與危害區域土地使用的關係如圖 8-5 所示。

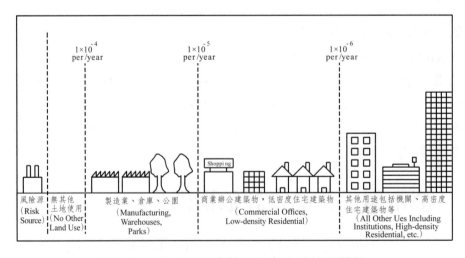

圖 8-5　MIACC 之風險界限與土地使用關係

8.8.1 風險分析方法

1. 事件頻率

一般而言，在危害事件中，少量外洩比大量外洩來得普遍；換句話說，前者之頻率顯然較高。當外洩量增加，可能的不利影響也會增加，但外洩頻率會變得較低。美國化工研究所——化學程序安全中心（Center for Chemical Process Safety, American Institute for Chemical Engineers, AIChE）的數據資料，證實了這種釋放頻率與釋放量的關係理論[74]。

MIACC 風險評估方法考量兩種釋放事件：大量釋放（儲存量的 100%）及少量釋放（儲存量的 10%）；並參考 AIChE 的數據，將大量釋放的事件頻率（Event Frequency）訂為每年 10^{-4} 次（亦即 10,000 年發生 1 次），少量釋放的事件頻率訂為每年 10^{-2} 次（亦即 100 年發生 1 次）。

假設在危害距離內（Hazard Distance）之人群有 10% 的死亡率，亦即區域內這些人有 90% 的機會逃離，而不受到傷害。危害區內（Hazard Zone）之事件個別風險（Event Individual Risk）等於事件頻率乘上個別的影響（假設 10% 的死亡率），關係如下：

$$危害區內之事件個別風險 = 事件頻率 \times 0.1$$

因此對於危害區內之人群而言：大量釋放時的危害區內「事件個別風險」為每年 10 ～ 5% 死亡機率。少量釋放時的危害區內「事件個別風險」為每年有 10 ～ 3% 死亡機率。

2.MIACC 個別風險與距離的關係

計算一座工廠帶來的整體風險，不需要計算每個可能釋放事件的風險。少量外洩（造成小範圍的影響）預期比大量外洩（造成大範圍的影響）的發生頻率來得高。依個別風險與危害距離，在半對數圖上定出兩點，並連接成一直線（圖8-6），那麼距外洩源某處的風險就可以從圖上找出了。MIACC 認為以代表性的小外洩和可能的最大外洩所界定的直線，可以保守地涵蓋兩點之間的實際風險。

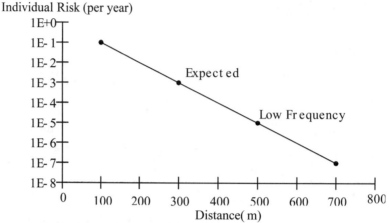

Individual Risk：個別風險
Expected Event：預期事件
Distance(m)：距離

圖 8-6　個別風險與距離關係圖（MIACC）

3. 等風險線

依個別風險、危害距離，在半對數圖（對數軸為風險，橫軸為危害距離）上定出兩點，並連接成一直線。從半對數圖讀出排除區及不受限制之土地使用區的距離，MIACC Method 對於兩者的風險允許準則分別為 10^{-4}/ 年與 10^{-6}/ 年。

距離一座工廠內的儲槽之風險界限是 10^{-4}/ 年與 10^{-6}/ 年，可以在平面圖上之危險物品位置分別畫出兩個不同大小的同心圓表示（圖 8-7）。同心圓代表「影響區域」的範圍大小，可以讓使用者對風險影響程度及距離、土地使用計畫一目瞭然。

8.8.2　Dutch Method 與 MIACC Method 之比較

Dutch Method 與 MIACC Method 兩種風險分析方法的比較如表 8-14 所示，兩者進行比較的項目，包括：研發機構、使用目的、危害特性分類、假設條件、個別風險準則、主要步驟、獲得的分析結果。

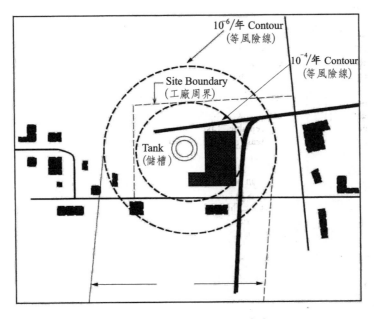

圖 8-7　工廠之風險界限[74]

8.9　毒性氣體之氣雲影響

　　一般而言，毒性物質快速外洩之初期，受影響的區域都侷限於廠區內，所以就毒性衝擊而言，這階段的毒性影響，一般都假設為不顯著[13]；而所考量的是，後續的氣雲（Vapour Cloud）擴散階段。藉由計算氣雲剖面（Profile）濃度，就可以推算出離外洩源某處的毒性影響。有關外洩氣體的擴散模式之探討，詳見第 12 章。

　　毒性氣體暴露的影響，可用暴露濃度與暴露時間之間的關係來表達：

$$P_r = A_t + B_t \ell_n (C^n t_e) \tag{16a}$$

其中 P_r = Probit（波羅比）。

　　A_t、B_t 與 n 為常數。

　　C = 暴露濃度（ppm）。

　　t_e = 暴露時間（分）。

　　上述關係是所謂波羅比函數（Probit Function）。一個波羅比代表一個或然

表 8-14　Dutch Method 與 MIACC Method 風險分析方法的比較

項目　　風險評估方法	危害性工業運作指南（Dutch Method）	都市與工業風險評估指南（MIACC Method）
研發機構	荷蘭應用科學研究院（TNO）	加拿大重工業災害協調委員會（MIACC）
使用目的	估量各危害性化學物運作意外之影響範圍與發生機率等	採討影響區域的範圍，使評估者了解風險與影響距離（即土地使用計畫距離）的關係
危害特性分類	將化學物運作歸納為 6 種型態：依其危害特性與物理狀態分為 11 類	同 Dutch Method
假設條件	1. 將污染源視為點源 2. 儲槽均假設為滿載，且完全洩漏（100%） 3. 風向為單一方向 4. 人口採平均密度 5. 大氣穩定度 D；風速 5m/sec，溫度 20°C，濕度 50% 6. 死亡、傷害準則分別為： 　　　　　　　　死亡　　　　　　傷害 • 毒性暴露：　LC_{50} (30min)　LC_{50} (30min) /40 • 熱幅射：　　火焰接觸　　　7kw/m² • 氣雲爆炸：　氣雲區內　　　0.1bar (1.5psi)：超壓	基本假設與 Dutch Method 相同 進一步的假設如下： 1. 藉由大量與少量釋放（100% 與 10%）來推估其他距離之風險 2. 大量釋放頻率為 10^{-4} 次／年 3. 小量釋放頻率為 10^{-2} 次／年 4. 有 90% 的人口獲得庇護或撤離
判斷準則 *	頻率：次／年　　　程度 $>10^{-3}$　　　　　高～相當高 $10^{-5}\sim10^{-3}$　　明顯 $10^{-7}\sim10^{-5}$　　普通 $10^{-9}\sim10^{-7}$　　低～相當低 $<10^{-9}$　　　　　可忽略	風險值／年　　　程度 $>10^{-4}$　　　　不可接受 $10^{-6}\sim10^{-4}$　可接受 $<10^{-6}$　　　　輕微
主要步驟	1. 鑑定危害性物質種類 2. 判定影響程度（致命及受傷範圍） 3. 判定事件頻率	1. 累計風險（事件頻率） 2. 判定影響程度（周邊土地使用區的距離）
獲得的分析結果	1. 影響程度（致命及受傷範圍） 2. 危害事件頻率	整廠（或數個儲槽）之影響程度，以累計風險表示之

*Dutch Method 與 MIACC Method 分別以頻率（Frequency）和風險值（Risk）作為危害可接受程度之判斷基準。

率單位（Probability Unit）。P_r 為任意變數（Random Variable），其值呈高斯分布（Gaussian Distribution），平均值為5，標準偏差為1（Standard Deviation）(13)。

波羅比函數的三個常數 A_t、B_t 與 n，因化學物的不同而異，表 8-15 是一些化學物致死的常數。如果毒性釋放之毒性濃度和暴露時間已知，公式 (13) 可用來推估暴露人口有多少個百分率受到傷害。藉由表 8-16，可將某特定波羅比值轉換為受傷或死亡的機率（%）。理論上，波羅比模式可用來計算所有的毒性物質，但實務上，有其缺點，因為它的常數大部分是由動物實驗推估出來的。

波羅比函數可用來估算在毒氣外洩後，離外洩源某點致死或受傷的人口百分比，但其應用尚需配合擴散模式，以估計暴露濃度。

一般而言，所謂暴露時間也就是外洩延續時間。然而實際上，在緊急情況，暴露時間超過 30 分鐘的情況，顯然不太可能。因為 30 分鐘不到，可能的受害者早就採取各種因應行動了，例如撤離災區。要計算波羅比，必須先計算暴露處之 Cnte，這涉及冗長的計算，因此可考量採用下列其他方法。

首先計算離外洩源某處毒性影響為 50%（例如 50% 人口死亡）的距離。造成毒性影響為 50% 的波羅比為 5（亦即 5 個或然率單位，表 8-16），這相當於濃度為 LC_{50} 與 4 小時的暴露時間。

1. 連續釋放

如果外洩源是連續釋放，在 $P_r = 5$ 的情況下，波羅比函數（公式 16）可簡化為：

$$\exp\frac{(5.0 - A_t)}{B_t} = C^n t_e \tag{16b}$$

其中 t_e = 暴露時間。

上式可計算出某暴露時間的 C 值，然後代入氣體擴散模式（第 12 章），就可以算出 50% 死亡率的半徑了。

2. 瞬間釋放

化學物氣雲隨風移動，經過人口區，每一點的濃度隨時間變動。在這種情況下，一般是計算氣雲中心線的平均濃度。

假設氣雲半徑不因氣雲的移動而變動，中心線的平均濃度是 [15]：

$$C = 0.585C\,(x, 0, 0, t)$$

其中 C（x, 0, 0, t）可依氣體擴散模式導出（第 12 章）。

暴露時間 t_e（分），可依下式計算之：

$$t_e = \frac{(R^2 - x^2)^{1/2}}{U} \tag{17}$$

其中 R = 氣雲半徑（m）。

U = 平均風速（m/sec）。

x = 離外洩源之距離（m）。

【範例】

試以波羅比模式，估計離氯氣外洩源某處暴露濃度 400ppm、暴露時間分別為 15 分、20 分與 30 分的人口致死百分率。

由表 8-15 查得 $A_t = -5.3$、$B_t = 0.5$、$n = 2.75$（死亡參數），因此波羅比模式為 $P_r = -5.3 + 0.5\ell_n\,(C2.75t_e)$。

$t_e = 15$ 分，則

$P_r = -5.3 + 0.5\ell_n\,(4002.75 \times 15) = 4.292$

表 8-15　毒性物質 probit 方程式致死常數

$$P_r = A_t + B_t\ell_n\,(C^n t_e)$$

化　　學　　物	常數			參考資料
	A_t	B_t	n	
氯（Chlorine）	-5.3	0.5	2.75	DCMR 1984
氨（Ammonia）	-9.82	0.71	2	DCMR 1984
丙烯醛（Acrolein）	-9.93	2.05	1	USCG 1977
四氯化碳（Carbon Tetrachloride）	0.54	1.01	0.5	USCG 1977
氯化氫（Hydrogen Chloride）	-21.76	2.65	1	USCG 1977
溴甲烷（Methyl Bromide）	-19.92	5.16	1	USCG 1977
光氣（Phosgene）	-19.27	3.69	1	USCG 1977

化　　學　　物	常數			參考資料
	A_t	B_t	n	
氟化氫（Hydrogen Fluoride monomer）	-26.4	3.35	1	USCG 1978
以上取自世界銀行資料[13]				
丙烯醛（Acrolein）	-9.931	2.049	1	USCG 1980
丙烯腈（Acrylonitrile）	-29.42	3.008	1.43	USCG 1980
苯（Benzene）	-109.78	5.3	2	USCG 1980
溴（Bromine）	-9.04	0.92	2	USCG 1980
一氧化碳（Carbon Monoxide）	-37.98	3.7	1	USCG 1980
四氯化碳（Carbon Tetrachloride）	-6.29	0.408	2.50	USCG 1980
甲醛（Formaldehyde）	-12.24	1.3	2	USCG 1980
氯化氫（Hydrogen Chloride）	-16.85	2.00	1.00	USCG 1980
氰化氫（Hydrogen Cyanide）	-29.42	3.008	1.43	USCG 1980
氟化氫（Hydrogen Fluoride）	-25.87	3.354	1.00	USCG 1980
硫化氫（Hydrogen Sulfide）	-31.42	3.008	1.43	USCG 1980
溴甲烷（Methyl Bromide）	-56.81	5.27	1.00	USCG 1980
氰酸甲酯（MIC）	-5.642	1.637	0.653	USCG 1980
二氧化氮（Nitrogen Dioxide）	-13.79	1.4	2	USCG 1980
光氣（Phosgene）	-19.27	3.686	1	USCG 1980
環氧丙烷（Propylene Oxide）	-7.415	0.509	2.00	USCG 1980
二氧化硫（Sulfur Dioxide）	-15.67	2.10	1.00	USCG 1980
甲苯（Toluene）	-6.794	0.408	2.5	USCG 1980
以上取自 AIChE 資料[97]				

註：C 為 ppm；t_e 為 minutes。

表 8-16　毒性計算中，受傷或死亡百分率轉變成 Probit 對照表（Finney, 1971）[13]

%	0	1	2	3	4	5	6	7	8	9
0	-	2.67	2.95	3.12	3.25	3.36	3.45	3.52	3.59	3.66
10	3.72	3.77	3.82	3.87	3.92	3.96	4.01	4.05	4.08	4.12
20	4.16	4.19	4.23	4.26	4.29	4.33	4.36	4.39	4.42	4.45
30	4.48	4.50	4.53	4.56	4.59	4.61	4.64	4.67	4.69	4.72
40	4.75	4.77	4.80	4.82	4.85	4.87	4.90	4.92	4.95	4.97
50	5.00	5.03	5.05	5.08	5.10	5.13	5.15	5.18	5.20	5.23
60	5.25	5.28	5.31	5.33	5.36	5.39	5.41	5.44	5.47	5.50
70	5.52	5.55	5.58	5.61	5.64	5.67	5.71	5.74	5.77	5.81
80	5.84	5.88	5.92	5.95	5.99	6.04	6.08	6.13	6.18	6.23
90	6.28	6.34	6.41	6.48	6.55	6.64	6.75	6.88	7.05	7.33
%	0.0	0.1	0.2	0.3	0.4	0.5	0.6	0.7	0.8	0.9
99	7.33	7.37	7.41	7.46	7.51	7.58	7.58	7.75	7.88	8.09

- $t_e = 20$ 分，則 $P_r = -5.3 + 0.5\ell_n (400^{2.75} \times 20) = 4.436$
- $t_e = 30$ 分，則 $P_r = -5.3 + 0.5\ell_n (400^{2.75} \times 30) = 4.639$

由表 8-16 查得 $P_r = 4.29$ 個波羅比時，相當於暴露處之人口約有 24% 死亡；$P_r = 4.44$ 時，相當於 28.7% 死亡；$P_r = 4.64$ 時，相當於 36% 死亡。

【討論】

1. 依《危險性工作場所審查暨檢查辦法》（第五條）（101.07.13），危險性工作場所（甲類與乙類）應實施製程安全評估，以 PHA 分析發掘重大潛在危害，並針對重大潛在危害，再次以下列方法之一進行安全性評估：
   (1) 檢核表（Checklist）。
   (2) 如果－結果分析（What-if）。
   (3) 危害及可操作性分析（HAZOP）。
   (4) 故障樹分析（Fault Tree Analysis）。
   (5) 失誤模式與影響分析（Failure Modes and Effects Analysis）。
   (6) 其他經中央主管機關認可之方法。

2. 試列舉三種危害評估技術並說明之。

3. 試說明危害評估者如果採用檢核表（Checklist），有什麼優缺點？

   優點：檢核表使用方便，對於一位沒有經驗的評估員特別有用，因此普遍使用於工安評核（Industrial Safety Audit），所謂 Audit Checklist。

   缺點：沒有在檢核表中的項目，就會漏檢。

4. 試說明 PHA（初步危害評估）的步驟。

   執行 PHA 步驟如下：

   (1) 依危害物質特性，找出可能／潛在發生事故之系統元件。

   (2) 找出發生危害原因，例如超壓。

5. 何謂 HAZOP，試說明之。

   HAZOP 是 HAZard and OPerability Studies 之簡寫。它用於鑑定工廠之「危害性」和「操作性」，其執行是藉由「導字」（Guide Word）搭配製程「參數」（例如壓力、溫度、流量、濃度等），並參考工廠 PIDs 圖（管線設備圖），加以討論分析；對系統元件可能偏離原來所設計之功能的操作情況（亦即偏差），逐一加以檢查，找出「可能的原因」，以及所造成的「可能危害」。針對所發現的「可能危害」，我們就可研擬「防護措施」了。由於 HAZOP 費時且花費較大，因此於實務上，我們經常先用 PHA 技術去篩選出重大危害之系統元件，然後再對這些系統元件施以 HAZOP 分析。

6. 本章第 8.5.2 節的範例中，偏差：「較少的物料 A 進入反應槽」，亦即「流量不足」，是由「導字」和「意向」組成的，試分別指出造成上述偏差之「導字」與「意向」。

   「較少的物料 A 進入反應槽」──上述「偏差」是由「導字」和「意向」組成的；「導字」是較少的（Less），而「意向」是以特定流量「將物料 A 送入反應槽」。

7. 依第六題，試指出造成上述偏差之可能原因。

   產生「偏差」的「原因」可能是：

   (a) 隔離閥（Isolation Valve）微關（沒有完全在開的位置）。

   (b) 管線部分被阻塞。

   (c) 幫浦無法產生滿流──由於螺旋葉腐蝕或閥磨損等；或者「軸封」洩漏。

8. 依第六題，試指出防止上述各種原因之可能措施。

   上述這些「原因」是有可能發生的，它是真實的，並非虛擬的，因此這種「偏差」也是真實的。可以引導學生就設計／工程層面與維修層面，探討有那些

措施可以用來預防這些「偏差」。

9. 何謂二相流釋放（Two-phase Release）？何種情況的外洩易發生二相流現象？

所謂二相噴射流（Two-phase Jet）釋放，係指外洩流混合了液體和氣體兩相。兩相流可能發生於與儲槽連接，但離槽體較遠之管線失敗；其釋放速率介於氣體釋放與液體釋放之間。

10. 試說明在開放空間氣雲爆炸之影響的二種估計法。

第一種方法是應用 TNT 當量法，先推估離爆炸中心（已知距離）某點（受害目標）之「超壓」，然後再依「超壓」推估「影響」。本法被廣泛採用。

第二種方法是將受損程度（影響）分為四種等級，先直接假設「影響」等級，然後依經驗公式推估受害目標之距離。本法由荷蘭 DSM 公司所推行，目前使用者不多。

11. 何謂爆燃（Deflagaration）？爆轟（Detonation）？

爆燃（Deflagaration）與爆轟（Detonation）均是由於化學能量所釋放的一種易燃氣體燃燒現象。然而，「爆燃」之火焰峰面（Flame Front）進行速度較為緩慢，約 1m/sec，而「爆轟」之火焰峰面為超音速率約 2,000 ～ 3,000m/sec，穿越可燃氣體。

【選擇題】

1. 爆燃（Deflagration）是一種爆炸現象，其火焰峰面的進行速度約　(1)1m/sec　(2)1,000m/sec　(3)2,000 ～ 3,000m/sec。　　　　　　　　　　　　　**Ans**：(1)

2. 爆轟（Detonation）是一種爆炸現象，其火焰峰面的進行速度約　(1)1m/sec　(2)200m/sec　(3)2,000 ～ 3,000m/sec。　　　　　　　　　　　　　**Ans**：(3)

3. 荷蘭風險評估技術（Dutch Method）其假設的大氣穩定度為　(1)D 級　(2)F 級　(3)A 級。　　　　　　　　　　　　　　　　　　　　　　　　**Ans**：(1)

4. 依 Dutch Method 風險評估技術，毒性氣體所造成受傷地區，其濃度為 LC_{50}（30min）的　(1)1/40　(2)1/50　(3)1/100。　　　　　　　　　　　**Ans**：(1)

5. 依 Dutch Method 風險評估技術所假設的大氣條件為　(1) 風速 5m/sec，20℃　(2) 風速 10m/sec，25℃　(3) 風速 0.5m/sec，20℃。　　　　　　**Ans**：(1)

6. 依 Dutch Method 風險評估技術，爆炸受傷地區所界定的超壓為　(1)0.1 bar　(2)0.5 bar　(3)10 bar。　　　　　　　　　　　　　　　　　　　**Ans**：(2)

7. 當氣雲爆炸時，化學能　(1) 全部　(2) 部分　(3) 上述兩者皆可能　轉換為爆炸能（機械能）（參考第 20 章）。　　　　　　　　　　　　　　　　**Ans**：(2)

8. 燃燒熱約有　(1)35%　(2)75%　(3)95% 以輻射熱型態釋放。　　　　**Ans**：(1)

9. 視因子（View Factor）= $1/(4\pi x^2)$ 是應用在　(1) 點源模式（Point-source Model）　(2) 實體－火焰模式（Solid-flame Model）　(3) 上述兩者皆可。　**Ans**：(1)

10.熱輻射之固體－火焰模式或點源模式中的空氣傳輸係數可假設為　(1)1　(2)1.5　(3)2.0。　　　　　　　　　　　　　　　　　　　　　　　**Ans**：(1)

【是非題】

1. 爆燃（Deflagaration）的火焰峰面速度低於音速。　　　　　**Ans**：（○）

2. 爆轟（Detonation）的火焰峰面速度高於音速。　　　　　　**Ans**：（○）

3. 波羅比模式 $P_r = A_t + B_t \ell_n (C^n t_e)$，$A_t$、$B_t$、$n$ 為常數，其值因物質種類與影響狀況（受傷或死亡）而異。　　　　　　　　　　　　　　　　**Ans**：（○）

4. 波羅比模式 $P_r = A_t + B_t \ell_n (C^n t_e)$，$P_r$ 為任意變數（Random Variable），其值呈常態分布（Normal Distribution，又稱高斯分布 Gaussian Distribution）。

   　　　　　　　　　　　　　　　　　　　　　　　　　　　Ans：（○）

5. 波羅比模式 $P_r = A_t + B_t \ell_n (C^n t_e)$，$P_r$ 為任意變數（Random Variable），其平均值為 5。　　　　　　　　　　　　　　　　　　　　　　**Ans**：（○）

6. 兩相流（Two-phase Flow）之釋放速率大小介於氣體釋放與液體釋放之間。

   　　　　　　　　　　　　　　　　　　　　　　　　　　　Ans：（○）

7. 氣雲爆炸時，化學能全部被轉換為機械能。　　　　　　　　**Ans**：（×）

8. 易燃液體外洩後所形成的氣雲，除了含有外洩物急速氣化的蒸氣外，尚含有氣膠（Aerosol）和液滴（Mist）。　　　　　　　　　　　　　**Ans**：（○）

9. TNT 當量係數（TNT-equivalency）是用來表示氣雲所含之燃料由氣體、氣膠、液滴組成之燃料能（化學能），有多少可被轉換為爆炸能（機械能）。

   　　　　　　　　　　　　　　　　　　　　　　　　　　　Ans：（○）

10.閃火（Flash Fire）是一種易燃氣體與空氣混合物之爆炸現象。　**Ans**：（×）

11.閃火之危害評估可假設暴露於 LFL 與 UFL 等濃度線之間的所有人皆死亡。

   　　　　　　　　　　　　　　　　　　　　　　　　　　　Ans：（○）

12.氣雲的爆炸危害評估常採用 TNT 當量法，本法不考量易燃氣體的濃度是否在 LFL 與 UFL 之範圍內。　　　　　　　　　　　　　　　　　　**Ans**：（○）

13.氣雲爆炸的 TNT 當量危害評估法，假設氣雲的爆炸威力用位於氣雲邊緣的 TNT 能量當量之負荷來表示。 **Ans**：（×）

14.TNT 當量法假設易燃氣雲之潛在爆炸威力與氣雲所含之燃料重量成正比。 **Ans**：（○）

第 9 章

物質安全資料表之沿革與應用

9.1　一般說明

物質安全資料表（Material Safety Data Sheet, MSDS）可以說是化學物的身分證。它記載著該化學物的相關資訊，因此，1983 年美國 OSHA（Occupational Safety and Health Administration）所頒布的《危害溝通標準》（Hazard Communication Standard），把 MSDS 列為一種工具，來向員工提供其所接觸的化學物之有關資訊，以維護員工安全。1984 年印度波帕爾（Bhopal）的 MIC（Methyl isocyanate）外洩事件，再度誘發「知的權利」運動和立法，例如在美國的 Community Emergency Planning and Right-to-Know Act of 1986（亦即所謂 SARA Title Ⅲ of 1986）和在加拿大的 WHMIS（Workplace Hazardous Materials Information System）。前者針對工廠鄰近社區居民，而後者係針對工廠員工之「知的權利」。這兩個法案也都是把 MSDS 作為傳達有關危害物質資訊的重要工具。

1984 年 12 月 2 日半夜，致命毒物從聯碳工廠（Union Carbide）洩漏，驚醒了波帕爾市剛進入夢鄉的市民；幾個小時內，數千人湧進醫院，有的眼瞎，有的呼吸困難。政府指出毒氣外洩當晚就有 3,000 人死亡。據估計，危害距離遠達 8 公里，共有將近二萬人死亡，其中 8,000 人死於第一個星期內；並有 10 萬多人受到永久性受傷。總共約 41 噸的 MIC 和少量其他有毒氣體從 200℃高溫的儲槽，以每小時 40,000 磅的速率洩漏，即所謂「波帕爾毒氣」（Bhopal Toxic Gas），世界諸多工安制度也因此災難而建立。

加拿大自 1988 年 10 月 31 日起，要求化學品供應者及業主實施 WHMIS，其目的在於確定工作場所之危害物質（亦即聯邦有害物質法案所稱之管制物質）的資訊，由供應者送交業主，再轉交員工。我國也於 1992 年 12 月公布實施《危險物與有害物標示及通識規則》（危害通識規則），其目的與 WHMIS 相同。

不管是加拿大的 WHMIS 或是國內的《危害通識規則》，它們都含有三個基本要項，員工可藉此得知有關危害物質資訊：

(1) 標示系統。
(2) 物質安全資料表。
(3) 員工訓練。

危害通識系統要求供應者應做到下面項目：

(1) 分類其危害性產品。
(2) 每項列管之危害物質都要有標示及 MSDS。

(3) 提供這些資訊給員工或顧客。

業主則應完成下列工作：

(1) 針對在工作場所所使用及生產之危害物質，建立資料檔。

(2) 確保標示及物質安全資料表置於適當處。

(3) 實施員工安全訓練，以確保員工了解工作場所所使用及生產之危害物質，以及熟悉標示與 MSDS。

MSDS 是一項關於列管物質的技術性文件，其內容包括：

(1) 暴露於特定物質中可能產生之健康損害。

(2) 有關使用儲存及管理之危害評估。

(3) 員工保護措施。

(4) 緊急應變程序。

顯然地，物質安全資料表在對員工傳達危害資訊上，扮演著一項重要工具角色，因此國內《道安規則》第 84 條要求危險物品運送人員應攜帶物質安全資料表。

聯合國為減少化學品國際間貿易由於各國不同法規要求所導致之成本，研訂了 GHS 系統（Globally Harmonized System of Classification and Labelling of Chemicals，化學品全球調和制度）。GHS 系統針對分類、標示與 MSDS 內容制定了世界一致之標準，希望各國能於 2008 年開始實施。為配合此一趨勢，台灣也於 2008 年 12 月 31 日開始實施 GHS。

本章對物質安全資料表之發展沿革、內容及其應用，特別在緊急應變上加以說明。

9.2 物質安全資料表的內容

雖然法規規定盛裝危害物的容器必須要有標示，但標示無法將危害物詳細的資料明示出來，而且有時標示也會破損、脫落，甚至遺失，因此，物質安全資料表就是用來彌補標示之不足，使員工在看懂物質安全資料表的情況下，應用其中的資訊，以因應化學物的可能緊急狀況。

國內物質安全資料表內容有十大項（附錄四），分述如下：

(1) 製造商或供應商資料：製造商或供應商名稱、地址、諮詢者姓名及電話、傳真等。

(2) 辨識資料：物品中英文名稱、同義字、危害物成分之中英文名稱、化學式、含量（成分百分比）、化學文摘社登記號碼（CAS. NO.）、容許濃度及半

數致死劑量（LD_{50}）、半數致死濃度（LC_{50}）（須說明測試動物之種屬及測試之吸收途徑）等。

(3) 物理及化學特性：物質狀態、pH 值、外觀、氣味、沸點、熔點、蒸氣壓、蒸氣密度、比重、揮發速率、水中溶解度等。

(4) 火災及爆炸危害資料：閃火點及測試方法、爆炸界限（上限、下限）、滅火材料、特殊滅火程序。

(5) 反應特性：安定性、危害分解物、危害之聚合、不相容性、及其應避免之狀況或物質等。

(6) 健康危害及急救措施：進入人體途徑、健康危害效應、暴露之徵兆及症狀、緊急處理及急救措施等。

(7) 暴露預防措施：個人防護設備、通風設備、操作與儲存注意事項、個人衛生等。

(8) 洩漏及廢棄處理：洩漏之緊急應變、廢棄處理方法等。

(9) 運送資料：聯合國編號（UN. No.）、危害性分類、所需圖式種類。

(10) 製表者資料：製表單位名稱、地址及電話、製表人職稱及簽章、製表日期等。

後來勞委會（勞動部前身）為配合國際化趨勢，已修訂物質安全資料表，將其內容分為十六大主題，以符合 ISO 組織之建議，並於 2001 年實施。

表 9-1 為勞動部和環保署對物質安全資料表之相關規定。

表 9-1　法規有關物質安全資料表之規定比照表

項目	機關	
	環保署	勞動部
法令依據	《毒性化學物質管理法》第十七條（102.12.11）《毒性化學物質運送管理辦法》第九條（98.09.28）	《職業安全衛生法》第七條第一項，及《危害性化學品標示及通識規則》第十三條至第十六條（102.06.27）
適用對象	製造、輸入、輸出、販賣、運送、使用、儲存毒化物之負責人、運送人	製造商、輸入者、供應商或雇主
位置	附於毒化物容器、包裝內外處，於運送時攜帶。	勞工工作場所

項目	機關	
	環保署	勞動部
處分罰則	《毒性化學物質管理法》第三十五條之一第四款	《職業安全衛生法》第四十三條
罰款金額	處新臺幣三萬元以上三十萬元以下罰鍰，並令其限期改善；屆期未完成改善者，得按次處罰，經二次限期改善未完成改善者，得令其停工、停業或退運出口	違反者經通知限期改善而不如期改善，處新臺幣三萬元以上、三十萬元以下罰款

9.3　物質安全資料表之危害特性資訊

　　茲將物質安全資料表內容有關危害物質之危害特性[34]分述如下：

1. 容許濃度

　　容許濃度係指作業環境空氣中有害物質可容許的暴露濃度值。容許濃度分為三種：

　　(1) 時量平均恕限值（TLV-TWA, Threshold Limit Value-Time Weighted Average）：TLV-TWA 是指勞工作業環境中之長時間毒性恕限值。這是工業界最常用的勞工作業環境中有毒氣體之容許濃度標準，工作人員可長期置於此低濃度之有毒氣體環境（每日工作八小時、每週工作四十小時），而不會對身體健康造成不良影響之最大容許濃度。TLV-TWA 在化學物外洩時，可作為居民疏散的指標，其應用見第 12 章。

　　(2) 短時間時量平均恕限值（TLV-STEL, Short-Term Exposure Limit）：TLV-STEL 是為短時間暴露之毒性恕限值，工作人員處於此有毒氣體環境中持續 15 分鐘，並不會造成身體健康方面無法恢復傷害之最大容許濃度。

　　(3) 最高恕限值（Ceiling）：TLV-C 指任何時間的暴露濃度皆不得超過此值，以防勞工產生不可忍受的刺激或生理病變。在外洩因應上，TLV-C 代表無需採用呼吸（或皮膚）保護之最大暴露濃度[75]。

　　容許濃度（TLV）之單位為 ppm 或 mg/r，兩者之換算公式如下：

$$1mg/m^3 = \frac{24.5 \text{ liter/ mole @ 25℃}}{MW} ppm \text{，或}$$

$$1\mu g/\ m^3 = \frac{24.5}{MW}ppb \tag{1}$$

其中 MW = 某氣態化學物之分子量。

【範例 1】

乙苯（Ethylbenzene）的 TLV 為 100ppm，其分子量為 106，試分別以 mg/m^3 和 g/m^3 表示其 TLV 值。

$$100ppm = 10^5 ppb = 10^5 \times (\frac{MW}{24.5}\mu g/m^3)$$
$$= \frac{10^5 \times 106}{24.5} \times 10^{-3} mg/m^3$$
$$= 433\ mg/m^3$$
$$= 0.43\ g/m^3$$

2. LD_{50}（Lethal Dose$_{50}$）

LD_{50} 係指試驗動物群在一定劑量（mg/kg）的化學物質下，觀察 14 天，結果能造成 50% 試驗動物群死亡的劑量。LD_{50} 數據上也記載試驗動物種類及暴露時間。

混合物之 LD_{50}，如其各成分之 LD_{50} 已知，可依下列公式計算之[34, 91]：

$$\frac{1}{LD_{50}} = \frac{C_A}{LD_{50A}} + \frac{C_B}{LD_{50B}} + \frac{C_C}{LD_{50C}} \tag{2}$$

其中 LD_{50A} = A 成分之 LD_{50}，C_A = A 成分之濃度（重量計）。
   LD_{50B} = B 成分之 LD_{50}，C_B = B 成分之濃度（重量計）。
   LD_{50C} = C 成分之 LD_{50}，C_C = C 成分之濃度（重量計）。

【範例 2】

某抗腐蝕產品其成分為 X、Y、Z，個別 LD_{50}（口服）如下，試計算該產品之 LD_{50}。

成分	濃度（%）	LD$_{50}$（口服）mg/kg
X	90	8,000
Y	9.5	400
Z	0.5	10

依《危害通識規則》，危害成分濃度（重量計）少於 1% 者，可不予考量，因此只考慮濃度 1% 以上的成分 X 與 Y。依公式（9-2）得下式：

$$\frac{1}{LD_{50}} = \frac{0.90}{800 mg/kg} + \frac{0.095}{400 mg/kg} = 0.001,37 kg/mg$$

$$LD_{50} = \frac{1}{0.001,37 kg/mg} = 730 mg/kg$$

【範例 3】

除油脂溶劑含 A、B、C 等三種成分。各成分之 LD$_{50}$（口服）如下：

成分	濃度（%）	LD$_{50}$（口服）mg/kg
A	89.5	未知
B	10	200, 300*
C	0.5	10

* 取自文獻，有兩種不同數據。

依《危害通識規則》，危害成分濃度（重量計）小於 1% 者，可不予考量。由於 A 未知，因此取成分 B 的 LD$_{50}$ 作為本產品之 LD$_{50}$(34)。又 B 成分的 LD$_{50}$ 有二個數據，實務上取數字較低者[34]，因此本產品混合物之 LD$_{50}$ 為 200mg/kg。

3. LC$_{50}$（Lethal Concentration$_{50}$）

LC$_{50}$ 係指試驗動物群在一定濃度的化學物質下，暴露一段時間（一般為 1～4 小時）後，觀察 14 天，結果能造成 50% 試驗動物群死亡的濃度。LC$_{50}$ 數據上也記載試驗動物種類及其暴露時間。依加拿大管制物品規則（Controlled Product Regulations）[34] 與世界銀行（World Bank）[13] 的規範，暴露時間係指 4 個小時而言。

LC$_{50}$ 的單位，汽／氣體為 ppm；粉塵（Dust）、粒滴（Mist）或煙霧（Fumes）為 mg/l 或 mg/m^3。文獻上的 LC$_{50}$ 數據，如果其試驗時間不是 4 個小

時，可依下例公式轉換之[34]：

(1) 汽／氣體：

$$\text{LC}_{50}\,(4\text{ 個小時}) = \text{LC}_{50}\,(t\text{ 小時}) \times (t/4)^{1/2} \tag{3}$$

(2) 粉塵、粒滴或濃煙：

$$\text{LC}_{50}\,(4\text{ 個小時}) = \text{LC}_{50}\,(t\text{ 小時}) \times (t/4) \tag{4}$$

【範例 4】

某有機溶解的 LC_{50} 是 100 ppm，暴露時間為 24 小時，試推算暴露時間為 4 小時之 LC_{50} 為多少[34]？

$$\begin{aligned}
\text{LC}_{50}\,(4\text{ 小時}) &= 100\text{ppm} \times (24/4)^{1/2} \\
&= 100\text{ppm} \times 2.45 \\
&= 245\text{ppm}
\end{aligned}$$

【範例 5】

由顆粒狀過濾物質出來的粉塵，當暴露 2 個小時的 LC_{50} 是 10 mg/m^3，試計算當暴露時間為 4 個小時，其 LC_{50} 為多少[34]？

$$\begin{aligned}
\text{LC}_{50}\,(4\text{ 小時}) &= 10\text{ mg/m}^3 \times (2/4) \\
&= 5\text{ mg/m}^3
\end{aligned}$$

混合物之 LC_{50} 可依下列公式估計[91]：

$$\text{混合物LC}_{50} = \frac{1}{\dfrac{f_A}{\text{LC}_{50A}} + \dfrac{f_B}{\text{LC}_{50B}} + \dfrac{f_C}{\text{LC}_{50C}}}$$

其中 $\text{LC}_{50A} = $ A 成分之 LC_{50}

$\text{LC}_{50B} = $ B 成分之 LC_{50}

$\text{LC}_{50C} = $ C 成分之 LC_{50}

$f_A = $ A 成分之莫耳分率（Mole Fraction）

$f_B = $ B 成分之莫耳分率

$f_C = $ C 成分之莫耳分率

4. 火災及爆炸危害資料

(1) 閃火點（Flash Point）：引火性液體蒸發或揮發性固體昇華，所生成的空氣混合物在接觸火源時，會引燃的最低溫度。閃點愈低，蒸氣愈容易引燃。在密閉系統下測試稱為閉杯法，在非密閉系統下測試稱為開杯法（圖 2-4）。同一物質依後者所測得之值，一般比前者測值高 5 ～ 10℃ [75]。

(2) 爆炸界限：爆炸界限是指在空氣中，蒸氣接觸燃源時，發生火焰蔓延的濃度範圍。對任何可燃蒸氣而言，都存在可燃濃度的上、下兩個極限。這兩個極限分別是：易燃下限（Lower Flammable Limit, LFL）及易燃上限（Upper Flammable Limit, UFL），或謂爆炸下限（Lower Explosive Limit, EL）及爆炸上限（Upper Explosive Limit, UEL）。這些數值之實驗是在密閉容器內進行，以 20℃ 為標準，單位以「%」表示，即氣體或蒸氣在空氣中所占體積百分比濃度。溫度上升時，此極限範圍會擴大，則危險性愈高。另外，氧的濃度也會影響爆炸上下限之間的範圍。氧氣的濃度較大時，會造成爆炸上下限之間的範圍擴大，相同的，氧氣濃度較小時，則會造成爆炸上下限之間的範圍縮小。表 9-2 是 LEL 及 UEL 例。

表 9-2　國內運輸常見之化學物的爆炸上下限值 [28]

化學物名稱	UN. No.	爆炸下限	爆炸上限
環氧乙烷（EO）	1040	3.0 %	100.0 %
苯（Benzene）	1114	1.3 %	7.1 %
氨（Anhydrous Ammonia）	1005	16 %	25 %
醋酸乙烯酯（VAM）	1301	2.6 %	13.4 %
氯乙烯單體（VCM）	1086	3.6 %	33.0 %
苯乙烯單體（SM）	2055	1.1 %	6.1 %
乙烯（Ethylene）	1038（冷凍液體） 1962（壓縮氣體）	2.7 %	36.0 %
1,3- 丁二烯（1,3-Butadiene）	1010	2.0 %	11.5 %

LFL 值可用來決定將爆炸性大氣減低到易燃範圍之下，所需之通風要求；而 UFL 表示一旦氣體濃度低於該限值，大氣將變成具爆炸性。

某化學物之 LFL 可用來估計其他類似化學物之 LFL [13]：

$$(LFL)_A = \frac{M_B}{M_A}(LFL)_B \tag{5}$$

其中 MA = A 化學物之分子量。

　　MB = B 化學物（類似於 A 化學物）之分子量。

5. 反應特性

　　反應特性（Reactivity）意指物質本身或物質與其他物質結合，在足夠的量與極短時間下，產生強而激烈的反應，並伴隨著大量熱能釋放的能力。換言之，物質的反應特性是指物質參與化學反應的傾向度。

　　有些元素幾乎能與任何物質結合並劇烈燃燒。液態時，這些氣體展現了多重的危害性。由於它們會助燃，所以幾乎所有的有機物都會與它們一起劇烈燃燒。某些物質如氟，也同時具有腐蝕性與毒性。這類的元素，在非常低溫的情況下（大約 −150℃）液化，因此接觸時可能會受到嚴重凍傷。

　　水對許多物質而言具有反應性，如果將水作為滅火劑來使用時，可能會產生更激烈的火災或爆炸，例如，碳化鈣在受潮時釋放易燃性的乙炔氣體。許多金屬（鋰、鈉、鈹、鎂）與水反應，會生成氫氣與足夠的熱能，使之點燃，並生成具有腐蝕性與毒性的氫氧化物（如鹼液或氫氧化鈉）。這類物質一般裝於與空氣隔絕的容器內，或浸在一層煤油或礦物油下運輸，以阻絕與空氣中的水汽發生反應的機會。

　　非金屬類物質如硼、磷和鹵素（氯、溴、碘）等，與水具有高反應性。甚至碳、氮和硫等，如做為氧化劑，亦會與水反應。在上述這些情況，燃燒生成的產物，皆為毒性及腐蝕酸。

　　過氧化物也具有高反應性，在分解時會產生氧氣和熱能。濃度愈高，則爆炸的可能性也愈高。不穩定的物質如過氧化物，會在儲存及運輸時，緩慢地分解，所以配備適當的通風設備是有必要的。

　　物質安全資料表以下列五種特性來表示反應性：

　　(1) 安定性：係指在常溫常壓或儲存、操作之溫度與壓力條件下，物質之穩定狀態。若經撞擊、震動、壓力或溫度下，會產生劇烈之聚合、分解、縮合（Condensation）或自發性反應，則表示不安定，反之表示安定。有些過氧化物、疊氮化合物〔Pb(N₃)₂, Azides〕與許多爆炸性物質是不安定的[34]；疊氮化合物受熱或撞擊易起爆炸分解。這類物質之儲存與運作應避免造成不良反應的物理條件。

(2) 危害之聚合：係指物質會聚合而產生危害狀況之反應（如熱、壓力）。

(3) 應避免之狀況：係指會導致物質的不安定或產生危害性聚合反應的條件，如光、熱、壓力、撞擊等等。

(4) 危害分解物：指經久置、受熱、燃燒、氧化或與其他物質反應而生成和原物質不同化學成分，且具危害性的物質。

(5) 不相容性（應避免之物質）（Incompatibility）：指一旦與其接觸或混合，會造成危害反應的物質。

9.4　物質安全資料表之其他內容

1. CAS NO.

CAS NO. 是美國化學學會（American Chemical Society）之化學文摘社（Chemical Abstracts Service Division）的化學物質登記號碼。

2. 氣味恕限值

氣味恕限值（Odor Threshold）係指化學物在空氣中，能讓人聞到的最低濃度，一般以 ppm、% 或 mg/m^3 表示之。在外洩意義上，其具有警告特性（Warning Properties）。如果氣味恕限值少於 TLV 的十分之一，則其警告特性良好（Good）；在 0.1 ～ 3 倍 TLV 之間，警告特性為普通（Fair）；在 3 倍 TLV 以上，其警告特性差（Poor）。舉例來講，溴甲烷（Methyl Bromide）之氣味恕限值為 80 ～ 4,000mg/m^3，而其 TLV 為 20mg/m^3（ACGIH），因此其警告特性是「差」[34]。

3. 蒸氣壓

液體或固體在密閉容器中，於 20℃時，其飽和蒸氣壓所呈之壓力謂蒸氣壓（Vapour Pressure），以水銀柱高度表示之〔1mmHg 之壓力謂 1 個托（torr）〕。蒸氣壓是度量物質是否能形成蒸氣的方法之一。具高蒸氣壓之物質，其危害性較大，特別是在密閉、不通風之處。固體（例如碘）和液體都可能有顯著之蒸氣壓。760mmHg 是為一個大氣壓；一個托是一個大氣壓的 760 分之 1。

蒸氣壓可用於大略估計，其在正常壓力和溫度時，於飽和狀況下之濃度[34]：

$$濃度 = \frac{蒸氣壓(mmHg)}{760(mmHg)} \times 10^6 \tag{6}$$

低蒸氣壓產品（Low-pressure Product）：係指閃火點（Flash Point，閉杯）在

37.8℃（100℉）以上者，包括爐油（Furnace Oil）、煤油（Kerosene）、商業航空渦輪機燃油（Aviation Turbine Fuel）以及安全溶劑等[29]。一般而言，這些化學物運作於它們的閃火點之下，因此在正常情況下，不會產生可燃性蒸氣－空氣混合物。當然，一旦低蒸氣壓產品為中或高蒸氣壓產品所污染，而且運作溫度在閃火點之上時，就有可能產生足夠濃度的可燃性蒸氣。

中蒸氣壓產品（Intermediate-vapor Pressure Product）：包括蒸汽壓少於 31kPa（4.5psi absolute）與閃火點小於 37.8℃（100℉）之產品，例如商業航空油（Jet B）、軍用航空渦輪機燃油〔JP-4(TF-4)〕以及溶劑〔例如二甲苯（Xylene）〕[29]。本類產品在大氣溫度情況下，可能於蒸氣空間產生易燃性混合物（蒸汽－空氣）。

高蒸氣壓產品（High-pressure Product）：係指蒸汽壓大於 31kPa 之產品，例如航空、汽車汽油以及高蒸氣壓石油腦（Naphthas）[29]。在正常溫度之平衡狀態下，本類產品如置於受限之蒸汽空間，蒸發得很快，結果所產生的濃度將超越易燃上限，成為非易燃性混合物。所以在這種蒸氣空間，靜電火花將無法點燃蒸氣混合物。

4. 蒸氣密度

蒸氣密度（Vapour Density）係指氣體之重量與同體積的空氣重量之比值：

$$\text{蒸氣密度} = \frac{\text{氣體分子量}}{\text{空氣當量}}$$

$$= \frac{\text{氣體分子量}}{29} \tag{7}$$

蒸氣密度小於 1（例如 He、H_2）時，表示氣體比空氣輕；大於 1 表示氣體比空氣重（例如 Cl_2、CO_2）。如果知道蒸氣密度，就有助於決定空氣監測的策略，以及通風的程序。

5. 自燃溫度

自燃溫度（Auto-ignition Temperature）係指在沒有火焰（Flame）或火花（Spark）的情況下，氣體或蒸氣自行點燃之最低溫度。這個資料可用來判斷那些地方，可能讓氣體暴露於高溫之下。

6. 水／油分配係數

水／油分配係數（Coefficient of Water/Oil Distribution）係指當某物品與水和油同時接觸時，各溶解於水和油中之量比例。此值小於 1，表示該物質較易於溶於油（Oil）和脂（Grease）；這樣的物品易為皮膚所吸收。反之，如此值大於 1，表示易於溶於水，這類物品可為眼睛或肺所吸收。本係數又謂水－辛醇分離係數（Water-octanol Partition Coefficient），因為在實驗室，係數之測定是以正－辛醇為之（N-octanol）。

水／油分離係數有助於緊急醫療措施之決定與個人防護具之選擇；也有助於一旦污染水域時，研擬適當之清除方法。

7. pH 值

pH 值表示物質的酸鹼性；pH<7 為酸性，pH>7 為鹼性，pH=7 為中性。

8. 外觀

外觀係指物質的外表特徵，如顏色（如無色）、表面質地（如柔軟）與物質聚集的程度（如顆粒狀）。

9. 熔點

熔點指固體變為液體的溫度。通常是在一大氣壓（760mmHg）下測得。

10. 比重

比重指物質在特定溫度下與等體積 4℃水的重量比值。比重沒有單位。

11. 揮發速率

揮發速率指物質在空氣中蒸發的速度與正乙酸丁酯（Normal Butyl Acetate）、醚（Ether）或其他特別指明之溶劑在空氣中蒸發速率的比值。揮發速率沒有單位。如將正乙酸丁酯之蒸發速率訂為 1，那麼物質之蒸發速率可劃分為下列三種[34]：

(1) 快蒸發速率：蒸發速率大於 3，例如：丁酮（MEK, Methyl Ethyl Ketone）= 3.8，已烷（Hexane）= 8.3。

(2) 中蒸發速率：蒸發速率在 0.8～3 之間，例如：乙醇（Ethyl Alcohol, 95%）= 1.4。

(3) 慢蒸發速率：蒸發速率小於 0.8，例如：二甲苯（Xylene）=0.6。

12. 水中溶解度

水中溶解度係指在20℃下，飽和水溶液中該物質的重量百分比濃度（%）。

0.1% 以下為不溶解；0.1 ～ 1% 輕微溶解；1 ～ 10% 中度溶解；大於 10% 為容易溶解[34]。

13. 滅火材料

滅火材料係指適用撲滅火災的滅火劑。常用的滅火劑，包括水、泡沫、二氧化碳、鹵化烷（海龍）及乾粉。

14. 特殊滅火程序

特殊滅火程序指滅火時，能有效保護火場中的人員，以及盡可能降低對環境與財產損失所採取的滅火步驟。滅火材料與特殊滅火程序之選用，應配合現場狀況，以專業人員的判斷為準。

15. 健康危害及急救措施

進入人體的途徑：至少有吸入、皮膚接觸與吞食三種途徑。有些物質可同時經由二種或二種以上途徑進入人體。

健康危害效應：係指暴露於化學品下，身體受到刺激所引起的有害生物效應。健康危害效應可分為急性與慢性兩種。

暴露之徵兆及症狀：指暴露於化學品下，身體可能產生的不適現象。

緊急處理及急救措施：係指傷患在就醫前所施行的緊急處理或照料。

16. 暴露預防措施

個人防護設備：指直接穿戴在身上，以防危害或將受害程度減至較低的防護方式。個人防護設備可分為眼部防護具、呼吸防護具、手部防護具及其他特殊防護具。

通風設備：指利用空氣流動來調整工作場所之空氣，以提高工作環境的品質，並預防火災及爆炸的方法或設施。

操作與儲存注意事項：指在操作與儲存上，用來降低化學物潛在危害的規範。

個人衛生：係指個人在工作時所應維持的良好衛生習慣。

17. 洩漏及廢棄處理

洩漏之緊急應變：指物質發生外溢、洩漏時，所應採取的安全因應步驟，包括應變人員的防護手段、中和劑、抑制措施及特殊安全考量等。

廢棄處理方法：包括裝置廢棄物的容器設計、廢棄的處所、處理廢棄物的步驟（包括代處理機構）。

18. 運送資料

聯合國編號（UN. No.）：係指聯合國編訂的危害登錄號碼。

危害性分類：指物質的危害特性分類與分組（請參考第 2 章）。

所需圖式種類：係指危害物質在標示中應依法分類所標示的圖案。

19. 製表者資料

製表者資料包括製表單位之名稱、地址和電話，製表人的職稱和姓名，以及製表日期等。

9.5　ISO 物質安全資料表

國際標準組織（International Organization for Standardization, ISO）是一個世界性的機構，由各國之國家級標準機構聯合組成，以促進全世界標準化之發展，推廣國際產品及服務之流通。ISO 所出版的國際標準，一般由 ISO 的技術委員會（Technical Committee）所擬訂。任何一個會員國如果針對某一主題有興趣，就可以參加負責該主題的技術委員會。一旦某一國際標準草案出來了，就由 ISO 會員國投票表決是否接受，如果有 75% 以上（含）的會員同意，該草案就「正式」出版成為國際標準了[89]。目前 ISO 已公布 9,000 多個國際標準，ISO 14014 就是有關物質安全資料表的國際標準。

勞委會為配合 ISO 組織之建議，修訂了 MSDS，將其內容分為十六大主題（表 9-3，附錄四），並於 2001 年 1 月 1 日生效實施。

表 9-3　國內安全資料表 ISO 模式內容

項次	ISO MSDS 模式	物質安全資料表內容
一	物質與廠商資料（Product and Company Identification）	物質中（英）文名稱 同義名稱 製造商或供應商名稱／地址／電話／傳真 諮詢聯絡人及電話 緊急聯絡電話
二	成分辨識資料（Composition/Information on Ingredients）	化學式 危害物成分之中英文名稱 含量（成分百分比） 化學文摘社登記號碼（CAS No.）

項次	ISO MSDS 模式	物質安全資料表內容
三	危害辨識 （Hazards Identification）	進入人體之途徑（吸入 / 接觸 / 食入） 健康危害效應（急性 / 慢性及其他特殊危害） 暴露之徵兆及症狀 危害概要
四	急救措施 （First-aid Measures）	緊急處理及急救措施
五	滅火措施 （Fire-fighting Measures）	閃火點（℃）及測試方法 爆炸界限（UEL&LEL） 滅火材料 特殊滅火程序 滅火者防護及注意事項
六	洩漏之緊急應變 （Accidental Release Measures）	洩漏之緊急應變
七	處理與儲存 （Handling and Storage）	操作與儲存注意事項
八	暴露預防措施 （Exposure controls / Personal Protection）	個人防護設備（眼睛 / 呼吸 / 手套 / 其他） 通風設備 個人衛生 注意事項
九	物理與化學特性 （Physical and Chemical Properties）	物質狀態（固狀 / 粉末狀 / 糊狀 / 液狀 / 氣狀） 外觀、氣味、pH 值、沸點、熔點 蒸氣壓、蒸氣密度、比重、揮發速率 水中溶解度
十	安全性與反應特性 （Stability and Reactivity）	安定性 危害分解物 危害之聚合 爆炸性 / 易燃性 / 自燃性 / 氧化性 / 腐蝕性 不相容性

項次	ISO MSDS 模式	物質安全資料表內容
十一	毒理資料 （Toxicological Information）	容許濃度 八小時日時量平均容許濃度 TWA 短時間時量平均容許濃度 STEL 最高容許濃度 Ceiling 半數致死劑量 LD_{50}（測試動物、吸收途徑） 半數致死濃度 LC_{50}（測試動物、吸收途徑） 毒性類別（劇毒性／慢毒性／刺激性／突變性／致畸胎性） 其他毒性效應
十二	生態資料 （Ecological Information）	生物蓄積性及分解性 其他如環境流佈、環境毒性等
十三	廢棄處理與處置 （Disposal Considerations）	廢棄物處理及處置方法 注意事項
十四	運送資料 （Transport Information）	聯合國編號（UN. No.） 危害性分類 注意事項
十五	適用法規 （Regulatory Information）	適用法規
十六	其他資料 （Other Information）	參考文獻 製表者資料（單位名稱／地址／電話／製表人／製表日期）

資料來源：勞動部。

註：英文為 ISO 14014 所建議的物質安全資料表之標準主題。

9.6 GHS 系統之 MSDS

　　GHS 系統將危害物分類由目前《橘皮書》的九大類增為二十七大類，圖式也不再以顏色來表示危害特性，而且物質安全資料表格式內容也有所變動。

　　依據聯合國所出版之《化學品全球調和制度》報告，將 GHS 制度之目的、範圍和應用說明如下。

　　化學產品帶來改善生活之好處的同時，也可能會對人體或環境造成負面影響，因此，許多國家或組織制定了各種法令，要求應製備標示或 MSDS，且應傳

達至化學品的使用者。然而，化學品數量龐大，任一單位之個別法規，無法有效管理所有化學品。資訊的提供，可使化學品的使用者了解，在使用時採取適當的保護措施。

現行相關法規大部分是相似的，但在不同國家間，內容上的差異，也可能出現同一化學品有不同的標示或 MSDS。由於危害定義的不同，例如某種化學品在某一國家被認為是易燃的，在另外一國家則可能不是。因此，世界各國對於藉由標示或 MSDS 所作的危害通識，也都不一致。結果是參與國際貿易的公司，必須具備大量的專家，以便因應這些不同法規要求，編製不同的標示和 MSDS。另一方面，建置及維持可理解之化學品的分類和標示制度是一項複雜工作，許多國家根本尚未進行。

因此，如果能採用國際一致性的做法，進行危險品分類和標示，可以解決上述困擾。

9.6.1 我國法規與 GHS 系統之差異性

聯合國危險品運輸的規範有二套，一套是由聯合國危險品運輸專家委員會（Committee of Experts on the Transport of Dangerous Goods）所建議的《危險品運輸規範》（Transport of Dangerous Goods, 1977，《橘皮書》），係針對陸上運輸；另一套是由聯合國國際海事組織（International Maritime Organization, IMO）所制訂的《國際海上危險品規範》（International Maritime Dangerous Goods Code, IMDG Code），顯然兩者均將危險品的危害劃分為九大類，但前者之準則主要針對急性危害，而後者涵蓋了水中環境。

1. 危害物分類

早期我國（危害通識規則）參照《橘皮書》將危害物分為九大類（表9-4）。由於運輸上之危害考量與工作場所並不完全一致，故 GHS 系統與現行之九大類系統有所差異，除了在運輸考量上之物理性危害與急性健康危害，新增了慢性健康危害（刺激性、致癌性、致敏感性、致突變、生殖毒性）及水生環境危害，更能兼顧工作場所之危害特性（表9-4）。

表 9-4　危害物分類──GHS vs. 危害通識規則

危害性（GHS）	物理性危害														
	爆炸物	易燃氣體	易燃氣膠	氧化性氣體	高壓氣體	易燃液體	易燃固體	自反應物質	發火液體	發火固體	自熱物質	禁水性物質	氧化性液體	氧化性固體	有機過氧化物	金屬腐蝕性
現行規定（危害通識規則）	1	2.1	2.1	5.1	2.2	3	4.1	4.1	4.2	4.2	4.2	4.3	5.1	5.1	5.2	8

危害性（GHS）	健康及環境危害										
	劇毒性	皮膚腐蝕／刺激	眼睛嚴重損害／刺激	呼吸道或皮膚過敏	致突變性	致癌性	生殖毒性	標的器官毒性──單一暴露	標的器官毒性──重複暴露	倒吸入危害	水中環境危害
現行規定（危害通識規則）	2.3 6.1	8	8	-	-	-	-	-	-	-	-

2. 標示

GHS 系統標示（圖 9-1）內容：

(1) 產品辨識資料。

(2) GHS 圖式（共九種）。

(3) 警示詞（分「危險」與「警告」兩種）。

(4) 危害警告訊息（已標準化）。

(5) 危害防範措施（尚未標準化）。

(6) 供應商。

甲苯(Toluene)

危險

危害成分：甲苯
危害警告訊息：
　　　　　高度易燃液體和蒸氣
　　　　　吞食有害
　　　　　造成皮膚刺激
　　　　　造成眼睛刺激
　　　　　可能引起腎臟衰竭
　　　　　對水中生物有害
　　　　　如果吞食並進入呼吸道可能致命
危害防範措施：
　　　　　置容器於通風良好的地方
　　　　　遠離引火源——禁止吸菸
　　　　　避免與眼睛接觸
　　　　　穿戴適當的防護衣物
製造商或供應商：
　　　　　(1) 名稱：
　　　　　(2) 地址：
　　　　　(3) 電話：

※ 更詳細的資料，請參考物質安全資料表

圖 9-1　甲苯之 GHS 標示範例（勞動部委外之 GHS 期末報告）

　　上述六部分內容，除了供應商資料之外，其餘與目前法規之規定皆有所出入，以下分別敘述之：

　　GHS 系統之圖式不再以顏色作為傳遞危害信息的工具，此點與聯合國之《橘皮書》或我國目前之危害通識規則不同。警示詞是目前法規所沒有的；閃火點＜23℃用危險表示，但介於 23℃～ 93℃之間用警告來表達。

　　GHS 之危害警告訊息所用之片語已標準化，但危害防範措施尚未標準化，然而，在聯合國的 GHS 系統文件附錄三，提供各種危害防範措施之片語，供各界參考採用。

　　在第一部分之 GHS 圖式中，雖然 GHS 系統包括了 27 種危害分類，但圖式只有 9 種，與目前 9 大類圖式相比，兩者之關聯如表 9-4。新增了兩種危害符號，

但因為 GHS 系統不再利用圖式內之顏色、數字做為危害傳遞之工具，所以有些危害分類是用同一種圖式，例如易燃性、自反應性、發火性、自熱性、禁水性這五種危害分類，均用火焰這個符號之圖式。

在第二部分之**警示語**對目前法規而言，屬於新增之項目。GHS 系統中，共使用了兩種警示語——危險、警告，這兩種字眼之選擇，係與物質之危害程度有關。例如易燃液體分為四個等級，第 1、2 等級選擇「危險」這個字眼（閃火點低於 23℃），而第 3、4 等級選擇「警告」這個字眼（閃火點介於 23℃與 93℃之間）。

在第三部分之**危害警告訊息**，於 GHS 系統中已完成標準化，亦即依照物質之危害分類及其等級，就有其專屬對應之片語。例如劇毒性物質之第一等級，暴露途徑為吞食，則其危害敘述片語為「吞食致命」。

在第四部分之**危害防範措施**，目前之 GHS 系統尚未標準化，但在其附錄三已列出各種防範片語，供使用者參考。

表 9-5　法規危害九大類與 GHS 系統分類之對照表

	危害通識規則	GHS 系統
1	爆炸物 1	爆炸物
2	易燃氣體 2.1	易燃氣體 易燃氣膠
	非燃、非毒性氣體 2.2	高壓氣體
	毒性氣體 2.3	併入劇毒性物質
3	易燃液體 3	易燃液體
4	易燃固體 4.1	易燃固體 自反應性物質
	自燃物質 4.2	發火性液體 發火性固體 自熱物質
5	氧化性物質 5.1	氧化性液體 氧化性固體 氧化性氣體
	有機過氧化物 5.2	有機過氧化物
6	毒性物質 6.1	劇毒性物質

	危害通識規則	GHS 系統
7	放射性物質 7	
8	腐蝕性物質 8	皮膚腐蝕／刺激 金屬腐蝕性
9	其他	

9.6.2　GHS **物質安全資料表**（MSDS）

GHS 系統所規定之 MSDS 內容，需包含以下 16 大項（表 9-6）：

(1) 物品與廠商資料（Identification）。

(2) 危害辨識資料（Hazards(s) Identification）。

(3) 成分辨識資料（Composition/Information on Ingredients）。

(4) 急救措施（First-aid Measures）。

(5) 滅火措施（Fire-fighting Measures）。

(6) 洩漏處理方法（Accidental Release Measures）。

(7) 安全處置與儲存方法（Handling and Storage）。

(8) 暴露預防措施（Exposure Controls/Personal Protection）。

(9) 物理及化學性質（Physical and Chemical Properties）。

(10) 安定性及反應性（Stability and Reactivity）。

(11) 毒性資料（Toxicological Information）。

(12) 生態資料（Ecological Information）。

(13) 廢棄處置方法（Disposal Considerations）。

(14) 運送資料（Transport Information）。

(15) 法規資料（Regulatory Information）。

(16) 其他資料（Other Information）。

此 GHS 十六大項名稱與 ISO 格式之 MSDS 大致上是一致的，只有第二欄與三欄順序顛倒，但其子項所要求之資訊有一些差異：

(1) 在第二欄位之危害辨識資料中，目前法規要求包括三個子項──最重要危害與效應、主要症狀、物品危害分類，而 GHS 系統所要求的是──GHS 分類、GHS 標示要素、其他危害，幾乎完全更新。所以對廠商而言，此欄位需要重新製作。

(2) 在第一、三欄各新增一個子項——建議及限制用途、不純物及添加劑成分；第四、五欄位各減少了一個子項——對急救人員之防護、特殊滅火程序。但特殊滅火程序的資訊對滅火人員而言其實很重要，可合併於其他子項中敘述。

(3) 第九欄位物理及化學性質中新增了好幾項數據資訊。

(4)GHS「產品辨識資料」須對成分中的劇毒性、皮膚腐蝕性、眼睛嚴重損害、致突變性、致癌性、生殖毒性、皮膚及呼吸過敏性、標的器官系統毒性等危害（表 9-7）一一列出，此與目前國內法規規定含量「1%」以上且占前五位者不同。

表 9-6　物質安全資料表（GHS）最低資訊

1	物品與廠商資料	• GHS 物品名稱 • 其他辨識名稱 • 化學品建議及限制之用途 • 供應商的詳細資料（包括名稱、位址、電話號碼等） • 緊急聯絡電話
2	危害辨識資料	• 物質／混合物的全球調和制度分類及任何國家或區域的資訊 • 全球調和制度標示要素，包括危害防範措施。（危害象徵符號可為黑白兩色的符號或符號名稱，如火焰、骷髏與兩根交叉方腿骨） • 非屬分類結果所衍生之其他危害（如粉塵爆炸危害）或全球調和制度含括的其他危害
3	成分辨識資料	**純物質** • 化學學名 • 俗名、同義字等 • 化學文摘社登記號碼、歐盟編號等 • 已經分類並有助於物質分類的雜質和穩定添加劑 **混合物** • 在全球調和制度之涵義內，具有危害且存在量超過其臨界值的所有成分、化學物質名稱和濃度或濃度範圍 註：對於成分資訊，主管單位有關商業機密資訊的規定於產品名的規定適用

4	急救措施	• 註明必要的措施，按不同的暴露途徑細分，如吸入、皮膚和眼睛接觸、吞食 • 最重要的急性和延遲性症狀／效應 • 必要時，註明要立即就醫及所需特殊處理
5	滅火措施	• 適用（和不適用）的滅火劑 • 化學品產生的特殊危害（如任何本質上具危害性之燃燒品產物） • 消防人員的特殊防護設備和應注意事項
6	洩漏處理方法	• 人身應注意事項、防護設備和緊急應變程序 • 環境注意事項 • 清理方法和材料
7	安全處置與儲存方法	• 安全處置的注意事項 • 安全儲存的儲存條件，包括任何不相容性
8	暴露預防措施	• 控制參數，如容許度或生物指標 • 適當的工程控制 • 個人防護措施，如個人防護設備
9	物理和化學性質	• 外觀（物理狀態、顏色等） • 氣味 • 嗅覺閾值 • pH 值 • 熔點／凝固點 • 起始沸點和沸點範圍 • 閃火點 • 蒸發速率 • 易燃性（固態、氣態） • 燃燒上限／下限或爆炸界限 • 蒸氣壓 • 蒸氣密度 • 比重 • 溶解度 • 分配係數：正辛醇／水 • 自燃溫度 • 分解溫度

10	安定性及反應性	• 化學安定性 • 可能之危害反應 • 應避免之狀況（如靜電衝擊或振動） • 不相容之物質 • 危害分解物
11	毒性資料	簡潔、完整及廣泛地說明各種毒理（健康）效應，及可用來確定這些效應的可獲得之資料，其中包括： • 可能暴露途徑之資訊（吸入、吞食、皮膚和眼睛接觸） • 有關物理、化學和毒理特性的症狀 • 延遲性和立即效應暨長時間及短時間暴露引起的慢性效應 • 毒性的量度數值（如劇毒性估計值）
12	生態資料	• 生態毒性（水中和土壤中，若有的話） • 持久性和降解性 • 生物蓄積性 • 土壤中之流動性 • 其他不良效應
13	廢棄處置方法	• 廢棄物殘渣的說明及其安全搬運和處置方法的資訊，包括任何污染包裝的廢棄處置
14	運送資料	• 聯合國編號 • 聯合國運輸名稱 • 運輸危害分類 • 包裝類別，如果適用的話 • 海洋污染物（是／否） • 在其廠區內外進行運輸或傳送時，使用者需要了解或遵守的特殊注意事項
15	法規資料	• 有關產品的安全、健康和環境特別規定之法規
16	其他資訊，包括物質安全資料表編制和修訂的資料	

表 9-7　健康危害成分濃度管制值（GHS）

健康危害分類	管制值
劇毒性物質	$\geqq 1.0\%$
腐蝕 / 刺激皮膚物質	$\geqq 1.0\%$
嚴重損傷 / 刺激眼睛物質	$\geqq 1.0\%$
呼吸道或皮膚過敏物質	$\geqq 1.0\%$
生殖細胞致突變性物質：第 1 級	$\geqq 0.1\%$
生殖細胞致突變性物質：第 2 級	$\geqq 1.0\%$
致癌物質	$\geqq 0.1\%$
生殖毒性物質	$\geqq 0.1\%$
特定標的器官系統毒性物質：單一暴露	$\geqq 1.0\%$
特定標的器官系統毒性物質：重複暴露	$\geqq 1.0\%$

【討論】

1. 波帕爾毒氣（Bhopal Toxic Gas）：

   1984 年 12 月 2 日半夜前，致命毒物從聯碳工廠（Union Carbide）洩漏，驚醒了波帕爾市剛進入夢鄉的市民；幾個小時內，數千人湧進醫院，有的眼瞎，有的呼吸困難。政府指出毒氣外洩當晚就有 3,000 人死亡。據估計危害距離遠達 8 公里，共有將近二萬人死亡，其中 8,000 人死於第一個星期內；並有 10 萬多人受到永久性受傷。總共約 41 噸的 MIC 和少量其他有毒氣體從 200℃高溫的儲槽，以每小時 40,000 磅的速率洩漏，成為所謂的「波帕爾毒氣」（Bhopal Toxic Gas），世界諸多工安制度也因此災難而建立。

2. LC_{50}（4 小時）與 LC_{50}（t 小時）之換算：

   本章公式 (2) 與公式 (3) 之換算公式，為加拿大 WHMIS 系統的建議[34]；顯然地就汽 / 氣體而言，這與世界銀行所建議的換算公式（第 3 章）不同，讀者宜注意之。

   OECD 規範[87]並無通則式子提出 4 小時與 t 小時的換算公式，但如果是 1 小時，應依下列公式算之：

   (1) 汽 / 氣體（Vapour/Gas）：LC_{50}（4 小時）＝LC_{50}（1 小時）×（1/2）

   (2) 粉塵 / 液滴（Dust/Mist）：LC_{50}（4 小時）＝LC_{50}（1 小時）×（1/4）

   因此 OECD 規範的換算法符合 WHMIS 系統的通則。

3. 請問 ISO MSDS 模式所提供的資訊可分為幾大項？你能寫出三個大項嗎？

4. 雖然在工作環境中，危害物質的濃度低於 TLV-TWA，人員可以不必配戴防護具，但在外洩場合，我們必須把不需配戴防護具的濃度訂得更低，試說明其理由。

5. 氯氣之 IDLH 為 25ppm，分子量為 71，請試將 IDLH 之濃度以 mg/m^3 表示之。

6. 某混合物含 X、Y、Z 等三種成分，個別濃度（重量計）為 90%、6% 與 4%。X 成分之 LD_{50}（口服）600mg/kg；Y 之 LD_{50}（口服）為 500mg/kg；Z 之 LD_{50}（口服）為 20mg/kg。試計算該混合物之 LD_{50}。

7. 混合氣體在空氣中的 LFL/UFL：

   有一台氫氣、乙烷及乙烯之混合氣體，其體積組成比例分別為 30%、30% 及 40%，請依勒沙特列（Le Chatelier）定律計算此混合氣體在空氣中的 LEL 與 UEL。（其中氫之 LFL：4.0vol%、UFL：75 vol%；乙烷：LFL：3.0 vol%、UFL：12.4 vol%；乙烯：LFL：2.5 vol%，UFL：36 vol%）

   $LFL = 1/$【$(C_A/LFL_A) + (C_B/LFL_B) + (C_C/LFL_C) + \cdots\cdots$

   其中：$LFL_A = A$ 成分之 LFL　　　$C_A = A$ 成分之濃度 (%)

   　　　$LFL_B = B$ 成分之 LFL　　　$C_B = B$ 成分之濃度 (%)

   　　　$LFL_C = C$ 成分之 LFL　　　$C_C = C$ 成分之濃度 (%)

   　　　$C_A + C_B + C_C\cdots\cdots = 1 = 100\%$

   　　　$UFL = 1/$【$(C_A/UFL_A) + (C_B/UFL_B) + (C_C/UFL_C) + \cdots\cdots$

8. LFL 之簡易估計法：

   要發生燃燒，需具備三要素：(1) 燃料 (2) 氧化劑 和 (3) 火源（Ignition Source）。一般而言，大部份情況下，空氣扮演著氧化劑角色。如果某易燃氣體混合了空氣，其濃度低於某一最低值，就無法被點燃；此最低濃度就是所謂易燃下限（LFL）。因此我們把這個原理應用在火災、爆炸的預防與救災上，例如動火許可証的核發 (預防)、災害區警戒之劃定 (排除火源) 等。

   一般會存在一個最高氣體濃度限值，高於此濃度，不會發生點燃現象，此限值是所謂易燃上限（UFL）。LFL 與 UFL 之間的濃度範圍是所謂易燃性範圍（Flammability Range），有些氣體具寬大易燃性範圍，但有些氣體範圍較狹小，如表 9-2 所示範例。

   有一個簡易方法可用來估計氣體之 LFL，那就是取其在空氣中之化學劑量燃燒（Stoichiometric Combustion）所需之氧值的一半。[8]

   【範例】

   已知空氣中含 21%（mole）的氧，其餘為 N_2。並假設燃料分子上的氫和碳將

燃燒成為水和二氧化碳。如果氮是在燃料分子上，反應生成物也許含有各種氮之氧化物，可用 NO_x 表示之。一般而言，於火焰溫度時，大部份所形成的氮之氧化產物的濃度很低，因此於估計上，如果燃料分子含有氮，可以假設燃燒產物為純氮。至於空氣中的氮，有少量也於火中被氧化了，但其量少到於計算過程可將其忽略。[8]

甲烷（Methane）

$$CH_4 + 2O_2 + 3(79/21)N_2 \rightarrow CO_2 + 2H_2O + 2(79/21)N_2$$

化學劑量濃度（Stoichiometric Conc.）濃度 = $NCH_4 / (NCH_4 + NO_2 + NN_2) = 1/[1 + 2 + 2(79/21)] = 0.095$ 或 9.5%

估計 LFL = 0.095/2 = 4.8%

【選擇題】

1. 所謂蒸氣密度是指蒸氣或氣體重量與同體積之 (1) 空氣 (2) 氯氣 (3) 氨氣之重量的比值。 **Ans：(1)**

2. 在工作環境長時間暴露於某毒性氣體，每日工作八個小時，每週工作五天，而不致造成任何影響之最大容許濃度，是所謂 (1) 時量平均濃度（TLV-TWA） (2) 短時間時平均濃度（STEL） (3) 最高容許濃度。 **Ans：(1)**

3. LD_{50} 是指造成 50% 的試驗動物群死亡之 (1) 服用劑量（mg/kg） (2) 暴露濃度（mg/l） (3) 以上兩者皆非。 **Ans：(1)**

4. 氯之「危害性分類」是 (1)2.3 與 5.1 (2)2.1 與 5.1 (3)2.5 與 9。 **Ans：(1)**

5. 某外洩物質之 TLV-TWA 為 20ppm，但為了安全起見，不需任何防護的濃度值宜訂為 (1)6ppm (2)30ppm (3)40ppm。 **Ans：(1)**

6. GHS 系統的 MSDS 有 (1)10 (2)16 (3)20 個大主題。 **Ans：(2)**

7. 《危險物及有害物通識規則》是一種 (1) 危害通識系統 (2) 交通安全系統 (3) 安全評估系統。 **Ans：(1)**

【是非題】

1. MSDS 提供 UN. No.。 **Ans：（○）**

2. 當你運送危險物品時，一定要向貨主取得 MSDS。 **Ans：（○）**

3. MSDS 提供危險物之危害特性。 **Ans：（○）**

4. 危險物進入人體之途徑僅限於皮膚。 **Ans：（×）**

5. 開杯試驗所得的閃火點較閉杯法為高。　　　　　　　　　**Ans**：（○）

6. 閃火點越低越危險。　　　　　　　　　　　　　　　　　　**Ans**：（○）

7. 危險物進入人體之途徑，包括口、鼻與皮膚。　　　　　　**Ans**：（○）

8. MSDS（GHS）每三年要訂正一次。　　　　　　　　　　　**Ans**：（○）

9. MSDS（GHS）所含之十大項目順序是不可以變動的。　　**Ans**：（○）

10.MSDS 是中國人發明的。　　　　　　　　　　　　　　　　**Ans**：（×）

11.LC$_{50}$ 的值越低，其毒性也越強。　　　　　　　　　　　**Ans**：（○）

12.pH 值少於 7 是酸性。　　　　　　　　　　　　　　　　　**Ans**：（○）

13.pH 值高於 7 是鹼性。　　　　　　　　　　　　　　　　　**Ans**：（○）

14.物質因聚合作用而產生熱或壓力之提升，是所謂危害的聚合。　**Ans**：（○）

15.每一種化學物質一定會有其 UN. No.。　　　　　　　　　**Ans**：（×）

16.我們可以從 MSDS 找到個人防護具的資料。　　　　　　　**Ans**：（○）

17.TLV-TWA（時量平均恕限值）可作為工作環境中不需個人防護裝備而可暴露的安全值。　　　　　　　　　　　　　　　　　　　　　　**Ans**：（○）

18.GHS 系統模式的物質安全資料表有十六個大主題。　　　　**Ans**：（○）

第 10 章

化學槽車

10.1　一般說明

　　國內過去也發生多次運輸外洩事件（表 10-1），所幸尚未釀成重大傷亡，但 87 年 1 月 21 日中山高速公路岡山段的化學槽車爆炸事件與同年 2 月 27 日的瓦斯之灌裝車爆炸，可說是典型的沸騰液體膨脹蒸氣爆炸（BLEVE），其嚴重性點出了台灣地區化學槽車管理問題的迫切性。

　　公路槽車胴體（Cargo Tank）、鐵路槽車（Rail Car）、鼓形容器（Drum）和散裝儲槽（Bulk Storage Tank）等容器之設計，都有一定的標準規範，例如在美國，前三者容器受到美國運輸部（US DOT）的規範，後者受到美國石油研究所（American Petroleum Institute, API）和美國國家標準局（American National Standards Institute，ANSI）的規範（第 6 章），因此這些容器都有他們特定的設計標準。一個容器的特徵和外型，可以作為初步判斷其內容物是否具危險性，然後再進一步藉由告示牌（Placard）、標示（Label）和運貨單（Shipping Paper）等，去證實危險物品的存在。

　　公路槽車之槽體是由各種不同材質打造的，包括軟鋼（Mild Steel）、不鏽鋼（Stainless Steel）、合金、鋁與纖維玻璃等。因所運送的物質不同，它們也許還要裡襯、絕緣、隔間、雙層（Double Hull）或加壓等措施。

　　本章特別探討公路槽車的特點與安全設備，並指出一旦發生外洩時，如何去進行緊急因應。

表 10-1　化學品運輸意外事件例（台灣地區）

日　期	事　件
101 年 3 月 13 日	一輛煤渣貨運車，凌晨行經林園工業區工業二路時，疑似因開錯路臨時迴轉，後方一輛滿載 20 噸丁烷的化學槽車煞車不及撞上，槽車頭嚴重變形，煤渣車車斗翻覆，現場一片混亂，由於丁烷易燃、易爆，環保署毒災防護隊也派員到場戒備。
102 年 4 月 16 日	國道一號南下 217 公里處發生載運丙烯酸油罐車遭追撞，載運的丙烯酸有微漏現象，彰化縣消防局救災救護指揮中心通報行政院環保署毒災應變諮詢中心，並請求支援。

日　期	事件
102 年 7 月 19 日	新北市瑞芳區台 62 線發生槽車翻覆，事故原因為人員駕駛不慎，導致過彎車速過快（車速約 75km）衝撞分隔島後翻車，造成車頭毀損，槽體破損可見內部保溫材，槽車載運 27 噸化學品為行政院勞工委員會管制第六類有害物「酚」洩漏地面，司機送醫。
102 年 9 月 18 日	一輛化學槽車載著 20 噸的顯影液，從桃園蘆竹南下開往台中途中，行經新竹市及苗栗交界處時，疑因右前輪機件故障，造成化學槽車重心偏移，撞上路旁水泥護欄，車體成側翻情形。
103 年 2 月 13 日	觀音消防分隊接獲通報，聯結車翻覆在台 15 線以及台 66 線交接口，槽車原本載運的內容物是「氫氣」，氫氣是一種極易燃燒、無色透明、無臭無味的氣體，所幸該車已經是空車，否則後果將會不堪設想。
103 年 5 月 25 日	台南市消防局接獲通報，新營服務區 1 輛化學槽車發生己內醯胺滲漏，立刻派出消防車進行水霧防護。
103 年 8 月 12 日	載有 20 噸環氧樹脂的化學槽車，行經台 61 線北門匝道附近，疑似因為車速過快不慎翻覆。
103 年 9 月 27 日	台 61 線公路往麥寮橋頭平面道路，發生苯乙烯槽車翻覆，32 噸苯乙烯洩漏，司機受傷，消防搶救中。
103 年 10 月 12 日	新竹縣消防局勤務指揮中心接獲通報，一輛滿載化學液體「甲基丙烯酸」的槽車，行經北上 105 公里處、過香山交流道時，因切換車道不當，突然衝向路肩邊坡，導致整輛車重心不穩翻覆。
104 年 3 月 5 日	國道中山高北上 23.2 公里處、靠近圓山交流道附近，凌晨 4 時一輛化學槽車不慎失控翻覆。事故地點橫跨南北雙向車道，槽內的氫氧化鈉傾覆流出。
104 年 6 月 25 日	國道 1 號北上三義上坡路段，傍晚發生 2 部大型車輛追撞意外，其中 1 輛槽車所載送之甲醇外洩。
104 年 7 月 8 日	台塑林園廠載運丙烯酸己酯到桃園的槽車，在大寮區會結路和潮寮路口與另台大貨車發生車禍，槽車丙烯酸己酯外洩，警消封鎖現場並灑水戒備。
104 年 8 月 28 日	桃園市觀音區台 66 線與台 15 線交叉路口，上午 9 點 39 分左右發生氫氟酸化學槽車翻覆，造成槽車內有毒性、致命的黃色氫氟酸氣體外洩。

10.2 公路槽車胴體的種類

油罐車（Tank Truck）有時又稱槽體拖車（Tank Trailer）或槽貨車（Tank Wagon），是由車頭（Motor Vehicle）與槽車胴體（Cargo Tank）等二部分組成的。所謂槽車胴體，係指「與車頭永久性地連在一起之槽體（Tank），或與車頭永久性地連在一起之任何散裝液體或壓縮氣體之包裝容器（Packaging）；或者由於其大小、結構而未永久性地與車頭連在一起之散裝液體或壓縮氣體之包裝容器，在其裝卸時，無須與其車頭分開者」（U.S. DOT）。顯然地，Cargo Tank 只是用來泛指 Tank Truck、Tank Trailer 或 Tank Wagon 的容器（Vessel）而言，但一般人把這四個用語當作同義字，相互交換地使用。以下把「Cargo Tank」簡稱為槽車胴體或槽車。

使用於危險物品運送之公路槽車胴體，美國運輸部訂出五種不同的設計，其構材與運送物料歸納如表 10-2 所示。美國油罐車建構規格詳列於 Title 49 CFR 173.33 及聯邦車輛安全規則（Federal Motor Carrier Safety Regulations）；加拿大亦採用相同的標準[77]。

表 10-2 公路槽車型式及結構材料（U.S.DOT）[19, 20]

設計號碼	型式	載運物	結構材料
MC306/DOT406	非壓力式	石油產品（汽油、柴油、燃料油）、易燃或可燃液體與毒性物質	鋁
MC307/DOT407	低壓（≧ 25psi）	化學物、毒性物質與易燃液體	鋁、軟鋼、不鏽鋼
MC312/DOT412	低壓	腐蝕性液體	軟鋼、不鏽鋼、鋁（往往具有內襯）
MC331	壓力式	氣體（液化），例如 LPG、氯和無水氨	鋁、軟鋼
MC338	低壓（25.3～500psi）	冷凍氣體（Cyogenic Gas），例如液態氨	鋼（外殼）、鋼合金（內殼）

註：MC=Motor Carrier Series

10.3 公路槽車安全特點

化學物的儲存設施一般有一些基本要求：防溢堤與儲槽本體、卸貨槽車之泵浦與管線、由儲槽所釋放之蒸氣控制、氣體排放控制與泡沫滅火設備等。圖10-1是一種典型的儲槽設施。就化學物生命週期而言，運輸階段始於裝貨設施，經由公路到達對方的卸收設施，因此運輸外洩事故可歸納為三大類：

1. 經灌裝（Loading）設施外洩

(1) 在灌裝時，由於設備失敗。

(2) 由於操作員操作失敗（人為疏忽或不當作業）。

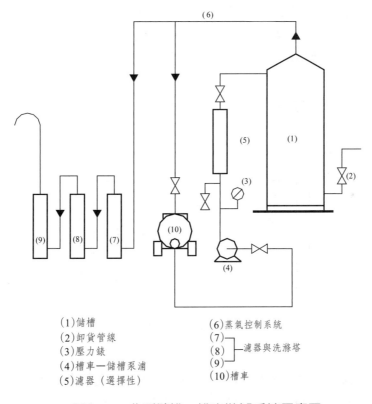

(1) 儲槽
(2) 卸貨管線
(3) 壓力錶
(4) 槽車—儲槽泵浦
(5) 濾器（選擇性）
(6) 蒸氣控制系統
(7)
(8) 濾器與洗滌塔
(9)
(10) 槽車

圖 10-1 典型儲槽、槽車裝卸系統示意圖

2. 由於卸收（Unloading）設施失敗所導致之外洩

(1) 在卸收時，由於工具失敗。

(2) 由於操作員不當之操作。

3. 經槽車發生外洩

(1) 由於槽車司機對化學物的危害認知不足。

(2) 由於罐槽體與閥系統失敗。

(3) 由於車禍所導致之外洩。

許多公路化學槽車的設計與構造上的特點，主要是針對運輸上之安全考量，以期一旦發生意外時，將其影響或災害降到最低。這些特點包括[20]：

(1) 內部閥：內部閥（Internal Valve）置於槽殼內（圖 10-5），以便一旦外部管線破裂時，罐槽體之內容物不致流失。

(2) 外部管線之剪力段：外部管線置有剪力段（Shear Section），因此一旦管線受損，管線就會在預定點摺斷，以減少損害程度。斷離點約發生在離槽殼 10 公分（4 英吋）以內，以確保內部閥不致受到影響。

(3) 車尾保護裝置：一般採用重型防撞桿（或謂保險桿）來保護車尾，以便一旦發生車禍時（例如兩車相撞），用來保護槽殼與罐槽體後端的任何管線或閥。

(4) 翻車保護：所有罐槽體上的開孔周圍，焊有抗壓架，以保護人孔及其附屬零件（圖 10-2）。

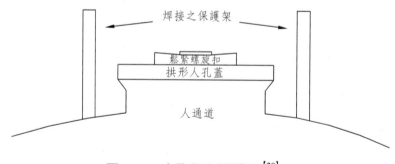

圖 10-2　人孔翻車保護架[20]

(5) 超壓／真空保護：不管是壓力式或非壓力式罐槽體，都具有安全排放閥。這些閥有彈簧式（Spring Valve）、破裂板式（Rupture Disc）或兩者之組合。如果採用破裂板，在釋壓後即不能回到關閉狀態，因此必須與彈簧閥串聯成一組，而非「並行」組合。前者位於後者之上游，用以保護彈簧閥，使其不致受到化學物之侵蝕。破裂板之設計壓力強度較彈簧閥之操作壓力為低。

(6) 緊急關斷閥：所有的遙控閥是藉由一種適當的關斷機制來執行它的保護

功能。這種機制可以說是「故障安全設計」（Fail Safe）的模式。遙控閥有真空式、機械式或水壓式（圖 10-3）；型式不同，操作方法亦異。緊急關斷桿位於駕駛座後面，除了可徒手操作外，三種閥尚具有某種易熔（熱導式）釋放系統。真空式和水壓式也具有脆弱摺斷式釋放設備。設計上，大部分會同時採用易熔性與脆弱性釋放裝置的安排。

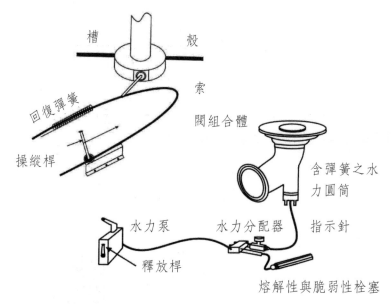

圖 10-3　機械式與水力式閥操作安排示意圖[20]

10.4　非壓力式化學槽車（MC306/DOT406）

圖 10-4 是非壓力式槽車（Trailer, MC306/DOT406）外觀的特點，一般用於載運可燃液體（例如汽油）、柴油和毒性物質〔例如砷酸鎂（Magnesium Arsenate）、氰化銅（Cyanide Copper）等[19]。罐槽體後端的中間，也許附有轉送閥設備（Transfer Valving）：一個可套接作為裝貨之用，另一個閥作為卸貨之用。如果罐槽體有二個以上的隔間室，每一個隔間室都有一個裝貨閥和一個卸貨閥，可以盛載二種以上不同性質之化學物。當然這些化學物一旦混合可能會造成危險狀態。內部閥的控制一般以索（Cable）來操作（圖 10-5）。至於緊急關閉桿，可以同時關閉每一隔間室的閥；這些閥位於轉送管線之套接處（Coupling

Point），如果一個人面對槽車之尾端，它們位於槽車之右側。

非壓力式槽車的安全閥設計[20]，必須能在 3psi 的壓力和 2psi 的真空下操作，其他特點[19] 如下：

(1) 攜帶容量 7,600 ～ 36,000 公升（2,000 ～ 9,500 加侖）。

(2) 可由底部卸貨。

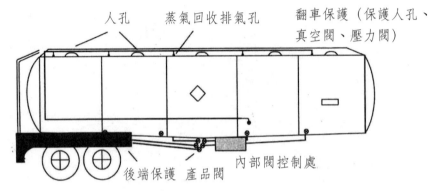

圖 10-4　MC306 槽車（NFPA）

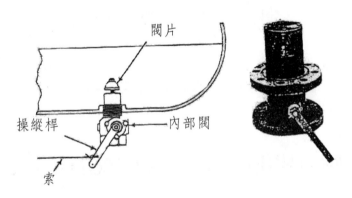

圖 10-5　內部閥示意圖（NFPA）

(3) 產品卸貨管線遇外力撞擊時，可脫離緊急關閉閥，或者備有保護桿（欄）保護之。

(4) 真空閥與壓力閥的設計需達成一旦翻車時，不致讓內容物流出。

(5) 人孔蓋具有安全設備，可使得一旦內部壓力產生時，孔蓋不致完全打開。

(6) 保溫套的加熱線圈，使得此類槽車可用來裝卸黏度大的物質，例如瀝青。

10.4.1 公路槽車傾覆因應

如果非壓力式槽車傾倒 90 度（圖 10-6），因應人員可以從底部的閥，排放一半的內容物。一旦內容物只剩一半時，可以打開人孔蓋，用幫浦抽出剩餘內容物。

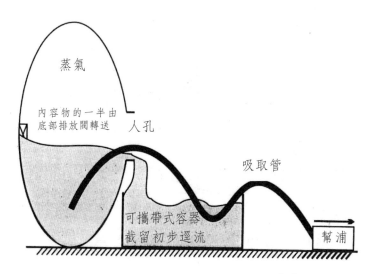

蒸氣

內容物的一半由底部排放閥轉送

人孔

吸取管

可攜帶式容器截留初步逕流

幫浦

圖 10-6　槽車傾倒 90 度之處理[20]

執行上述技術，要非常小心的進行。當人孔蓋一打開，大量的內容物會流出來，一直到槽內液面低於人孔緣，因此要慢慢地打開人孔蓋，以控制內容物流入臨時收受容器（可攜帶式）的速率。

當然如果內容物具揮發性（例如汽油），要採取安全的預防措施，特別要避免與火花的接觸；健康的預防措施，是要避免暴露於蒸氣和液體之中。記住：一旦人孔蓋已打開了，槽體內之空間的蒸氣濃度，很可能在易燃濃度範圍（Flammable Range）之內，因此要做好燃源隔離。易燃濃度範圍是指易燃上限（UFL）與易燃下限（LFL）之間的範圍。

當採用上述技術時，靜電火星是可能的「燃源」（或謂火源），因此槽車、可移動式轉換槽（臨時收受容器）和導管要以導線連接（Bonding），並採取接地（Grounding）措施（圖 10-7）。圖 10-8 所示是一種可用來套接人孔的商業化工具。

當槽車翻覆、呈四腳朝天時，移除內容物的方法有二種：

(1) 移開內部閥——但這是相當不容易做到的工作。

(2) 在槽體打孔──如果是鋁做的槽殼（參考表 10-2），可在其上鑽一個 5cm（2 英吋）的洞，然後把排放管從洞口伸入槽中吸取內容物[20]。

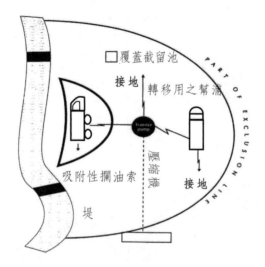

圖 10-7　槽車在傾倒後的轉送安排示意圖[20]

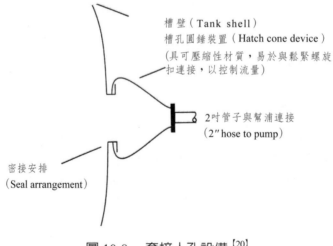

圖 10-8　套接人孔設備[20]

10.5　低壓化學槽車（MC307/DOT407）

MC307 用來載運蒸氣壓不超過 40psi（70 ℉）的化學物，槽體斷面為圓形或

馬蹄形，以鋁、軟鋼或不鏽鋼為構材，其最低設計壓力為 25psi [19]；如果操作壓力高於 50psi，槽體的設計必須依照 ASME 規範。

這些槽車有絕緣的與未絕緣的二大類（圖 10-9、10-10）；絕緣者，從後面看，其斷面有如馬蹄形（圖 10-10）。其他特點 [19, 20] 如下：

(1) MC307 槽車通常設計用來載運單一化學物，並配有位於後面或中間的裝卸安排。槽體底部的斜度有助於加速卸收工作。

(2) 攜帶容量 7,600 ～ 30,400 公升（2,000 ～ 8,000 加侖）。

(3) 類似 MC306，槽體也可能有隔間式的設計。

(4) 可從底部卸收。

(5) 安全閥之設計是要使得內部壓力不超過 130% 的最大允許操作壓力。

(6) 這些拖車的閥，大部分以水壓方式操作，當然也有部分是以機械式或真空式操作。

MC307/DOT407 槽車翻覆時，取出內容物之方法如同非壓力式槽車（MC306）。

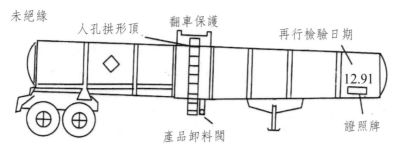

圖 10-9　MC307（圓形斷面）（NFPA）

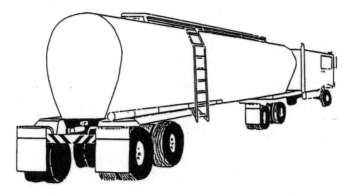

圖 10-10　MC307（馬蹄形斷面）（NFPA）

10.6 低壓腐蝕性化學槽車（MC312/DOT412）

MC312／DOT412 槽車（圖 10-11）的設計，係針對高密度液體和酸性或鹼性溶液的運送，例如乙醯氯（Acetyl Chloride）、鹽酸和氫氧化鈉等。槽體構材為鋼、不鏽鋼或鋁，往往具有適當之內襯以抗內容物之侵蝕或化學作用[19]。

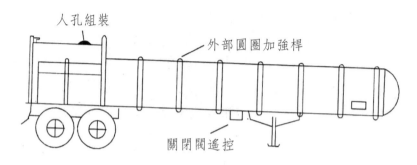

人孔組裝

外部圓圈加強桿

關閉閥遙控

圖 10-11　MC312 槽車（NFPA）

MC312 之設計壓力大於卸收壓力，並以 1.5 倍的設計壓力（但不得少於 3psi）進行水壓試驗。裝卸閥位於上方或下方處。如果是由上方（以壓力）卸貨，有一延長管線直通槽底部（圖 10-12）。

MC312 槽車之重要設計特點如下[19, 20]：

(1) 可藉由空氣壓力，從頂部卸貨。如果頂部卸貨管線之出口低於槽內之液位，需另置一閥（圖 10-12）或者應採用盲蓋（Blind Cap），以免一旦頂部閥失效時，發生虹吸現象（Siphon）。

(2) 如果具有底部排放口，其閥座落於容器之內（所謂內部閥）。如果內容物能於閥部造成沉澱，可採用外部閥，其管線應以水平架保護之。

(3) 人孔之特點與 MC306 和 MC307 同。

(4) 採用機械式或破裂式釋放閥。

(5) 卸貨管線具有剪力段（與 MC306、MC307 同）。

(6) 保溫套的加熱線圈，使得此類槽車可用來裝卸黏度大的物質，例如瀝青，本特點與 MC306 同。

腐蝕性化學槽車翻覆時，其內容物之移除技術如前所述。

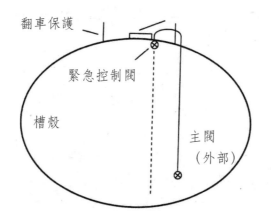

圖 10-12　MC312 槽車卸貨之伸入管示意圖[20]

10.7　壓力式化學槽車（MC331）

　　壓力式化學槽車（MC331，圖 10-13）是用來載送壓縮氣體、液化氣體或一些危害性很高的液體，例如丙烷、無水氨、氯、LPG、液化二氧化碳、甲基巴拉松（Methyl Parathion）以及車輛抗震化合物等。至於氯、CO_2 和一些其他氣體等之運送槽車，則有其特別規格（詳見 49CFR）。

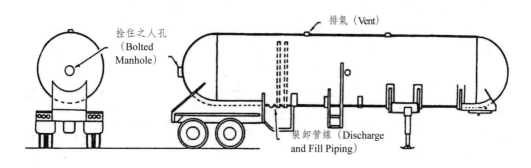

圖 10-13　MC331 槽車（NFPA）

　　MC331 的構材為鋼，其設計壓力在 100 ～ 500psi 之間[19]；槽體內部空間不得完全裝滿，必須保留部分蒸氣空間，作為運輸過程中內容物擴張之用。

　　本類槽車具有排氣管作為排氣之用；在不幸翻車時，內部壓力並不因液體外洩而降低，其他特性如下[19]：

(1) 具有壓力計、溫度計以及液位計。

(2) 內容物卸貨口備有超流閥（Excess Flow Valve），一旦下游管線失效，可阻止產品流動。

(3) 卸貨口緊接內部閥。

(4) 人孔一般位於容器後端頭部，以螺栓拴住（圖 10-13）。

(5) 藉由機械式壓力釋放閥或破裂板閥排氣。

(6) 卸貨管在遇外力衝擊時，可從緊急閥脫落，或備有保護桿（架）保護之。

10.8　冷凍化學槽車（MC338）

　　MC338（圖 10-14）槽車胴體載運冷凍氣體（Cryogenic Gases），例如液氦（－425 ℉）。冷凍氣體的液化是用冷卻的方法，而非以加壓的方式，此與一般所謂液化氣體是不相同的。外觀上，MC338 槽體類似其他槽車胴體的設計，例如 MC331；所不同的是，MC338 之槽壁有二層，也就是說，容器內又有一個容器，其間以絕緣物質填充；外容器構材為鋼，內容器構材為鋼之合金（或與內容物相容之材料），設計壓力為 25.3 ～ 500psi 之間（NFPA）。

　　MC338 在其設計上，是防止內容物之熱交換，但並未進行冷卻作用，因此實質上，在運送過程中熱交換隨著時間在進行，會造成內部壓力之提升，進而啟動壓力釋放閥。當內容物被釋放，由於冷凍的特性，進行吸熱作用，冷卻內容物，結果降低內部壓力，使得釋放閥再恢復到關閉狀態。其他重要特點包括[19]：

裝卸管線，閥與幫浦位於車尾櫃子內
（Discharge/Fill piping, valve and pump located within cabinet）

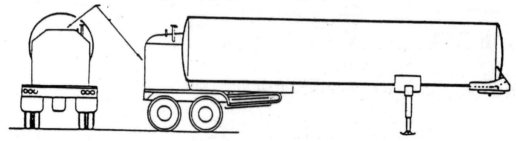

圖 10-14　圓柱形後端斷面、半球形的頭與光滑的外表—MC338（NFPA）

(1) 內外容器間，具有安全釋放閥（一般為破裂板閥），以防因內容器之隙漏所引起之超壓，造成槽體破裂。

(2) 如果於胴體上，以強硬之金屬支架固定之，這種可搬運式槽胴體（貨櫃槽體），可用來載運加壓、非加壓或冷凍危害物。整個槽體容量一般不超過24,000 公升（6,300 加侖）。在槽體各角落以支架固定（圖 10-15），此類槽體可以不同之運輸工具拖運，因此又謂水陸兩用貨櫃槽體（Intermodel Tank Container）（第 11 章）。

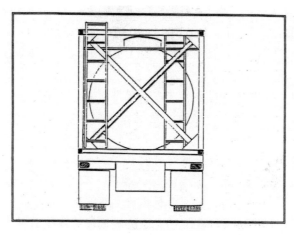

圖 10-15　水陸兩用貨櫃槽體（MC338）[19]

10.9　槽車靜電控制

過去的經驗顯示，化學槽車在正常操作情況下，有如一座金屬儲槽對於雷擊具有充分之保護[29]，然而在灌裝作業過程所引發之靜電問題，仍應採取適當之控制措施，以免靜電之產生，或一旦產生時，能儘速將其排除（圖 10-16）。表10-3 列出槽車灌裝作業之靜電控制要點，內容涵蓋如何防止靜電產生，以及一旦產生時，如何避免其累積。

表 10-3　槽車灌裝靜電控制措施要點 *[29]

上次所載貨物之蒸氣壓	本次所欲灌裝貨物之蒸氣壓					
	低氣壓 **		中氣壓 **		高汽壓 **	
	槽上灌裝	槽底灌裝	槽上灌裝	槽底灌裝	槽上灌裝	槽底灌裝
低	***	***	A、B、C、E、F、G	B、D、E、F、G	A、F	D、F
中	A、B、C、E、F、G	B、D、E、F、G	A、B、C、E、F、G	B、D、E、F、G	A、F	D、F
高	A、B、C、E、F、G	B、D、E、F、G	A、B、C、E、F、G	B、D、E、F、G	A、F	D、F

應採取之措施：

A. 在人孔蓋打開前，進料管與槽車應先以金屬線連結（Bonding）。從連結點以下，進料管組合體之任何金屬部分應構成電流之連續導體。拆除連結以前，應先把人孔蓋關閉（恢復原位）。

B. 檢查槽體，移除任何未以金屬線連結之物件。

C. 進料管端應靠近槽底。如果進料管未深入槽底，管中之進料流速在管端尚未沒入液面前，不得超過 1m/s（3ft/s）。進料要避免噴濺。

D. 如果從槽底灌裝（Bottom Loading），應使用低流速與噴濺轉折接頭（Splash Deflector），以預防產生向上噴灑的情況，並減少槽內液面攪動。

E. 進料速率應限制在 7m/s（23ft/s）之下，或依下式取兩者之較小值者：

$$v = 0.5/d$$

其中 v = 最大速率（m/s）。

D = 槽中進料管之內部直徑（Inside Diameter, m）。

F. 灌裝後，槽之內容物的量測或取樣至少應等一分鐘後才進行。

G. 下游之濾器或篩網（孔徑小於 150μ），至少應提供 30 秒的緩衝時間（Relaxation Time）。

* 本要點不適用於灌裝原油（Crude Oil）、殘油（Residual Oil）、瀝青（AsphHalt）、水溶性物質（例如醇）或含抗靜電填加劑。這些物料並不累積靜電。

**低、中與高蒸汽壓物質之定義，見第 9 章。

*** 如果低氣壓物質之運作溫度高於其閃火點，或為高或中氣壓物質所污染，其裝載運作應視同中氣壓物質。低氣壓物質應避免高流速之噴濺裝載作業，因其可能產生易燃液滴。

槽車進行灌裝作業時應遵守
的接地程序

1. 槽車進行灌裝作業前，需先將槽車之乾淨的金
   屬部分與儲槽以金屬線連接，並進行接地
2. 打開槽車進料管蓋或人孔蓋，然後深入添料管
3. 確定灌裝作業已完成，且槽車進料管蓋或人孔
   蓋已放回原位，才可撤走接地措施

圖 10-16 槽車裝卸台之告示牌範例

10.9.1 金屬線連結與接地

採用從上部灌裝（Top Loading）之槽車，槽內部上方空間可能存有易燃性蒸氣，因此灌裝架、管線與伸入槽體之進料管應進行金屬線連結（圖 10-17），以使整個系統有相同的電位。金屬線連結的電阻（Resistance）即使高達百萬歐姆（Megohm），也足以讓靜電逸洩[29]。

要注意的是，如果將灌裝系統（灌裝架、灌裝臂與進料管等等）連結後，再行接地（Grounding），並不能比金屬線連結提供更多的保護作用；因為就整個灌裝系統來講，其實它已經接地了（圖 10-17），所有的槽車靜電或迷走電流（Stray Current）都將藉由連結系統進入地面。金屬線連結可以防止進料系統與槽車之間產生高靜電壓，以免在打開的人孔處附近造成靜電火花。

當槽車採用密閉連接（Closed Connection）方式進行灌裝或卸料作業（圖10-18），不管裝卸管是否具導電性，均無需進行金屬線連結來控制靜電[29]。採用密閉連結者，貨物流動前，已把管線接好，等裝卸完畢，才把管線拆開。

261

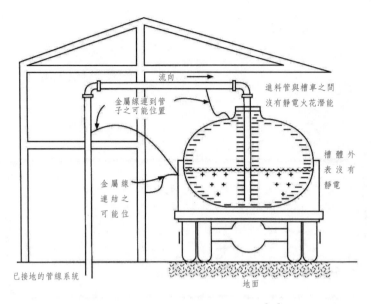

圖 10-17　液體中之靜電移動【29】

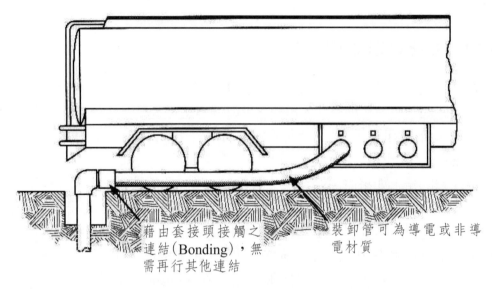

圖 10-18　槽車採用密閉連接之裝卸作業【29】

10.9.2　進料管電流連續性

經人孔進料之槽車，進料管組合體的所有金屬部分，從連結點以下，對電流來講應構成連續性之導電路徑。至於壓力式系統的灌裝，例如 LPG 灌裝，其灌裝組合體無需藉用電流連續性來控制靜電流。

10.9.3　靜電產生的控制

雖然已作好金屬線連結，但過去的經驗顯示，如果靜電產生和累積速率太快，仍有可能從油的表面造成靜電排放。這種情況可能發生在煤油、爐油、柴油等這些燃料油上，因為它們的電導度很低，大部分在 50 picosiemens/m 之下，提供靜電累積的機會，特別是當周遭環境有靜電火花助發物（Spark Promoter）存在的情況。「Picosiemens」的定義見第 6 章。

油罐車的灌裝作業，靜電的產生主要有下列三個機制[29]：

(1) 微過濾器（Microfilter）：當油流經過濾器時，會產生多量的靜電（第 6 章）。如果油的電導度小於 50 picosiemens/m，只要有 30 秒的緩衝（Relaxation）時間，就可提供充分保護。

(2) 篩濾器（Screen Filter）：篩濾器（絲網）的孔隙大於 300μm 所產生的靜電量，尚不致高到足以造成危害的程度；但如果孔隙小於 150μm，就要小心了，其產生的靜電量可能高到危害程度，因此應有 30 秒的緩衝時間。

(3) 管內燃料油之流動：如第 6 章所述，管中液體之流動，可能產生靜電，其量視液體之成分與流速而定。油罐車進料時，流速與灌裝臂直徑應符合下式，以免靜電之累積：

$$Vd < 0.5$$

其中 V = 流速（m/s）。

　　d = 伸入罐槽體之進料管內徑（m）。

除了上述限制，V 不得大於 7m/s；如果產品含有小水泡，V 不得大於 1m/s。

在實務上，帶電體由於等量異性電荷的吸引，不斷地流失靜電荷。這種特性是所謂的電荷緩衝（Charge Relaxation）。也由於這個原因，油類因流動所產生的電荷在流動停止後，可能只維持一短暫時間。這也是表 10-3 指出提供微過濾

器或篩濾器 30 秒緩衝時間的原因。

10.9.4　進料噴濺之防止

　　噴濺會助長靜電的產生（圖 10-19），因此如果灌裝是藉由人孔伸入進料管的方式，應盡可能伸達槽底；但不要讓管的出口完全與其接觸，否則進料時，進料管會被迫上升且造成攪動。要避免進料管噴濺，可採用 T 形出口或將出口斜削，使其與管之中心呈 45 度。[29]

　　從槽底灌裝（Bottom Loading）的方式，雖有助於減少可能因金屬線連結不當所引起之靜電危害，但當進料開始時，流體向上升的噴灑，將增加靜電的產生。其補救方法是，降低進料速率或採用噴灑轉折接頭。

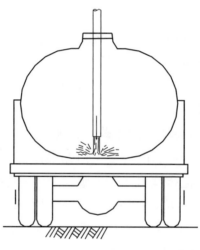

圖 10-19　進料管噴濺示意圖[29]

10.10　槽車意外因應

10.10.1　槽車裂漏控制

　　槽車外洩一般發生在罐槽體壁或其附屬管線與閥系統，外力所加之壓力（例如翻車意外），可以說是其主要原因。穿孔與撕裂是典型的罐槽體意外破裂。

　　交通事故使得整個罐槽體任何部位都可能受到衝擊。裂漏位置越低，問題也

越嚴重，因此液位下的裂漏應先行控制；但液面上的裂漏也不可忽視，因為如果內容物是屬易燃性，其蒸氣將由裂洞釋放到外界，或者外界的新鮮空氣被吸入罐槽體內，可能導致易燃蒸氣的濃度進入爆炸範圍之內（亦即爆炸上限與爆炸下限之間）。

如果只是小的滴漏，可於其下放置一個小水桶，不要讓它滴到地面上。盛食物用的塑膠桶，質輕又容易把它剪／切為適當之大小或形狀，以適應實際之情況，且用後可丟。但要注意，有些化學物可能會與塑膠起反應，破壞其結構之完整性，這時就要考量不鏽鋼或玻璃材質的桶子了。

小洞常發現在罐槽體金屬焊縫或皺摺處。高爾夫球座或任何小木條適合這種小洞之堵漏；至於大洞可考量用尖端尖細的木栓或木楔來堵塞。如果一下子找不到這些器材，也可考量用破布來堵塞，一直等到找到較好的其他堵塞工具。

一般而言，因應員最好能攜帶各種不同尺寸的木製堵塞工具。這些木栓或木楔材質應為香柏（Cedar 或謂西洋杉）、紅木（Redwood）或松，因為它們一遇濕就會膨脹，可以填滿整個裂口。肥皂或許也可用來阻止滴漏，且適合各種形狀之裂隙。

如果意外不涉及火災，槽車產品輸送管壁、閥與蓋子是很少會發生破裂的。然而，由於應力破裂或腐蝕，也許可能發生小針洞。

如果漏孔位於閥與閥之間，可將閥關閉，把裂隙的段落進一步從其他容器或管線隔離出來。一旦壓力和化學物的流量減低了，也許就能把小栓子塞進裂口。小的滴漏裂隙可用破布、包管（Duct）或黏膠布將其包裹起來。在尚未修補或化學物尚未卸料前，不要忘記考量在裂口下放置一個水桶，讓滴液滴到水桶裡。

如果因應員熟悉槽車之操作，產品管線的閥和蓋子可能是很有效的控制方法。一般而言，如果操作桿不在管線上，蝴蝶閥（Butterfly Valve）和球閥（Ball Valve）是在關的位置。大部分的槽車上的閥都有很好的標示，也許還包括關閉的詳細步驟。卸料管或進料管上的滴漏，也許只要把蓋子的螺絲拴緊就可以控制了。大部分的槽車有右轉螺紋（右轉去關，左轉去開）；若再配合關閉管上的閥，這個技術可能很有效。要注意一個受損的閥如果不小心開了，也許由於壓力或受損程度太大，可能不容易再將其關閉。如果對於閥或蓋子有任何疑問，切記不要碰它，把它留給對槽車之操作熟悉的人去處理。【19】

10.10.2　易燃氣體外洩注意事項

破裂的容器會釋放出大量的氣體於空氣中。易燃氣體很容易因任何可能的「火源」（Ignition Source）而被點燃。

排除「火源」是初步因應員（First Responder）立即的首要工作；如果可能，應做驅散氣體的工作。簡單的事情，例如交通管制與汽車排氣管消燄裝置之使用，都可以減少引燃的機會。

若易燃氣體是以液化的型態由槽車運送，在正常的情況下，一旦外洩，每一單位體積的液體蒸發後，會變成 200 ～ 600 單位體積的蒸氣。

外洩易燃蒸氣會藉由與火花、火焰或其他足夠的熱源接觸，以最迅速、最猛烈的方式燃燒並傳回外洩源（回火），使液體表面或外洩口的氣體起火燃燒。所以一旦液體或蒸氣由槽體洩漏，所有可能的火源應絕對遠離現場。

槽車一旦外洩引火燃燒，應注意：

(1) 請勿試圖滅火。

(2) 用大量的水冷卻槽體。

(3) 注意可能引發 BLEVE。

(4) 注意要遠離安全閥。

一般而言，槽車外洩應考慮採取下列步驟：

(1) 排除火源：熄滅所有火苗和發煙物質，並在外洩鄰近區移除所有可能的火源。若有需要用到燈光時，應使用「防爆」的電子閃光燈。內燃引擎需遠離蒸氣雲，不要讓火車靠近鄰接的鐵軌（鐵路桶槽車外洩時），或車輛經過鄰接的道路。需不斷地以偵測器偵測是否會有爆炸或火災危險的情況出現。

(2) 建立警戒線：指揮交通做人員管制，將旁觀者隔離至少 800 公尺遠。

(3) 截流：挖洞並掘溝，或以沙土或泥土築一道防溢堤，以減少外洩池的蒸發面積。小心不要撞擊到石塊或金屬，以免產生火花而點燃蒸氣。大部分的易燃蒸氣常比空氣重，會在地表形成一層蒸氣雲。這些氣雲會隨著風向與地面的坡度聚集在低窪地區。蒸氣雖然不會逆風飄流，但會隨著風向散佈至很遠的距離。外洩氣的飄散情況，主要受到風速和風向的影響。在槽車外洩點上灑水雖然可以降低蒸氣量，但在靜止的空氣中，水霧法反而有可能造成蒸氣擴散。

(4) 防止易燃蒸氣進入下水道或水源──蒸氣可能會沿著下水道飄流，並可能在遠離外洩處很遠的地方遇火源而被點燃。避免讓液體流入水源，否則將會引起嚴重的水污染問題。

(5) 止漏──在不危及人員安全的情況下，設法止漏。

(6) 進行車轉車或車轉容器工作──在處理損毀的槽車或其他車輛上，若預期會有外洩發生時，應先將槽內物品移至另一載運車輛或容器。易燃氣體的轉送工作，應由受過訓或有經驗的專業人員使用必要的工具來執行。

(7) 驅除罐槽體內易燃氣體──這種行動要在鄰近外洩處的蒸氣都已消散的情況下，才能進行，而且必須由專業人員為之。除非空槽已經清洗，否則不得用切割火焰來切割空槽。

10.11　駕駛員資格與訓練

危險物車輛駕駛員至少應受過初步因應員層次的訓練，這在外洩緊急應變規劃上，是極為重要的一個課題。所有危險物運送人員應該知道在意外事件發生時，應採取那些保護措施；駕駛員在離開駕駛座前，有責任先關閉引擎、燈光，並執行雇主所交代的其他預防措施。司機也應打電話（或叫其他人打電話）給當地的警察局、消防隊、原廠商與運輸緊急中心，告訴他們關於槽車的貨品、狀況與位置，且應撤離任何靠近意外現場的人員。

如果現場有易燃性或毒性蒸氣時，駕駛員必須採取步驟以防非救災人員進入該區。附近任何燃源，例如發動中的引擎、火焰、抽煙與閃光燈等，都是絕對禁止的。由於點燃的風險，會隨著物質外洩量而增加。也許止漏的措施是可行的，因此駕駛員應觀察現場，做適切的評估，隨後將評估結果報告給第一個到達現場的因應單位。駕駛員應提醒因應者，進行外洩物截流的重要性。雖然直接以水沖洗外洩物或許可以將其驅離槽車，但也可能使其產生蒸氣，造成更大的危害區域，而引發更多的環境問題。

危險物品運送過程的安全性，最具體方法之一即是駕駛員及隨車人員的訓練與資格檢定。透過訓練可使駕駛員對危險物品之危險性更加了解，且在危險物品運送過程中發生事故時，能夠迅速地處理，使傷害程度減至最低；故積極推動危險物品駕駛員及隨車人員訓練課程，以增進安全運送危險物品之能力，確保社會大眾與環境之安全，實為目前台灣地區危險物品管理之重要課題。[25c]

10.11.1　駕駛員資格

《道路交通安全規則》（104.06.30）：

第五十四條：職業汽車駕駛人之駕駛執照，應自發照之日起，每滿三年審驗一次，並於審驗日期前後一個月內，向公路監理機關申請審驗，經審驗不合格者，扣繳其駕駛執照，俟審驗合格後發還之。

駕駛人因患病、出國、服兵役、駕照被吊扣、羈押、服刑或受保安、感訓處分之執行，不能按時審驗者，得於病癒、回國、退役、駕照吊扣期滿、撤銷羈押、出獄或保安、感訓處分執行完畢六個月內持原照及有關證明向公路監理機關申請審驗。

職業汽車駕駛人得憑因逾期審驗被註銷之職業駕駛執照，申請換發同等車類之普通駕駛執照。但在未換發普通駕駛執照前，不得駕駛汽車。

第六十條：1. 年齡：考領職業駕駛執照需年滿二十歲，最高年齡不得超過六十五歲。

2. 經歷：應考大貨車職業駕駛執照者，須領有小型車職業駕駛執照一年以上之經歷。

3. 應考聯結車職業駕駛執照者，須領有大客車職業駕駛執照一年以上或領有大貨車職業駕駛執照二年以上之經歷。

第六十一條：已領有聯結車駕駛執照者，得駕駛大客車（含雙節式大客車）、大貨車、代用大客車、大客貨兩用車、曳引車、小型車（含小型車附掛拖車）、輕型機車。自中華民國九十六年二月一日起已領有大貨車駕駛執照二年以上之經歷申請考驗取得聯結車駕駛執照者，不得駕駛大客車、代用大客車、大客貨兩用車。

第八十四條：運送危險物品之駕駛人或隨車護送人員應經專業訓練，並隨車攜帶有效之訓練證明書。

10.11.2　駕駛員訓練

交通部依據民國 85 年 2 月頒布之《道路交通安全規則》第八十四條之規定，訂定《危險物品運送人員專業訓練要點》。危險物品運送人員專業訓練得由政府機關、學術研究機構、事業單位（以訓練該事業及其承攬人、所屬員工為限）、非以營利為目的之財團法人等單位依本要點規定，向交通部申請許可後辦理。

訓練單位應於訓練前檢附申請函及訓練計畫書申請許可，交通部於許可時，

得派員實地查核。本訓練許可之有效期限為二年，期滿二個月前，得依本要點規定重新申請許可。訓練計畫書內容包括：

(1) 訓練機構簡介及組織概況。

(2) 訓練場所位置、布置及設施。

(3) 電化教學設備。

(4) 教材及教具。

(5) 各項有關教學紀錄文件。

(6) 其他必要事項或交通部指定事項。

交通部有鑑於危險物品駕駛員訓練之重要性，已依據《道路安全規則》第八十四條，發布行政命令，規定危險物品駕駛員應經 16 個小時的專業訓練，其課程如表 10-4 所示，經考試合格可取得證書。

表 10-4 交通部危險物品運送人員專業訓練課表

項目	科目	時數
1	安全駕駛	15
2	汽車保養與檢驗	
3	危險物品運送相關法規	
4	危險物品運送之事故預防、應變及通報	
5	物質安全資料表	
6	危險物品之辨識	
7	個人防護裝備及滅火器之使用	
8	裝卸料作業安全	
9	考試	1

危險物品運送人員應定期參加本訓練，經訓練並考試及格者，訓練單位應發給訓練證明書，格式如圖 10-20：訓練證明書之有效期限為三年，期滿應再經專業訓練。上課時數未達附件一之規定者，不得參加考試；考試成績以一百分為滿分，七十分為及格，不及格者得補考一次。

對於以上規定運送危險物品之駕駛人或隨車護送人員應經專業訓練外，道路危險物品運送人員亦須依交通部公路總局 97 年 3 月 17 日交路字第 0970085015 號函令訂定發布施行之《道路危險物品運送人員專業訓練管理辦法》，辦理專業訓練，落實危險物品訓練，藉以減少道路交通危險災害之發生。此道路危險物品運送人員專業訓練的初訓證明書有效期限為二年，於訓練證明有效期限屆滿前兩個月內應完成複訓課程，若證明書過期一天，則必須重新上初訓課程。

表 10-20　交通部危險物品運送人員專業訓練證明書

正　　　面

危險物品運送人員專業訓練證明書

（相片加蓋鋼印）

訓練單位：（全銜、加蓋章戳）
交通部核准
日期、文號：
證　　號：

9公分

6.5公分

背　　　面

姓　　名	
住址	
國民身分證統一編號	
出生日期	
發證日期	
有效日期	
本訓練證明書應隨車攜帶	

其訓練之種類、申請資格、訓練課程及時數，依下列規定：

一、罐槽車裝載運送訓練：

　　（一）領有大貨車以上之有效駕駛執照。

　　（二）初訓課程應至少二十小時。

　　（三）複訓課程應至少十四小時。

二、其他貨車裝載運送訓練：

　　（一）應領有小型車以上之有效駕駛執照。

　　（二）初訓課程應至少十六小時。

　　（三）複訓課程應至少十二小時。

　　取得罐槽車裝載運送訓練證明書如圖 10-21 所示，駕駛其他貨車運送危險物品者，得免再經前項之訓練。

道路危險物品運送人員訓練證明書格式				説明
道路危險物品運送人員訓練證明書			相片加蓋鋼印	一、本表係參考現行「危險物品運送人員要點」之附件，配合本辦法條文內容設計本證明書。二、證明書之尺寸改為八‧五公分×六公分，與現行汽車駕駛執照相同，以方便攜帶。
駕駛號碼		訓練種類		
姓名		訓練別		
出生日期		性別		
住址				
發證日期		有效日期		
發證單位				
訓練單位				
印製號碼		本訓練證明應隨車攜帶		

← 8.5 公分 → 　　　6 公分

註：

一、訓練種類區分「罐槽車」及「其他貨車」，持「罐槽車」訓練證明書者，可運送一般貨車。

二、訓練別區分為初訓及複訓。

三、材質為藍色 2 百 P 以上西道林紙加護膜。

四、字體為新細明體。

五、有效日期欄位字體為紅色。

六、本訓練證明書應隨車攜帶並不得轉借他人使用。

圖 10-21　道路危險物品運送人員訓練證明書

初訓、複訓之訓練課程及時數配當如表 10-5 及表 10-6 所述。但專業訓練機構得依受訓學員之需求，增加訓練課程及時數。

表 10-5　道路危險物品運送人員訓練（初訓）課程及時數配當表

項目	科目	時數	說明
1	安全駕駛	12	公路總局臺北區監理所九十四年曾委託財團法人工業技術研究院環境與安全衛生技術發展中心研究「危險物品運輸標示調和系統及管理體系研究計畫執行成果報告」，其中經與業者、監理單位、專家學者及部會充分討論，並參酌國外相關訓練制度，研訂危險物品運送人員專業訓練及管理辦法，為落實危險物品運送人員之訓練及達到訓練成效，爰參考該研究計畫之建議，訂定本課程及時數配當表。
2	汽車保養與檢修		
3	危險物品運送相關法規		
4	危險物品運送之事故預防、應變與通報		
5	危險物品運送之事故案例（含發生原因）及改進對策		
6	物質安全資料表及危險物品之辨識		
7	災害急救		
8	裝卸料作業安全		
9	實作演練（個人防護裝備、滅火器、各類事故處理）	3	
10	考試	1	

備註：
1. 受訓學員之上課時數未達課程總時數者，不得參加考試。
2. 受訓學員之缺課時間以未逾課程總時數四分之一者為限，上述缺課時數應於下期補課參加考試、缺課時數逾課程總時數四分之一者，應通知退訓。
3. 經公路監理機關查核人員查課無故未到者，應予退訓。
4. 上開課程每一項目原則以 1 小時以上。
5. 實作演練包含個人防護裝備及滅火器之使用與危險物品運送各類事故處置（含危險物品辨識、通報及區域管制）。
6. 罐槽車駕駛另須接受①罐槽車體認識、②罐槽車安全檢查及保養、③移槽操作及④事故處理演練等各 1 小時專業實作課程、共計合考試20小時（完成上開專業實作課程後再予以考試）。
7.「安全駕駛」講師得授：第 1、3、5 項及備註 6④課程；「汽車保養與檢修」講師得授：第 2、3 項及備註 6①、6②、6③課程：「危險物品運送管理」講師得授：第 3、4、5、6、7、8、9 項課程。

表 10-6　道路危險物品運送人員訓練（複訓）課程及時數配當表

項目	科目	時數	說明
1	安全防衛駕駛	8 （各 1 小時）	公路總局臺北區監理所九十四年曾委託財團法人工業技術研究院環境與安全衛生技術發展中心研究「危險物品運輸標示調和系統及管理體系研究計畫執行成果報告」，其中經與業者、監理單位、專家學者及部會充分討論並參酌國外相關訓練制度，研訂危險物品運送人員專業訓練及管理辦法，為落實危險物品運送人員之訓練及達到訓練成效，爰參考該研究計畫之建議，訂定本課程及時數配當表。
2	汽車檢修實務		
3	運輸安全		
4	危機災害處理		
5	危險物品運送事故案例分析與防制對策		
6	危險物品運送事故之預防與處理		
7	危險物品之裝卸料安全守則		
8	新產出危險物品及法規之認識		
9	實作演練	3	
10	考試	1	

備註：

1. 本複訓課程計 12 小時（罐槽車司機複訓另須接受罐槽車各類事故處理實作 2 小時，含考試共計 14 小時；完成上開各類事故處理實作後，再予以考試）。

2. 接受複訓學員不得缺課或請假。

3. 實作演練包含個人防護裝備及滅火器之使用與危險物品各類運送事故處置（含危險物品辨識、通報及區域管制）。

4. 「安全駕駛」講師得授：第 1 項及備註 1 罐槽車各類事故處理課程；「汽車保養與檢修」講師得授：第 2、3 項課程；「危險物品運送管理」講師得授：第 4、5、6、7、8、9 項課程。

【討論】

1. 油罐車（Tank Truck）或謂罐槽車（道安規則），是由哪二部分組成的？

2. 試說明一般公路槽車（亦即油罐車）在設計與構造上，有何安全上的特點？

3. 罐槽體如同時具有彈簧式與破裂板式安全排放閥，兩者必須串聯，哪一種閥應在上游（比較靠近槽體）？為什麼？（註：是為避免彈簧閥受到內容物侵蝕或起化學作用）

4. 當槽車傾倒 90°，因應人員如何將其內容物轉移到臨時容器中？轉移過程應注

意或採取那些措施？

5. 低壓槽車（例如 MC312/DOT412）進行水壓試驗時，其試驗壓力一般為設計壓力的多少倍？

6. MC306 化學槽車，其構材是什麼金屬？

7. 本章指出槽車易燃氣體外洩時，排除「火源」是初步因應員的首要工作，依你的看法，如何排除火源，試申論之。

8. 何謂迷走電流（Stray Current）？

【選擇題】

1. 槽車罐槽體外部管線一般設有剪力段（Shear Section），以便一旦發生管線受損時，能在預定點折斷，以保護內部閥，減少損害程度，請問折斷點離槽壁之距離一般為　(1)10cm 內　(2)20cm 內　(3)40cm 內。　　　　　　**Ans**：(1)

2. 內部閥位於　(1) 槽壁內　(2) 槽壁外　(3) 前述兩者均可。　　　**Ans**：(1)

3. MC306/DOT406 為非壓力式槽車，其結構材質為　(1) 鋁　(2) 軟鋼　(3) 鋼合金。　　　　　　　　　　　　　　　　　　　　　　　　　　　　　**Ans**：(1)

4. 槽車之罐槽體如果同時採用破裂式閥與彈簧式閥，則其組成為　(1) 並聯　(2) 串聯　(3) 前述兩者均可。　　　　　　　　　　　　　　　　　　　　**Ans**：(2)

5. 槽車之罐槽體如果同時採用破裂式閥與彈簧式閥且串聯之，則前者位於　(1) 上游處　(2) 下游處　(3) 前述兩者均可。　　　　　　　　　　　　　**Ans**：(1)

6. LPG 槽車屬　(1)MC331　(2)MC306　(3)MC338 型規格。　　　**Ans**：(1)

7. 為防止靜電火花，我們常採取金屬線連接（Bonding），它是指　(1) 物件與物件之間　(2) 物件與大地之間　(3) 以上兩者皆是，以金屬線連接。**Ans**：(1)

8. 為防止靜電火花，我們常採用接地（Grounding），它是指　(1) 物件與物件之間　(2) 物件與大地之間　(3) 上述兩者皆是，以金屬線連接。　**Ans**：(2)

9. 灌裝臂與進料管等灌裝系統應在進料管伸入油罐車槽體內之　(1) 前　(2) 後　(3) 上述皆可，完成金屬線連結（Bonding）。　　　　　　　　　　　**Ans**：(1)

【是非題】

1. 化學槽車之罐槽體設置內部閥（Internal Valve），其管線一旦破裂，可避免槽內化學物流失。　　　　　　　　　　　　　　　　　　　　　　　　**Ans**：（○）

2. 化學槽車槽體之管線或閥不得超越槽車後端的防撞槓。　　　　**Ans**：（○）

3. 以金屬線連接兩個物件（例如二條管線），以防靜電火花，即是所謂金屬線連接（Bonding）。 **Ans**：（○）

4. 金屬容器與大地之間以金屬線連接，以防靜電火花，即是所謂接地（Grounding）。 **Ans**：（○）

5. 槽車之裝卸管採用密閉連接者，無需進行金屬線連接（Bonding）。 **Ans**：（○）

6. 運送液化氣體，例如 LPG、氯之槽車規格為 MC312。 **Ans**：（×）

7. 高壓槽車之壓力式灌裝系統無需藉用電流連續性來控制靜電流。 **Ans**：（○）

第 11 章

貨櫃槽體

11.1 一般說明

　　可攜帶式槽體（Portable Tank）可用於運送氣體、液體或固體物質。基本上，它是一種硬性之散裝包裝容器，備有墊架（Skids）、骨架（Frame）和其他架構物，以利於以機械方法搬運裝輸；構材為鐵或塑膠，具圓形或長方形斷面，容積由 450 ～ 25,000 公升不等 [21]。有些可攜帶式槽體是絕緣的，有些備有蒸氣和電流之加熱裝置。它們可以平床式卡車或箱式（Van）拖車運輸，或者以箱式或平床式火車廂（Box Car、Flat Car）和船舶運輸，因此可攜帶式槽體又謂運輸模式間槽體容器（Intermodal Tank Container）（圖 11-1），亦即為海陸兩用之運輸容器。

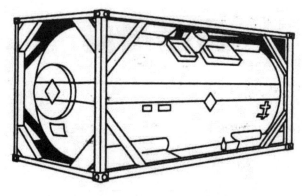

(a) 盒式骨架（NFPA）

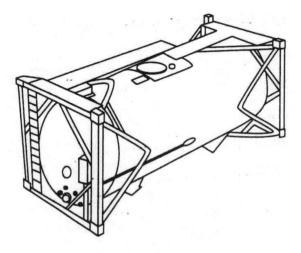

(b) 桁梁式骨架（NFPA）

圖 11-1　海陸運輸兩用貨櫃槽體

海陸兩用槽體往往又簡稱槽體容器（Tank Container）或貨櫃槽體。依聯合國《橘皮書》[52]之定義，貨櫃槽體係指容量在 450 公升以上之容器，其槽壁（槽殼）配有作業工具（Service Equipment）和結構工具（Structural Equipment）。所謂作業工具，係指供裝卸、排氣、安全、加熱與絕熱等之設備和儀器；而結構工具係指在槽殼外部用來作為加強（Reinforcing）、固定（Fastening）、保護（Protective）或穩定作用（Stabilizing）之支架而言。

貨櫃槽體是由散裝液體容器發展出來的。由於它的安全性、可攜帶性和較低之運費，其使用於海上運送化學物逐漸成長。這些容器在換船時或改變運送模式時，內容物無需取出，隨著容器轉送，因此提供較安全與經濟之運輸方法。

本章說明各類貨櫃槽體型式、配件，與港區危險品貨櫃場設置規範及其化學緊急因應措施。

11.2 貨櫃槽體型式

由於貨櫃槽體使用於國際間，因此其標準涉及許多國際組織。國際海事組織（IMO）所公布的《國際海上危險品運輸規則》（IMDG Code），涵蓋化學貨櫃槽體之設計、試驗和建造。IMDG Code 廣為各國所接受。

貨櫃槽體可分為非壓力式（Non-pressure）、壓力式（Pressure）、特殊式（包括冷凍可攜帶式槽體和管模組，Tube Modules）三種基本型式（表 11-1）。

1. 非壓力式貨櫃槽體

非壓力式貨櫃槽體可用來運送液體或固體，其斷面呈長方形、橢圓形或圓形，容積一般在 24,000 公升以下；雖屬非壓力式，但其內部壓力可能高達 100psig。屬於這類型的槽體，包括 IMO Type 1 與 Type 2，以及 DOT Spec 56 與 Spec 57（表 11-1）。茲說明如下 [20, 21]：

(1) IMO Type 1 貨櫃槽體：最大許可作業壓力（Max. Allowable Working Pressure）在 25.4～100psig 之間 [21]，可用來運送一般物質和危險品，包括毒性、腐蝕性和易燃性物質。

(2) IMO Type 2 貨櫃槽體：最大許可作業壓力為 14.5～25.4psig [21]。本容器所盛裝的內容物，包括殺蟲劑、溶劑和中度腐蝕性物質等危險品。一般而言，其運送內容物主要以非列管物質為主，例如食物之添加劑。

2. 壓力式貨櫃槽體

壓力式貨櫃槽體主要用於運送加壓液化氣體和液體，其設計之內部承受壓力為 100 ～ 500psig。容器斷面呈圓形，直徑有高達 1.8 公尺（6 呎）及長度達 6 公尺（20 呎）者，容積在 21,000 公升（5,500 加侖）以下。本類容器所運送之物質包括 LPG、無水氨和溴。相關規範例如 DOT Spec 5 和 IMO Type 5。

IMO Type 5：最大許可作業壓力在 100 ～ 500psig 之間，可用於運送加壓液化氣體和一些不穩定液體。

表 11-1　可攜帶式槽體之基本型式 [21]

	非壓力式	壓力式	特殊式
法規規範	• IM-101（IMO Type 1） • IM-102（IMO Type 2） • DOT Spec 56 • DOT Spec 57	• DOT Spec 5 • IMO Type 5	• 冷凍式 IMO Type 7 • 管模組
運送物質	液體與固體	液化壓縮	氣體
壓力	100psig 以下	100 ～ 500psig	2,400 ～ 5,000psig （管模組）

3. 特殊式貨櫃槽體

(1) 冷凍式貨櫃槽體：在美國，冷凍液體（Cryogenic Liquid）運輸所用之特殊可攜帶容器（圖 11-2），需經美國 DOT 核准方得使用，其建構要合乎 IMO Type 7 規範。外容器與內容器之間，一般設計為真空。此類槽體所運輸的物質，包括氬（Argon）、乙烯（Ethylene）、氦（Helium）、氮和氧等 [21]。

(2) 管模組：嚴格來說，管模組（圖 11-3）其實並非可攜帶式槽體容器，它是由許多水平鋼瓶（9 ～ 40 個）所組成，永久性地固定於骨架內；鋼瓶直徑由 23 ～ 120 公分（9 ～ 48 英吋）不等，壓力為 2,400 ～ 5,000psig，用於運送非液化壓縮氣體，例如氦、氫、氮與氧 [19, 21]。

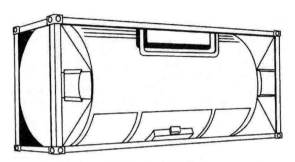

圖 11-2　冷凍海陸二用貨櫃槽體（NFPA）

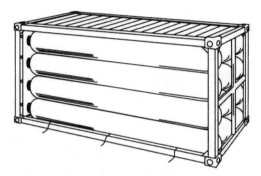

圖 11-3　管模組貨櫃槽體（NFPA）

11.3　附屬配件

　　各國所製造的海陸兩用貨櫃槽體，其附屬零件並非都是相同的。雖然如此，下面所介紹的附屬配件，外洩因應員仍應熟悉之，因此一旦涉及貨櫃槽體意外事件，他才能了解所面臨的容器配件。一般而言，很多貨櫃槽體都是在歐洲打造的，所以在規格上，是以公製為單位。

　　(1) 底下排放閥（Bottom Outlet Valve）：如果是用來運送有害物質，槽體有兩個位於底部的排放口閥，它們通常是蝶式閥（Butterfly Type Valve）。第一個是一種內部閥（Internal Valve），又謂基閥（Foot Valve），與外部閥（External Valve）串聯。內部閥可以遙控方式，作為緊急關閉之用；外部閥備有液體關閉裝備，例如盲法蘭（Blind Flange）或螺旋帽（Screw Cap）。排放口尺寸一般為7.5 公分（3 英吋）。如果一個人面對排放口之槽端，那麼緊急關閉閥之操作把手正位於槽體之右側。

(2) 人孔（Manhole）：約在槽體上方之中央，有一直徑約 45～60 公分（18～24 英吋）的人孔。當然也備有人孔蓋，以鉸鏈（Hinge）方式與人孔連在一起，人孔內部可看到用來測液面高度之量尺（Dip Stick）。人孔和槽體上方之零件由外洩盒圍繞著，具有多根排水管，以排走外洩物或雨水。

(3) 上方進料閥（Top Loading Valve）：槽體上方有一進料閥，屬球形閥（Ball Type）或蝶式閥。

(4) 空氣管連接（Air Line Connection）：靠近上方進料閥處，有一空氣管連接，作為卸料時，以惰性氣體覆蓋內容物之用，或者作為進料時蒸氣回收之用，其尺寸約為 1 英吋。

(5) 壓力／真空釋放閥（Pressure/Vacuum Relief Valve）：有二個壓力／真空釋放閥，以保護槽體不因壓力之變化而受損。由於槽殼很薄（5～10mm），真空釋放設計在負壓 0.75psig（5.17kpa）。此類閥可與破裂板閥（Rupture Disk）串聯使用，以防閥遭受內容物之腐蝕或阻塞。

(6) 溫度計（Thermometer）：通常備有溫度計，以量測內容物之溫度。

(7) 絕緣（Insulation）：IMO Type 1 和 Type 2 貨櫃槽體具有加熱裝置，以控制內容物之溫度。加熱的方法有採用蒸汽者，或熱流體者，藉由位於槽殼和外部保溫套之間的管子傳輸熱能。具備蒸汽加熱之容器，在靠近底部排放閥之槽端，有進出排放口。有些容器是藉由電流加熱的，這類容器在槽殼與保溫套之間備有加熱管圈（Coil）。

(8) 文件管套（Document Tube）：文件管套位於槽體側面，用於放置相關文件，例如貨櫃槽體之清洗證明書。

11.4　危險品貨櫃槽體之存放

危險品貨櫃有兩種：一種是一般的普通貨櫃，作為外包裝之用，危險品需置於內包裝（例如玻璃瓶），另一種是貨櫃槽體，危險品直接置於槽體中。

由於危險品貨櫃槽體是屬海陸通用之運輸容器，因此從船舶卸下，首先就暫時存放於碼頭貨櫃區。危險品貨櫃槽體不得與散裝貨物同時由船舶卸下，以避免可能發生之火災危害。

危險品貨櫃槽體於一般貨櫃碼頭之搬運與存放，應注意下列各點（NFPA, IMO）：

(1) 建立書面程序書：程序書內容包括存放位置、數量、方法、搬運時間與

危險品類別。

(2) 指定儲存位置：要在貨櫃區劃出一處專供危險品貨櫃槽體存放的地方。

(3) 危險品貨櫃／槽體如與一般貨櫃放在一起，應位於靠近通道的第一個位置，且彼此不得緊鄰，必須以間隔的方式為之，如圖 11-4 所示；要確認不互容的貨櫃／槽體以及高易燃性、毒性或反應性貨櫃／槽體，彼此之間要有適當距離（表 11-2）。

(4) 要保持在緊急情況下，有充分的通道可以有效使用消防水帶以及移動槽體。

(5) 下列危險品貨櫃槽體不得與一般貨櫃放在一起：有機過氧化物、液氧、氧化性物質、毒性氣體、氯、氟、二氧化硫與無水氨、遇濕呈危險特性之易燃固體、放射性物質。

上述貨櫃要放置於危險品貨櫃專區。

(6) 危險品貨櫃專區與建築物之距離不得少於 15 公尺，與其他貨櫃區或貨物存放區不得少於 6 公尺；與其他危險品存放區不得少於 30 公尺。上述間隔之間，不得置放任何東西。

(7) 危險品存放專區需有防火巷，其寬度不得少於 6 公尺（20 呎），且離存放區任何位置不得超過 15 公尺（50 呎），防火巷不得為死巷。

(8) 危險品存放專區與電氣設備之距離，水平方向不得少於 6 公尺（20 呎）；垂直距離不得少於 6 公尺（20 呎）或離存放之最高點不得少於 3 公尺（10 呎）。

(9) 危險品貨櫃專區應建立圍牆，其高度不得低於 1.8 公尺，但整個碼頭貨櫃區已設有圍籬者，不在此限。

(10) 危險品貨櫃專區應有「危險品，嚴禁煙火」之明顯告示牌。

(11) 危險品貨櫃槽體以不疊放為原則；但如果疊放，不得超過二個。

(12) 應建立危險品緊急應變計畫書。

(13) 應遵守《危害性化學品標示及通識規則》（危害通識規則，103.06.27）。

(14) 應有明顯之交通動線。

(15) 危險品貨櫃不得與散裝貨物同時由船舶卸下，以避免可能之火災。

11.4.1 危險品貨櫃專區設置規範

本節所述係參考美國一些港口港務局之危險品貨櫃專區設置準則，所擬定的危險品貨櫃專區設置規範，茲說明如下。

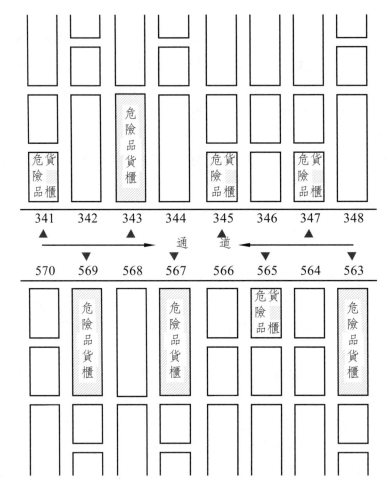

在一般貨櫃區，危險品貨櫃要以間隔方式置放。注意，危險品貨櫃係置於最前頭，而且貨櫃的門要面對通道，且不得疊放，危險品貨櫃前的路面，須以紅色三角形標示之。

圖 11-4　危險品貨櫃放置於一般貨櫃區示意圖（IMO）

表 11-2 港口貨櫃區危險品貨櫃／槽體存放間距

危險物品類別	2.1	2.2	2.3	3	4.1	4.2	4.3	5.1	5.2	6.1	8	9
易燃氣體（Flammable Gases） 2.1	0	0	0	s	a	s	0	s	s	0	a	0
非易燃氣體（Non-flammable Gases） 2.2	0	0	0	a	0	a	0	0	a	0	0	0
毒性氣體（Poisonous Gases） 2.3	0	0	0	s	0	s	0	0	s	0	0	0
易燃液體（Flammable Liquids） 3	s	a	s	0	0	s	a	s	s	0	a	0
易燃固體（Flammable Solids） 4.1	a	0	0	0	0	a	0	a	s	0	a	0
自燃性物質（Spontaneously Combustible Substances） 4.2	s	a	s	s	a	0	a	s	s	a	a	0
禁水性物質（Substances Which are Dangerous When Wet） 4.3	0	0	0	a	0	a	0	s	s	0	a	0
氧化性物質（Oxidizing Substances） 5.1	s	0	0	s	a	s	s	0	s	a	s	0
有機過氧化物（Organic Peroxides） 5.2	s	a	s	s	s	s	s	s	0	a	s	0
毒化物（Poisons） 6.1	0	0	0	0	0	a	0	a	a	0	0	0
腐蝕性物質（Corrosives） 8	a	0	0	a	a	a	a	s	s	0	0	0
其他（Miscellaneous） 9	0	0	0	0	0	0	0	0	0	0	0	0

資料來源：IMO, Recommendations on the Safe Transport of Dangerous Cargoes and Related Activities in Port Areas, 1995.

註：1. 本表所述之間距係指密閉容器（Closed Container）、可攜帶式槽體（Portable Tank）或包裝（Package）而言。

2. 0 = 無需間距：a = 至少 3m：s = 開放空間，至少 6m，倉庫內，至少 12m，但有防火牆者可縮減。

3. 第 6.2 類與第 7 類如進入港區，以直接接運送為原則，不宜在港區作暫時儲存。

危險品貨櫃槽體與一般貨櫃之距離少於 6 公尺，有礙消防作業

易燃液體貨櫃夾置於一般貨櫃之間，未有告示牌顯示其位置

圖 11-5A　危險品貨櫃／槽體之不適當置放例

危險品貨櫃夾置於一般貨櫃之間，且一般貨櫃疊放其上

圖 11-5B　危險品貨櫃／槽體之不適當置放例

貨櫃場應設置三處危險品存放專區，其最大尺寸如下：

(1) A 區：12.5m×40m，具防火巷，以供消防車進入。

(2) B 區：12.5m×44m，具防火巷，以供消防車進入。

(3) C 區：12.5m×10.5m，具防火巷，以供消防車進入。

上述三區之位置應合乎下列要求：

(1) 離建築物及其他一般貨櫃存放區 15m。

(2) 離貨櫃場財產線（界線）6m。

(3) 離其他危險品暫時存放區 30m。

貨櫃彼此之間的距離不得大於 1.5m，危險貨櫃專區如未放滿，可以放置空架子。A、B、C 專區彼此之間必須保持暢通，不得置放任何東西。每一座專區外圍 6m 處必須漆以 75mm 寬之有色線條，其顏色必須與地面有顯明的對比，要於靠近專區周界之地面每隔 9m 漆上「危險物品、嚴禁煙火」警示字，字高不得小於 150mm。

貨櫃區業者必須指定專人負責有關危險品貨櫃之儲運事宜，並負責就其相關管理問題與港務局聯絡。

危險品貨櫃的存放，必須符合表 11-3 之要求，表中第二欄是最大允許存放量。

表 11-3　港口危險品貨櫃暫時存放條件與限制

危險品類別	最大量	存放區	條件
易燃液體（閃火點 < 37.8℃）	不得大於 45,400kg（100,000lb）	A	可疊放二個；不得有其他貨物存放該區。
壓縮易燃氣體	20 個貨櫃	B	15m 內不得有其他危險物品。
可燃液體（閃火點 37.8～93.3℃）	沒有限制		可存放於一般貨櫃區，但需取得港務局之許可。
可燃固體	3 個貨櫃；不得大於 20,450kg（45,000lb）	B 或 C	30m 內不得存放其他危險品；可二個疊放。
易燃固體一遇濕則危險	需向港務局取得許可		

危險品類別	最大量	存放區	條件
氧化性物質	10 個貨櫃	B 或 C	15m 內不得存放其他危險品；可二個疊放。
腐蝕性物質	10 個貨櫃	B 或 C	15m 內不得存放其他危險品；可二個疊放。
非易燃壓縮氣體	10 個貨櫃	B 或 C	15m 內不得存放其他危險品；可二個疊放。但氮、氨、二氧化碳例外。氦可存放於一般貨櫃區，但需取得港務局之許可。
氯、氟、二氧化硫或氨（一種或二種）	3 個貨櫃	B 或 C	910kg（1ton）氯鋼瓶一個；30 公尺內不得有其他危險品。
毒性氣體（2.3 組）	2 個貨櫃；不得大於 18,150kg（40,000lb）	B 或 C	15m 內不得存放其他危險品；可二個疊放。
放射性物質	需取得港務局許可	—	—
爆炸性物質	需取得港務局許可	—	—
有機過氧化物	1 個貨櫃；不得大於 45.5kg（100lb）	B 或 C	在此區不得同時存放其他貨品。

11.5 外洩因應 [20]

　　一般而言，貨櫃槽體之有害物質外洩與其他散裝容器外洩並無重大區別，首要之務仍然是鑑識（鑑別）外洩物。藉由運送文件、告示牌以及現場相關人員的訪問，我們可以知道外洩物之類別與特性。必須建立工作區（Working Zones，

第 17 章）以及依據外洩物之特性與外洩規模，選用適當防護器材。

在安全上，有一點要特別注意的是：爬上槽體上方的情況。貨櫃槽體支架本身雖然有梯子，但這種梯子並不適合穿戴防護裝備的因應員使用，特別是當他使用 A 級防護裝備時，如果需要自己爬上容器上方，因應員應該使用延長梯或其他安全方法。另外一點要非常小心的是，容器上方行走用的平台支架，其表面是很尖銳的，易於割破防護衣。容器上方兩端也沒有扶手，因應員一不小心，可能會掉下來。

貨櫃槽體外洩，從過去的經驗顯示都是涉及其附屬配件。因應員應記住，這些配件的規格可能是公制單位的，因此宜攜帶適當規格的工具。其他可能涉及的問題，說明如下：

(1) 人孔墊圈（Gasket）：人孔墊圈是貨櫃槽體最可能的外洩點，因為一旦其與人孔蓋之密合度不佳就有了間隙，使內容物外逸。如果是蒸氣外洩，可將人孔翼之螺絲轉緊，或將墊圈換新的。當然如果是人孔液體外洩，則表示進料太滿了。

上部進料閥、空氣管線連接：閥外洩可能表示閥之裝置不佳，閥內有雜物或盲法蘭連接不良。容器上方任何液體洩漏，表示進料太滿。因應員應注意到，容器上方洩漏出來的液體將進入外洩截留盒內的排放管而排放。

(2) 底部出口閥：如果容器底部出口閥有任何滴漏，一般表示內部閥（參考圖 10-5）之密合不佳，也許可將此彈簧閥打開，然後再用力將其拉回關閉位置，以改善密合度，也可以同時拉動遙控把手，增加關閉程度。要注意遙控把手無法把內部閥打開。如果底部出口有大量外洩，因應員首先應盡快考量拉動遙控關閉閥把手，以減輕其所冒之風險。

(3) 釋放閥：在沒有火災的情況下，如果發現釋放閥（Relief Valve）有間歇啟動現象，表示容器進料太滿了。如果釋放閥連續操作，可能表示閥本身失效了。如果是釋放閥上游之破裂片閥失敗，有些釋放閥會產生洩漏現象。對於這一點，可先查看閥之壓力計，以了解破裂片閥是否已經破裂。

(4) 加熱系統：有時候容器加熱管線之裂漏，常常會與產品的裂漏混淆。蒸汽冷凝液或其他加熱流體可能遺留在管線表面，而由接合處滴漏出來。外洩初期，因應員應進行空氣監測，以了解外洩物之特性。

【討論】

1. 何謂運輸模式間槽體容器（Intermodal Tank Container），試依聯合國的《橘皮書》的定義說明之。

2. 運輸模式間槽體容器又謂貨櫃槽體，試列舉其可能之配件，並說明之。

3. 貨櫃槽體有那三種基本型式？

4. 貨櫃槽體之壓力／真空釋放閥常與破裂板閥串聯使用，其目的為何？

5. 【外洩案例】貨櫃槽體氫氟酸

2015 年 2 月 13 日，一只危險品貨櫃槽體（Tank Container）在基隆港第十號碼頭發生氫氟酸外洩，整個應變過程歷經長達八個小時之久，所幸無傷亡。它屬 IMO Type 1 非壓力式貨櫃槽體；這類槽體的外洩，從過去經驗顯示都是涉及其附屬配件，惟本次洩漏竟然是槽體裂隙，它提醒我們，建立港區危險品貨櫃儲運規範刻不容緩。早在 1998 年本書作者就參考國際規範與美國一些港口港務局之危險品貨櫃專區設置準則，替高雄港務局擬訂了貨櫃儲運管理制度，其內容包括危險品貨櫃專區設置規範、允許存放量、與一般貨櫃區之最小距離、消防設備、救災工具等[34c]。

危險品貨櫃的主體是化學槽，其槽體四周依聯合國危險品運輸規範《橘皮書》之規定，架設支架利於以機械方法裝輸，成為海陸運輸共用貨櫃槽體。由於槽體穩定性高，因此其危險性易被忽略而與「普通貨櫃」一起運送、裝卸與存放，為國內港區普遍存在之危險現象。

業者於普通貨櫃區內，不但將三只氫氟酸貨櫃槽體疊放，且第四層還擺放一只「普通貨櫃」，以致第二層洩漏時，拖碍了應變人員之槽體補漏作業。依聯合國《橘皮書》，氫氟酸為列管之危險品，具腐蝕性與毒性；依美國環保署之風險管理方案（Risk Management Program），為毒性危險物；因此這類危險品貨櫃之放置，依國際規範以不疊放為原則，如果要疊放，不得超過 2 只；也不應與「普通貨櫃」擺放在一起，要劃出專區供其擺放。

【選擇題】

1. 貨櫃槽體，依聯合國《橘皮書》之定義，其容量在　(1)450 公升　(2)1,000 公升　(3)2,000 公升以上。　　　　　　　　　　　　　　　　**Ans**：(1)

2. 危險品貨櫃槽體由船上搬到陸上時，內容物　(1) 需先取出再放到另外一只貨櫃槽體內　(2) 無需取出　(3) 上述兩者均可。　　　　　　　**Ans**：(2)

3. IMO Type I 貨櫃槽體屬 (1) 非壓力式 (2) 壓力式 (3) 均有可能。 **Ans**：(1)

4. IMO Type II 貨櫃槽體屬 (1) 非壓力式 (2) 壓力式 (3) 均有可能。 **Ans**：(1)

5. 非壓力式貨櫃槽體，其內部壓力可能高達 (1)100psig (2)1,000psig (3)10,000psig。 **Ans**：(1)

6. 貨櫃槽體，如同時具有破裂板閥與彈簧閥，且串聯之，則前者位於 (1) 上游 (2) 下游 (3) 上述兩者皆可能。 **Ans**：(1)

【是非題】

1. LPG 可以壓力式貨櫃槽體做為進行海上運輸工具。 **Ans**：(○)

2. IMDG Code 內容涵蓋危險品貨櫃槽體。 **Ans**：(○)

3. 當人面對貨櫃槽體排放口的槽端，則緊急關閉閥之操作把手位於槽體之右側。 **Ans**：(○)

4. 危險品貨櫃如與一般貨櫃放在一起，應放在靠近通道的第一個位置，且其貨櫃門要面對通道。 **Ans**：(○)

5. 危險品貨櫃如果放在一般貨櫃區，危險品貨櫃彼此之間不得緊鄰。 **Ans**：(○)

第 12 章

洩漏與氣體擴散

12.1　一般說明

有許多化災都是經由物質的洩漏（Leak）與擴散（Dispersion）所引起，特別是那些以氣體型態擴散之物質，更有可能釀成氣雲爆炸，或因本身具有毒性而造成難以預估的後果。因此如何正確、迅速地判斷洩漏與擴散狀況，是降低災變後果影響相當重要的課題。

化學物外洩後，其擴散情形以及影響程度，視其物理狀況（固態、液態或氣態）與該區的特性而定；後者諸如地理位置、地質、地勢、溫度、氣候、人口等相關條件。

有許多預測模式已被發展成適合每一種物質的通式，使用者只須代入該物質的物化特性即可計算，而變數之間的關係有些亦有表、圖可依循。儘管如此，這些描述擴散行為的模式，仍須做某些簡化的假設，以對變數做適當限制，並能對擴散行為做有效的估算。其他相關專題討論，讀者可進一步參閱《有害化學物及油類外洩因應技術》一書 [32c] 之第 10 章「化災風險之分析模式」。

本章之目的在於介紹：

(1) 化學物洩漏與氣體擴散之基本理論。

(2) 氣體擴散模式之選用。

(3) ALOHA 氣體擴散模式之特點。

12.2　洩漏

危害物質外洩時，其排放速率（Rate of Discharge）往往是決定火災或環境毒性等危害程度的主要關鍵因子。

假設有一輛油罐車發生意外，其洩漏點在罐槽體底部，則有可能將內容物全部排放掉，此時瞬間排放速率 q_ℓ（Instantaneous Discharge Rate），是孔洞上方液體的液位高度 H、槽體內部壓力 P、孔洞大小 A 和排放係數 C_d 的函數。

如果油罐車之洩漏點在罐槽體頂部或液面上方任何位置，那麼內容物是在氣化後，以氣體型態釋出，最後槽體之內、外壓力會達到平衡狀態。為了設計洩漏圖、表時的方便，可假設洩漏時液體保持在恆溫狀態，且其溫度即為室溫，於是釋放速率（Venting Rate）q_v 和槽內壓力 P 在所有液體氣化過程中，均為定值。釋放速率是槽內壓力的函數，而槽內壓力就是槽內液體在溫度 T 時的飽和蒸氣

壓 P_s。以丙烯醛（Acrolein）為例，假設室溫 30℃，我們可從文獻查得其飽和蒸氣壓為 44kPa。此 30℃常溫的假設，將導致一個較高的釋放速率，而產生最壞情況的數值。這是為了要保守估計氣體或液體釋放時，可能造成的影響，故以最壞的情況來考量。

下面各節分別針對液體與氣體洩漏速率之計算模式加以介紹[9]。

12.2.1　液體洩漏速率

若液體經由液面下之裂隙外洩，其排放速率可依下列公式計算：

$$q_\ell = AC_d\rho_\ell \times [2gh + 2(P - P_{at})/\rho_\ell]^{1/2} \tag{1}$$

其中 q_ℓ = 液體瞬間洩漏速率（g/s）。

　　h = 孔洞上方液體液位高度（液位差）（cm）。

　　P = 槽體內部壓力（dynes/cm² 或 10^{-4}kPa）。

　　A = 孔洞面積（cm²）。

　　C_d = 洩漏口排放係數（Coefficient of Discharge，無單位）。

　　ρ_ℓ = 液體密度（g/cm³）。

　　g = 重力加速度（cm/s²）。

　　P_{at} = 大氣壓力 = 1.00×10^6dynes/cm²。

洩漏口排放係數 C_d 與孔洞的幾何形狀、排放的雷諾數（Reynolds Number）有關，其值介於 0.6 ～ 1.0 之間。尖銳孔洞的外洩，C_d 值介於 0.6 ～ 0.64 之間，一般可取平均值 0.8 來代表。[9]

如果儲槽是浮動頂式（Floating Roof），則 $P = P_{at}$，公式 (1) 可簡化如下：

$$q_\ell = AC_d \rho_\ell \times [2gh]^{1/2}$$

【範例】

　　有一標準槽車（2.75m×13.4m）滿載液化二氧化碳（−23℃），其底因受外擊，產生一裂洞，直徑為 150mm。問當槽體內壓為 2,200kPa 時，其瞬間排放速率為多少？[9]

解：h = 275 cm，

　　P = 2,200 kPa = 2.2×10^7 dynes/cm²，

A = 177 cm^2，

C$_d$ = 0.8，

ρ_ℓ = 1.04/cm^3，

g = 980cm/s^2，

P$_{at}$ = 1.00×10^{6}dynes/cm^2，

將上述之值代入公式 (1)，得 q$_\ell$ = 906kg/s，約為 871ℓ/s。

12.2.2　氣體洩漏速率

當裂隙是位於槽內液面上時，會發生氣體外洩。氣體洩漏速率可依其壓降大小而分成兩種計算方式：

(1) 壓降大者為音速流（Sonic Flow）或稱阻氣流（Chocked Flow）洩漏。

(2) 壓降小者為次音速流洩漏或稱非阻氣流（Unchocked Flow）。

至於是那一種洩漏方式，則以流體之臨界壓力比為分界（AIChE/CCPS, 1989）：

$$(r)_{crit} = (\frac{P}{P_{at}})_{crit} = (\frac{k+1}{2})^{k/(k-1)} \tag{2}$$

其中 (r)$_{crit}$ = 臨界壓力比（無因次）。

P = 槽內部壓力，dynes/cm^2 或 10^{-4}kPa。

P$_{at}$ = 大氣壓力，dynes/cm^2 或 10^{-4}kPa。

k = 熱容量比（Specific Heat Ratio）（= C$_p$/C$_v$）。

　= 1/[1−(1.986/M · CPG)]（無因次）。

M = 分子量，g/mole。

CPG = 蒸氣的熱容，cal/g°K。

C$_p$ = 定壓熱容量，J/g°K。

C$_v$ = 定容熱容量，J/g°K。

1. 音速流洩漏（阻氣流）

若 $(\frac{P}{P_{at}}) > (\frac{k+1}{2})^{k/(k-1)}$ 則為音速流洩漏。

對於音速流洩漏而言，氣體將會以最大極限流速釋放出來，其流速為：

$$q_v = C_d AP \left[\left(\frac{kM}{RT} \right) \left(\frac{2}{k+1} \right)^{(k+1)/(k-1)} \right]^{1/2} \tag{3}$$

其中 q_v = 氣體釋放速率（g/s）。

    T = 槽體內部絕對溫度（°K）。

    M = 分子量。

    R = 氣體常數 = 8.28×10^7 g.cm^2/s^2.gmole°K。

    C_d = 洩漏口排放係數（無單位）。

    A = 孔洞面積（cm^2）。

2. 非阻氣流洩漏

若 $(\frac{P}{P_{at}}) \leq (\frac{k+1}{2})^{k/(k-1)}$ 則為非阻氣流洩漏，其流速為：

$$q_v = C_d A \left\{ 2P\rho_v \left(\frac{k}{k-1} \right) \left[\left(\frac{P_{at}}{P} \right)^{2/k} - \left(\frac{P_{at}}{P} \right)^{(k+1)/k} \right] \right\}^{1/2} \tag{4}$$

其中 ρ_v = 蒸氣密度，g/cm^3。

【範例】

    有一標準槽車（2.75m×13.4m）滿盛二氧化碳（-23℃），受外擊產生一個裂洞，位於槽體上端，其直徑為 250mm。請問在內壓為 2,200kPa 時，其瞬間釋放速率為多少？[9]

解：P_{at} = 100kPa = 1.0×10^6 dynes/cm^2，

    P = 2,200kPa = 2.2×10^7 dynes/cm^2，

    A = 491cm^2，

    C_d = 0.8，

    M = 44.01，

    CPG = 0.194cal/g（-23℃時），

    $k = 1/[1-(1.986/M \cdot CPG)] = 1.30$，

    $\frac{p}{p_{at}} = 2.2 \times 10^7 / 1.0 \times 10^6 = 22$，

    $(\frac{k+1}{2})^{k/(k-1)} = 1.08$，

所以 $(\dfrac{p}{p_{at}}) > (\dfrac{k+1}{2})^{k/(k-1)}$，因此是音速流洩漏，

由公式 (3)，得知 $q_v = 266 kg/s$。

12.3 氣體擴散與擴散模式

危害氣體一旦釋放至環境中，將會導致相當重要的擴散問題。危害物質與土壤或水接觸所造成的影響，在大部分的情況下，並不是十分迅速或劇烈，但當它的擴散是在空氣中進行時，其影響就會非常迅速且明顯，例如，火災或爆炸可能造成城鎮的部分摧毀，傷害到許多民眾。至於毒性蒸氣可能在幾分鐘或幾小時內，就能引起難以估計的災難，例如 1984 年 12 月 2 日印度波帕爾市（Bhopal）的 MIC（Methyl-isocyanate，異氰酸甲酯）意外洩漏事件，造成近二萬人死亡，其中約八千人死於第一個星期內，可說是最好的說明。

一般而言，模式（Model）係用來代表任何現象之重要特性，但一個「模式」並不能涵蓋現象之所有特性，否則它就不稱為「模式」——它是「現象」本身。一個「現象」如果涉及二個（或以上）元件之相互作用，是所謂「系統」。模式是系統之簡化。大氣擴散模式就是指一種數值技術或方法，用來估計排放到大氣中之污染物在某特定空間與時間之濃度。

危害物釋放至大氣時，影響擴散範圍的因素有下列幾點：

(1) 基本資料型態（化性、釋放模式、釋放量、釋放濃度、洩漏時間等）。

(2) 天氣情況〔如風向、風速、紊流（Turbulence）程度〕。

(3) 地勢。

在應用擴散模式時，上述因素皆須一併考慮，例如，除了至少要知道氣體是直接從容器釋放或是由液池蒸發外，由於它們的輸送與擴散主要受到風向、風速、紊流程度的影響，故這些變數亦須一併考量。

1. 釋放高度

洩漏點的高度對洩漏物質的著地濃度與下風距離有很重要的影響。高度愈高，擴散距離愈長，則著地濃度可能會愈低。為了保守估計起見，在模擬時均需假設洩漏點在地面，如此所求得之洩漏物質的著地濃度會較高。

2. 風速

風速是指離地面 10 ～ 30 公尺高度範圍，量測所得之空氣水平方向流動速度。平均風速則是指所量測的風速在 10 ～ 60 分鐘內的平均值。

3. 紊流

所謂紊流是指當氣流偏離平均風速，做不規則之上下、左右、前後之擾動變化的情況。紊流的產生，是由於溫度變化所引起的，而且會造成污染物在大氣中的擴散。但由於紊流的氣溫變化無法掌握，一般皆以垂直溫度梯度（Temperature Gradient）來代表氣候的穩定性及氣體擴散能力。

4. 穩定度

煙流（Plume）一旦進入大氣中，就開始了輸送、混合與稀釋。混合與稀釋是藉由大氣的紊流來達成。由於大氣的紊流結構與溫度的結構非常接近，因此，空氣污染氣象學家常常用大氣垂直溫度梯度（Temperature Gradient），也就是大氣溫度垂直漸減率，來分辨大氣穩定度（Stability）。圖 12-1 即表示三種穩定度，溫度梯度等於 10℃/km 是所謂中性情況（Neutral Condition）；大於 10℃/km，穩定情況（Stable Condition）；小於 10℃/km，不穩定情況（Unstable Condition）。它們可作為大氣擴散污染物之容量指標。茲說明如下：

(1) 中性（Neutral）：每上升 1,000 公尺，溫度降低 10℃，又謂絕熱氣溫直減率（Adiabatic Lapse Rate）。

(2) 不穩定（Unstable）：若上升氣團之溫度漸減率較周圍大氣之溫度漸減率小，則上升氣團之溫度較四周溫度為高，將會繼續上升擴散。

(3) 穩定（Stable）：若上升氣團之溫度漸減率較周圍大氣的溫度漸減大，則上升氣團之溫度較四周溫度低，將會使氣團的高度下降至平衡狀況。氣團會受外力而升降，當外力消失，氣團會恢復到原的位置。

依照 Pasquill（1971）的大氣穩定度級數，由極不穩定 A 到極穩定 F 共分六級：(1) A 為極不穩定（Extremely Unstable）；(2) B 為不穩定（Moderately Unstable）；(3) C 為輕微不穩定（Slightly Unstable）；(4) D 為中性穩定（Neutral）；(5) E 為輕微穩定（Slightly Stable）；(6) F 為穩定（Moderately Stable）。

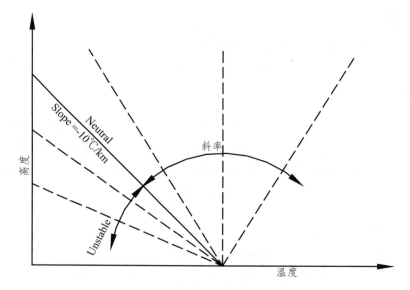

圖 12-1　大氣穩定度與垂直溫度梯度之關係 [9]

　　不穩定的大氣（溫度下降梯度較大），有較高的紊流程度。如果污染物釋放
到這種環境中，會很快地將其擴散；反之在穩定的大氣，其紊流程度低，結果污
染物擴散不易，物質一旦排放到穩定的大氣中，將隨風飄浮，如同一條薄薄的彩
帶，綿延數十公里之遙。

　　在緊急應變規劃上，基於實際情況的考量，一般僅考量 D 和 F 級。F 的情
況最不利於氣團擴散，易導致氣團濃度較高，危險性較大；D 則是常有的天氣情
況。天氣情況的判斷，可參考表 12-1 之觀察來決定。荷蘭風險評估技術假設大
氣穩定度為 D 級（見第 8 章第 8.7 節），而美國 EPA 的風險管理計畫之最惡劣
情境考量 F 級 [31c]。

　　地勢對於比空氣重的氣體來說特別重要，例如沿著山谷的風道，將導致氣體
以受限制的擴散方式傳送一段距離；輕微的風勢會因地勢坡度而產生明顯的局部
氣流；較重的氣體則易陷在低窪處，且會由於不易擴散而造成濃度較高的氣團，
並持續一段很長的時間，故所受地形之影響亦較大。

表 12-1　F 與 D 之天氣情況準則 [9]

天氣情況 F	天氣情況 D
風速小於 11km/h（3m/s） 以及下列之一： 　多雲的白天 　夜晚 　劇烈的溫度逆轉	大部分的其他風速和天氣情況

12.3.1　擴散模式之選用

由以上可看出，危害氣體釋放後，其在大氣中的擴散行為是相當複雜的，所以在應用擴散模式之前，必須先了解它們有那些假設或限制。

現在以槽車的化學品意外來說明擴散模式之選用。化學品由槽車意外所導致的蒸氣釋放有兩種途徑：

(1) 直接以蒸氣型態釋放（如槽車內容物是氣態或槽車頂部裂隙所致）。

(2) 液體排放（如槽車底部有裂隙）在液面或地面上，形成小液池，經蒸發而產生蒸氣釋放。

圖 12-2 的流程，可以作為選擇噴流氣體模式（Puff Model）或煙流氣體模式（Plume Model）的決策樹。

所謂噴流氣體模式，是考量氣體在數秒或數分鐘內就大量釋放，或是高揮發性液體（具非常快的蒸發速率）之釋放，有如一個瞬間釋放的點源（Instantaneous Point Source）；而煙流氣體模式則是應用於具間歇性之氣體點源釋放（Semi-Continuous Point Source），或液體池緩慢蒸發而釋放蒸氣，像是連續或間歇的面釋放源（Continuous or Semi-continuous Area Source）。若氣體已連續釋放一個小時或更久，且在二十公里以內的偵測器皆能感應得到的話，就應使用煙流氣體模式（表 12-2）[6]。

上述擴散模式主要是根據 Pasquill、Slade（1968）與 Turner（1970）等人的高斯擴散模式（Gaussian Models）而來。此外，x 軸、y 軸、z 軸之原點是以釋放點地面為原點，而以風向為 x 方向，z 方向為與地表垂直方向（圖 12-3）。

表 12-2　釋放模式選擇準則[6]

煙流模式（Plume Model）	噴流模式（Puff Model）
外洩排放時間≧蔓延時間（travel time）	外洩排放時間＜蔓延時間
連續或間歇的點或面釋放源	外洩排放時間＜3 分鐘 （瞬間點釋放源）
液體池緩慢蒸發	
若氣體已連續釋放有一個小時或更久，而在二十公里以內的偵測器皆能感受得到	高揮發性液體

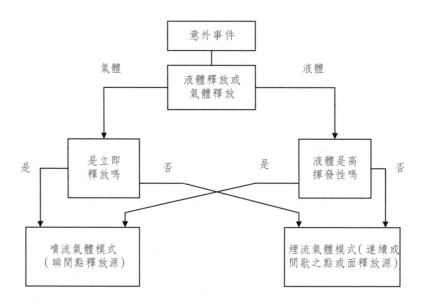

圖 12-2　外洩氣體擴散模式選用之決策樹

　　在應用噴流或煙流氣體釋放模式之前，均應先留意下列幾點假設：

　　(1) 擴散出來的蒸氣是屬於中性浮力（Neutral Buoyancy），也就是說，氣團不會因重力或浮力而造成整體移動。

　　(2) 整個氣團與空氣的混合是均勻的。

　　(3) 濃度為時間平均濃度。

　　(4) 在整個氣團垂直部分所受風力是均勻的。

　　(5) 地勢平坦（不受地形影響）。

　　(6) 煙流或噴流不會因堆積或沉澱等因素而消失。

(7) 煙流或噴流的高度不受制於大氣之混合層（Mixed Layer）。

(8) 氣團釋放速率為常數。

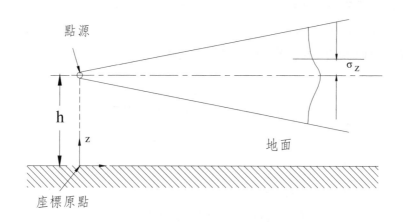

圖 12-3　連續點釋放源示意圖[9]

12.4　煙流氣體模式

對於連續的點釋放源（圖 12-3），下風區任一點（座標 x, y, z）之濃度，可由下列方程式（又謂高斯煙流擴散模式，Gaussian Plume Model）表示之[9]：

$$C(x, y, z, t) = \frac{Q}{2\pi U \sigma_y \sigma_z} \exp\left[-1/2\left(\frac{y}{\sigma_y}\right)^2\right] \cdot \left\{\exp\left[-1/2\left(\frac{z-h}{\sigma_z}\right)^2\right] + \exp\left[-1/2\left(\frac{z+h}{\sigma_z}\right)^2\right]\right\} \quad (5)$$

上式只在 $x \le Ut$ 情況下成立；若是 x>Ut，則 C（x, y, z, t）= 0。

其中 C = 氣團濃度（g/m^3）。

　　Q = 氣團釋放速率（g/s）。

　　U = 風速（m/s）。

　　x = 下風距離（m）。

　　y = 橫風距離（m）。

　　z = 垂直距離（m）。

h = 釋放源高度（m）。

σ_y = y 軸標準偏差係數（擴散係數，m）（圖 12-4）。

σ_z = z 軸標準偏差係數（擴散係數，m）（圖 12-5）。

t = 氣團釋放時間（s）。

若釋放源在地面（h = 0），則煙流中心線地面處（y = 0, z = 0）之濃度為：

$$C(x, 0, 0, t) = \begin{cases} \dfrac{Q}{\pi U \sigma_y \sigma_z} & x \leq 2 \\ 0 & x > Ut \end{cases} \tag{6}$$

由上式的正規化濃度（CU/Q）（Normalized Concentration）對下風距離 (x) 作圖（圖 12-7），可得污染物的連續煙流釋放特性。

當物質是外洩在地面或液面上，其蒸發速度可由下列關係來估計（Stiver 和 Mackay 1982）：

$$Q = KAPM/RT \tag{7}$$

其中 Q = 蒸發速率（氣團釋放速率）（g/s）。

K = 質傳係數（Mass Transfer Coefficient）（m/s）。

A = 面積（m^2）。

P = 蒸氣壓（Pa）。

M = 分子量（g/mole）。

R = 氣體常數 = 8.314 (Pa) m^3 (mole°K)。

T = 溫度（°K）。

質傳係數可由 Stiver 和 Mackay（1982）的表示式來簡化：

$$K = 0.002U0.78 \tag{8}$$

其中 U = 風速（m/s）。

以上關係式係針對點釋放源（體積趨近零）而言，如果要應用於連續面釋放源，於近距離內會有高估情況。要解決這種問題，可以假設在真實釋放源上風處某一距離（x_y）有一虛擬排放點（Virtual Point Source），如圖 12-6 所示。x_y 值因濃度而定，其估計可假定面釋放源之橫風距離（即釋放源直徑 d）等於虛擬排

放點下風處之煙流寬度（$4.3\sigma_{y0}$，亦即等於煙流中心濃度 10% 的邊緣地方，見第 12.6 節）。先算出 σ_{y0}，然後依圖 12-4 求出 x_y。因此，面釋放源的計算，橫座標 x 可依下列方程式轉換之[9]：

$$x' = x + x_y \tag{9}$$

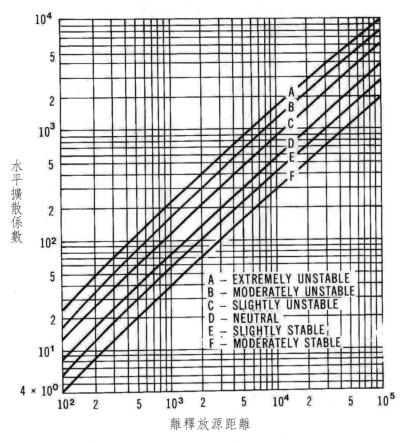

圖 12-4　水平擴散係數與釋放源距離之關係[9]

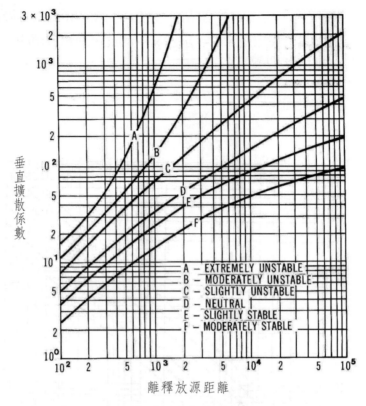

圖 12-5　垂直擴散係數與釋放源距離之關係[9]

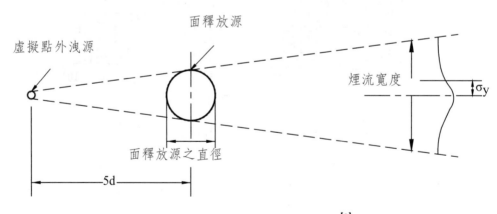

圖 12-6　連續面釋放源示意圖[9]

若 x_y 小於 100 公尺,或 σ_y 對 x 之曲線關係無法獲得時,建議使用下式估算之(Raj 1977):

$$x' = x + 5d \tag{10}$$

12.5 噴流氣體模式

對於瞬間點釋放源(例如高壓容器意外事故的釋放),其下風區任一點座標 x、y、z 處,時間 t 之濃度 C 為 [9]:

$$C(x,y,z,t) = \frac{2Q_T}{(2\pi)^{3/2}\sigma_x\sigma_y\sigma_z}\exp\left[-1/2\left(\frac{x-Ut}{\sigma_x}\right)^2\right] \cdot \exp\left[-1/2\left(\frac{y}{\sigma_y}\right)^2\right] \cdot$$
$$\left\{\exp\left[-1/2\left(\frac{z-h}{\sigma_z}\right)^2\right] + \exp\left[-1/2\left(\frac{z+h}{\sigma_z}\right)^2\right]\right\} \tag{11}$$

若釋放源是在地面 h = 0,則噴流中心線地面處(y = 0, z = 0)之濃度為:

$$C(x,0,0,t) = \frac{4Q_T}{(2\pi)^{3/2}\sigma_x\sigma_y\sigma_z}\exp\left[-1/2\left(\frac{x-Ut}{\sigma_x}\right)^2\right] \tag{12}$$

其中 C = 瞬間釋放濃度(kg/m^3)。

　　Q_T = 釋放出來的氣團總質量(kg)。

　　U = 風速(m/s)。

　　$\sigma_x, \sigma_y, \sigma_z$:噴流擴散係數(m)。

可進一步假設噴流擴散係數與 Pasquill 煙流之 σ 相同,且 $\sigma_x = \sigma_y$,以求得正規化濃度(C/Q_T)對下風距離 (x) 之關係,做出不同物質瞬間噴流釋放特性曲線如圖 12-8 所示。由於是瞬間排放,因此縱座標 y 代表當污染物移動時,在橫座標某一點 x 所觀察到的最高正規化濃度值。

此外,我們取恕限值(TLV)的 10 倍做為危害濃度的最高界限 [9],因為

就我們所關心的短時間（30 分鐘）人體健康來看，這代表較實際的情況。上述 TLV 係指 TLV-TWA（時量平均恕限值，見第 9 章）。

12.6　煙流／噴流危害寬度

在外洩規劃上，我們所關心的是，下風的危害距離 (x)，以及偏離中心線的危害寬度 (y)。如果我們能決定危害距離以及危害寬度，我們就可以規劃出危害區了。

地面上偏離軸中心線某特定點之濃度 (C') 與中心線之濃度 (C) 之比來計算 y（圖 12-9）：

依公式 (5) 與 (6)，可得：

$$\frac{C'}{C} = \exp\left[-1/2\left(\frac{y}{\sigma_y}\right)^2 \right] \tag{11}$$

或

$$y = \sigma_y \left(2\ell_n \frac{C}{C'} \right)^{1/2}$$

故擴散寬度 W（ = 2y）：

$$W = 2\sigma_y \left(2\ell_n \frac{C}{C'} \right)^{1/2}$$

如令 C = 10TLV，C' = TLV，我們可得危害寬度 W：

$$W = 4.3\sigma_y' \tag{12}$$

由於煙流和噴流之擴散係數（σ's）相同，其擴散寬度亦相同。

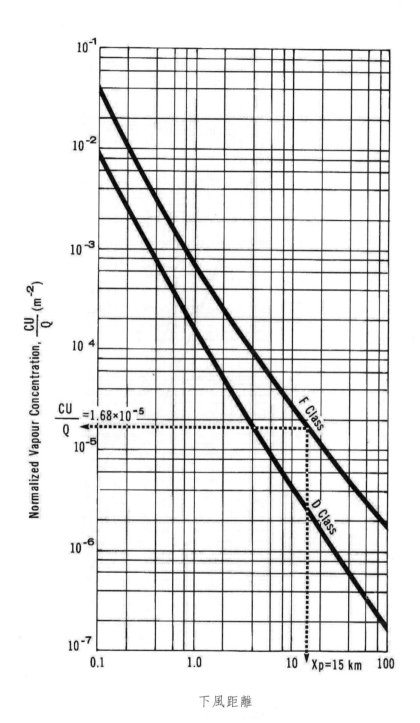

下風距離

圖 12-7　正規化濃度對下風距離之關係——煙流 [9]

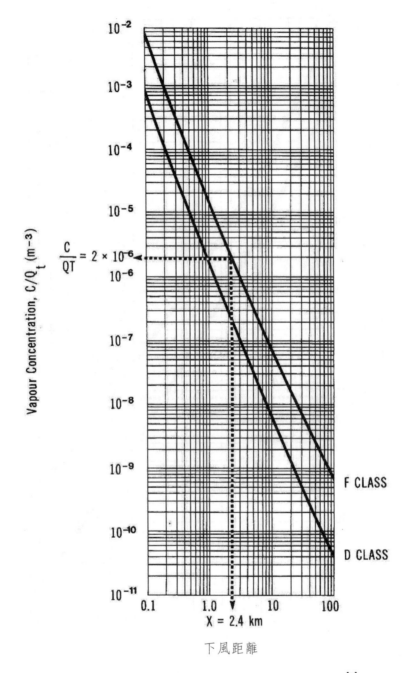

圖 12-8　正規化濃度對下風距離之關係──噴流[9]

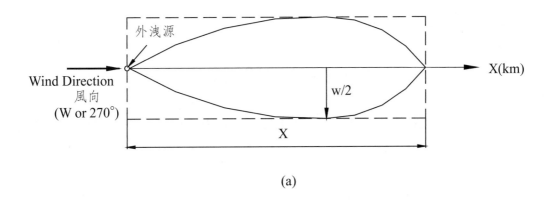

(a)

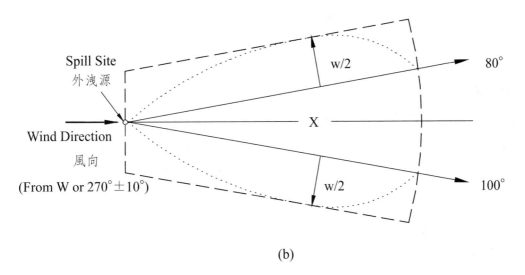

(b)

圖 12-9　最大危害下風距離與最大危害半寬度示意圖[9]

【範例】

　　深夜 2:00，20 公噸的液態丙烯（Propylene，C_3H_6）外洩於平坦之陸面。當時之氣溫為 20℃，風向風速為 W7.5km/hr。在 2:05 a.m. 時，試估計危害區（Hazard Zone）[9]。已知丙烯之分子量為 42。LFL ＝ 2% 或 40g/m³。

解：已知 Q_T ＝ 20tonnes ＝ 20×10^7g

1. 決定風速與風向

　依據氣象資料

　U（風速）＝ 7.5km/h ＝ 2.1m/s

D（風向）＝ W 或 270°

2. 決定大氣穩定度

　　因為 U ＜ 3m/s 且是在晚上時間，因此取 F 級穩定度（表 12-1）。

3. 決定危害濃度限值（C）

- 取 LFL、10TLV 或窒息濃度等三種濃度之最小者，作為危害濃度限值。
- 丙烯並無 TLV 值；LFL ＝ 40g/m^3；窒息濃度 ＝ 280g/m^3

　　因此 C ＝ 40g/m^3

4. 計算正規化之地面濃度（C/Q$_T$）

$$C / Q_T = \frac{40g / m^3}{2 \times 10^7 g} = 2.0 \times 10^{-6} m^{-3}$$

5. 計算離瞬時釋放源之危害距離（X）

　　從圖 12-8，查得當 C/Q$_T$ ＝ 2.0×10^{-6}m^3，穩定度為 F 時，

　　X ≈ ＝ 2.4km

6. 計算危害半寬度〔（W/2）max〕

　　危害濃度 C ＝ 40g/m^3；Q$_T$ ＝ 2.0×10^{-6}m^{-3}；穩定度為 F 時，

　　依公式 (12) 得

　　(W/2)max ＝ 75m

7. 計算外洩時間

　　t ＝ 5min×60s/min ＝ 300s

8. 噴流移動距離

　　X$_t$ ＝ Ut ＝ 2.1m/s×300s ＝ 630m ＝ 0.63km

9. 劃出危害區（Hazard Zone）

- 以最大危害距離為長度（X ＝ 2.4km），危害半寬度的 2 倍為危害寬度（w），於外洩時下風方向劃出一個長方形，如圖 12-9(a) 所示。
- 如果風向左右擺動 10°（亦即 270°±10°），則危害區如圖 12-9(b) 所示。

12.7　電腦模式

　　由於工業製程與其相關的環境和安全議題之複雜度，使得近年來更加依賴電腦模式去取得這些製程後果與表現之資料。但這些模式往往涉及諸多假設的近似

值，因此，使用者必須了解使用之模式的假設（近似值）是否合理，模式所跑出來的結果，有多大的可信度。特別是美國 RMP 方案廠外後果分析所用的最惡劣情境（The Worst Scenario）之大氣擴散模擬，假設大氣穩定度 F 級、風速 1.5m/s；這種氣象條件缺乏可靠的實驗數據[72] 去驗證所使用的模式。

由於並沒有任何單一技術模式完全合乎科學驗證，市面上才會有那麼多模式。

台灣地區所熟悉之商用電腦模式 —— 工業開發單位對於安全風險評估模式的使用，都以自選之商用模式為主，例如化工業針對化災洩漏等意外以 CHARM 為主，而火災、爆炸之模式等，則以 ARCHIE 使用較多。ALOHA 軟體因為可從網路免費下載，為近年我國環保署所建議之官方認可氣體擴散電腦模式。

12.7.1 ALOHA 擴散模式

ALOHA（Areal Locations of Hazardous Atmospheres）係一種化學氣擴散模式，可用來預測氣體在空氣中之移動與擴散。它由 US EPA 和 NOAA（National Oceanographic and Atmospheric Administration，美國海洋與大氣署）所共同開發的，但目前由美國國家安全委員會（National Safety Council）分發和支持。本模式當初開發目的，係針對化學物外洩緊急應變，後來發展到平時可作為緊急應變規劃之目的。

本模式同時適用於中性浮力氣體與重質氣體之擴散預測。它的開發係針對初步因應員（First Responder），因此，其所需之輸入數值很容易於事故現場取得或估計之[114]。

1. 適用性
只能模擬揮發性化學物質（中性浮力或重質氣體）擴散至大氣之情形，本模式不適用於放射性化學物。

2. 特色
(1) 預測化學物質自破裂管、裂縫槽洩漏後的擴散情形，並可模擬外洩池蒸發之情形。

(2) 可模擬比空氣重的氣狀污染物。

(3) 操作手冊有詳細之使用說明及例子。

(4) 內建化學物質的特性資料庫。

(5) 可畫出模擬結果的下風處之濃度軌跡圖。

(6) 可結合地圖，將上述的濃度軌跡圖標示於圖上。

輸入參數

(1) 洩漏的形式（破裂管、裂縫槽洩漏或外洩池之蒸發擴散）。

(2) 大氣條件如風速（包括測此風速之高程）、風向、雲量比例、穩定度、空氣溫度、濕度及經緯度。

(3) 洩漏源的尺寸及相關物理數值。

輸出結果

將上述模擬結果，畫出其濃度軌跡圖，並可結合其 MARPLOT 軟體，將此濃度軌跡曲線標示於圖上。濃度軌跡圖又謂氣雲「足跡」（Footprint），當然要畫出「足跡」，必須先知道該污染物之濃度恕限值（Threshold Concentration），人體一旦暴露於此濃度（或以上），將造成危害。

【討論】

1. 氣體常數 R = 0.082（atm.l/gmole°K）。

   1pascal（巴斯噶）= $1N/m^2$

   $$1atm = 1.01 \times 10^5 Pa = 1.01 \times 10^5 \frac{N}{m^2} = 1.01 \times 10^5 \frac{kg \cdot m/s^2}{m^2}$$

   $$= 1.01 \times 10^5 \frac{kg}{m \cdot s^2} = 1.01 \times 10^5 \frac{(10^3 g)}{m \cdot s^2}$$

   $$\therefore R = 0.082 \frac{atm \cdot \ell}{gmol \cdot K} = 0.082 \times (1.01 \times 10^5) \frac{(10^3 g) \cdot \ell}{m \cdot s^2 \cdot gmol \cdot K}$$

   $$= 0.082 \times (1.01 \times 10^5) \frac{(10^3 g)(10^{-3} m^3)}{m \cdot s^2 \cdot gmol \cdot K} = 8282 \frac{g \cdot (10^2 cm)^2}{s^2 \cdot gmol \cdot K}$$

   $$= 8282 \times 10^4 \frac{g \cdot cm^2}{s^2 \cdot gmol \cdot K} = 8.28 \times 10^7 (g \cdot cm^2 / s^2 \cdot gmol \cdot K)$$

2. 有一標準油罐槽車（2.75m×13.4m）滿盛二氧化碳（−23℃），受外擊有一裂洞在槽體上端，其直徑為 150mm，問內壓為 1,200kPa 時，其瞬間釋放速率為多少？

3. 假設風速為 7.5km/h（＝2.1m/s），天氣情況為 F，外洩量 (Q) 為 1 公噸，外洩

經歷時間 (t) 為 1 個小時，釋放源在地面，試依噴流氣體模式，列出中心線下風距離，1,000 ～ 14,000 公尺之間，每隔 1,000 公尺之地面濃度

4. 假設你負責規劃化災緊急應變，對於化學物外洩所造成的危害區（Hazard Zone）規劃，你如何設定危害限值呢？試以 IDLH、TLV 以及 LFL 等危害限值說明之。本處所謂危害區是指撤離居民之範圍。

5. 假設某油罐槽車之罐槽體底部有一裂洞，造成液體外洩於地面，外洩池之直徑為 d，請說明在應用高斯擴散模式之前，如何將此面釋放源轉換為點源。

6. 已知某外洩氣體具毒性與易燃性，其 TLV = 20ppm，而其 LFL 為 100ppm，試問要以那一個限值來決定危害距離。

7. 雷諾數（Reynolds Number）

流體力學中，雷諾數（Reynolds Number）是流體慣性力與黏性力比值的量度；雷諾數較小時，黏滯力對流場的影響大於慣性力，流場中流速的擾動會因黏滯力而衰減，流體流動穩定，為層流；反之，若雷諾數較大時，慣性力對流場的影響大於黏滯力，流體流動較不穩定，流速的微小變化容易發展、增強，形成紊亂、不規則的紊流。

8. 重質氣體（Heavy Gas）

所謂重質氣體係指其分子量大於空氣，這種氣體一旦大量洩漏，將形成一重質氣雲。空氣之分子量平均約為 29kg/kmole。有些氣體例如無水氨（Anhydrous Ammonia），雖然在室溫時比空氣輕，但因儲存於低溫（冷凍），也能形成重質氣雲。ALOHA 認為[50]，只要氣雲之密度大於空氣（空氣密度為 1.1kg/m³），就是重質氣體。

【是非題】

1. 大氣穩定度之 F 級較 D 級有利於大氣污染物之擴散。　　　**Ans**：（×）

2. E 級穩定度之紊流程度較 B 級高。　　　**Ans**：（×）

3. 模式（Model）可用來涵蓋現象之所有特性。　　　**Ans**：（×）

4. ALOHA 可以模擬火災與爆炸危害。　　　**Ans**：（×）

5. ALOHA 可用來模擬中性浮力與重質氣體之擴散。　　　**Ans**：（○）

6. 化災風險評估之即時（Real-time）應用較少，主要是因在現場意外的混亂情況下，難以應用。　　　**Ans**：（○）

7. 目前工業界大部分都把化災風險模式主要用在其化災緊急應變之規劃上，而

非即時之現場分析。 **Ans**：（○）

8. ALOHA 為大眾化擴散模式，可免費由網站下載。 **Ans**：（○）

9. 「模式」就是「現象」本身。 **Ans**：（×）

10. ALOHA 當初開發係針對初步因應原（First Responder），因此所需之輸入數值很容易於意外現場取得或估計之。 **Ans**：（○）

【選擇題】

1. 依據 Pasquill 大氣穩定度分類法，共有　(1)A、B、C、D、E、F 等六級　(2)A、B 等二級　(3)A、B、C、D 等四級。 **Ans**：(1)

2. 大氣之紊流程度愈低，污染物之擴散愈　(1) 不易　(2) 容易　(3) 上述兩者皆可能。 **Ans**：(1)

3. 在化災緊急應變規劃的領域上，我們常考量最惡劣的情境，因此一般考量大氣穩定度，常採用　(1)A 級　(2)E 級　(3)F 級。 **Ans**：(3)

4. 加拿大環境部（Environment Canada）對於有毒氣體之擴散，其危害距離是依 (1)10TLV　(2)20TLV　(3)TLV 為終點限值。 **Ans**：(1)

5. 依加拿大環境部規範，毒性氣體外洩擴散，如其同時具易燃性，則危害距離依　(1)10TLV　(2)LFL　(3) 上述兩者取其較小者為終點限值。 **Ans**：(3)

6. 大氣呈中性穩定時，每上升 1,000 公尺高度，溫度降低　(1)100C　(2)10C (3)0.10C。 **Ans**：(2)

7. ALOHA 可以模擬　(1) 揮發性化學物之空氣擴散　(2) 易燃物火災危害 (3) 易燃物爆炸危害。 **Ans**：(1)

8. 下列哪個模式可用來模擬重質氣體（Heavy Gas）之擴散　(1)ARCHIE (2)ALOHA　(3) 上述兩者皆是。 **Ans**：(2)

9. US RMP 方案的廠外後果分析簡單評估方法有設定　(1) 事件頻率值　(2) 風險值　(3) 上述兩者皆無，以為決定之參考。 **Ans**：(3)

10. ALOHA 適用於　(1) 中性氣體　(2) 重質氣體　(3) 上述兩者皆是。 **Ans**：(3)

第 13 章

緊急應變計畫

13.1　一般說明

任何災害的緊急因應到底需要多少人力，因災害範圍與周遭情況而差異很大；但不管有多少人參與因應，這些人的行動必須在良好的組織下運作，才能夠「及時」與「有效」地去保護大眾健康、環境和財產。

每一件化學緊急事件，都可能有其獨特之處，例如不同之外洩物和不同之效應，因此所需之因應作業，也因外洩地點而異。雖然如此，但它們都有一共同之處，即這些緊急事件都需要藉助良好的事先規劃、組織、資源（人力、工具和經費）來管理、執行因應作業。

本章目的說明[6c, 20c, 32c]：

(1)「緊急應變計畫」的共通基本要項。

(2) 如何擬定因廠、因地制宜的應變計畫書。

(3) 工廠元件之潛在外洩點。

(4) 事故管理系統（IMS）之 ICS 模式。

本章內容重點以因應化學物質緊急災害為主，但其基本原則亦可應用於其他災害的應變。

13.2　緊急應變規劃

「準備」（Preparedness）是一項預先規劃、安排妥當的作業。這種作業是經常性的，而不是等到災害發生時才進行。經驗告訴我們，凡有人類的活動，就會有意外的發生，即使在這個高科技的時代，也不可能把人為的錯誤完全排除，因此我們要「準備」，才能「及時」與「有效」地因應任何災害，以減少生命、財產的損失和可能的環境災害，同時降低清除外洩物的費用。

緊急應變的規劃（Contingency Planning）可以「緊急週期」（Emergency Cycle）來說明，它包括「預防」、「準備」、「因應」和「追蹤」四個基本要項（圖 13-1）。茲將各項有關活動或措施舉例說明如下：

(1) 預防（Prevention）：本項措施包括操作員之選用和訓練、環境評核（Environmental Audits）和風險管理等。

(2) 準備（Preparedness）：例如因應員（Responders）之訓練和資格標準等例行性執行之方案和作業，以培養因應員，以便在一旦發生外洩時，對參與之單位和大眾提供相關支援。緊急規劃本身也是一種準備措施。

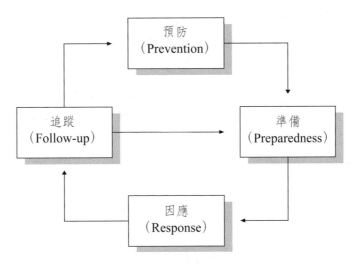

圖 13-1　緊急週期示意圖

(3) 因應（Response）：包括外洩現場之管理、個人防護具（PPE）、監測儀器、清除和回收、以及通訊車等；在外洩發生時，主導或支援有關機構所採取的措施，都是「因應」的活動。

(4) 追蹤（Follow-up）：指外洩因應後的報告和分析，以評估災害，了解法定責任，同時提供將來改善「預防」、「準備」和「因應」措施之參考。「追蹤」具有預防的功能，因此可與「預防」合併為一項。「預防」可以說是最重要的項目，但其他二項也不可忽略。「因應」是最後不得已的措施。在規劃上，要把「預防」、「準備」和「因應」看成一體，都是同樣重要。緊急應變計畫書就是上述規劃過程中所產生的文件。

13.3　緊急應變計畫

所謂「緊急應變計畫」就是預先擬定好的溝通和作業系列，以便一旦緊急事件發生時，就可作為因應之依據。它有幾個相同的英文名詞：「Contingency Plan」、「Emergency Plan」、「Emergency Operations Plan」[12, 53]。一般而言，「Contingency Plan」較為美加兩國工廠所常用。

當一件意外涉及危害物，或者任何其他人為或天然災害時，受災區的居民自然會試圖去控制和減輕緊急狀況。在這種情況下，自然而然就形成了某種形式的組織，包括所有可資借重的人員。但是這個組織是否能「有效地」控制整個情

況，顯然大有疑問，因此這種臨時湊合的組織，也許並不能指揮領導有經驗的員工、工具和其他所需要的資源，結果導致因應救災行動的遲延或混亂。

要能「有效地」因應緊急事件（不管是人為或天然的），包括危害物緊急事件，一定要事先研訂「緊急應變計畫書」。緊急應變計畫書「期待」因應員所面臨的問題，進而在研訂過程中找出解決問題的答案，發展功能性的因應小組，決定通知系統以及事先做好技術支援的安排。

一旦啟動緊急應變計畫書，這個組織會很快地發揮它的功能。與沒有計畫書的情況比較起來，這個組織能很明確地開始執行控制作業，所造成的延遲也會較少。另一方面，如果能事先研訂計畫書，建立保護健康與安全的步驟，也能減少因應員和大眾的風險。

雖然緊急應變計畫書可以減輕許多危害物因應所涉及的問題，但不管它是如何的好，也不能「預期」和「考量」所有外洩化學物所引發之問題。為了容納不可能預見的突發事件，要經常進行內容修訂。

一本有效的危害物緊急應變計畫必須經常檢討修正，並經各相關單位人員之同意，要具有彈性並經常試驗，以反映現況。

13.3.1　緊急應變計畫失敗的原因

國外經驗顯示，緊急應變計畫之所以往往不發生效用，大部分歸咎於下列人為的錯誤：

1. 應變計畫不受管理階層重視

大部分從事使用、儲存或製造危害物質的工廠，管理階層僅關心表面上的營利或生產的物品。經驗指出，即使政府和保險公司要求有緊急應變計畫，管理階層也往往把它當做一種經常性的支出，而不把它當作公司安全措施的優先重要課題。更有甚者，員工也普遍以為「意外」只會發生在別人身上，因此，對於「緊急應變計畫」的訂定，公司把它當作一項無關緊要的課題，就交給低層人員去做，並指示「要盡量減少費用」。更糟糕的是，這個受命訂定計畫的人，不但沒有興趣，而且也對所謂風險分析、危害物毒性和安全處置方法全然不知。雖然他試圖去「預測」某設備外洩緊急，可是他全然沒有緊急因應的實務經驗或受過基本的因應訓練可資依據；也得不到管理階層的支持。

2. 員工不閱讀應變計畫書

公司雖然訂定一套好的應變計畫書，但可能沒有能力使用它。最典型的是，編寫一部三百多頁的手冊，然後直接分發給各作業部門的領班。員工看到一部這樣厚的手冊，就決定等有時間才讀它，因此把手冊束之高閣，或與其他雜誌擺在一起；就算員工真的讀了，也可能記不得內容。

3. 應變計畫缺少應有之基本要項

「緊急應變計畫書」的內容雖因廠、地而異，但一部有效的計畫書，至少應包括將於後面所討論到的所有基本要項。舉例來講，在緊急時，一位受驚的員工，他可能全然忘記平時所學的東西，因此計畫書要詳細寫出「警示和報告」機制，以便能將實際情況「及時」與「有效」地轉知因應人員或小組。

4. 應變計畫未經定期演練和修正

單單編訂一本緊急應變計畫書，並不表示它確實能發揮作用。所謂「實驗檢驗真理」，它還要經過定期演練，才能證實它是實際可行的，其內容也要定期修正。這些工作，對小廠而言，每年至少應進行一次。

13.4　緊急應變計畫的基本內容

外洩緊急應變計畫雖依場地及設施之複雜性而有所不同，但是一本有效的計畫書，至少應包括下列基本要項：
(1) 計畫目的及相關單位。
(2) 可能之污染源與其可能對大眾及環境造成之傷害（風險評估）。
(3) 警示及通報機制。
(4) 人員及設備清單（資源）。
(5) 預先指定之人員及相關單位所扮演之角色與承擔之責任。
(6) 外洩物之截流、清除及最終處置。
(7) 公關／發言人。

【提示】

- 準備一份外洩應變計畫書，以因應工廠所使用的化學物緊急狀況。對於大型工廠而言，要整合各作業部門的外洩應變計畫書。

• 每一部緊急應變計畫書就是一份行動計畫書（Action Plan），一旦真有化學物外洩，它能提供詳細的因應步驟。記住，它一定要包括所有基本要項。

13.4.1 計畫目的及相關單位

這一部分要清楚地指出本計畫書要在「何時」和「如何」運作。同時明列在此計畫下，包括負有特定責任之相關部門或機構；如有鄰近其他工廠或地區之相關緊急應變計畫書，也要在此列出。

【範例：目的】

本手冊是用來作為外洩現場指揮官或負有保護水資源責任者之參考資料，以避免遭受油或其他有害物質外洩的災害。要以防止、因應和清除來達此目標。

13.4.2 可能之外洩與其風險（風險評估）

此部分其實也就是所謂的危害鑑定和分析（Hazards Identification and Analysis），其目的在於回答下列問題：

(1) 危害性位於何處？

(2) 牽涉到那些有害化學物？

(3) 一旦外洩時，那個地點將遭重大災害？

(4) 找出減少風險的方法。

一項完整的危害鑑定與分析，自然會把風險評估包含在內（圖 13-2）。危害（Hazard）和風險（Risk）在風險管理和意外防止上，往往是交互地被使用，而沒有做出區別，其實兩者是略有不同的。下列是一些名詞定義：

(1) 危害（Hazard）：指任何可能對「生命」、「財產」或「環境」造成損害的狀況。

(2) 危害分析（Hazard Analysis）：指鑑定出危害性，決定外洩（意外）的機率（Probability）及其後果（Consequence）。因此，危害分析也涵蓋了危害鑑定。

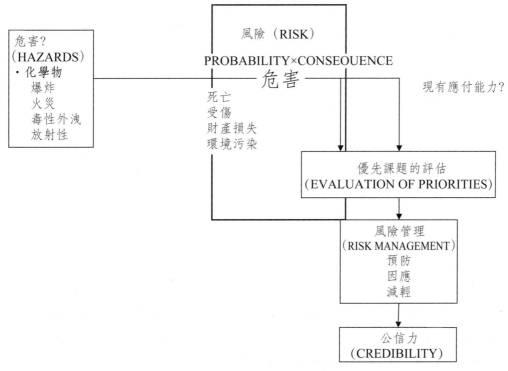

圖 13-2　化學物風險評估

(3) 風險（Risk）：即機率乘以後果（Probability×Consequence）。

(4) 風險評估（Risk Assessment）：風險和其量化的整合分析。

(5) 風險估計（Risk Evaluation）：指將風險評估的結果與其他現有的風險比較，以決定它的可接受性。

　　如果工安專家的知識和經驗認為潛在的風險很低，就無需作詳細的風險分析。小問題只需簡單的解決方法就可以了。

　　檢核表（Checklist）（參閱附錄一與附錄七）不但提供評估人員依表逐一鑑定工廠危害，而且有助於決定適當的行動。

1. 危害鑑定方法

　　鑑定危害的方法以及所對應之因應措施，可以圖 13-3 來表示。

　　操作性研究或「危害及可操作性分析」（Hazard and Operability Study, HAZOP）在於鑑定工廠的危害性和操作性；HAZOP 需由專業人員執行，是一項費時的作業，其詳細介紹請參考第 8 章。

```
            找出危害的方法                    危害的對策
            顯然易見的      ┌─────────┐      顯而易見的
                           │         │       良好作業規範
                           │  危害   │       過去經驗
            檢核表          │         │       簡易判斷
                           └─────────┘
            操作性研究 *                      危害分析 *
```

* 危害及可操作性分析：HAZOP（第 8 章）。

圖 13-3　危害鑑定分析方法和對策

2. 可能外洩點

　　工廠內之管線和其他設備的可能外洩源，可歸納為下列 10 個元件：管線（Pipe）、撓性接頭（Flexible Connections）、過濾器（Filters）、閥（Valves）、壓力容器（Pressure Vessels）、幫浦（Pumps）、空氣壓縮機（Compressors）、常壓儲槽（Atmospheric Storage Tanks）、壓力式 / 冷凍式儲存容器（Pressurized/Refrigerated Storage Vessels）、廢氣燃燒塔 / 排氣煙囪（Flare/Vent Stack）。

　　對於上述這些可能導致顯著危害的外洩源（第 13.7 節），可在此節加以考量。

13.4.3　警示和通報機制（溝通系統）

　　事故「鑑識 / 鑑定」（Recognition）與資訊正確地傳遞，是安全和有效地處理所有緊急事件的樞紐所在。

　　每位員工（包括警衛）應懂得如何進行「警示」（Altering），啟動緊急警報，以便相關人員能儘早採取可能的因應步驟。在緊急應變的規劃過程，「警示」、「通知」和「報告」這三個名詞有不同的意義：

　　(1) 警示（Alerting）：指將外洩的最初消息，傳達給某甲；而希望某甲必須對此採取適當的因應行動。

　　(2) 通知（Notification）：指將外洩的最初消息，依規定 / 法律通知上級主管或政府主管單位，但是他們不一定要立刻採取因應行動。

(3) 報告（Reporting）：指將外洩的詳細資料及所採取的因應行動或結果，轉知相關主管或機構。報告形式有「口頭」和「書面」二種。

顯然地，「警示」和「通知」都可能帶有某種形式的「報告」，所以又稱「警報」和「通報」。

1. 通知

有些外洩的情況並不嚴重，可由現場或現有的員工和設備，直接因應就可以了，無需藉助外界人員、單位或因應專業小組的參與。但如果外洩程度超過工廠自己的能力和設備，就可能需要額外支援以及正式的緊急管理了。

(1) 內部通知：應變計畫書要詳細列出負有因應責任之人員的名單，以及通知他們的順序。

對於一家有許多部門的大公司／工廠而言，內部通知的對象可能還會包括：管理階層、會計室、醫療單位、工程單位、法規室、營建單位、勞安單位、運輸單位、人事處、環保單位、安全及衛生單位、公關單位。

(2) 外部通知：須明列要向哪些政府單位通知，並指明是否要其直接參與因應作業或者只是依規定向其通知而已。同時也要列出哪些公司有能力馬上到外洩現場協助因應或做事後之清除工作。

通知名單上應列出上述相關人員的聯絡電話。

2. 報告

發生外洩事件，要做報告的理由如下：

(1) 與虧損有關的公司政策。

(2) 政府主管機關的法定要求。

(3) 如外洩規模大到足以波及鄰近社區時，有時依規定或約定應向社區通報。

在擬定緊急計畫書時，應了解政府法規的要求，以及經過整合後之社區應變計畫書的要求。計畫書的報告要涵蓋下列內容：要報告什麼以及其緊要性、向誰報告、由誰報告、報告的辦法（口頭或書面）。

【提示】

通知名單表──辦公室和家中電話號碼
• 公司 (1) 本處管理階層
　　　　(2) 本處因應小組

(3) 區域管理階層

- 縣 / 市
- 中央
- 外洩清除公司
- 化學物外洩相互支援團體（例如工業區之區域聯防）
- 化學藥劑供應商或製造商

13.4.4 人員及設備清單

執行「危害鑑定和分析」後，自然容易推論出化學物外洩時所需之人力和設備，亦即所需之資源（人力、物力）。在緊急規劃的過程，其中一項主要任務就是了解工廠，目前有多少人力和工具可供運用。

人員資料和裝備器材之明細表，應包括處理外洩時，能用的人力和所需的器材裝備與其目前之存放地點。明細表上也要包括專門研究和清除有害物質外洩的公司，或政府機構中的專業小組，例如消防隊和環保署的毒災應變隊等。表 13-1 即是化災器材表列範例。

表 13-1　化學緊急因應器材（Environment Canada）

緊急因應工具資料表例					
	工具名稱	規格	單位	數量	放置位置
甲、救災器材	1. 滅火器	（A 式：一般火災）	個		
	2. 滅火器	（B 式：油類火災）	個		
	3. 滅火器	（C 式：電氣火災）	個		
	4. 滅火器	（BC 式）	個		
	5. 滅火器	（ABC 式）	個		
	6. 滅火器	（D 式：金屬火災）	個		
	7. 輪架式滅火機		部		
	8. 一般消防車		部		
	9. 化學消防車		部		
	10. 消防船		艘		

緊急因應工具資料表例					
	工具名稱	規格	單位	數量	放置位置
甲、救災器材	11. 消防水帶		條		
	12. 消防水瞄		個（支）		
	13. 消防栓		個		
	14. 消防炮台		個		
	15. 灑水系統		套		
	16. 消防乾沙		公斤		
	17. 消防用防火覆氈		平方公尺		
	18. 高壓液化二氧化碳鋼筒		個		
	19. 攔油索		公尺		
	20. 桶修補工具箱		個		
	21. 塑膠墊		個		
	22. 管線止漏夾		個		
	23. 各種黏結劑		公斤		
	24. 黏土吸收劑		公斤		
	25. 矽質吸收劑		公斤		
	26. 珍珠岩（Perlite）吸收劑		公斤		
	27. 浮石（Pumice）吸收劑		公斤		
	28. 蛭石（Vermiculite）吸收劑（討論 6）		公斤		
	29. 隔離用的帶子		卷		
	30. 強燈		個		
	31. 交通管制錐		個		
	32. 監測器		台		
	33. 挖土機		部		
	34. 起重機		部		

緊急因應工具資料表例					
	工具名稱	規格	單位	數量	放置位置
甲、救災器材	35. 推土機		部		
	36. 銅鈹合金鎚		支		
	37. 銅鈹合金鏟		支		
	38. 銅鈹合金鑿		支		
	39. 其他				
乙、防護具	1. 消防衣		套		
	2. 自給式空氣呼吸器（SCBA）		個		
	3. 輸氣式空氣呼吸器（SAR）		個		
	4. 氧氣救生器		個		
	5. 急救救生器		個		
	6. 防毒面具		個		
	7. 防護手套		雙		
	8. 防護筒靴		雙		
	9. 防護衣具 A 級		套		
	10. 防護衣具 B 級		套		
	11. 防護衣具 C 級		套		
	12. 安全帶		個		
	13. 淋洗器		個		
	14. 洗眼器		個		
	15. 其他		個		

　　人員明細表應提供重要設施的主要聯絡人名字及其聯絡電話（包括手機號碼）。至於大型工廠，應有各部門辦公室聯絡電話。明細表上也可包含**警察單位**和**醫院**等資料，以及平時與 24 小時內皆可聯絡的政府機關緊急電話號碼，以便需要時通知他們來救援。

依據行業的性質和工廠所在地點,處理外洩物的器材設備,包括從少量幾包吸附劑到泡沫消防車等全部齊全裝備。

【提示】

廠內資源
• 標出廠址現有工具及其存放處。
廠外資源
• 標出鄰近可供調用的工具及其存放處,指出如何借用或調度。
• 指出可供支援之醫療單位。
• 指出可由政府單位提供之工具和服務。
• 預先向外洩因應專業公司取得一份工具租用、服務費表或合約。

13.4.5 預先指定之人員及相關單位所扮演之角色與承擔之責任

「緊急應變計畫書」要建立應變組織流程,並簡述決策過程中所負之責任;也要列有預先指定的公司人員,並指明他們的責任/專長,例如:誰負責復原作業、誰是外洩現場協調人、誰是法律顧問(大公司)、誰是醫療顧問(大公司)、誰是公關人員、誰是安全警戒人員。

此外,計畫書也要列出於重大化學災害發生時,參與因應的機構。每一個機構所擔任的角色和責任,應詳細敘述。

現場協調人(現場指揮官)

現場協調人(On-scene Coordinator, OSC)或謂現場指揮官,係指在現場負責調度之因應首腦,他可能是工廠的代表或是政府人員。OSC 是現場決策者、溝通者,也是現場人員和時間的調度者。他必須有能力,將既有的人員,組成一隊有效率的因應小組。OSC 對時間的掌握能力,可以決定因應的成敗,其所負責的範圍包括:直接調度所需之人員和工具去執行截流與清除外洩物和事後的復原工作、草擬有關外洩的報告、提供媒體所需之資訊、採樣以供分析。

計畫書應列有預先指定的現場指揮官名字。這些人平時就應賦予適當權限去採取措施,以減少外洩時可能引起的災害。

現場指揮官應知道,在何種情況下,他必須將因應的層次提高。要考慮的因

素包括：化學物的性質、外洩量、外洩地點、外洩地區的敏感度、大眾對外洩物的敏感度。

下面是四種可能的因應層次順序：

(1) 外洩程度在工廠的因應能力之內。

(2) 外洩程度需其他工廠協助。

(3) 外洩程度需地方政府（縣、市、鎮）支援。

(4) 外洩程度需中央單位的支援。

13.4.6　外洩物之截流、清除和最終處置

應變計畫書要依據可能的合理假設情境（Scenario），說明如何控制、清除這些外洩物。《北美緊急應變指南》（ERG 2012）及危害物之「物質安全資料表」（Material Safety Data Sheet, MSDS），可提供這方面的初步資訊。

計畫書也要指出污染物做最終處置的方法和地點，如：分離、現場處理，或是回收、中和、焚化、土地處置或掩埋。

【範例：阻隔外洩源的措施】

輸油管破裂

- 關閉上方之泵浦站。

儲槽洩漏

- 關閉進流管。
- 檢查儲槽周邊之防溢堤。
- 然後，再把儲槽內容物抽送至其他儲槽；或者如果是儲油槽，可考慮灌水，使水的高度高於裂漏之處。

13.4.7　公關／發言人

當緊急有可能影響到大眾時，媒體是一個非常有用的資源，因此緊急應變計畫應指定公共關係的發言人，以確保因應作業不受大眾及媒體影響，同時所發布的消息有一致性。該發言人是唯一向媒體、有關團體及社區提供消息的來源，以免產生外洩之原因與責任之臆測。

【範例：省方的公關】

> 　　在加拿大亞伯達省（Alberta），於真實災害發生時，第一位被通知的是，該省公共安全處的公關主任，由其處理公共事務。依據當時的情況，該主任有權利處理所有大眾和媒體的詢問。亦可向省政府公共事務局要求支援，達到有五支電話和足夠的人員在 24 小時內，全部用於與大眾或媒體溝通。

　　當災害發生時，事業單位應注意的事項，包括：

　　(1) 災害發生後，平時的聲譽或風評可發揮很大作用，因此，平時即應建立公司良好的聲譽。

　　(2) 控制消息的報導和確定只有一個人代表公司對外發布新聞。

　　(3) 由資深管理人員預先決定那些消息可以向大眾與媒體報導。

　　(4) 要準備提供下列各項相關的真實消息：誰牽涉在內？發生什麼事？發生地點？發生時間？現在情況如何？

　　(5) 利用媒體（廣播和電視）來傳播正確的消息。

　　(6) 發表可承諾的事項。

　　(7) 大眾會記住的是，頭版的頭條新聞內容，而非第二版的新聞。

　　(8) 為公司行為負責，如果外洩的量超過政府規定，應明白知會媒體，並向社會大眾致歉。

　　(9) 明示復原計畫的要點。

　　(10) 與環保單位保持密切聯繫。

　　(11) 保證不斷追蹤，妥善處理事故

　　(12) 提供給媒體和大眾資料（包括日期），應有專人將其記錄。

13.5　緊急應變計畫的格式

　　緊急應變計畫書一般可分為兩大類：

　　(1) 針對「現場指揮官」研訂的。

　　(2) 基於法令要求而寫的：此為行政主管機關，基於行政管理的需要，因此編寫對象，並非完完全全針對現場指揮官。

　　政府因行政管理的需要，所要求的緊急應變計畫書，往往具有適當的格式要求，例如行政院環保署「毒性化學物質運作場所緊急應變系統計畫格式」與行政

院勞動部於《危險性工作場所審查及檢查辦法》（104.08.04）中的規定。後者要求危險性工作場所事業單位，除需填具申請書外，並應檢附緊急應變計畫及其他資料（該辦法第五條），其中，緊急應變計畫之格式內容如下：

(1) 緊急應變運作流程與組織（指危險性工作場所有關之緊急應變，以下同）。

　　a. 應變組織架構與權責。

　　b. 緊急應變控制中心位置與設施。

　　c. 緊急應變運作流程與說明。

(2) 緊急應變設備之置備與外援單位之聯繫。

(3) 緊急應變演練計畫與演練紀錄（演練模擬一般及最嚴重危害之狀況）。

(4) 緊急應變計畫之修訂。

至於在運送計畫書方面，有《道路交通安全規則》第八十四條。

基本上，不管有沒有法規的要求，工廠對於所運作的危害物，都應具備緊急應變計畫。

13.6　事故管理系統（IMS）

工廠「緊急應變計畫書」應列出「事故管理系統」，所謂應變組織流程。圖13-4 是化學緊急應變組織架構例，它一旦被啟動，就成立了事故管理系統（incident management system, IMS）。

事故管理系統（IMS）是指在一個被賦予管理因應資源之共同組織框架內，將設施、工具、因應人員、步驟和溝通作業等加以組合，以便能「有效」與「及時」地達成事故現場之既定目標，來減輕事故之後果（NFPA）。「策略」之決定找出了因應事故之整體方法，而「作業」之決定訂出如何最有效地使用這些資源。

簡單地講，IMS 就是如何有效地組織和管理一個緊急事件，或有效地因應一個緊急事件；它可以使得參與因應的人員去了解他們自己的角色與責任、彼此之間或與相關單位之間應如何溝通，同時也提供一種方法來對重要之決策與行動加以追蹤。

在 IMS 系統內的每一位因應員，只接受一個人的命令，也只向一個人報告，如此才不會造成混亂和衝突。

當工廠因應一件意外事件時，IMS 便自動啟動；第一位到現場的高階緊急因應人員就成為事故指揮官（Incident Commander），也就是前面提到的 OSC，在

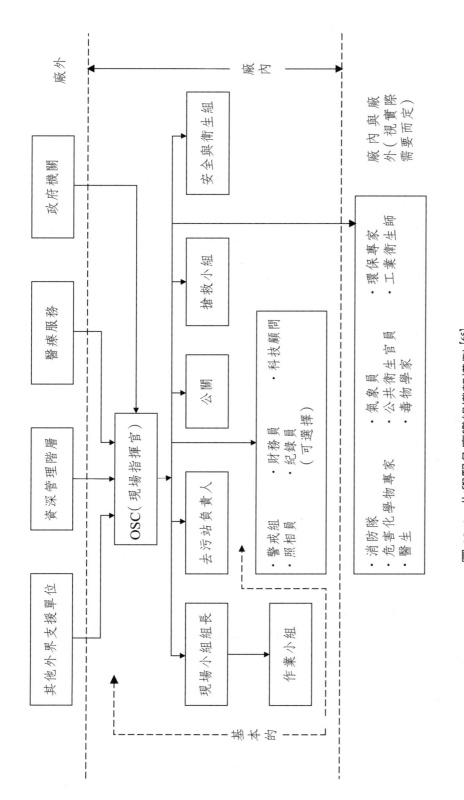

圖 13-4 化學緊急應變組織架構例 [65]

整個緊急過程必須停留在現場,除非被較高階層的緊急因應官員所取代。以現有之 IMS 為架構,緊急指揮官藉由它去提供所需之管理與組織架構,以控制緊急情勢。

　　所需之組織大小和其複雜性,依事故狀況的大小而異。小的緊急情況只需較少的因應員和作業(圖 13-5),重大意外需要較大之因應小組去執行許多特殊任務(圖 13-6)。下面介紹「事故管理系統」之可能成員及其任務(NFPA)。

　　(1) 事故指揮官(Incident Command):負責指揮並協調所有緊急事件之相關事宜(NFPA),例如資源之決定、因應策略之研擬。

　　(2) 作業人員(Operation Officer):負責緊急事件之管理,向指揮官簡報並接受其指揮。

　　(3) 安全官(Safety Officer):負責因應過程之安全活動,鑑定危害性與危害成分。遇有 IDLH 或明顯之危險狀況,有權改變、暫停或終止任何因應作業,並立刻通知指揮官採取必要減輕危害之措施;例如現場易燃氣體濃度 ≧ 25%LFL 時[36],應通知因應人員馬上從現場撤離;現場輻射污染,輻射暴露 ≧ 1mR/hr 時,不得繼續偵測(見第 16 章)。

　　(4) 公關人員/發言人(Public Information Officer):負責事故指揮官、媒體與大眾間的聯絡;準備新聞簡報與其他型式之文件。

　　(5) 資源官(Resource Officer):負責取得事故控制所需之資源;蒐集、儲存並準備事故作業報告。

　　(6) 現場安排官(Staging Officer):決定安排放置工具和補給品的地方,導引到達現場之支援單位至適當的停留位置。

　　(7) 供水人員(Water Supply Officer):負責評估所需水量以及維持充分供水。

　　(8) 醫療官(Medical Officer):負責所需之醫療服務,提供現場所需之醫療處理、轉送醫院和醫療監視。

　　(9) 協調官(Liaison Officer):負責指揮官與其他單位、民間組織間的協調。

　　(10) 其他相關因應作業組組長(Sector Officer):其他各因應作業組之技術經理或領班,例如大眾之撤離、監測或取樣。

　　圖 13-7 為加拿大 ESSO 石油公司之油外洩事故管理系統架構。

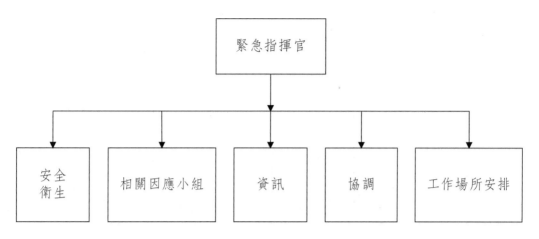

圖 13-5 消防緊急指揮系統——小型緊急事件（NFPA）

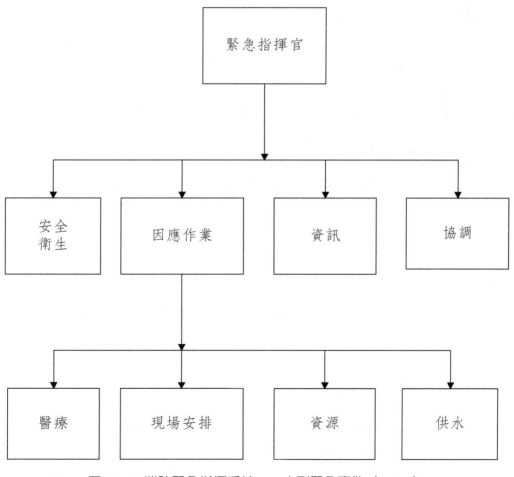

圖 13-6 消防緊急指揮系統——大型緊急事件（NFPA）

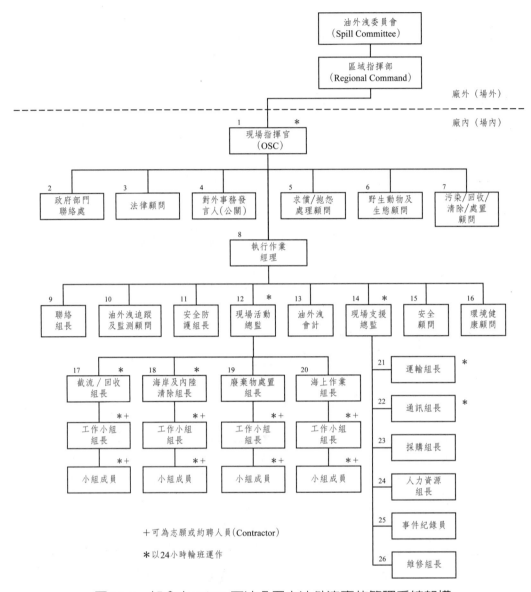

圖 13-7　加拿大 ESSO 石油公司之油外洩事故管理系統架構

13.6.1　事故指揮系統（ICS）

　　ICS（Incident Command System，事故指揮系統）其實也就是一種事故管理系統（Incident Management System）模式（NFPA）；它發展於 1970 年代，應用於因應南加州一連串的重大森林野火。當時市、郡（County）、州（State）與

聯邦消防主管單位為了因應野火，聯合成立一個機構，所謂 FIRESCOPE（Fire Fighting Resources of California Organized for Potential Emergency）。這個機構經過多次運作，發現由多個單位組成的組織一再面臨下列問題：

(1) 各因應單位所用的術語未標準化。

(2) 因應架構缺乏彈性，不易針對所面臨的實際情況來擴張或縮小。

(3) 溝通方法未標準化或整合。

(4) 缺少鞏固的行動計畫。

(5) 缺乏事先指定之設施。

針對上述缺失，為了有效管理，FIRESCOPE 發展出所謂的「ICS」系統模式。雖然當初 ICS 的頒訂是針對森林野火，但它已經發展到被用來因應所有災害情境，不管這些情境是否涉及火災。ICS 這個名詞後來於 2004 年又被納入美國聯邦政府的「國家事故管理系統」（National Incident Command System, NIMS）內，成為 NIMS 的構成要素之一。

ICS/IMS 系統功能領域

危害物 ICS 系統涵蓋五個主要「功能」領域（圖 13-8）：指揮（Command）、作業（Operation）、補給（Logistics）、規劃（Planning）與財務（Finance）。每一個功能領域內的活動是由 ICS 系統內的個別小組執行。每一位因應人員應了解其所被賦予之職責類別，以及在整個 ICS 系統內，各個功能小組之間如何互動。在 ICS 理念下，不允許任何人或任何單位／團體未經上級授權或知會，而去做自己想做的事；紀律是相當重要的，這樣才有助於效率、團隊與安全。

在小規模事故中，也許一個人就足以應付這五個功能了，當然這個人也就是指揮官。然而，如果是大規模的事故，就要分別建立所有功能組，必要時，還可以再把每一個功能組劃分為好幾個小組，如圖 13-9 所示，作業組下面有三個小組，而其中的 HAZMAT 小組再分為三班。也就是說，ICS 系統視情況所需，具有擴充或收縮的能力；但不管規模之大小，總是要有一個指揮官，才能因應「有效」與「及時」。

《美國職業安全衛生法》（Occupational Safety and Health Act, 29CFR 1910.120）要求建立 ICS，以管理危害物質意外因應[51]。

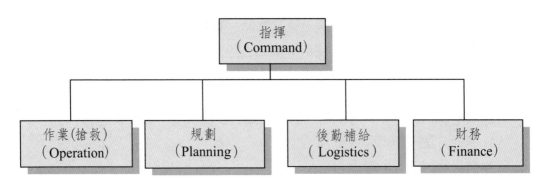

圖 13-8　ICS 系統之主要功能領域（US EPA）

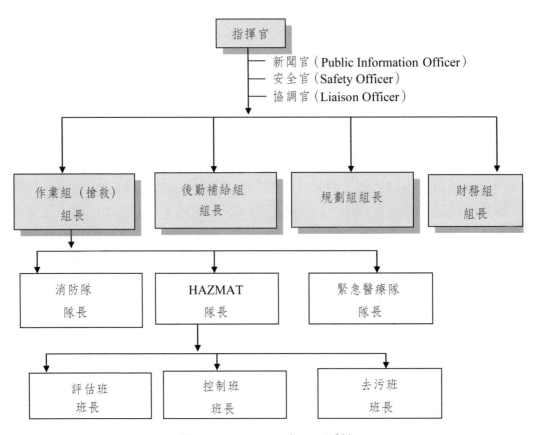

圖 13-9　US EPA 之 ICS 系統

13.7 工廠元件可能外洩點

　　圖 13-10 中列出工廠每個元件的可能失敗模式，同時也列出每一個失敗模式的建議洩漏尺寸[13]。這些資料可供工廠緊急應變規劃者參考，以採取適當的工程或管理因應措施。

1. 管路（Pipe）	
包括：管路（Pipe）、法蘭（Flange）、焊接點（Weld）、肘管（Elbow）	
典型外洩點	建議洩漏尺寸
①凸緣（Flange）接縫洩漏（法蘭洩漏） ②管路洩漏 ③焊接不良洩漏 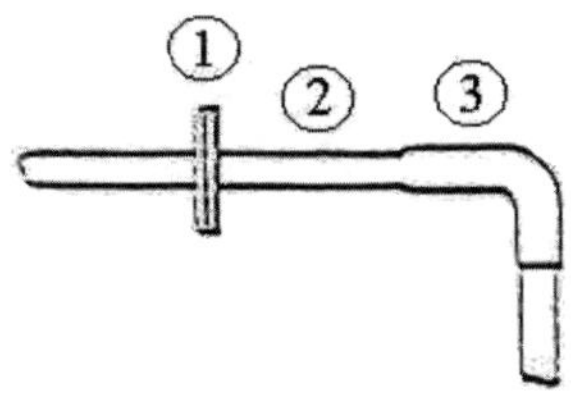	20% 管徑 100% 管徑和 20% 管徑 100% 管徑和 20% 管徑 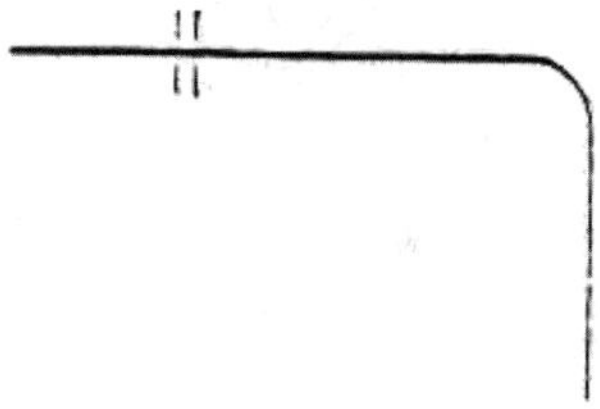

圖 13-10　工廠設備單元可能外洩點

2. 撓性連結（Flexible Connection）	
包括：蛇管（Hose）、蛇腹（Bellow）、活節臂（Articulate Arm）	
典型外洩點	建議洩漏尺寸
①破裂洩漏 ②接頭洩漏 ③連接機械失敗 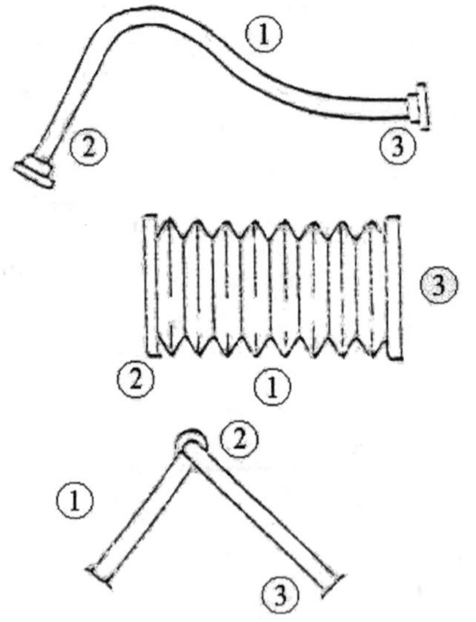	100% 管徑和 20% 管徑 20% 管徑 100% 管徑 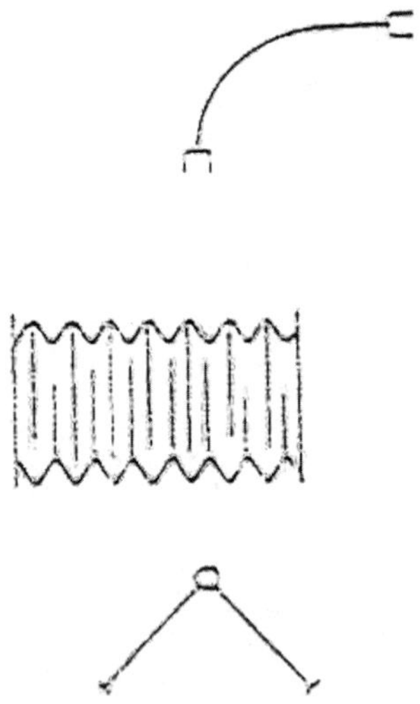

3. 過濾器（Filter）	
包括：過濾器（Filter）、濾網（Strainer）	
典型外洩點：	建議洩漏尺寸：
①濾器主體洩漏 ②外蓋洩漏 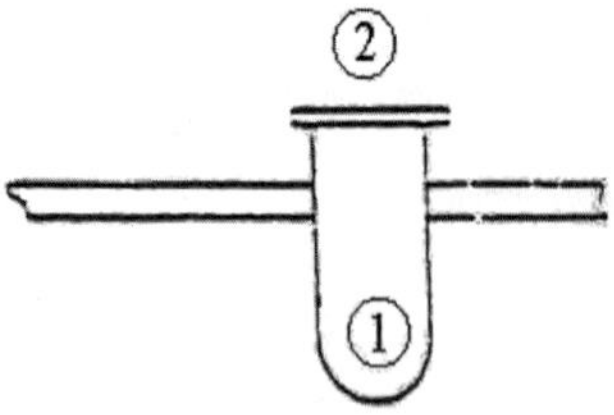	100% 管徑和 20% 管徑 20% 管徑 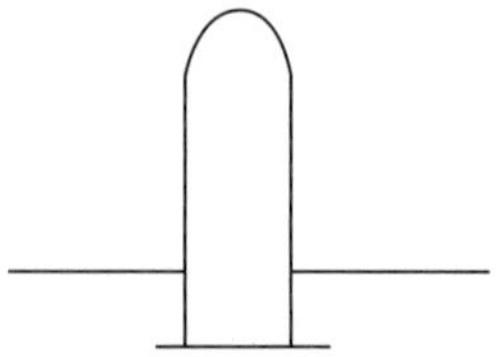

圖 13-10　工廠設備單元可能外洩點（續）

4. 閥（Valve）	
包括：活塞球（Ball）、閥門（Gate）、球型罩（Globe）、栓塞（Plug）、指針（Needle）、蝶狀瓣（Butterfly）、阻塞氣門（Choke）、減壓閥（Relief）、緊急關閉閥（ESV）	
典型失敗形式	建議洩漏尺寸
①閥套洩漏（House Leaking） ②外蓋洩漏（Cover Leaking） ③軸桿洩漏（Stem Leaking） 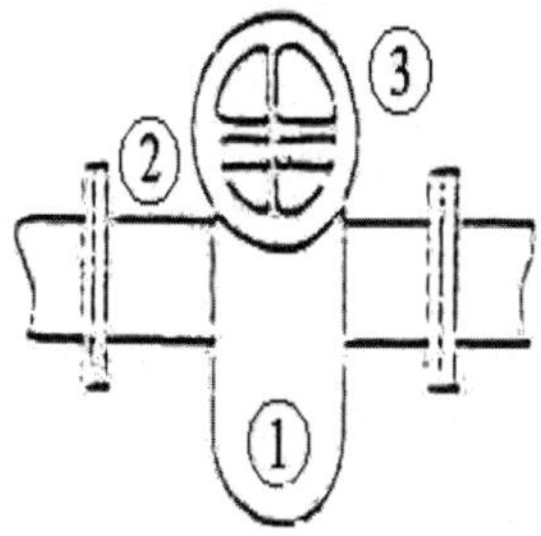	100% 管徑和 20% 管徑 20% 管徑 20% 管徑 

5. 壓力容器／製程容器（Pressure Vessel/Process Vessel）	
包括：分離器（Separator）、洗滌器（Scrubber）、反應器（Reactor）、熱交換器（Heat Exchanger）、起動器（Pig Lauchers）／接收器（Receiver）、再沸器（Reboiler）、加熱器（Fired Heater）	
典型外洩點：	建議洩漏尺寸：
①容器破裂洩漏 ②人孔蓋洩漏 ③噴嘴故障 ④儀器線路故障 ⑤內部爆炸 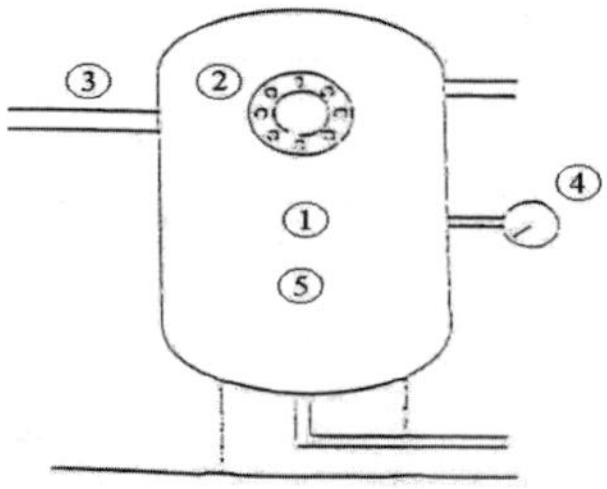	完全破裂（Rupture）和 100% 管徑 20% 人孔徑 100% 管徑 100% 管路直徑和 20% 管路直徑 完全破裂 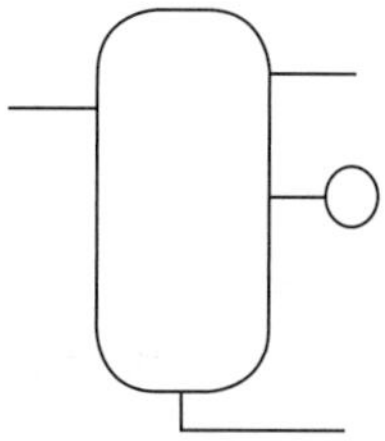

圖 13-10　工廠設備單元可能外洩點（續）

6. 幫浦（Pump）	
包括：離心幫浦、往復式幫浦	
典型失敗型式：	建議洩漏尺寸：
①外殼洩漏	100% 管徑和 20% 管徑
②封函蓋洩漏（Gland Leaking） 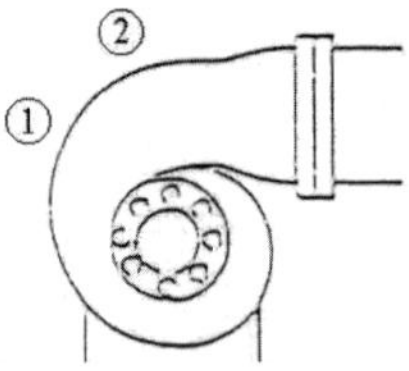	20% 管徑 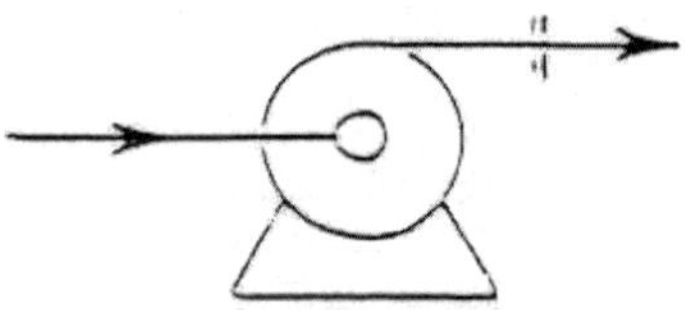

7. 壓縮機（Compressor）	
包括：離心式壓縮機、軸向壓縮機、往復式壓縮機	
典型失敗型式	建議洩漏尺寸
①外殼洩漏	100% 管徑和 20% 管徑
②封函蓋（Gland）洩漏 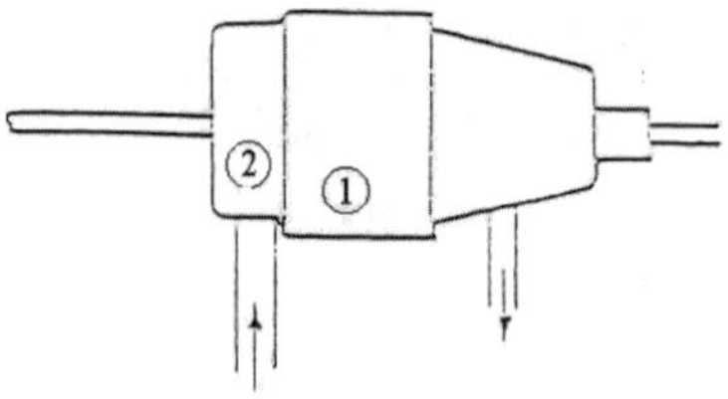	20% 管徑 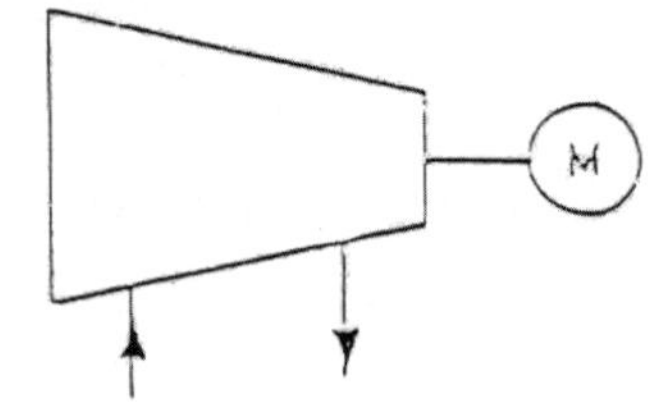

8. 常壓儲槽（Atmospheric Storage Tank）	
包括：常壓儲槽、管路接頭、護堤圍牆	
典型失敗型式	建議洩漏尺寸
①容器失敗	完全破裂
②接頭洩漏 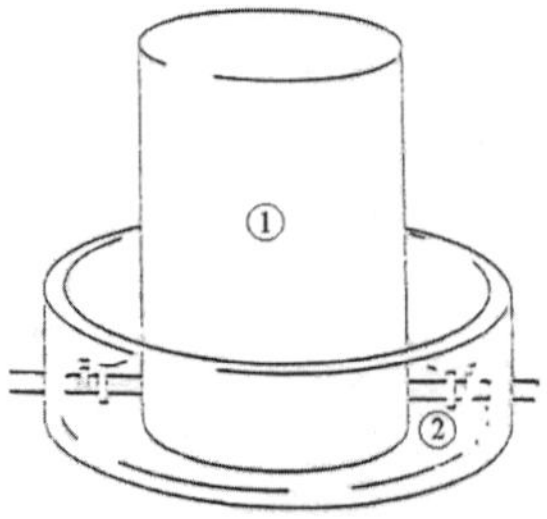	100% 管徑和 20% 管徑 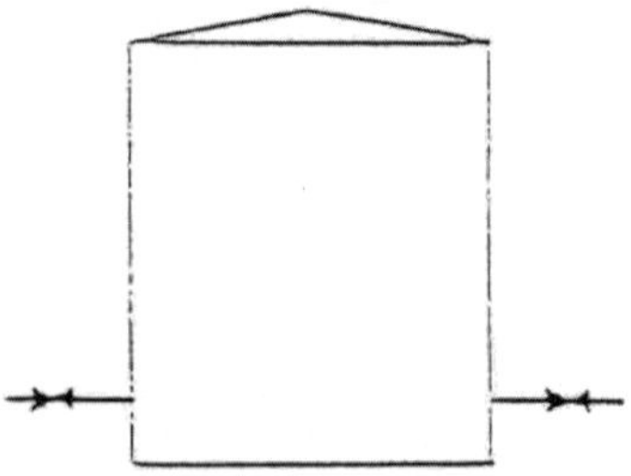

圖 13-10　工廠設備單元可能外洩點（續）

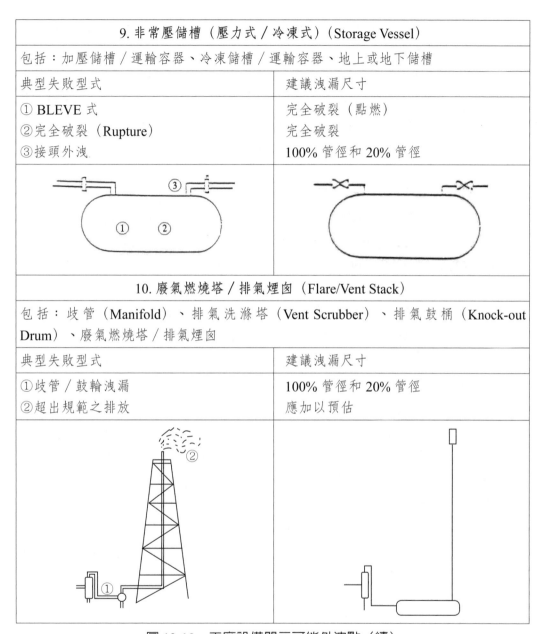

9. 非常壓儲槽（壓力式 / 冷凍式）（Storage Vessel）	
包括：加壓儲槽 / 運輸容器、冷凍儲槽 / 運輸容器、地上或地下儲槽	
典型失敗型式	建議洩漏尺寸
① BLEVE 式 ②完全破裂（Rupture） ③接頭外洩	完全破裂（點燃） 完全破裂 100% 管徑和 20% 管徑
10. 廢氣燃燒塔 / 排氣煙囪（Flare/Vent Stack）	
包括：歧管（Manifold）、排氣洗滌塔（Vent Scrubber）、排氣鼓桶（Knock-out Drum）、廢氣燃燒塔 / 排氣煙囪	
典型失敗型式	建議洩漏尺寸
①歧管 / 鼓輪洩漏 ②超出規範之排放	100% 管徑和 20% 管徑 應加以預估

圖 13-10　工廠設備單元可能外洩點（續）

【討論】

1. 外洩緊急應變規劃包括哪些要項，試以緊急週期說明之。

2. 緊急應變計畫有哪些意義相當的英文名詞？

3. 什麼是緊急應變計畫書，它有何功能？

4. 緊急應變規劃（Contingency Planning）與緊急應變計畫書（Contingency Plan）有何關聯性？

   【說明】「Planning」（規劃）在此當「動名詞」，因此它的過程考量要涵蓋「緊急週期」（Emergency Cycle）的四要項——「預防」、「準備」、「因應」和「追蹤」。「Plan」（計畫）在此當名詞用，它指一份「計畫書」，內容重點在於「因應」階段（Response），是應變指揮官重要參考文件。

5. 工廠典型外洩點：

   圖 13-8 是世界銀行[13] 所列之工廠 10 種元件可能失敗模式（含 PID 示意），指出潛在洩漏部位和其裂口尺寸：其中管道包括法蘭（Flange）、焊接處（Weld）、肘管（Elbow）。建議外洩裂口尺寸為：(1) 法蘭接縫洩漏，20% 管徑；(2) 管路洩漏，100% 和 20% 管徑；(3) 焊接處失效，100% 和 20% 管徑。法蘭和焊接是二條管道連接的主要方法，兩者對抗震力／風力的能力均不佳；尤其焊接法，於二條管道受到不同方向應力時，因其無法將應力吸收、緩解，容易斷裂。

6. 在緊急時，一位受驚的員工，他可能全然忘記平時所學的東西，依你的看法，計畫書的「警示和報告」內容要列入什麼機制，該員工才能將實際情況「及時」與「有效」地轉知因應人員？

7. 事故指揮系統（ICS）的特性：

   ICS 系統已經運作了 40 多年，最早應用於加州森林火災，後被引用到各種災害情境，包括危害物質緊急領域。美國 EPA、國土安全部、地方消防單位以及加拿大海巡署，均採用 ICS 指揮系統模式。

   ICS 系統具有下列特性與優點（CCPS）：

   (1) 具擴張性：依事故規模與複雜性，管理系統可以擴大或縮小，且其「管控寬度」維持在可以管理的情況下。

   (2) 使用共同的術語與溝通管道：所有因應人員都使用相同之術語，並整合在 ICS 之下。

   (3) 指揮系統明確：所有任務都經過分配；因應人員知道誰是他們的領導，因此通報與溝通管道很清楚、直接。

   (4) 資源運用很經濟：由指定的領導者來命令與控制資源，有助於確定所有應進行之任務沒有被漏掉，以及工作能安全地、有效地與經濟地達成。

   (5) 具共同指揮站：ICS 系統藉由明確標示之指揮站運作。

   (6) 具整合的行動計畫：藉由多單位的因應規劃，ICS 將所有的因應人員帶入

　　一個共同的管理系統內，進行研擬策略並落實之，作為ICS之聯合行動。美國職業安全衛生法（Occupational Safety and Health Act, 29CFR 1910.120）要求建立 ICS，以管理危害物質意外因應[51]。

8. 蛭石（Vermiculite）

蛭石礦為雲母岩的一種，當蛭石礦經 1000℃以上高溫加工後，會膨脹成無數平行薄片，且具多孔性之顆粒，其有良好的保肥性及保水性。

【選擇題】

1. 緊急應變計畫的英文名詞包括：　(1)Contingency Plan　(2)Emergency Operations Plan 或 Emergency Plan　(3) 前面兩者皆是。　　　　　　　　**Ans**：(3)

2. 警示（Alerting）是指將外洩的最初消息傳達給某甲，而　(1) 某甲必須採取適當之行動　(2) 某甲不一定要採取行動　(3) 前面兩者皆是。　　**Ans**：(1)

3. 通知（Notification）是指將外洩的最初消息，傳達給某甲，而　(1) 某甲必須採取適當行動　(2) 某甲不必採取行動　(3) 某甲不一定要立刻採取行動。
　　　　　　　　　　　　　　　　　　　　　　　　　　　　　　Ans：(3)

4. 報告（Reporting）的形式有　(1)口頭報告　(2)書面報告　(3)前面兩者皆是。
　　　　　　　　　　　　　　　　　　　　　　　　　　　　　　Ans：(3)

5. OSC 是指化災　(1) 現場指揮官　(2) 初步因應員　(3) 現場因應員。　**Ans**：(1)

6. OSC 是　(1) 政府官員　(2) 工廠員工　(3) 上述兩者皆有可能。　**Ans**：(3)

7. ICS 系統已經運作了 40 多年，最早應用於加州　(1) 森林火災　(2) 輻射災害　(3) 化災。　　　　　　　　　　　　　　　　　　　　　　　　　**Ans**：(1)

第 *14* 章

外洩因應與滅火措施

14.1 一般說明

每次的外洩事件，其情境是不可能完全相同的。外洩可能發生於製程、裝卸或運輸階段；可能發生於上班時間或下班時間、冬天或夏天；外洩物可能逸入大氣、陸域或水域。

一般而言，工廠因應廠內的外洩能力，比廠外運輸階段強得多，因此廠外的外洩，往往在還沒有來得及將其截流前，已造成環境破壞。

危害氣體一旦釋放到空氣中是無法截流的，因此，唯一的可能方法是將其止洩和稀釋空氣中氣體。

要設法阻止外洩物進入水道，因為在水中截流外洩物比陸上困難得多。對於不溶於水的外洩物而言，可用浮於水面的攔油索（Boom）將其截流，但那些比水重的外洩物，將導致水道下層的污染，可能需要在水面下構築截流堤或截流壩了。

外洩物一旦滲入土壤，可能污染地下水。陸域外洩，也可能污染水域。

外洩緊急應變的規劃，係針對緊急週期（Emergency Cycle）之四階段，包括預防、準備、因應和追蹤等四個要素（第 13 章，圖 13-1）。本章之目的在於介紹「因應」階段之：

(1) 因應基本步驟。

(2) 因應基本技術，包括外洩截流技術、桶與管線止漏技術。

(3) 商業化之因應工具。

(4) 滅火劑類別及其選用方法。

有關油罐車與貨櫃槽體之外洩因應技術，可參閱第 11 章與第 12 章；其他化災因應實例，包括海面油輪外洩因應案例，請參考《有害化學物及油類外洩因應技術》。

14.2 外洩因應步驟

所有的外洩因應參考手冊，例如北美緊急因應指導指南（ERG2012），都會提出一些外洩因應步驟供讀者參考，但仔細分析，可以發現外洩現場的因應步驟可以劃分為初階段與後續階段等二個階段[63]。

14.2.1 初階段（Initial Phase）

1. 鑑別外洩物

各種危害物具有不同的危害（Hazard）特性，一旦外洩，必須應用不同的適當和安全因應方法；因此在採取任何行動之前，首要之務就是要清楚地鑑定出到底是何種外洩物。錯誤的鑑定，可能釀成災害。

因應人員必須對外洩現場可能涉及的危害物提高警覺，在接到外洩通知後，要做到下列二點：

(1) 要確定是否為危害物。要注意，即使外洩的地方看不到任何有關的危害物之告示牌或標誌（Placard 或 Label），也不代表外洩處並無危害物。

(2) 正確地鑑明外洩物名稱。

2. 阻隔外洩源

(1) 以常識判斷。

(2) 要迅速。

(3) 關閉幫浦、閥等。

(4) 必要時，關閉機械生產系統，以防員工受傷。

(5) 執行緊急停車步驟。

3. 保護人員

(1) 必要時撤退員工。

(2) 未經許可，員工不得進入現場。

(3) 提供適當的保護工具，給現場因應人員（Responder）。

4. 評估現況

(1) 外洩量及目前之外洩速率。

(2) 對現場員工、設備和環境的危害性。

(3) 損害情況是否可以修補？

(4) 是否可將外洩容器內之物質移往其他容器或儲槽內？

(5) 外洩地點之環境情況，以及外洩物之擴散情況。

(6) 是否有可能引發爆炸或火災？

(7) 雨水和風對外洩的可能影響。

5. 進行警示（Alerting）和報告（Notification）

此即所謂警報，執行重點如下：

(1) 如果外洩物已流入水域或可能進入水源，應儘速通知有關主管單位，例如環保局或自來水廠。

(2) 提供外洩物類別、外洩地點、外洩性質（儲槽、管線等）、外洩量等資訊。

6. 採取各種控制技術

包括監測、保護（生命、環境、設備）、截流、清除與回收（撇取、抽取、吸附、擦拭和刮除等）、覆蓋（薄膜、泡沫和凝膠）、蒸發、稀釋、處理（例如中和或去毒）。

上述六個措施，構成初步因應階段之基本步驟。在某些情況下，「阻隔外洩源」比「警示和報告」來得優先，應立刻進行。

14.2.2 後續階段（Follow-up Phase）

(1) 各種控制技術（由第一階段延續下來）。

(2) 處置。

(3) 復原。

(4) 評估。

廣義而言，外洩清除（Clean-up）是指對外洩污染物的去除或最終處置（Disposal），對所採取之因應作業或決策而言；這包括決定不採取任何物理方法或應對措施，而僅監測污染程度，或讓污染物自行依靠自然力或生物加以分解。

影響選擇外洩物清除方法的決定因素，包括：外洩物的種類和外洩量、截流情況、對人體和環境的潛在災害、外洩物承受體（地面、水體、空氣或地下水）。

在下達因應決策時，往往無法取得上述全部資料，因此，在緊急應變規劃時（Emergency Planning），往往取決於所生產、儲存或運輸的化學物特性。工廠的「緊急應變計畫書」（Emergency Plan）要依據可能的合理假設情況，說明如何控制、清除這些外洩物。危害物之「物質安全資料表」（Material Safety Data Sheet, MSDS）（見第 9 章）可提供這方面的初步資訊。

由於化學物相當多，而且各有不同特性，加上外洩周圍情況也不盡相同（例如水域外洩及陸域外洩），因此不可能精確地說明在初步因應階段要如何進行。

儘管如此，仍然可以釐清一些規範，做為初步因應的指導原則。圖 14-1 界定出任何外洩情況，可能採取的因應措施。一般而言，必須知道外洩物為何；如果可能，從源頭阻止（關斷）外洩、保護生命、評估現場與進行通報。

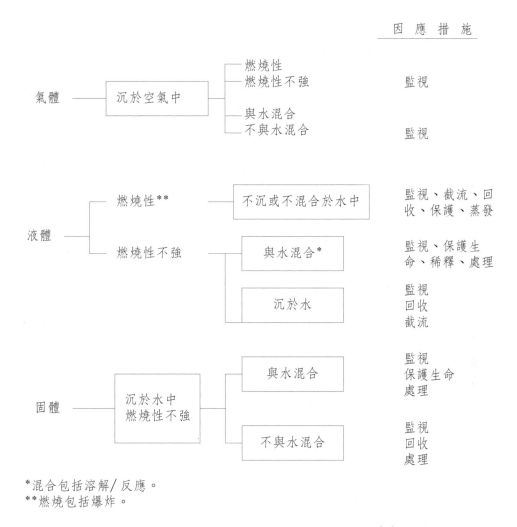

*混合包括溶解/反應。
**燃燒包括爆炸。

圖 14-1　不同物相外洩物的一般因應措施[63]

圖 14-1 進一步指出，在初步因應之後，還有那些因應方法，這包括：監測可能的危害情況、採取保護措施，特別是敏感之資源區和民眾、以攔油索截流與回收外洩物、讓外洩物蒸發、稀釋外洩物濃度（例如加水）、處理外洩物（中和或去毒）。

當然對於某些外洩事件而言，並不是上述所有方法均用得到。方法是取決於外洩物種，以及其周圍的特殊環境。無論如何，不管任何外洩物，最重要的是，要設法不要讓外洩物進入水源／水域；因為一旦進入水道，因應的方法就嚴重地受到限制，即使要執行某因應方法，也相當困難。

14.3　現場初步評估

如前所述，在外洩因應的初階段，要進行現場評估，也就是判斷外洩對人類健康、環境生態（包括海洋、地下水資源、野生動植物）與財產等可能影響的過程。

維持在現場上風區的一個安全距離，觀察（或利用雙筒望遠鏡）事故現場及其周圍區域，如有必要，適時地做筆記與繪圖，並特別注意下列事項：

(1) 外洩量及目前之外洩速率。

(2) 受傷人員及其鄰近危害物的位置。

(3) 面臨潛在危險的人員位置。

(4) 尋找容器／儲槽或槽車外壁的標誌、圖式等符號。這些符號有助於鑑定物質的種類。

(5) 注意涉及意外事件之槽車或容器的容量和型式（第5章）。

(6) 容器或槽車有無受損或洩漏（氣體、蒸氣、液體或固體）呢？

(7) 承運者的姓名和車輛辨識標誌（汽車或槽車車牌號碼）。

(8) 可否接近現場和可能的逃脫路線。

(9) 天氣情況（雨水和風對外洩的可能影響）。

(10) 現場和周圍區域的地形狀況（特別是有水的部分）。

(11) 是否有可能引發火災或爆炸？

(12) 是否可以移動其他容器？損害情況是否可以修補？

(13) 對現場員工和設備的危害性。

(14) 那些是該去做的：需要疏散嗎？需要築堤或用攔油索圍堵嗎？需要那些救助資源（人員和設備）？又有那些資源是立刻可取得的呢？

(15) 那些是可立刻處理完的？

記錄上述資訊，並儘快提供給相關因應單位。在以上所列的評估事項中，保護生命（亦即現場人員和大眾的安全）的考量是最重要的。

14.4 外洩控制技術

危害物意外事件的災害減輕方法，可歸納為物理方法與化學方法兩大類別。但要注意到一點，人員必須受過適當訓練、教育或有處理的經驗，方能執行控制作業的救災行動。

14.4.1 物理控制方法

物理控制方法（表 14-1）包括任何可能的「操作」或「程序」，用以減少化學物洩漏的面積或釋放機制。任何方法都應經過因應指揮官的認可，個人防護具（PPE）的選擇，應依據外洩物和現場狀況，做適當的考量；同時也應適合所面臨的危害性質。以下將物理控制方法加以簡述。

表 14-1　外洩物之物理控制法（NFPA）

物理控制法	化學物型態			
	氣體		液體	固體
	LVP*	HVP**		
吸收法（Absorption）	Yes	Yes	Yes	No
覆蓋法（Covering）	No	No	Yes	Yes
截流法（Dike、Dams、Diversions & Retention）（堤、壩、改道、滯留）	Yes	Yes	Yes	Yes
稀釋法（Dilution）	Yes	Yes	Yes	Yes
桶裝法（Overpacking）	Yes	No	Yes	Yes
填塞與貼補法（Plug and Patch）	Yes	Yes	Yes	Yes
轉輸法（Transfer）	Yes	No	Yes	Yes
蒸氣壓抑法（Vapor Suppression, Blanketing）	No	No	Yes	Yes
排氣法（Venting）	Yes	Yes	Yes	No

* 低蒸氣壓。

** 高蒸氣壓。

註：Yes：適用；No：不適用。

1. 吸收法（Absorption）

吸收法是藉由潤濕的程序，使液體附著於固體的一種方法；同時，在吸收過程中，吸收劑（Sorbent）的體積亦隨之膨脹（NFPA）。

典型的吸收劑，包括鋸木屑、黏土、木炭和聚烯烴纖維（Polyolefin Fiber）。儘管這些物質可作為控制外洩物之用，但要注意的一點是，被吸收的液體亦有可能在機械壓力或受熱狀況下而脫附。當吸收劑吸收危害物後，他們具有所吸收物質的特性，一旦吸滿危害物，提供很大的表面讓蒸氣散發，其危害性可能比原來的外洩本身更大，因此必須將用過的吸收劑視為危害物，並隨後做適當的處置。

有許多商業上的吸收劑產品，不同型式的吸收劑可用來處理不同的外洩物。吸收劑有助於降低蒸氣的產生，並做到清除的程序。表 14-2 為吸收劑的種類與特點。

表 14-2　吸收劑種類與特點（NFPA）

吸收劑種類	特點	備註
礦物質 矽酸鹽、泥土（含砂）、蛭石、珍珠岩、火山灰	此多為天然可採得之物質，成本皆較低，但吸收率大多不良，且倉儲成本費用較高。	矽酸鹽會與 HF 起反應。
天然物質 穀殼、纖維、破衣布、紗、泥煤苔（Peat Moss）	大多為可被生物分解的天然物品，價廉易取得。大多吸水後會沉澱；易被腐蝕，故不適於處理強酸、強鹼等化學物。	泥煤苔是一種菌體的新產品，以非過濾的方法吸收化學物，重要的是，它可被生物分解。
合成體 聚合物吸收體如 PU、PPE（聚丙乙烯）、PE（聚乙烯）等合成物	常見商品化的產品有粉狀、枕狀、片狀、捲狀、繩索狀和小型毛球狀，分為吸油、吸水、維護型、萬用型等。	此為新興產品，故成本比其他高，且廢棄物問題也較多。

2. 覆蓋法（Covering）

覆蓋法是一種暫時性的控制方法，可用來處理像是輻射性、生物性與某些如鎂（Magnesium）等化學物。

3. 截流法（Dike、Dams、Diversions and Retention）

截流法（堤、壩、改道、滯留）係指以物理性阻隔法去阻止／減少外洩液流入環境的方法（NFPA）。堤或壩一般指混凝土、土壤或其他圍堵物之暫時性或永久性建構物，用以阻隔液態洩漏物。改道（Diversion）係指改變流體流動方向的方法，例如某些物質（例如LPG）所產生的氣體，可用水霧改變其飄流方向。

截流技術可說是外洩控制作業最常使用的方法，因為便於因應員臨時準備，且利用一點機智，即可設計出簡單的控制方法。挖渠（Trench）可蒐集外洩液體，幫浦可輸送物質到容器或其他圍堵系統內；土堤或壩在良好的情況下能迅速構築，即使是沙袋，也可用來做為截流工具（圖 14-2）。商業上的攔油索（Boom），亦廣泛地被使用於控制外洩物上，特別是水域外洩。

4. 稀釋法（Dilution）

稀釋法應用於水溶性危害物外洩之因應，其目的是要將危害物濃度降到安全的標準內（NFPA）。

本法之使用要小心，因應員不應不加以考慮或未了解其可能的影響，就將水灌入外洩之容器內或沖洗外洩物。將水噴灑在外洩池，會增加某些問題，例如許多物質會與水起反應，所以若貿然用水稀釋，極有可能擴大災情。即使外洩物具有水溶性，但要達到安全標準所需要的水量，可能使得稀釋成為一種不切實際的方法。

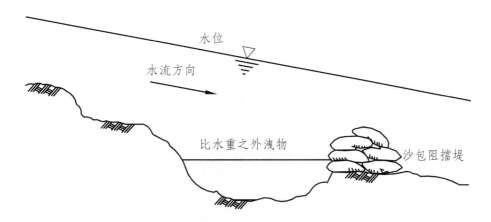

圖 14-2A　比水重外洩物之截流（Diversion）──堤

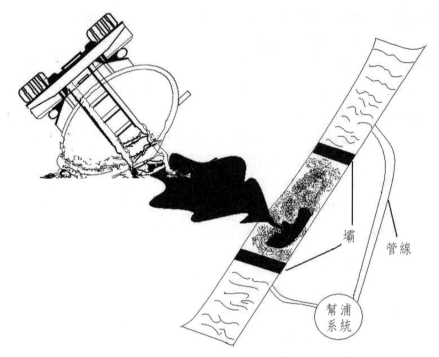

圖 14-2B　改道法（Diversion）──幫浦與管線

圖 14-2C　改道法（Diversion）──渠

5. 桶裝法（Overpacking）

最常見的桶裝法，是將外洩容器置入更大的桶子裡（圖 14-3）。用來裝漏桶的容器材質應與危害物相容（Compatible）。

回
收
桶

圖 14-3　桶裝法

如果可能的話，漏桶應在進行桶裝法之前，先把破洞修補，以減少外洩量。有時只要把外洩的桶子轉換位置（例如把桶子顛倒過來），就可以阻漏了。也許洞口可利用暫時性的修補物來覆蓋。典型用來裝漏桶的容器，其蓋子一般配有墊圈，能將整個容器密封起來。

一般而言，要將漏桶置入另外一個較大容器之內，是先將較大的容器從漏桶上方慢慢套下，最後將二個容器反轉直立向上；或是利用機械設備將漏桶舉起，再慢慢置入較大容器之內。

因應人員必須設法確定，受損容器不會因搬動過程而使受損程度擴大；也必須設法避免在舉起或搬動漏桶時，自身受到傷害。基於現場的危害程度，因應人員應穿戴適當的化學防護具（PPE）。

6. 填塞與貼補法（Plugging and Patching）

適當的填塞與貼補，可降低或暫時停止危害物經由容器的破洞或裂縫處流出。進一步的說明見第 14.6 節。

7. 轉輸法（Transfer）

轉送法是指以人工、幫浦或加壓輸送等方式，將液體、氣體或某些型態的固體，由受損的容器（儲槽）轉移至另一容器的方法。必須特別注意，幫浦、輸送管、輸送器材與容器的選擇應與危害物相容。當輸送易燃液體時，靜電的傳導（例如接地線）必須加以考量（第 6 章圖 6-15 與第 10 章圖 10-7）。

　　危害物由發生意外之油罐車轉輸至另一輛油罐車時，應由技巧熟練且具經驗之人員執行此一程序（圖 14-4）。現場指揮官則負責監督此操作程序，並檢視因應員是否做到適當的預防措施。無論如何，必須仰賴受過適當訓練以及有經驗的工作人員來執行產品轉移作業。

8. 蒸氣驅散法（**Vapor Dispersion**）

　　某些物質可以灑水的方式（水霧法）（圖 14-5）將蒸氣驅散，以減低危害，例如 LPG。利用細小水霧噴灑，氣體濃度可能經由與空氣快速的混合，將其降至易燃下限（LFL）之下。但要注意，以水霧來降低氣體濃度，也有可能會使氣體濃度剛好進入「易燃範圍」內。

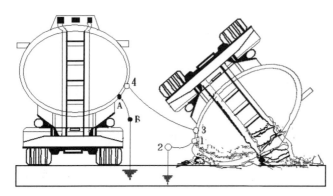

＊依圖中之系列連結，以避免火星
＊＊A 與 B 之連結可在泵送前任何時間為之

圖 14-4　槽車轉之金屬連結和接地[32c, 115]

圖 14-5　以水霧驅散危害蒸氣（NFPA）

9. 蒸氣壓抑法〔Vapor Suppression（Blanketing）〕

蒸氣壓抑法是經由特殊設計的抑制劑，來減少或消除從洩漏化學物發散出來的蒸氣法。常見的蒸氣抑制劑就是水性泡沫抑制劑（Aqueous Foam Blanket）。

此一技巧較適合用在受到截流的外洩液，例如防溢堤內的外洩液；不過，也可應用在未受截流的外洩物上。在任何情況下，此一技術應由受過抑制蒸氣之泡沫使用訓練人員來操作。僅受過一般泡沫滅火劑使用訓練的人員，可能無法勝任泡沫式蒸氣抑制劑的使用。

10. 排氣法（Venting）

排氣法是用來處理具有爆炸性或飛射危險的液體或液化壓縮氣體容器。排氣法取決於危害物的性質，一般而言，它包含物質的控制釋放，以減低並保留壓力，進而消除爆炸的可能性。

14.4.2　商業化外洩控制工具／產品

以下列舉幾種控制外洩作業的商業化工具／產品：

(1) 填塞堤（Plug N'Dike）：顆粒狀物質與水混合會形成密封堵塞的黏性體，可用來堵住裂洞，控制危害物的外洩；可附著於髒的、油性的或具腐蝕性的洩漏處表面為其優點（圖 14-6）。

(2) 接收攔截袋（Capture and Containment Bag）：接收攔截袋（圖 14-7）是一種輕的、可攜式的袋子，可用來收受外洩物，作為由公路槽車或鐵道桶槽車危害物外洩時之臨時儲存包裝。

(3) 克拉克外洩填塞墊（Clark Spill Stopper Mat）：克拉克外洩填塞墊（圖14-8）是一種工程墊子，設計用來覆蓋下水道之路面逕流排入口處，以阻止外洩物流入。此墊為特製型式，內含聚氨基甲酸酯（Polyurethane）的人造橡膠。克拉克外洩填塞墊可用來作為砂礫、沙土、草皮、柏油或水泥路面上之排水口或人孔的防護蓋。

(4) 喬治曼化學緊急工具箱（George Mann Chemergency Kit）：喬治曼化學緊急工具箱（圖 14-9）內，包括吸收劑、個人防護裝備以及一個鋼製回收鼓桶，用來清理少量的外洩液體，特別是容量少於 208 公升鼓桶之洩漏的緊急處理。

填塞堤

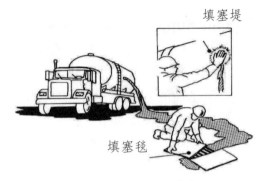

填塞毯

圖 14-6　填塞堤[54]

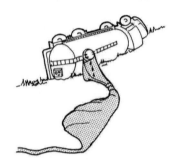

圖 14-7　接收攔截袋[54]

圖 14-8　克拉克外洩填塞墊[54]

個人防護具

回收桶　　　　　　　　漏桶

危害物吸收枕

圖 14-9　喬治曼化學緊急工具箱[54]

(5) 衛生下水道人孔覆蓋（Sanitrap Manhole Cover）：此為一特殊材質的覆蓋物（圖 14-10），設計用來阻止洩漏的油漬與其他類似液體進入下水道。

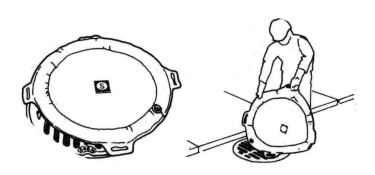

圖 14-10　衛生下水道人孔覆蓋[54]

(6) 動力式溪流轉向系統：此系統包括幫浦與管線兩部分，可將外洩區上游的溪流轉向（圖 14-11）。在外洩區的下游築壩，阻止水流通過，並藉由幫浦的抽送，使上游溪水經由管子，輸送至壩的下游，以避免溪水受到污染。

(7) 蒸氣抑制泡沫：蒸氣抑制泡沫（Vapor Suppressing Foam）（圖 14-12）能暫時減少外洩物表面的蒸氣濃度，降低蒸發速率並阻隔熱輻射。在某些情況下，亦可防止或降低點燃或火焰的生成機會。

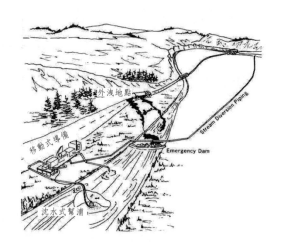

圖 14-11　動力式溪流轉向系統[54]

圖 14-12　蒸氣抑制泡沫[54]

(8) 外洩真空抽取設備（Spillvac Vacuum Unit）：手提式水力文氏管（Water-powered Venturi），適用於離工廠較偏遠的外洩地點，作為液體、固體與化學泥漿（Slurries）的回收工具（圖 14-13）。

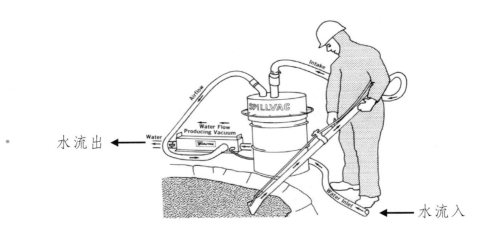

圖 14-13　外洩真空抽取設備[54]

14.4.3　化學控制方法

　　化學控制方法是利用化學物或化學反應來處理外洩物，可能包含任何降低危害物外洩所帶來之影響的措施。至於要採用何種方法較佳，應由現場的應變指揮官來決定。個人防護衣物的選擇，應基於危害物和現場狀況做適當考量。表 14-3 為幾種化學控制方法。

表 14-3　外洩物之化學控制法（NFPA）

化學控制法	化學物型態			
	氣體		液體	固體
	LVP*	HVP**		
吸收法（Absorption）	Yes	Yes	Yes	No
控制性燃燒法（Controlled Burning）	Yes	Yes	Yes	Yes
擴散／乳化法（Dispersion/Emulsification）	No	No	Yes	No
火焰法（Flare）	Yes	Yes	Yes	Yes
凝膠法（Gelation）	Yes	No	Yes	Yes
中和法（Neutralization）	Yes1	Yes3	Yes	Yes2
聚合法（Polymerization）	Yes	No	Yes	No
固化法（Solidification）	No	No	Yes	
蒸汽壓抑法（Vapor Suppression）	Yes	Yes	Yes	Yes
排氣／燃燒法（Vent/Burn）	Yes	Yes	Yes	No

* 低蒸氣壓。

** 高蒸氣壓。

註：Yes：適用；No：不適用；Yes 1：液體或固體中和劑皆可使用；Yes 2：當使用固體中和劑時，也必須同時使用水；Yes 3：使用此程序需要特別的經驗與技巧。

14.5　外洩截流

截流技術是用來阻止外洩物擴散的物理控制方法之一，其主要目的如下：(1) 局部化外洩物，以減少污染。(2) 加速外洩物的清除或回收。

截流的工具包括攔油索、堤／壩、溝、坑和氣泡等（圖 14-2、圖 14-14 ～圖 14-18），茲分別說明於後。

14.5.1　攔油索

攔油索（Boom）具有下列功能：以物理性的阻攔方式，來阻止外洩物進一步向外移動、可用來濃縮外洩物、可用來將外洩物推往較易回收之處。

一般而言，攔油索可歸納為以下三種：(1) 浮式攔油索；(2) 臨時組裝式攔油索；(3) 吸附式攔油索。

1. 浮式攔油索

浮式攔油索（floating boom）是一種機械式阻隔設施，它不但深入水面下，而且伸出水面上，使用於下列水域場合：

(1) 圍繞油膜，不但減少油膜繼續擴散，也可以令油膜逐漸累積增加其厚度，以利回收。

(2) 用以保護特殊地區，例如港口或河川入口處，以及生態敏感區。

(3) 將油膜導流轉向，以利回收。

浮式攔油索有如一座直立牆，從水面下伸出水面上；在設計上，要達到攔油索一旦布置於水域，其水面下的部分絕不伸出水面上，水面上的部分也絕不會沉入水面下。

商業化浮式攔油索由四個基本部分構成（圖 14-14）：

(1) 浮性結構：使得攔油索不致全部沉入水下。

(2) 露出水面結構（Freeboard）：以阻止油膜隨波浪跳過攔油索。

(3) 索裙（Skirt）：用以阻止油膜由水面下穿越。

(4) 縱形支架：用以讓攔油索承受風力、波浪和潮流的作用。

除了上述之外，攔油索也往往具有穩定錘（Ballast），以便讓水面下的索裙能與水面垂直。

攔油索所含的浮材越多越能浮，增加其浮在波浪上的能力；常用的浮性材質，包括聚乙烯（Polyethylene）、聚胺基甲酸酯（Polyurethane）和自然浮料；後者包括木材、軟木（Cork）、氣體（空氣、CO_2）。聚乙烯是最常用的浮料[76]。

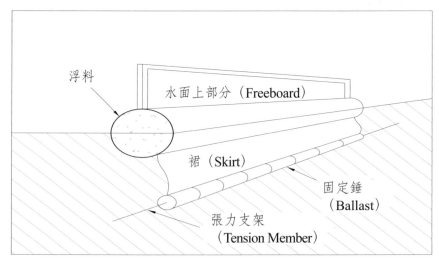

圖 14-14　浮式攔油索結構示意圖[76]

(1) 索裙（Skirt）：索裙位於水面之下；索裙越深，其所能攔阻油的效率也越好，但整個攔油索所承受的潮流負荷也越大。索裙的材質一般採用尼龍織布、聚酯（Polyester）或纖維玻璃；也有一些索裙是以金屬加強的。

a. 張力支架（Tension Member/Cable）：大部分攔油索具有張力支架／索之縱形支架，用以承受風力、波浪和潮流之負荷。沒有張力支架的攔油索，只能應用於表面平靜的水域。

b. 穩定錘（Ballast）：大部分的攔油索都會有穩定錘。索裙愈深，所需的穩定錘愈多。穩定錘一般為鉛鍊和鉛 PVC（Lead Polyvinyl Chloride）桿。

2. 臨時組合式攔油索

臨時組合式攔油索（Improvised Boom）的取材，包括扁平之消防水帶、綁在一起之鐵軌木枕、電線桿和長形木板／條（圖 14-15）。本類攔油索適用於小型外洩場合（例如小溪流），或者在尚未取得商業性攔油索之前，作為一項臨時性阻隔措施。有些場合，本類攔油索可布置在一般攔油索的上游，將油膜導流改向，使其流往商業性攔油索的位置；另一方面也可藉此阻止雜物，提高下游攔油索之效率。

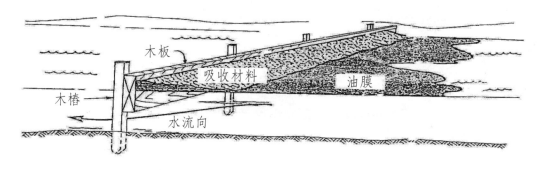

圖 14-15　臨時組合式攔油索（Environment Canada）

3. 吸附式攔油索

吸附式攔油索（Sorbent Boom，圖 14-16、圖 14-17）對油膜具吸附與阻攔功能。實務上，這種攔油索因其吸附功能很快就飽和，所以只用於油膜不厚的場合；適用於狹小河道或油膜流經之密閉空間。目前有很多合成的吸附材質，但如何於事後處置這些吸滿油的吸附材質，卻也是一項後續難題。

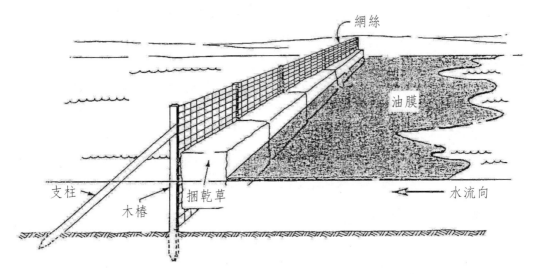

圖 14-16　稻草或針葉樹攔油索（Environment Canada）之一

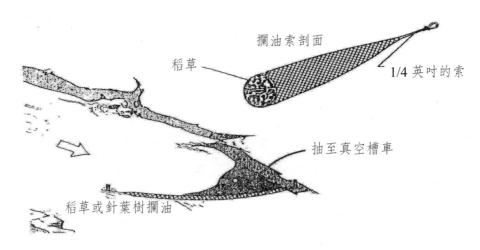

圖 14-17　稻草或針葉樹攔油索（Environment Canada）之二

14.5.2　空氣流或高壓水流

在一些情況下，消防水帶或幫浦的水流也可用來將油膜圍堵或導流改向；利用高壓空氣流，也可以得到同樣的結果。這種方法也可在攔油索尚未完全布置好之前使用，其他應用場合包括將油膜驅往回收處或清洗石頭上的油污。其缺點是只適用於水流速度小於 26cm/sec 者[76]，須較高之操作技術和協調，以配合其他

截流技術。

14.5.3 氣泡阻隔幕

把空氣打入置於水面下具細孔之管線，可以產生一道上升之氣泡幕，當此氣泡幕一上升到水面，隨即以水平方向，向左右移動，將水面之油膜截留在一方，使其無法橫越與水面垂直之氣泡幕（圖14-18）。此法特別適用於水面平靜之港口，其優點是，當布置於港口之出入口時，不致妨礙船隻之通行；其缺點是，布置與維護費用較高。

14.5.4 堰／壩

市區路面如有外洩，應盡量採取措施，以免外洩物流入下水道，例如可利用堰／壩、PU發泡物質（Polyurethane Foam），將外洩物轉向（圖14-19）。

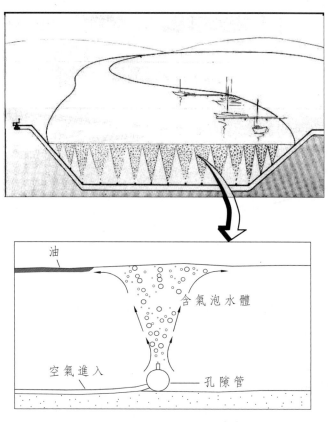

圖 14-18　氣泡阻隔幕 [86]

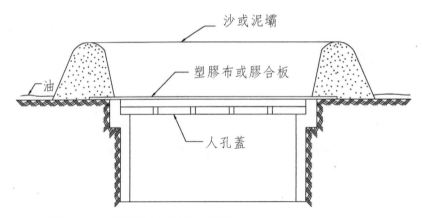

圖 14-19　阻隔物對人孔的防護（Environment Canada）

14.6　填塞與貼補技術

　　填塞是將某些物質塞入漏洞或裂縫，以減少流體的洩漏。圖 14-20 是木製填塞物之基本形狀，其中以尖細的木條是最常見。無論填塞物的材料為何，它必須與容器和內容物具相容性才行，例如針葉樹材質不適合做強酸洩漏的填塞。

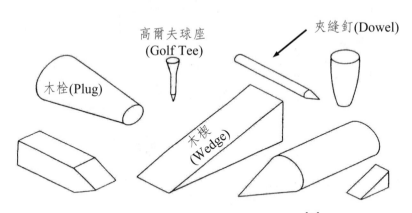

圖 14-20　不同形狀之木製填塞物[51]

　　貼補則是將材料黏置於洞上，使容器內的化學物不會漏出來。貼補時，一般採用夾板或黏著劑使之牢固。貼補的材料一般有油灰、木栓、橡皮球、軟木塞與化學補綴劑等。其中，化學補綴劑可分為三類，如表 14-4 所示。

限制或阻止化學物的洩漏，是控制作業中極為重要的一環，所以，因應員對於此一技術的熟練與專精，是不可或缺的。

表 14-4　化學補綴劑的種類與用途

化學補綴劑	用途	備註
(1) 裂縫封蠟充填劑	如同牙醫所使用的蛀牙填補劑，以封蠟防止液體從容器中洩漏出來	多以具腐蝕性之液體或有機溶劑為防堵對象
(2) 貼補填塞結合劑	可迅速封合任何材質之漏洞	
(3) 環氧樹脂貼補劑	可補各種不同型式的接頭管件，對溼潤的表面也可貼補	

14.6.1　基本工具組

通常洩漏可用簡單之迫緊器具予以控制，例如塞子、蓋子、管線或法蘭螺栓等，故一套完整之工具組是必須的。此工具組應含有：橡膠鎚、尼龍鎚、18 英吋及 36 英吋管線、開啟用旋鉗、裝箱用旋鉗、活動關節鉗、一般型關節鉗、18 英吋及 24 英吋螺絲起子、中型鎚、油布刀、木塞鑿刀、8 英吋虎頭鉗、6 英吋撬桿、可攜式防爆燈、18 英吋～ 36 英吋切釘器、螺栓塞（2 組）、切邊鉗、尖嘴鉗、螺絲起子組、剪錫刀、長柄鋼刷。

此外，因應員宜攜帶下列物件：
(1) 鐵弗龍膠帶：各式寬度、適合綁縛於各種接點。
(2) 鉛捲：用於鑲嵌於桶型容器之裂縫處。
(3) 軟性膠布：用於滲透性管線或作為管線螺絲墊片。
(4) 橡膠片：用於各式栓塞之墊片。
(5) 鉛墊：用於栓塞旁之襯墊。
(6) 填絮：用於填塞細縫或擦乾栓塞。
(7) 木製栓塞組合。
(8) 木楔組合。
(9) 各式金屬螺絲：用於塞緊小孔或釘孔。
(10) 各式管線蓋：用於拴緊管線末端。
(11) 桶蓋：用於蓋緊鼓桶。
(12) 各式自緊夾：用於夾緊橡膠管線之末端。

(13) 各式螺旋塞：用於螺旋緊閉管線末端。

(14) 扁平墊圈。

(15) 樹脂接著劑。

除工具完備外，因應人員應學習使用各式工具，以便了解其使用要訣，諸如工具之適用性及安全性、工具之攜帶性、移動性等。

14.6.2　鼓桶洩漏控制之設備及工具

鼓桶（Drum）洩漏為常見之意外。典型之低壓金屬鼓桶為一片捲曲、管狀之金屬片，並焊接上下兩片蓋子組合而成，開口則因填充物及填充方式不同而異。一般而言，以螺旋形蓋較為方便，栓塞形蓋則較不便，部分鼓桶並以栓塞開口作為辨識該桶正／倒之方法。

當鼓桶因意外發生裂縫或孔洞時，內容物會因重力及壓力之作用而從裂孔中漏出。因應員首先可嘗試藉由轉動鼓桶，發現裂孔後，將裂孔轉舉至較液面更高之位置，如此可將外洩先行控制，再進行補漏或除污等後續工作。

當鼓桶開口處發生少量洩漏時，因應員可用適當工具旋緊該桶之栓蓋。若該桶無螺栓或頂蓋時，亦可使用長柄螺絲起子配合適當鉗子，旋緊該桶之桶箍，以達控制洩漏之目的。

若鼓桶裂孔需進行貼補修復時，因應員應在避免引起燃燒之情況下，以鋼刷刷下外覆之漆面，使其成為該桶之原始金屬光澤面，然後將木栓配合鉛捲（封緊邊緣）塞入或搥入裂孔中，接著將桶外多餘之木栓切除，以鋁帶及樹脂貼封裂孔。完成貼補之鼓桶表面，應光滑如正常鼓桶。

一般而言，較大之裂孔多由搬運及堆高機作業時之不慎撞擊及刺穿所引起。此種裂孔可用桶夾（Clamp）予以補洞，適用於 7.5 公分（3 英吋）直徑以下的孔洞。此種桶夾包括三部分：高分子氯普林橡膠墊片（Neoprene Gasket）、金屬背板（Metal Backing）及夾子（圖 14-21），其貼補步驟如下：將夾帶穿過金屬背板 → 將橡膠墊片（Gasket）上膠後，固定於金屬背板上 → 將夾帶環繞鼓桶，把背板及墊片貼緊於鼓桶裂孔處，並夾緊夾子。

由於鼓桶之補洞通常可由因應員迅速完成，故建議因應員應攜帶多組不同尺寸之鼓桶修補貼夾於工具箱內。通常小孔可用金屬螺絲及橡膠墊片插入孔隙中，以阻止洩漏，其他包括橡膠塞及補胎用膠塞等，皆可用於補漏。因應員並可考慮以「桶對桶轉運」的方法，將受損桶之內容物以簡單手動工具抽送至另一空桶或含相同內容物之鼓桶內。

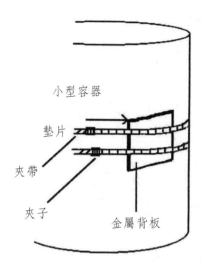

圖 14-21　小型容器之貼補──墊片和金屬背板

　　部分由橡膠墊片、金屬板及肘節螺栓（Toggle Bolt）組成較複雜之補漏工具〔圖 14-22(a)〕[35]操作亦十分方便，各式尺寸亦適合各種形式之容器孔隙。其缺點則為孔隙必須大到足以讓肘節（Toggle）穿入桶中。此種裝置亦不可過度旋緊。此外，另有Ｔ型螺栓（T-bolt）〔圖 14-22(b)、圖 14-22(c)〕[35, 51]，亦可用於相似用途，但其仍有不可過度拴緊之缺點。

　　在成功完成補漏作業後，該鼓桶仍應移入另一專門設計尺寸恰可容納該補桶之回收桶中（圖 14-3），以便更加周密的維護該受損鼓桶。外桶並應立即加註該項危險物品之相關資料，以免收貨者在不知內容物之情況下，發生任何危險；也要妥善將外桶包裝，以便運輸。

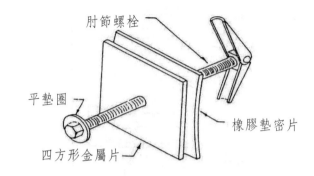

(a) 肘節螺栓貼補工具（Toggle-patch）[35]

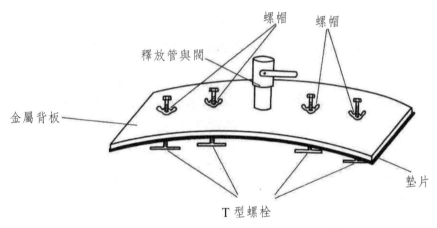

(b) 金屬背板配上 T 型螺栓貼補工具 [51]

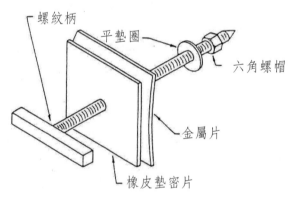

(c) T 型螺栓貼補工具（T-patch）[35]

圖 14-22　補漏工具

14.6.3 管線洩漏控制之設備及工具

通常管線的洩漏可用具擴張性之通氣管塞（圖 14-23）[35]，做為阻止洩漏之設備。此種管線塞可進行通氣或停止通氣。此外，因應員可使用另一種通氣管端附加支管之通氣塞，此種通氣塞的支管，可將管線流出物導入適當容器中。

通氣管塞的操作步驟，將塞子通氣口旋開後，將通氣管塞插入管線中，然後旋緊螺帽，使其壓縮橡膠堵塞器。橡膠堵塞器一旦被壓縮，就向周圍擴張，因此緊閉管線。管線之內容物可由通氣管導入適當容器中。此種通氣塞對於較低壓（低於 2psi）之止漏作業十分適用，須注意的事項為，因應員在使用通氣管塞阻漏後，應注意管線內可能有過高之壓力，使得塞子被射出而擊傷工作人員。

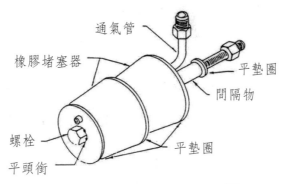

圖 14-23　通氣管塞貼補工具[35]

14.7　滅火措施

外洩易燃物如遇火源（Ignition Source）引發火災，就要採取滅火措施。

火災爆炸形成的因素主要有三：能被引燃的可燃物、供給能量使易燃物燃燒的火源、氧氣（助燃物）。

要構成燃燒條件，上述三者缺一不可，所以在防範火災發生及火場滅火時，需盡可能消除此三要素。

根據燃燒三要素，工業界發展出四種滅火的方法：除去法、窒息法、冷卻法與抑制法，其應用如表 14-5 所示。

表 14-5　滅火方法說明

滅火方法	說明
除去法 （隔離法）	去除或關閉燃料之來源；移轉或關閉液體、氣體燃燒之供給管路；用機械法或其他方法去除燃源（Ignition Source）。
窒息法	隔絕或減少空氣的氧氣濃度，以惰性氣體取代空氣；由不能燃燒之遮蓋物將空氣隔絕，或用化學劑來沖淡空氣中氧的濃度，使其降低至能助燃之下限值以下。
冷卻法	降低熱源或燃燒的溫度，使其無法引燃易燃物而熄滅火源；用水或化學劑冷卻燃燒物的溫度。
抑制法	利用化學反應阻斷燃燒的氧化反應或其連鎖反應，使用乾粉等滅火劑切斷著火之化學連鎖反應。

中國國家標準將工廠的火災分為四類（CNS 1387）：

(1) A 類火災：普通火災，指由木材、紙張、橡膠及垃圾等可燃固體所引起之火災。

(2) B 類火災：油類火災，指由可燃性氣體、液體與固體油脂物質所引起之火災。

(3) C 類火災：電器火災，指由電器設備本身或其附屬設備所引起之火災。

(4) D 類火災：金屬火災，指由鋁、鎂、鉀、鈉、鈦等金屬所引起之火災。

將火災分類的主要目的，是為使消防作業能針對不同火災類別，採用適當的滅火劑。表 14-6 列出滅火劑與各類火災之滅火效能；表 14-7 進一步指出，各類滅火劑之裝置及其適用火災類別。港區或工廠危險品、石化碼頭與儲槽區所面臨的潛在火災以 B 類為主。

表 14-6　滅火器材之滅火效能表（CNS Z2003）

火災類別	所含物質	滅火劑						
		水	機械泡沫	二氧化碳	鹵化烷	乾粉 ABC類	乾粉 BC類	乾粉 D類
A	普通可燃物：木材、布料、紙張、棉毛、橡膠、塑膠等	○	○	×	•	○	×	×

火災類別	所含物質	滅火劑						
		水	機械泡沫	二氧化碳	鹵化烷	乾粉		
						ABC 類	BC 類	D 類
B	易燃液體、氣體、油脂等	✕	◯	◯	◯	◯	◯	✕
C	A 類或 B 類物質、通電中之電機設備（配線馬達引擎配電盤變電器）	✕	✕	◯	◯	◯	◯	✕
D	易燃性金屬與禁水性物，例如鎂、鋰、鋯、鉀、鈉等	✕	✕	✕	✕	✕	✕	◯

註：◯：適用；✕：不適用；●：須視滅火器型號而定。

14.7.1 泡沫滅火劑種類

滅火用的泡沫劑是由濃縮、液態泡沫劑之水溶液所形成之氣泡集合體。氣泡內的氣體一般是空氣，但在某些特殊的應用，也有用由惰性氣體去形成氣泡的。由於氣泡比水溶液輕，因此它可以浮在易燃性或可燃性液體表面，產生具有隔離空氣、冷卻與蒸氣阻隔作用之連續膜，以及阻止燃燒之含水物料（NFPA）。

泡沫可依其膨脹比（Expansion Ratio）分為三種（NFPA）：

(1) 低膨脹泡沫（Low Expansion Foam）：膨脹比 20：1。

(2) 中膨脹泡沫（Medium Expansion Foam）：膨脹比 20～200：1。

(3) 高膨脹泡沫（High Expansion Foam）：膨脹比 200～1,000：1。

所謂膨脹比（Expansion Ratio），係指最終泡沫體積與原泡沫體積（尚未加進空氣）之比。低膨脹泡沫主要用於可燃液體外洩火災或儲槽火災，藉由冷卻作用和窒息作用來滅火。覆蓋在儲槽液體表面之泡沫覆蓋物（Foam Blanket），可以阻止蒸氣之傳輸，使得外洩燃料沒有立即的火災危險。

中、高膨脹泡沫適用於密閉空間，例如地下室或船艙，這些地點消防水員不易進去。泡沫可以阻絕對流作用（Convection），切斷燃燒所需之氧。泡沫所含的水份具有冷卻作用，而且一旦遇熱蒸發所形成的蒸氣，可以減少氧含量。這種泡沫（膨脹率 400～500）可用於控制 LNG 外洩火災。

目前市面有幾種泡沫滅火劑，也就是一般所謂的泡沫濃縮液，其中有一些是

設計用於特殊用途的；有一些適用於各種易燃性液體，包括水溶性和消泡液。茲說明如下（NFPA）：

1. 水膜泡沫劑

水膜泡沫劑（Aqueous Film-Forming Foam, AFFF）含氟化、長鏈之合成碳氫化合物，能形成類似由蛋白物質所形成之空氣泡沫。由於這類泡沫劑能於易燃性碳氫液體表面形成水膜，所以叫做「水膜泡沫」。其濃縮液可用淡水或海水稀釋，常用的稀釋濃度為 1 ～ 3%（體積計）[94]。AFFF 所形成的泡沫，具黏度低、流動性高且水平擴散快之特性。AFFF 如同其他類泡沫，具表面阻隔作用，隔絕了空氣，而且泡沫下之水膜壓制了燃料之蒸發。

2. 蛋白泡沫劑

蛋白型空氣泡沫（Protein Foaming Agent）之濃縮液含高分子、天然蛋白聚合物，衍生自天然蛋白固體之化學消化與水解。此類聚合物具彈性與機械強度，其泡沫具有攜水能力。泡沫濃縮液溶有多價金屬鹽，因此當泡沫暴露於熱和火焰時，有益於泡沫之強度。

蛋白濃縮液在滅火應用上，可用淡水或海水稀釋到 3 ～ 6%（以體積計）[94]。一般而言，此類泡沫劑可形成穩定性與黏度高的泡沫，回火之抵抗力高，但與氟化蛋白泡沫比較起來，較易為燃料所飽和而分解。

3. 酒精泡沫劑

普通泡沫應用於滅火時，如果燃料具水溶性或極性（Polar），則將被快速分解，失去效能。這類燃料包括醇（Alcohol）、琺瑯搪瓷（Enamel）與漆稀釋劑（Lacquer Thinner）、甲乙酮（Methyl Ethyl Ketone）、丙酮（Acetone）、異丙醚（Isopropyl Ether）、丙烯腈（Acrylonitrile）、乙酸乙酯（Ethyl Acetate）與乙酸丁酯（Butyl Acetate）、胺（Amines）與酐（Anhydride）。即使碳氫燃料混有少量上述物質，也將使得普通滅火泡沫迅速分解。

抗酒精型泡沫劑（Alcohol-type Forming Agent）就是針對上述缺點發展出來的，有一些專利酒精泡沫劑，其成分含有蛋白、氟蛋白或 AFFF。最普遍的是酒精型 AFFF 濃縮液，其所產生的泡沫適用於碳氫或水溶性易燃物之滅火。

4. 中高膨脹泡沫劑

中高膨脹泡沫劑（Medium and High-expansion Foam Agent）適用於 A 類和部分 B 類火災，特別是作為室外密閉空間的全域浸淹式滅火。在適當的條件下，

藉用機械方法，滅火泡沫的膨脹可達 20 ～ 1,000 倍不等[94]。

用來產生中高膨脹泡沫的濃縮液，含有合成碳氫表面活性劑，只要稍加一點亂流，就可產生泡沫。使用時，以水稀釋到 2%。中級膨脹泡沫可利用氟蛋白、蛋白或 AFFF 濃縮液的 3 ～ 6% 稀釋液產生。

14.7.2　泡沫滅火劑選用

一般而言，泡沫應用於危害物之滅火，其選用要注意下列數點（NFPA）：

(1) 泡沫具導電作用，因此不適用於電氣火災。

(2) 泡沫對象必須不具消泡作用。

(3) 失火之化學物需不具水反應性。

(4) 滅火對象需為水平表面火。泡沫不適用於三向火災或壓力火災，除非易燃物質具有高的閃火點，可藉用泡沫所含之水份來冷卻它。

表 14-7　常用的滅火劑及其適用火災類別

減火劑種類		適用火災類別	滅火器型式	備註
水（冷卻法、抑制法）	水柱	A	手提式滅火器；消防水帶、消防水栓；固定和移動式噴筒；高砲式	
	水霧	B	軟管或噴霧噴嘴；浸淹及灑水系統；高砲式	
泡沫（冷卻法、窒息法）	化學泡沫（主成分為 $NaCO_3$ 與 $Al_2(SO_4)_3$ 之混合）	A、B	手提式滅火器；手操作消防水帶與噴槍支管	
	蛋白泡沫（主成分為天然蛋白質之化學消化與水解產物）	B（適用於非水溶性易燃性液體之火災）	手提式滅火器為主	

滅火劑種類		適用 火災類別	滅火器型式	備註
泡沫（冷卻法、窒息法）	酒精型泡沫	B（適用於水溶性易燃液體之火災）	手操式消防水帶與噴槍；輕便或移動式裝備與噴槍	特別適用液面下注入之泡沫
	活性界面泡沫（中高膨脹型，起泡率為 20～1,000 倍；主成分為合成碳氫表面活性劑）	A、B（適用於密閉場所之火災）	手提式滅火器	僅適用於特殊場所。於密閉場所最有效，如塔槽、管道、船艙
	水膜泡沫（AFFF）	B、A	手提式滅火器；機動式泡沫車	不得與其他泡沫混合使用；但與乾粉相容；稀釋範圍為 1～3%
乾粉（冷卻法、窒息法、除去法、抑制法）	普通乾粉 (BC)（主成分為 $NaHCO_3$）	B、C	可攜帶式滅火器；車輛裝配之滅火器；固定式設備	
	紫焰乾粉 (KBC)（主成分為 $KHCO_3$）	B、C	可攜帶式滅火器；車輛裝配之滅火器；固定式設備	
	多效乾粉 (ABC)（主成分為 $NH_2H_2PO_4$）	A、B、C	可攜帶式滅火器；車輛裝配之滅火器；固定式設備	
	猛維克斯（Monex）乾粉（XBC）（主成分為$KHCO_3$與尿素）	B、C	可攜帶式滅火器；車輛裝配之滅火器；固定式設備	特殊性製造設備
	特殊乾粉	D（可燃性金屬）及 B（少量濺灑）	可攜帶式滅火器	

減火劑種類		適用火災類別	滅火器型式	備註
液化鹵化烷（冷卻法、窒息法、抑制法）	海龍（Halon）	B、C	手提式滅火器；固定式設備	製造和儲存地區
惰性氣體（冷卻法、窒息法）	二氧化碳（CO_2）	B、C	手提和輪架式滅火器；車輛（鋼瓶在車台上）和固定式設備	僅用在特殊場合，通常用於電氣火災
	氮（N_2）	B、C	供應大量氣體	製造儲存地區

在選擇泡沫方面，「酒精泡沫」可用來處理一些與水互溶的可燃性液體。在某些情況下，如果不確定要使用哪一種型式的泡沫，建議使用「一般」的泡沫（例如 AFFF 或蛋白泡沫）[93]。

14.8 散裝氣體船外洩、火災控制要點

大量氣體（特別是易燃氣體）之海上運輸，一般均以低溫、液體形態為主，而散裝氣體船（Gas Tankers）就是指用於此類氣體之大量運輸之船舶（NFPA）。LPG 就是常見的液化氣體，其成分主要為丙烷（Propane）和丁烷（Butane），在零下 42℃液化，體積可減少 270 倍。LPG 類似於 LNG（主要成分為甲烷）不具毒性，但具窒息性。LNG 船舶常具有 5 個球形儲槽（圖 14-24、圖 14-25），如果 LNG 從船上儲槽以液體形態大量外洩，可能導致爆炸。

LNG 船舶在其甲板重要位置一般備有灑水系統。雖然水並不直接用於滅火，但卻具有下列功能：

(1) 驅散尚未著火之易燃氣體。
(2) 保護金屬表面，使其不致因與冷凍液體接觸而變脆和破裂。
(3) 將火災局部化。
(4) 保護暴露於熱流中的人員或重要設備。

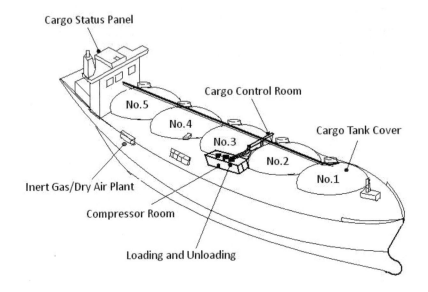

Overall View

圖 14-24　LNG 船舶——具有 5 個球形儲槽（取自網路）

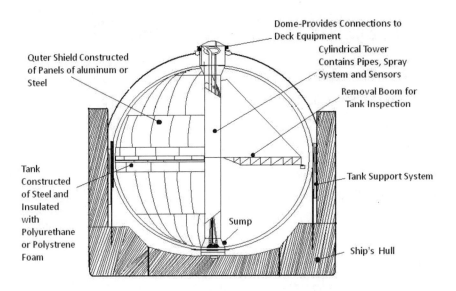

Details of Spherical Tank

圖 14-25　LNG 船舶之球形儲槽（取自網路）

大部分船舶均備有充分的乾粉滅火劑，以撲滅船上火災。一般而言，此類氣體散裝船舶的船員都曾經過特殊訓練，以因應液化可燃性氣體意外事件。

下列原則適用於大部分液化氣體船舶火災之滅火作業（NFPA）：

(1) 人員滅火時，要位於外洩源之上風處。

(2) 未著火之外洩氣體，應使用高速水霧，以驅散這些易燃性氣體。注意，高速水霧絕不可用於液體上，否則會加速其蒸發而形成大量之易燃性氣雲。

(3) 一旦著火，要用水冷卻鄰近之儲槽、管線、設備和結構物，當然也可用於冷卻著火的儲槽本身。灑水也可用來保護在現場試圖關閉外洩源的因應員。

(4) 一般而言，氣體火災除非能關閉外洩源，否則不宜試圖滅火。在策略上，控制式的燃燒往往可能比非控制式、未點燃的外洩來得佳，例如未點燃的外洩可能造成金屬結構的失敗。

14.9 化學船外洩、火災控制要點

化學船（Chemical Tanker）是指那些使用船上儲槽運送易燃性或毒性化學物的船舶。儲槽可能位於甲板上或甲板下，如果同時運送多種化學物的化學船，往往又謂藥店（Drug Store）。

化學船一旦有意外，即使其上之儲槽彼此以圍堰（Cofferdam）隔開，也可能發生儲槽裂漏，導致不同性質之化學物混合，產生未知之反應或危害。有些化學物能與水產生激烈之反應。

化學船一旦失火，其滅火要點如下（NFPA）：

(1) 應停止卸貨作業，以及關掉幫浦。

(2) 必要時，某些儲槽內的貨物，可利用船上之加熱或冷凍系統，加以加熱或冷凍。

(3) 由於可能存在爆炸性蒸氣或觸電，通往意外區的電力應加以控制。要確認該區沒有火源（Ignition Source）或對該區增加火源（例如由 CO_2 滅火器所產生的靜電）。

(4) 要設法冷卻鄰近儲槽與甲板上管線，以防爆炸和蒸汽的點燃。船甲板上的貨物管線即使是空的，也可能由於上次的貨物輸送，而留下大量殘留蒸氣。

(5) 要準備疏散下風處人員／居民。

由於涉及化學物中的火災，其溫度可能非常高，以水流保護人員是相當重要的策略。要注意甲板上的固定管線可能阻礙人員救難和消防水帶的移動。避免吸

入化學蒸氣，因應人員要使用個人防護裝備。須切記二種以上化學物的混合反應，可能變成另一種危害物，因應人員的保護是非常重要的。

【討論】

1. 外洩因應我們要搶救的對象有人體生命、財產與環境。在 1970 年以前，環保意識尚未抬頭，因此人體生命與財產是因應保護的目標，環境維護扮演不重要的角色。1970 年以後，環保意識抬頭，保護環境可說比保護財產重要，因此保護的目標依序為人體生命、環境與財產，這種優先順序，也是現場指揮官（OSC）應做的決策。

2. 外洩因應一般可劃分為初階段與後續階段，試說明前者包括哪些基本步驟。

3. 在外洩因應的初階段包括「阻隔外洩源」和「警報」，你認為如何決定這二個步驟的先後順序？

4. 試列舉可能影響外洩清除之選用的決策因素？

5. 試列舉二類外洩截流技術。

6. 如果化災發生時，你是第一個到達現場的人員／機構，你要採取什麼措施？請依其重要性列出，假設：
   (1) 你是來自消防隊。
   (2) 你是來自警察單位。
   (3) 你是來自醫療單位。

7. 試說明泡沫滅火劑之滅火機制。

【是非題】

1. 外洩發生，如果現場有一個（座）容器是密閉的，沒有裂漏，表示位於該處之人員是安全的。   **Ans**：（×）

2. 非壓力容器暴露熱流和火災的情況下，較壓力容器安全。   **Ans**：（○）

3. 密閉容器之爆炸是由於內部之燃燒。   **Ans**：（×）

4. 儲槽或容器有金屬的咻咻響聲，表示可能快要爆炸了。   **Ans**：（○）

5. 易燃性的蒸氣比其液態更具危險性。   **Ans**：（○）

6. 所有壓力容器在火災的情況下，不見得會釋放氣體，但會裂開。   **Ans**：（○）

7. 初步因應之基本步驟先後次序是不能更動的。   **Ans**：（×）

8. 在初步因應階段，「阻隔外洩源」可能比「通報」來得重要，要優先進行。

    Ans：（○）

9. 廣義的外洩「清除」（Clean-up），包括下達不進行實質因應之決策。

Ans：（○）

10. 外洩容器的標示、圖式有助於鑑定外洩物的種類。 **Ans**：（○）

11. Class I 與 Class II 易燃液一旦發生火災，以泡沫滅火最有效（Class I 與 Class II 易燃液體定義見第 2 章）。 **Ans**：（○）

12. 電器火災是屬 A 類火災。 **Ans**：（×）

13. 鈉金屬所引發之火災是 D 類火災。 **Ans**：（○）

14. 化學物所引發之火災是 B 類火災。 **Ans**：（○）

15. 在化學物火災的情況下，如果不確定要使用那一類型的泡沫劑，可使用 AFFF。 **Ans**：（○）

16. 緊急時，不確定要使用那種泡沫劑，建議使用「一般」泡沫劑。

Ans：（○）

17. 危害氣體一旦釋放到空氣中，是無法截流的，因此唯一的可行方法是止洩。

Ans：（○）

18. 肘節螺栓（Toggle Bolt）補漏工具適合容器破裂之孔隙尺寸足以讓肘節穿入者。 **Ans**：（○）

19. 肘節螺栓與 T 型螺栓應用於破裂容器之貼補時，有不可過度栓緊之缺點。

Ans：（○）

20. 如果補漏作業涉及易燃性物質，外洩容器應進行金屬連結（Bonding）與接地（Grounding）措施。 **Ans**：（○）

21. 肘節螺栓（Toggle Bolt）與 T 型螺栓補漏技術是一種化學補漏方法。

Ans：（×）

【選擇題】

1. Class I 與 Class II 易燃液體一旦發生火災，以哪一種滅火劑因應最有效　(1) 泡沫　(2) 水　(3) 上述兩者皆可。 **Ans**：(1)

2. 中膨脹泡沫劑係指膨脹比為　(1)20 ～ 200　(2)200 ～ 1,000　(3) 上述兩者皆非。 **Ans**：(1)

3. 高膨脹泡沫劑係指膨脹比為　(1)20 ～ 200　(2)200 ～ 1,000　(3) 上述兩者皆非。 **Ans**：(2)

4. 消防員不易進入之密閉空間可考量用　(1) 低膨脹泡沫　(2) 中、高膨脹泡沫　(3) 上述兩者皆非。 **Ans**：(2)

5. 一般而言，水中截流外洩物比陸上　(1) 容易　(2) 困難　(3) 上述兩者情況皆可能。　　　　　　　　　　　　　　　　　　　　　　　**Ans**：(2)

6. 外洩的地方看不到任何危害告示牌或標示，表示外洩處　(1) 無危害物　(2) 有危害物　(3) 上式二種情況皆可能。　　　　　　　　　　　　**Ans**：(3)

7. 使用肘節螺栓（Toggle Bolt）或 T 型螺栓補漏，肘節或 T 型柄位於容器
   (1) 內　(2) 外　(3) 上式兩者皆可。　　　　　　　　　　　　　**Ans**：(1)

8. 使用肘螺栓（Toggle Bolt）或 T 型螺栓補漏，金屬背板與容器　(1) 直接
   (2) 不直接　(3) 上述兩者皆可能　接觸。　　　　　　　　　　　**Ans**：(2)

第 15 章

個人防護裝備

15.1 一般說明

危害物意外事件不同於其他一般緊急事件。前者由於它本身的特性，會帶來某種潛在的危險或傷害。人一旦暴露於危害物下，這些危害物可能從下列三種途徑進入人體[35]：

(1) 吸入（鼻）（Inhalation）：經由呼吸系統進入。大部分的汽／氣體、液滴（Mist）或微粒型態的化學物，都以此為主要途徑進入人體。一旦被人體吸進去，不是被呼出來就是附著於呼吸器官上。如果是後者，可能由於直接與組織接觸或經由肺部與血液的接觸面，滲入血液系統，造成人體傷害。

(2) 食入（口）（Ingestion）：經由吞食進入口中，一般不會傷害腸胃系統（胃、大小腸），除非化學物具刺激性或腐蝕性。如果化學物不溶於腸胃系統的液體中，一般就被排泄出來。至於那些可溶於液體中者，可能被腸胃系統所吸收，隨著血液進入內部器官，進而傷害到人體。

(3) 吸收（皮膚或眼睛）（Absorption）：經由皮膚或眼睛吸收。很多化學物能跨越皮膚的阻隔而被吸收，進入血液系統。一旦被吸收後，它們可能對內部器官造成系統性的傷害。眼睛對化學物可說是特別敏感，即使是短暫的暴露，也可能對眼睛造成嚴重傷害，或者經由眼睛的吸收，進入身體其他部分組織，造成傷害。

工程控制（例如通風）有助於降低人體暴露，但當這些方法不可行時，就需藉助防護裝備的保護。個人穿戴防護具的目的，就是阻止危害物經由上述三種途徑進入人體。若人員未能做好個人防護措施，導致危害接觸或危害物進入人體，可能造成的傷害可歸納為下列幾類：

(1) 溫度性：有關遇熱（冷）的傷害。

(2) 放射性：暴露於輻射物質下的潛在危害。

(3) 窒息性：缺氧導致呼吸困難。

(4) 化學性：經人體吸收，可能導致永久性的健康問題。

(5) 病原性：可能導致人體的疾病。

(6) 物理性：不能走路、眼盲、耳聾等等。

危害物也有可能造成心理的傷害。如果要對受害者提供緊急醫療照顧，就必須注意到，對於自己和受害者，潛在危害還可能存在著。受害者可能已遭到污染，所以必須考慮除污方法，不然會將污染物帶到救護車上，甚至手術室內。

運送受傷人員可考慮使用塑膠擔架。為了自身的安全,有時也要考慮配戴特殊的防護衣與呼吸防護具。此外,因應員應知道自己需進行那些類型的緊急處理,故須儘快得到化學物的資料,如運送文件、物質安全資料表(MSDS)或化學物意外緊急因應手冊。醫療人員也許需要藉助這些資料,來確定自己是否做了適當處置。

本章介紹呼吸防護具與化學防護衣之種類及其應用。

15.2　呼吸危害

人體吸氣時,胸部肌肉與橫膈膜收縮,拉起肋骨腔與放下橫膈膜。這些動作擴大胸的內部空隙,結果肺部擴張並充滿空氣(圖 15-1)。被吸入的空氣經由咽部進入喉部的氣管。氣管又謂風管(Windpipe),分成二個支氣管,個別進入左右肺。

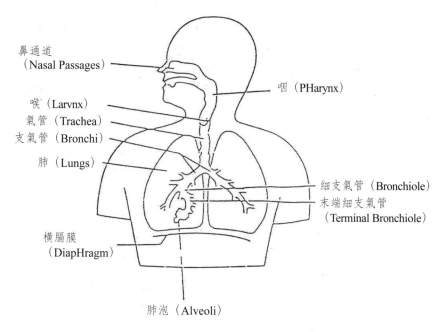

圖 15-1　人之呼吸系統結構圖[19]

呼吸可說是危害物進入人體的主要途徑,因此呼吸系統的保護是非常重要的。正常的大氣含 78% 的氮、21% 的氧、0.9% 的惰性氣體和 0.04% 的二氧化

碳【35】。萬一污染物濃度大到能降低氧的含量，即使只是惰性氣體，也可能導致窒息。

就一般環境而言，有四種情況會造成呼吸系統的危害，茲說明如下：

(1) 缺氧：人體需要氧才能生存。如果氧含量不足，會產生下列缺氧情況【35】：

a. 含氧量 12 ～ 16%（依體積計；海平面）：造成注意力、思考力與身體協調性減弱；增加吸氣量、心跳加速。

b. 含氧量 10 ～ 12%：會導致判斷力失常、肌肉協調性非常差。

c. 含氧量 6 ～ 10%：會導致噁心、嘔吐、失去知覺，隨即死亡。

d. 含氧量 < 6%：會引起呼吸痙攣、抽搐，並於數分鐘內死亡。

(2) 氣體與蒸氣污染物：依其對人體的效應分為兩類：立即危害生命或健康；不會立即危害生命或健康。

(3) 微粒污染物（包括空氣中的塵埃、水霧、水氣、薰煙等）：一般以物理形式分類，如粒子粒徑的大小，或以是否立即危害人體的形式做分類。

(4) 氣體、蒸氣微粒之混合污染物：以是否立即危害人體的形式作為分類依據。

呼吸防護具的基本功能是減少因吸入空氣污染物而導致呼吸器官受損之風險，它能藉由去除空氣中污染物或對其穿戴者提供清潔的空氣，進而達到保護的目的。

15.3　呼吸防護具

所有的呼吸防護具包括二個主要元件：(1) 供給或淨化空氣設備；(2) 面罩。前者界定了呼吸防護具的類別，而後者決定了整個呼吸防護具的相對保護程度。依據第一個元件，呼吸防護具可分為二大類：

(1) 大氣供給式呼吸防護具（Atmosphere-Supplying Respirator）：分為供氣式與自給式呼吸防護具二種。

(2) 空氣淨化式呼吸防護具（Air Purifying Respirator）

圖 15-2 是市面上所看到的呼吸防護具，圖 15-3 是加拿大標準協會（Canadian Standard Association, CSA）所提供的呼吸防護具選擇步驟。

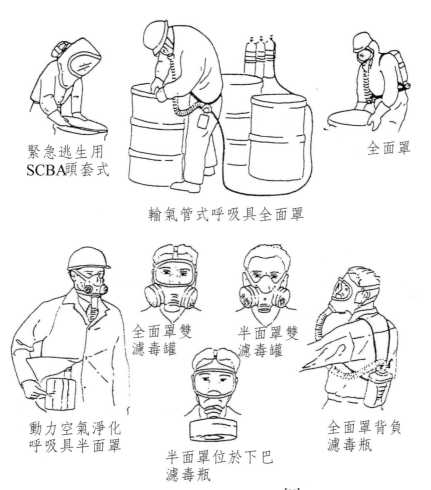

緊急逃生用
SCBA頭套式

輸氣管式呼吸具全面罩

全面罩

全面罩雙
濾毒罐

半面罩雙
濾毒罐

動力空氣淨化
呼吸具半面罩

半面罩位於下巴
濾毒瓶

全面罩背負
濾毒瓶

圖 15-2　各種呼吸防護具 [23]

15.3.1　**自給式呼吸防護具（SCBA）**

　　如圖 15-4 所示，自給式呼吸防護具（Self-contained Breathing Apparatus, SCBA）是將不含危害物質的乾淨空氣以高壓灌裝於鋼瓶內；瓶內的填充壓力取決於預期的使用時間與鋼瓶的設計。一般而言，填充壓力的範圍在 2,200 ～ 4,500psi 之間。鋼瓶內的空氣首先經由鋼瓶上的柱狀閥送到第一階段減壓器，將壓力降至大約 80psi，然後空氣由減壓閥直接送到進氣閥，經由吸氣管導入面體，提供 30 ～ 45 分鐘的空氣供應，使穿戴者可吸取空氣而從事活動。進氣閥可能設在面具上或胸前的控制單元上。空氣流量每分鐘不得低於 100 公升（NFPA）。

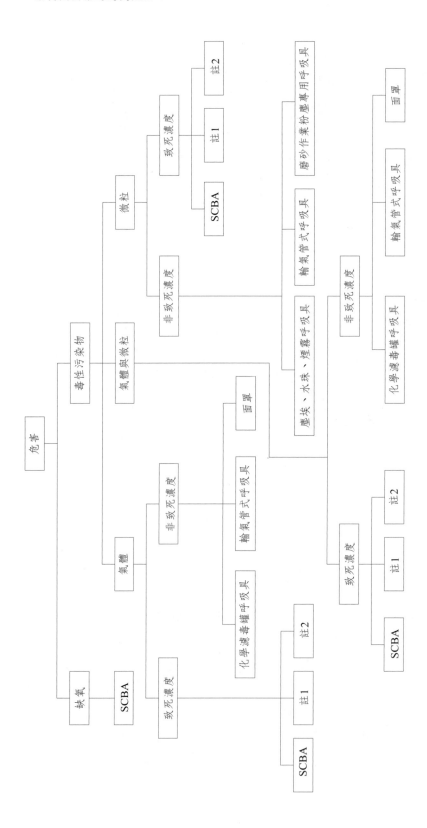

圖 15-3　呼吸防護具選擇步驟（CSA）

註：1. 輸氣管式呼吸具並備有空氣自給式空氣管助設備之正壓組合系統。
　　2. 氣體／液體微粒密不通風之大空衣，並配有 SCBA 或正壓組合之輸氣管式呼吸具。

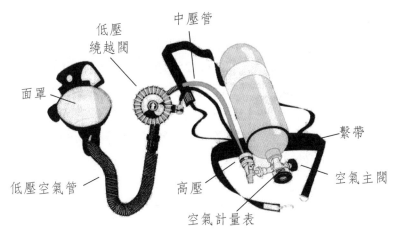

圖 15-4　兩段式 SCBA（「SURVIVAIR」資料）

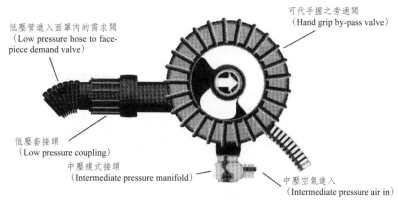

圖 15-5　SCBA 之進氣閥（「SURVIVAIR」資料）

SCBA 有兩種形式（圖 15-6）：

(1) 正壓式 SCBA：能在中等工作程度上（每分鐘吸 67 公升的空氣），維持正壓，以免護面外界的污染物沿顏面與護面的接縫向內侵入。

(2) 負壓式 SCBA：使用者在吸氣時，在護面內造成負壓，能將外界空氣引入內部。

因為負壓式 SCBA 會將外界空氣導入面體，失去了全面性隔離的效果，所以目前所有新式的 SCBA 都設計為正壓型式。

與其他呼吸防護具比較起來，SCBA 操作簡單，可在缺氧場所或火災時，供急救或避難用。對於空氣中的污染物及缺氧狀態，正壓式 SCBA 可提供緊急因

應人員最高程度的保護，但因重量最重高達 35 磅且體積龐大，在侷限的空間中其活動性可能受到限制。另外，由於空氣供應量的限制，造成無法長時間穿著也是缺點之一。當空氣供應量降到 20 ～ 25% 時[19]，警告燈號會閃爍，表示只剩 5 ～ 8 分鐘的空氣供給量。表 15-1 列出 SCBA 之優缺點。NFPA（1981）要求 SCBA（正壓式）重量不得超過 35 磅。

所有呼吸防護具（除了丟棄式）在使用過後，都需要清洗、除污。在某些情況下，呼吸防護具的配件可能因極度污染或超過了使用壽命，而需要更新。

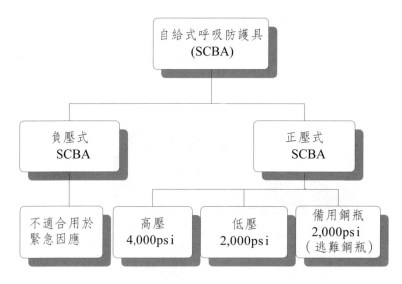

圖 15-6　SCBA 在外洩上的應用

表 15-1　SCBA 優缺點比較

優點	缺點
機動性高	裝備較重
在污染的環境中可安全使用	操作時間較短
在缺氧的環境中可安全使用	空氣瓶有再裝填新鮮空氣的需要
正壓式供給，與外界隔離	在侷限空間操作不便
無需外部操控	購置費較高
無需外界提供氧氣之軟管	

15.3.2 輸氣管式呼吸防護具

在缺氧環境、無適當濾毒罐、環境濃度超過濾毒罐使用範圍或濾毒罐有效期間不明等情況下時，就不可使用防毒面罩。此時即可考慮使用供氣式呼吸防護具（Supplied-air Respirators, SAR）。SAR 又謂輸氣管式呼吸防護具（Airline Respirators）（圖 15-7）。

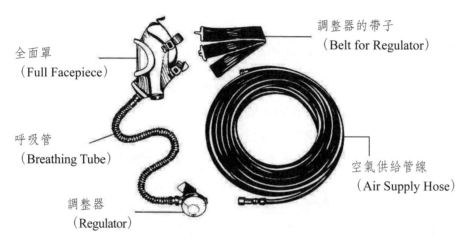

全面罩
（Full Facepiece）

呼吸管
（Breathing Tube）

調整器
（Regulator）

調整器的帶子
（Belt for Regulator）

空氣供給管線
（Air Supply Hose）

圖 15-7　輸氣管式呼吸防護具（CMA）

SAR 系統包括附帶有輸送管線之壓縮空氣鋼瓶。空氣首先經由減壓器輸送管，將壓力降到 80psi 左右，然後再進入抗化學性軟管，將空氣導入面罩內。搶救人員以此吸入乾淨空氣，即可在有害環境下工作或從事搶救人命之活動。輸氣管面罩常設計為一正壓式。表 15-2 為 SAR 之優缺點。

表 15-2　SAR 優缺點比較

優點	缺點
可長時間使用	活動性受管線長度限制（90 公尺）
重量輕	需外部壓縮機供氣
購置較便宜	供氣管易因割、燒、壓等因素而受損失，喪失供氧功能。
正壓式	
使用時不需更換濾罐	

輸氣管之最大允許長度不得超過 90 公尺（300 英呎），其上之快速接頭（Coupling）彼此相距不得大於 30 公尺（100 英呎）[51]。套接頭的尺寸，不得與工廠內任何輸送化學物管線之套接頭相容，以免誤接。

因搶救者的活動範圍受管線長度之限制，不利於救災等相關人員之使用，而且由於很多外部因素（如壓縮機故障、供氣管阻塞或破裂等）導致無法供氣，因此在應用上，SAR 需配有緊急備用空氣鋼瓶（圖 15-6），提供至少 5 分鐘逃難用的空氣量[51]。

15.3.3 空氣淨化式呼吸防護具

空氣淨化式呼吸防護具（Air Purifying Respirators, APR）是由面罩（Face-piece）和空氣淨化器（Air Purifying Element）所組成。在設計上，有的是兩者合為一體，有的是分開的。APR 的功能主要是藉由濾毒瓶 / 罐（Cartridge Filter）去除空氣中某種特定污染物。一般而言，這類裝備並不適合用於化學緊急因應，除非我們可確知下列事項[19, 66]：意外場所有足夠的空氣（> 19.5%，海平面）、可正確地鑑定出空氣中污染物、空氣中的污染物濃度小於 IDLH，並在所選用的濾毒瓶 / 罐允許限值內、密切監控面罩的暴露時間。

15.4 防護面罩

SCBA 和 SAR 所能提供穿戴者的保護程度，可以說取決於面罩與臉形的密合程度。如果臉與面罩之間有間隙，呼吸防護具就失去應用的功能。面罩依其所能覆蓋臉部的大小而有三種型態（圖 15-8），各提供不同程度的保護能力[19]：

(1) 四分之一面罩式（Quarter-mask, Type B Half-mask）：密合鼻樑，沿臉頰、橫越下巴之上方（亦即面罩不包覆下巴）。面罩邊緣有二個或四個洞。因為呼吸具容易位移，造成面罩與臉之間的間隙，所以此種面罩所提供之保護有限。

(2) 半面罩式（Half-mask, Type A Half-mask）：密合鼻樑，沿著面頰，橫越下巴之下方。面罩邊緣有四個洞，以頭帶固定。因其密合程度較佳，且不易造成位移，所以此種面罩與四分之一面罩式比較起來，能提供較高之保護作用。

(3) 全面罩（Full-facepiece）：橫越前額，沿太陽穴、面頰到達下巴之下方，其頭帶繫住面罩邊緣 5 ～ 6 個洞。本型提供較佳之密合，且不易產生位移，另一個好處是面罩提供眼睛保護。

　　一套呼吸防護具並不是每一個人穿戴起來都能密合；一般而言，能適合約 60%的員工[19]。所幸目前市面上有許多種呼吸防護具，因此，每個人一定可以找到一套適合自己的臉形。

15.4.1　指定防護係數

　　有些情況可能會使面罩無法與臉部完全密合，將使大量的污染空氣進入面罩內；這些可能情況包括面毛、頭骨、長髮、眼鏡架等。由於面罩是否能與臉密合，這個問題非常重要，因此任何員工要使用呼吸防護具，都應先通過面罩之密合試驗。密合試驗有「定量」與「定性」兩種方法，茲說明如下：

　　(1) 定量密合試驗（Quantitative Fit Test）：本試驗是以分析的方法，測定某化學物在面罩外之濃度，然後再與面罩內之濃度相較。此兩種濃度之比，謂之密合係數（Fit Factor），可用於表示呼吸防護具之相對保護能力。

　　例如某試驗化學物之大氣濃度為 1,000ppm，而面罩內之濃度為 10ppm，則該呼吸防護具提供被試驗人密合係數 100，其計算公式如下：

$$密合係數（Fit Factor）＝面罩外濃度／面罩內濃度$$

　　在實驗室外，用定量的方法去決定每一套防護具之實際密合係數，顯然是不切實際的；因此 ANSI（American National Standard Institute，美國國家標準局）就不同類別之呼吸防護具，給了適當之保護係數（Assigned Protection Factor, APF），如表 15-3 所示。

　　(2) 定性試驗（Qualitative Fit Test）：本試驗採用一種刺激性物質，來判斷面罩與臉部密合度。如果試驗者對該試驗刺激物沒有反應（例如嗅到、咳嗽等），表示他可以使用該類型面罩（具保護能力之 APF）。「定量試驗」是一項花費高且費時的程序，因此大部分採用「定性試驗」來決定面罩之密合情形。

　　APF 可用來決定通過密合試驗之呼吸防護具最大使用濃度限值（Max Use Limit, MUL），其計算公式如下：

$$MUL = APF \times TLV$$

其中 MUL = 最大使用濃度；其值不得高於 IDLH。

TLV = 某化學物之時量平均恕限值（TLV-TWA）

例如某污染物之 TLV-TWA 為 10ppm，則任何半面罩呼吸防護具之 MUL 為 100ppm；全面罩空氣淨化呼吸具為 500ppm。如果大氣中濃度超過 500ppm，則需藉助正壓式全面罩（圖 15-8）。

表 15-3　呼吸防護具指定保護係數例[35]

呼吸防護具類別	保護係數 *（定性測試）
空氣淨化式 • 1/4 面罩 • 半面罩	5 10
輸氣管式 • 1/4 面罩 • 半面罩	10 10
SCBA，負壓式 • 1/4 面罩 • 半面罩	10 10
空氣淨化式 • 全面罩	50
輸氣管式，負壓式 • 全面罩	50
SCBA，負壓式 • 全面罩	50
輸氣管式，正壓，配帶逃離設備 • 全面罩（無需測試）	10,000
SCBA，正壓式 • 全面罩（無需測試）	10,000

*NIOSH APF。

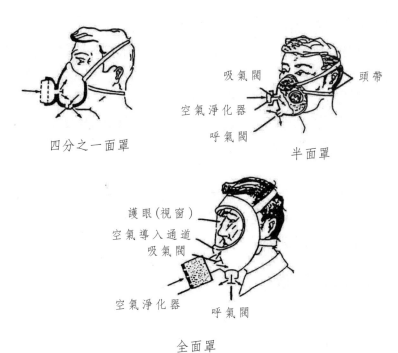

四分之一面罩

吸氣閥　　　　頭帶

空氣淨化器

呼氣閥

半面罩

護眼（視窗）

空氣導入通道

吸氣閥

空氣淨化器　　呼氣閥

全面罩

圖 15-8　呼吸防護具之面罩型式[19]

15.5　防護衣

　　防護衣包括建築物消防隊人員防護衣、化學防護衣（隔離式、非隔離式）與防熱衣（防高溫與低溫）等三類型，茲說明如下：

　　(1) 建築物消防人員防護衣：此種防護衣是針對建築物火災而設計的，提供穿戴者適當抗溫。雖然此種防護衣對於火災現場的高溫、蒸氣、熱水，提供身體的保護，但對於在化學暴露的場合上，卻無法提供足夠的防護。

　　(2) 防熱衣：防熱衣提供穿戴者短期暴露於高溫或極低溫下的保護，但對於化學意外事件的防護效果，卻極為有限。

　　(3) 化學防護衣：化學防護衣是用來防止危害物質接觸到皮膚和眼睛的防護裝備。大部分的化學防護衣無法提供穿戴者溫度的保護。事實上，此類防護衣可能因暴露於火災中的高溫下，而被熔化和（或）起火燃燒。化學防護衣可能設計成重複使用（再使用性）或一次使用（可丟棄性）。

　　在外洩現場，因應員面臨許多關係著安全與健康的危害，其中任何一種危害

都有可能導致因應員之嚴重傷害或死亡。這些現場危害包括：大量與特性未知的化學暴露、火災、爆炸與毒性、殘骸中的可能殘留化學物、缺氧、熱、失效的安全工具（例如呼吸防護具）。

外洩現場的多重危害，不同於一般工廠工作場所的危害情況。前者往往無法預測到底所面臨的是什麼化學物。除此之外，因應員還要面臨亂七八糟的現場環境潛在危害。對於外洩緊急工具的選用和操作，也往往缺乏可供遵守之標準和規範。

化學防護衣的選用，就是其中一個值得考量的特殊問題。其在外洩事件的應用，可說幾乎沒有任何標準可供遵循。最危險的是，許多人關於化學防護衣的適當使用和選擇，有嚴重的錯誤認知。

15.5.1 化學防護衣定義

如前所述，化學防護衣是用來避免人員之皮膚和眼睛與化學物之直接接觸，廣義的化學防護衣，包括：

(1) 頭部保護：用於保護頭部撞擊之頭盔。

(2) 臉面與眼睛的保護：全面眼鏡、化學眼罩、氣密式眼罩、全面罩視窗（Full-face Shield）、酸套（硬帽配上眼罩）。

(3) 身體的保護：二件式之外套和長褲；或連身衣、褲、袖之單件式（可能配用防濺面罩）。設計用來防止身體與外洩之流體和固體的接觸。

15.5.2 化學防護衣材質

化學防護衣的材質選用，要依據所面臨的特殊危害特性而定，其常用之材質包括：丁基橡膠（Butyl Rubber）、氯化聚乙烯（Chlorinated Polyethylene）、Chloropel(R)、氯磺化聚乙烯（Hypalon(R)）、天然橡膠、高分子氯普林（Neoprene）、丁腈橡膠（Nitrile Rubber）、聚乙烯（Polyethylene）、聚胺基甲酸酯〔Polyurethane, PU（聚氨酯）〕、聚乙烯醇（Polyvinyl Alcohol）、聚氯乙烯（Polyvinyl Chloride）、Tyvek(R)〔泰維克是一種紡黏烯烴（Spun Bonded Olefin）纖維，不易撕裂，適用於微粒之捕捉〕、Tyvek(R) 聚乙烯塗料（泰維克加上一層黃色 PE 膜，可防止一些化學物的侵蝕與滲透）、Tyvek(R) / Sarnex(R)、Viton（含螢光之彈性物）。

Tyvek（泰維克）是非常普遍的「用後即丟」的防護衣材質，使用於捕捉

微粒污染物，如其再加上聚乙烯塗料，可用來防護某些液體、氣體和蒸氣污染物[19]。要注意的是，化學物的種類、特性繁多，沒有任何單一材質適用於所有外洩情況。在決定材質與化學物之互容性後，下一個步驟就要決定該材質是否具有所期望之物理特性。表 15-4 列出一些防護衣材質之物理特性，以為選用材質之參考。

表 15-4　防護衣材質之物理特性

材　質	抗摩擦性	抗割性	柔軟性	抗熱性	抗穿洞性	抗撕性
丁基橡膠 （Butyl Rubber）	F	G	G	E	G	G
自然橡膠 （Natural Rubber）	E	E	E	F	E	E
高分子氯普林橡膠 （Neoprene）	E	E	G	G	G	G
丁腈類橡膠 （Nitrile Rubber）	E	E	E	G	E	G
聚乙烯 （Polyethylene）	F	F	G	F	P	F
聚氯乙烯 （PVC）	G	P	F	P	G	G
氟橡膠（Viton）	G	G	G	G	G	G

註：E = excellent（極優越）；G = good（良好）；F = fair（普通）；P = poor（不良）。
資料來源：Schwope, A. D. et al., Guidelines for the Selection of Chemical Protective Clothing, 2nd ed, American Conference of Industrial Hygienists, Cincinnati, OH, 1997.

如果外洩之液體或混合物含有許多不同成分，可能會顯現出特殊的問題。即使化學防護衣的選用是以主要成分的化學物做為考量，但在其他少量成分的出現下，可能就會加速主要化學成分的滲透。

15.5.3　化學防護衣受損途徑

化學物可能由於下列原因造成防護衣的失敗，而侵襲其使用者：

(1) 侵蝕（Degradation）：侵蝕是指由於化學物的作用，而破壞防護衣的材質。它可能改變防護衣的特性（例如張力），或溶解防護衣的局部。本項特性是一般所謂防護衣與化學物之互容性（Compatibility）。

(2) 滲透（Permeation）：滲透乃是指液態或氣態化學物與防護衣表面接觸，進而以「分子擴散」方式穿透防護衣之過程。「滲透性」可以說是防護衣材質之適當與否最重要的指標。有些化學物能在數秒內滲透防護衣材質，如果化學物具毒性，那麼這種材質就不適宜於作為該化學物之防護衣。「侵蝕」與「滲透」並沒有直接的關聯性，某材質或許有優越的抗侵蝕能力，但其抵抗滲透的能力可能很差。

(3) 穿通性（Penetration）：所謂「穿通性」是指液態或氣態化學物經由防護衣接縫、針孔小洞或其他破洞移動之過程。因此，穿通性與防護衣材質無關，但是有些材質其抵抗外界機械穿孔（摩擦或針孔）的能力較大。

危害物質經由滲透作用，大量到達防護衣內部表面的時間，是所謂「穿透時間」（Breakthrough Time）。化學物穿透防護衣的時間會受到下列因素的影響：

a. 防護衣外表面和內表面之化學物濃度梯度。

b. 防護衣的厚度。

c. 防護衣的暴露面積。

d. 防護衣的內外溫差。

15.5.4 化學防護衣種類

化學防護衣分為非密封式與密封式兩種：

1. 非密封式化學防護衣

非密封式化學防護衣包括幾項提供皮膚與眼睛，使不受化學物潑濺的裝備。此類衣物無法提供身體對氣體、空氣粉塵與蒸氣的防護。

(1) 頭部保護：頭盔（Helmet）或硬質頭帽（安全帽）用來保護頭部不受外力撞擊而受傷（圖 15-9）。

(2) 面部與眼睛的保護：安全眼鏡、化學護目鏡、蒸氣密閉護目鏡（Vapor-tight Goggles）、全面式視窗（Full-face Shield）、抗酸頭巾（與護目鏡和硬質頭帽共同使用）。全面罩呼吸防護提供面部與眼睛的保護。注意：在因應化學物緊急事件的情況下，不應戴隱形眼鏡。

a. 安全眼鏡：防碎眼鏡的設計是用來保護眼睛，以防受外力直接撞擊。

b. 化學護目鏡：用來保護眼睛避免化學物的潑濺，並非設計用來防止蒸氣或氣體進入（圖 15-10）。

圖 15-9 硬質頭盔（CMA）

圖 15-10 化學護目鏡（CMA）

c. 非通風式護目鏡：將眼睛暴露於塵埃、液體、霧靄、煙霧、蒸氣與氣體的危害降至最低（圖 15-11）。

d. 全面式視窗：透明清晰的塑膠視窗可保護臉面不受潑濺傷害。視窗可能與頭盔連在一起，無法提供對眼睛的防護效果（圖 15-12）。

e. 防濺頭巾：此頭巾保護頭部、面部及頸部不受潑濺傷害，可能有或沒有防撞的保護（圖 15-13）。

圖 15-11 非通風式護目鏡（CMA）

圖 15-12 全面式面擋（CMA）

(3) 身體的保護：夾克、褲子或單件連身衣（有或沒有頭巾）之設計是用來保護身體，以防與液體或固體的接觸，且是以抗化學性物質製成的（圖 15-14、圖 15-15）。

圖 15-13　防濺頭巾　　　圖 15-14　全套式連身服　　　圖 15-15　兩段式防護衣

　　　　（CMA）　　　　　　　（CMA）　　　　　　　　（CMA）

(4) 手部的保護：抗化學性手套保護手部，以防接觸液體或固體而受到傷害（圖 15-16）。

(5) 腳部的保護：抗化學性鞋靴或套鞋（Overshoe）保護腳部，以防接觸液體或固體而受傷（圖 15-17）。

圖 15-16　化學性手套（CMA）　　　　圖 15-17　化學性鞋靴（CMA）

2. 密封式化學防護衣

　　密封式化學防護衣是一套全身包裹式的防護衣物，以適當材質製成，提供全身的化學防護。鞋靴與手套可能是連在一起的，成為整套衣物的一部分。要注意的是，將會有多種生理壓力加之於這類防護衣的使用者。

　　呼吸防護具必須與密封式化學防護衣一起使用，典型的使用方式包括：

　　(1) SCBA 穿戴於防護衣內（圖 15-18）。

　　(2) SCBA 穿戴於防護衣外（不過需考量面體與防護衣間完全密封的可能性）（圖 15-19）。

(3) 連結於防護衣內的輸氣管線（SAR），提供衣物內的正壓狀況（圖 15-20）。

圖 15-18
內背空氣瓶式——正壓 SCBA
穿戴於化學防護衣內（CMA）

圖 15-19
外背空氣瓶式——正
壓 SCBA 穿戴於化學
防護衣外（CMA）

圖 15-20
接上輸氣軟管的化學防護衣
（CMA）

15.6 防護具的等級

針對身體可能接觸到的已知或預測之化學危害，許多因應機構諸如加拿大環境部（Environment Canada）[23]、美國 EPA 或美國海岸巡防署（US Coast Guard），將個人防護裝備依據其所能提供防護的程度，分為 A、B、C 和 D 等 4 個等級（表 15-5），其中 A 為最高級，D 為最低級 [22, 23]。

防護衣由全氣密式（有時又謂太空裝）到標準的掃街裝。當因應員面臨化學物未知或可能為皮膚所吸收時，應使用 A 級防護裝備，以保護呼吸系統、皮膚和眼睛（表 15-5）。這種選擇的主要準則是針對化學物的滲透能力，次要準則是防護裝備的外形，例如要考量 SCBA 是否要置於防護衣之內或之外。

當化學物已知，而且不為皮膚所吸收，可選用 B 級防護裝備，可以說它對皮膚提供較少的防護。當然呼吸系統由 SCBA 保護，防護衣類似雨衣，也許是兩件式或連身式的（Coverall）。B 級防護衣選用的主要準則是，化學物對其材質之滲透／侵蝕能力。同樣地，手套和長統靴也應考量同樣準則。應注意的是，

B 級防護是初步進入外洩現場因應之最低要求，一直到外洩危害已進一步經由現場界定。

C 級防護裝備用於外洩化學物已知、不為皮膚所吸收、空氣污染物濃度已知的情況。本級呼吸系統的保護係採用空氣過濾罐或盒，而非 SCBA。

D 級防護裝備在防護衣方面並無特殊要求，但有些機構指定要有棉質之全套衣以及橡膠鞋底。基本上，它只適用於外洩現場之化學物已知、而且濃度很低的情況，不得用於有呼吸或皮膚危害之場合。本級其實只是工作制服，提供最低的保護。

人員在還未受過適當訓練，了解如何選擇及使用個人防護裝備前，是不被允許穿著防護裝備處理化學意外事件。經常舉辦防護裝備訓練，使因應員能對裝備限制與不利條件有清楚深刻的了解，才是首要之務。因應員應接受選擇、穿著、操作、測試、清理、維修與保養防護衣的訓練。

在意外事件的過程中，因應員可能必須更換他們所使用防護裝備等級，由較高級的到較低級的，反之亦然。如此的改變，一般由負責安全的現場主管基於人員所面臨之危害程度大小評估來做決定。

15.7　個人防護裝備的使用

本節針對個人防護裝備使用所涉及的其他課題加以說明。

15.7.1　訓練

訓練人員如何正確地使用個人防護裝備是非常重要的。使用防護裝備之人員，必須了解防護衣的限制，並且至少要有訓練日期、訓練種類與訓練期間的基本資料之保存或建檔。

15.7.2　使用期間

使用期間應注意事項如下：

空氣的消耗：這要視穿戴者運動量的多寡、健康情況、肺活量與穿戴者呼吸的速度而定。

裝備的損壞：導致損壞的因素，諸如刺破、裝備結構組織吸收危害物質或舊裝備的損耗等。

周圍的溫度：極熱或極冷可能會破壞裝備的材質，例如活門調節與鈕扣的損壞等。極熱或極冷限制了穿戴者防護具的使用時間。

自身的壓力：心理因素，如幽閉恐懼症可能阻礙了穿戴者在穿著防護具期間的工作效力；或是看到受害者的情況時，導致精神上無法承受的傷害。生理因素，如年齡、脫水、水土的適應或不適應等，都會對穿戴者造成影響。換句話說，如果地點是位於空間狹小或地勢險峻的地區，可能就需要更久的穿戴時間。

15.7.3 保養與檢查、測試與儲存

(1) 至少要依照使用須知上的指示，每一項裝備都應做保養的工作。

(2) 徹底熟悉裝備，以期進一步加強裝備之保養與檢查工作。

(3) 堅持要由合格的人員做維修工作。

(4) 應做分級使用的保養與檢查。

(5) 防護衣再使用的測試。

(6) 防護裝備應妥善保存，以符合規定的要求。

表 15-5　外洩因應防護具之選擇[23]

防護層次	應用場所	選擇準則
A 級 	未知的外洩物質或可能為皮膚所吸收	氣密式：化學滲透 手套和鞋靴：化學滲透／侵蝕
B 級 	可能有毒性氣體	外套、手套和鞋靴：化學滲透／侵蝕

防護層次	應用場所	選擇準則
C 級	毒性氣體之濃度已知，而且濃度低	外套、手套和鞋靴：化學滲透／侵蝕
D 級	無毒性氣體；因應員可能被濺污	防護衣無特殊規定；或具橡膠鞋底和全棉質衣

【討論】

1. 寫出三種危害物質進入人體的途徑。

2. 人員若未能做好個人防護措施，則危害物質將會以哪些方式影響人體（任寫三種）？

3. A級個人防護具與B級個人防護具有何不同？

4. 個人防護具可分為哪四級？

5. 何謂呼吸防護具之防護係數（Protection Factor）？

6. 某防毒面具廠商的型錄指出其「防毒罐及過濾棉配合面具使用時，半面罩面具請勿超過10倍允許濃度（PEL）；全面罩面具請勿超過50倍的的允許濃度」，試問其依據為何？（註：請參考本章表15-3）

7. 呼吸防護具之密合試驗有幾種試驗方法？試說明之。

【選擇題】

1. 空氣中氧的正常含量是　(1)20.9%　(2)30.9%　(3)10%。　　　　**Ans**：(1)

2. SCBA 是指　(1) 自給式呼吸防護具（SCBA）　(2) 輸氣管式面罩（SAR）
   (3) 以上兩者皆非。　　　　　　　　　　　　　　　　　　　**Ans**：(1)

3. 化災之因應要使用　(1) 正壓式 SCBA　負壓式 SCBA　(3) 以上兩者皆可。
   　　　　　　　　　　　　　　　　　　　　　　　　　　　Ans：(1)

4. SCBA 之空氣鋼瓶壓力（未使用前），一般為　(1)8,000 ～ 10,000psi
   (2)2,000 ～ 4,500psi　(3)500 ～ 600psi。　　　　　　　　　**Ans**：(2)

5. SAR 係指　(1) 輸氣管式呼吸防護具　(2) 自給式呼吸防護具　(3) 以上兩者皆
   非。　　　　　　　　　　　　　　　　　　　　　　　　　**Ans**：(1)

6. 由於化學物的化學作用而破壞了防護衣，此種作用謂之　(1) 滲透　(2) 侵蝕
   (3) 穿通性。　　　　　　　　　　　　　　　　　　　　　**Ans**：(2)

7. 化學物以分子擴散方式，穿透防護衣材質，此種作用謂之　(1) 滲透　(2) 穿
   通性　(3) 侵蝕。　　　　　　　　　　　　　　　　　　　**Ans**：(1)

8. 個人防護具可分為　(1)A、B、C、D 四級　(2)A、B 二級　(3)A、B、C、D、
   E 五級。　　　　　　　　　　　　　　　　　　　　　　　**Ans**：(1)

9. 因應員要進入外洩場所，但不知外洩物為何，應使用　(1)A 級防護　(2)B 級
   防護　(3)C 級防護。　　　　　　　　　　　　　　　　　**Ans**：(1)

10. 危害物進入人體的途徑　(1) 口與眼睛　(2) 皮膚與鼻　(3) 以上皆是。**Ans**：(3)

11. 輸氣管式呼吸防護具之輸氣管長度不宜大於　(1)90 公尺　(2)100 公尺　(3)300
    公尺。　　　　　　　　　　　　　　　　　　　　　　　**Ans**：(1)

12. 輸氣管式呼吸防護具（SAR）所附帶的緊急逃難用空氣鋼瓶，提供的空氣量
    約　(1)5 分鐘　(2)5 個小時　(3)50 分鐘。　　　　　　　**Ans**：(1)

13. 半面罩橫越下巴之　(1) 上方　(2) 下方　(3) 上述兩者皆可能。　**Ans**：(2)

14. 全面罩橫越下巴之　(1) 上方　(2) 下方　(3) 上述兩者皆可能。　**Ans**：(2)

15. (1) 全面罩　(2) 半面罩　(3) 四分之一面罩　提供眼睛的保護。　**Ans**：(1)

【是非題】

1. 運送因化學物外洩而受傷的醫療人員，為了自身的安全，有時也要考慮使用
   防護衣與呼吸防護具。　　　　　　　　　　　　　　**Ans**：（○）

2. 缺氧情況，可以使用 SCBA。　　　　　　　　　　　**Ans**：（○）

3. SCBA 空氣鋼瓶內的空氣經第一階段減壓器，將壓力降至 20psi（磅／平方英吋）。 **Ans**：（×）

4. 負壓式 SCBA 不適合使用在化學物外洩場合。 **Ans**：（○）

5. 使用 SCBA，要經過適當訓練才可以。 **Ans**：（○）

6. SCBA 可以使用到空氣瓶內完全沒有壓力。 **Ans**：（×）

7. 輸氣管式呼吸防護具在應用上，也常常附帶一個逃離備用的空氣鋼瓶（2,000psi 左右）。 **Ans**：（○）

8. 輸氣管式呼吸防護具為一正壓式呼吸防護具。 **Ans**：（○）

9. 輸氣管式呼吸防護具一旦其輸送管或抗化學性軟管故障（例如破裂），馬上改接備用空氣鋼瓶，就成為所謂的 SCBA。 **Ans**：（○）

10. 選擇防護衣，一定要選可以用在所有外洩情況之單一材質。 **Ans**：（×）

11. 在外洩現場，不可以戴隱形眼鏡。 **Ans**：（○）

12. 如果不知道外洩現場的危害物為何，或已知外洩物能穿透皮膚，應使用 A 級防護裝備。 **Ans**：（○）

13. 輸氣管式呼吸防護具（SAR）之輸氣管線上的套接（Coupling）（快速接頭）之尺寸，不得與工廠內輸送其他物質管線的套接頭互容，以免發生危險。
Ans：（○）

14. 呼吸防護具所配備之四分之一式面罩（Quarter-mask）不包覆下巴。
Ans：（○）

15. 任何一具面罩可與任何一個人的臉密合。 **Ans**：（×）

第 16 章

化災現場環境偵測

16.1 一般說明

通常對化災現場的危害特性，可藉由現場標誌、告示牌（Placard）、貨運清單、物品目錄等資料獲得。若外洩物引發火災或具反應性時，其逸散過程會變得很複雜，擴散模式的模擬並不適用，此時，可藉由環境偵測獲得相關資料。空氣監測數據可以幫助因應小組達到以下之目的：

- 決定工作人員之安全標準。
- 作為可能暴露之紀錄。
- 決定所需之因應措施。
- 評估事故對環境之衝擊。
- 決定民眾的保護措施。

有許多監測工具可供使用，因應小組應懂得如何使用和維護這些監測儀器，了解它們的監測原理及其限度，以便作出快速、可靠的判斷。

因應小組應事先擬好標準步驟（Standard Operating Procedure, SOP）來鑑定和量測意外現場環境污染物。當然意外現場的狀況可能變化多端，也許不是當初擬定 SOP 時可以預料得到的，但它至少可作為一種指南，才不會臨場手忙腳亂。理想上，SOP 的擬定要盡可能針對意外型態（例如運輸意外、工廠意外），但如果是政府單位的因應小組，例如消防隊，它可能面臨各式各樣的危害物意外，因此採用通則性的 SOP 較為適當。

本章目的說明：

(1) 環境偵測的種類。

(2) 災害現場偵測工具及其使用原理。

(3) 一般直讀式儀器與比色計之使用與限制。

(4) 採樣策略與空氣採樣工具、原理。

16.2 環境偵測的種類

化災現場之環境偵測（Surveillance）可分為二大類，分別為：現場監測（Monitoring）以及取樣送實驗室分析（Sampling）。

「現場監測」藉助直讀式儀器（Direct-reading Instrument, DRI）提供即時（Real-time）污染物指標，而「取樣」藉由適當之媒介（Media）或取樣容器取

樣後，加以分析。但不管是採用那一種方法，這些偵測人員如同現場因應人員一樣，有可能受到危害物質之侵襲，因此其偵測作業仍應以安全為第一，例如採用二人小組制（Buddy System），保持目距。要強調的是，在派遣偵測小組進入熱區（Hot Zone）之前，應備有去污規範。

16.2.1　可攜帶式直讀儀器監測

最早直讀式儀器的研發係針對工廠發生已知化學物之大量意外洩漏，提供即時警告的裝置。但目前有些這類儀器靈敏度已大為提高，達到能偵測到空氣污染物濃度 ppm 的程度。為了迅速獲得化學災害現場危害性環境情況和污染程度，因應人員可使用可攜帶的直讀式監測儀器進行監測。由於受到儀器特性之影響，此種監測結果無法獲得各種危害物之精確濃度，僅能測量不同形式之危害性環境的指標（例如：%LEL、pH、O_2 濃度等），作為因應之參考。

這類的儀器不得太重，體積也不得太大，否則因應人員就不容易攜帶。

16.2.2　採樣送實驗室分析

在化災因應現場，除以直讀式儀器監測外，有時候尚可考慮實施採樣送實驗室分析的測定方法；尤其作空氣採樣以了解危害物散佈於空氣中之情形，更是非常重要。此法雖可獲得精確的分析結果，但有二個缺點：(1) 需要相當長的時間；(2) 要分析到樣品中各成分的定性和定量資料，花費相當高。

本法必要時，只能針對主要危害成分加以分析，作為驗證直讀式儀器監測結果的依據。於因應過程，若採用此類監測方式，因無法當場獲得結果，所以必須配合直讀式儀器監測方式，以迅速因應。

16.3　可攜帶式直讀監測器

化災因應小組在災害現場運作時，成員應熟悉各種直讀式監測儀器之操作及校正方法，並了解儀器之特性及其使用限制。以下說明用來鑑定各類危害（Hazard）之直讀式監測儀器。

16.3.1　腐蝕性（Corrosivity）

使用 pH 試紙或 pH 測定器，可測定物質之 pH 值，以判定外洩物是否具腐蝕性。

16.3.2　易燃性（Flammability）

可燃性氣體指示計（Combustible Gas Indicators, CGI）可用來監測易燃性氣體，其測定結果是以爆炸下限（LEL）百分比表示之。有些 CGI 儀器在易燃氣體濃度達 20% 的 LEL 時，會發出警報。閃火點測試裝置（Flash Point Tester）可用於現場測試不知名易燃液體之閃火點，因此配合可燃性氣體指示計，因應員可進一步依其閃火點，將其分類為可燃物或易燃物：低於 37.8°C 為易燃液體；37.8 ～ 93.3°C 為可燃液體。

美國 EPA 規定 [36]，可燃氣體濃度小於 10%LEL 時，因應小組可小心地繼續作業；10 ～ 25%LEL 時，應在持續性監測下作業；大於 25%LEL 時，具爆炸危害，人員應撤離該地區（表 16-1）。

表 16-1　化災現場直讀式監測器之應用 [36]

監測器	有害性	濃度／強度	應採措施
可燃氣體指示計（CGI）	爆炸性	< 10%LEL	小組繼續作業。
		10 ～ 25%LEL	繼續監測與作業，但要非常小心（特別是濃度高時）。
		≧ 25%LEL	已達爆炸性！應馬上從現場撤離。
氧濃度指示器	缺氧或富氧	<19.5%	應穿戴 SCBA，注意：可燃性氣體指示計之指針在此情況下不準確。
		19.5 ～ 25%	小心繼續監測。就氧濃度而言，無需使用 SCBA。
		> 25%	停止監測。注意有火災的風險。
比色管	有機和無機之汽／氣體	依化學物而定	依濃度與毒性關係而定；參考相關手冊。
光離子化測定器（PID）	有機汽／氣體少數無機氣體	依化學物而定	依濃度與毒性關係而定；參考相關手冊。

監測器	有害性	濃度／強度	應採措施
火焰離子化測定器（FID）	有機汽／氣體	依化學物而定	依濃度與毒性關係而定；參考相關手冊。
輻射偵測器	γ 輻射	< 1 mR/hr ≧ 1 mR/hr	繼續偵測；向輻射專家諮詢。 應在輻射專家指導下，繼續偵測。

16.3.3 缺氧（Oxygen Deficiency）

空氣中氧含量測定器被用來監測缺氧環境，一般空氣中氧濃度測定範圍為 0～25%（表 16-1）。當氧濃度低於 19.5% 時，測定器會發出警報，因應人員必須使用空氣供給式呼吸防護具（Air-supplying Respirators）[36]；19.5% 為美國職業安全衛生署（National Institute for Occupational Safety and Health, NIOSH）之規定，而我國對缺氧之規定為低於 18%。

在密閉空間、低窪處或意外鄰近處作業時，氧含量測定相當重要。缺氧處也往往要進行 VOC 和易燃氣體的監測，另一方面，如果環境呈富氧狀況，就會增加火災的潛在機會。

16.3.4 輻射（Radiation）

輻射有二類：游離輻射（Ionizing）與非游離（Non-ionizing）輻射；兩者間之區別在於其輻射能量（Energy）大小。非游離輻射包括可見光、微波、紅外線輻射與紫外線輻射；它們不具足夠能量，讓與其接觸到的原子加以離子化（Ionize）。游離輻射具較大的能量，能造成與其接觸之物質上的原子呈帶電或游離現象。

游離輻射例包括 α 射線（Alpha）、β 射線（beta）、γ 射線（Gamma）、中子射線（Neutron）和 X 射線（X-ray）。當游離輻射與物料作用，它轉移能量；雖然有很多方法將其能量轉移到物質，但從輻射防護的觀點來講，最重要的是所謂「離子化」（Ionization），所以才叫游離輻射。就是這種輻射會對人體內的細胞造成傷害，導致這些細胞也許是死了、不再有能力製造蛋白質，或變成癌性。游離輻射的型態和能量，以及身體之暴露部位，決定了我們人體的損傷程度；也就是說，不同種類的輻射，會產生不同程度的生物效應。

　　游離輻射是看不到、聞不到、感覺不到的，這點與其他化學劑或生物劑不同。暴露於很高劑量的輻射，能使得皮膚產生（或遲延產生）紅暈（或謂輻射灼傷）；然而，輻射暴露也可能全部消退，而不被偵測到。其他可能出現的效應，如果是很嚴重的輻射暴露，數分鐘（或更少）內就出現；反之，如果暴露程度低，數十年後才出現。所以要發現它，就必須使用輻射儀器去偵檢它、量度它。這樣我們才能管制身體所接收到的劑量。

　　一旦意外現場被認為有可能涉及輻射性物質，就要進行輻射偵測。輻射偵檢原理就是利用輻射與物質作用，產生電、光、化學或熱學反應，再以這些反應結果，決定輻射的存在與量。

　　每單位時間通過之輻射線量，以每分鐘或每小時通過之倫琴（Roentgen, R）表示之。輻射之正常背景值為 $0.01 \sim 0.02$ mR/hr（milliroentgen/hr）或 $10 \sim 20\mu$R/hr（microroentgen/hr）。如果暴露值超過此範圍之 $3 \sim 5$ 倍，則需向放射性專家諮詢，但暴露值如大於 1mR/hr，不得繼續工作[36]。

　　輻射偵檢器可用來檢測各種輻射線（表 16-2）。一般而言，每種偵檢器可檢測二種或以上之輻射線，例如，蓋格計數器（Geiger Counter）可同時檢出 β（Beta）、γ（Gamma）輻射，但只能有效測定出 γ 輻射之量。離子腔（Ion Chamber）也是測量輻射之儀器，但對低能量輻射無法有效測定[12]。閃爍偵檢器依所用的閃爍材質種類，決定了所偵檢到的輻射線類別。各種輻射偵檢器之介紹，讀者可參考「輻射安全」之第 5 章「游離輻射量度」（蔡嘉一，五南書局）[33]。

表 16-2　一般常用之輻射偵測器[51]

偵測器	輻射類別
Ion Chamber（離子腔）	γ、β、X-ray
Proportional Counter（比例計數器）	α、β
Geiger Counter（蓋格計數器）*	γ、β、α
Scintillation Counter（閃爍偵檢器）	γ、β、α

* 如 GM 偵檢器無窗面，只能量度 γ 輻射。

16.3.5　毒性物質暴露（Toxic Exposures）

毒性物質（包括上述的輻射性物質）可能經由鼻子、嘴巴或皮膚的吸收而進入人體。這些毒性污染物也許本來就是氣體，也有可能是經由現場救災作業，而飛揚在空氣中。液體污染物可能經由碰濺，而與皮膚接觸。直讀式現場監測器也許可用來偵測某些空氣污染物並定量之，但它們並不能量測所有化學物；因此儀器沒有反應，並不代表完全沒有毒性空氣污染物的存在。

許多直讀式儀器（表 16-1）例如光離子化測定器（Photo-ionization Detector, PID）、火焰離子化測定器（Flame-ionization Detector, FID）、紅外線分光光譜儀（Infrared Spectrophotometer）、檢知管（Detector Tube）、被動式劑量計（Passive Dosimeter）等，可用來監測毒性氣體暴露。

如果有機氣體的種類未知，PID 或 FID 可用來測定有機氣體之總濃度。PID 具有測定少數無機氣體的功能，但 FID 則無此功能。比色管只適合現場外洩物已知的情況。

16.3.6　氧含量測定器

氧氣指示計（Oxygen Indicators）可用來評估下列大氣場合[35, 36]：

(1) 呼吸所需之含氧量：空氣中正常之含氧量為 20.5%，若低於 19.5%（OSHA）將屬所謂缺氧狀態，需要作特別的呼吸保護措施。

(2) 燃燒風險：一般氧濃度若超過 25%，即屬所謂富氧狀態（Oxygen-enriched），將增加燃燒之風險。

(3) 空氣中污染物的存在：氧含量的減少可能是由於燃燒或氧化反應消耗了空氣中的氧，或者被某化學物質所取代。如果僅僅是氧的消耗，其結果是氧不足，如果是取代，將導致空氣中存在一些可燃性或毒性物質。

(4) 使用其他儀器：有一些儀器需在有充分氧氣的情況下操作，例如在氧含量低於 10% 時，有一些可燃性氣體指示器無法給予可靠之讀數。

在通風不良之處可能會有氧不足之情況，低窪之處，如果匯集較空氣重之蒸氣，也可能造成缺氧狀況。市面上大部分氧指示器，其指標之氧含量範圍為 0 ～ 25%，也有一些儀器其氧含量之偵測範圍為 0 ～ 5% 與 0 ～ 100%。在外洩因應上，最有用之氧含量讀數範圍為 0 ～ 25%，因為它用來決定是否需使用空氣供給式呼吸防護具以及可燃性氣體指示器。

氧含量指示計包含氧氣感應器（Oxygen Sensor）及數據顯示器（Meter Readout）兩部分（圖 16-1）。藉由送氣球（Aspirator Bulb）或幫浦，將空氣打入氧氣偵測器（Oxygen Detector）內，再利用電化學感應器來決定空氣中氧的濃度。典型的化學感應器包含兩個電極、電解液槽及半滲透的鐵弗龍薄膜（Teflon Membrane）。氧氣經由薄膜進入 KOH 電解液，在與電解液反應後，產生微小的電流（電流量與氧含量成正比），電流流經測量儀表而顯示出氧之含量。

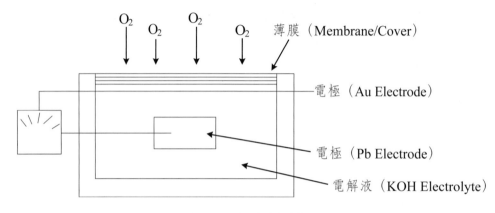

圖 16-1　氧含量測定器

氧氣測量計操作受大氣絕對壓力的影響。自然界中的氧濃度是大氣壓力的函數，隨著高度的增加，氧的濃度將減少，因此高度升高至幾千呎時，將導致較少的氧分子被送入感應器而顯示錯誤的缺氧訊息，所以氧氣測量器必須作高度校正。空氣中如有強氧化劑，例如 O_3 或 Cl_2，會導致指針讀數偏高[35]。

16.3.7　易燃氣體指示器

可燃氣體指示器（CGI）有一個燃燒室（Combustion Chamber），室內有一條用來燃燒易燃氣體的金屬絲（圖 16-2），它是惠斯登電橋（Wheatstone Bridge）的一部分。為加速燃燒，將金屬絲加熱或將其表面鍍上一層白金（Platinum）或鈀（Palladium）以為催化劑。一旦易燃氣體接觸到熱金絲，即在其表面燃燒，進而提高金屬絲本身的溫度，其電阻隨溫度的升高而加大。這種電阻的改變導致惠斯登電橋的不平衡，指示計就是利用這種電阻變化來指示易燃氣體濃度與 LEL 限值之比，例如，如果指針讀數為 0.5（或 50%），表示空氣中易燃氣

體之濃度為 LEL 限值的 50%。換句話說，如果該氣體之 LEL 限值為 5%，那麼空氣中該氣體之濃度為 2.5%。所以典型的 CGI 指針最高只能量測到 LEL 的程度（圖 16-3）。

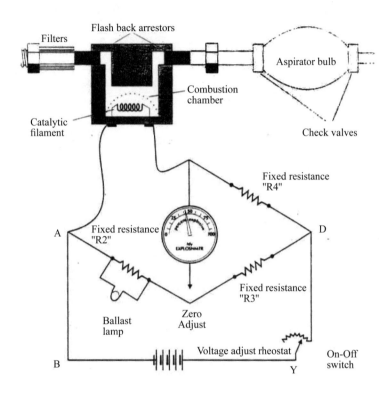

圖 16-2　可燃氣體指示計[20]

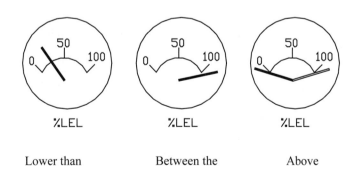

圖 16-3　可燃氣體指示計指針讀數比較[35]

一件儀器要在現場操作正常，在使用前一定要做標定的工作。所謂「標定」（Calibration），是指將儀器調整到其指針能反映出正確濃度的過程。CGI 指針的標定，一般採用丁烷（Butane）、戊烷（Pentane）或己烷（Hexane），如果所欲監測之碳氫氣體不同於標準標定氣體，可依表 16-3 乘以適當之校訂係數。

表 16-3　CGI 校正因子 [20]

可燃氣體	校正因子
Amyl Chloride	1.25
Octanes	1.16
Xylol	1.12
Butyl Acetate	1.11
Acetone	1.00
Butane（丁烷）	1.00
Hexane（己烷）	1.00
Pentane（戊烷）	1.00
Toluene	1.00
Benzol	0.91
Ethyl Acetate	0.91
Ethyl Ether	0.91
I.P.A.	0.91
E.M.K.	0.91
Ethyl Alcohol	0.77
Methane	0.77
Ethane	0.72
Methyl Alcohol	0.72
Propane	0.72
CO	0.57

CGI 只能使用於空氣中氧含量大於 11% 的場合，因此在其使用前，應先測定氧含量。

有機鉛蒸氣（例如汽油）、硫化物與矽化物會使得金屬絲污穢。酸氣（例如氯化氫和氟化氫）會腐蝕金屬絲。大部分 CGI 儀器會有一個過濾裝置用來保護

感應器，使其免受有機鉛蒸氣之害[35]。

16.3.8 比色管

有很多物質（例如硫酸）是無法以 CGI 偵測的；有些物質雖具可燃性，但不能在安全濃度範圍內被偵測出來，例如丙烯醛（Acrolein）的 IDLH（立刻致死濃度）只有 5ppm，像這樣低的濃度，CGI 是偵測不到的。在外洩現場要偵測低濃度與非可燃性蒸氣的存在，可考慮用比色管（Colorimetric Indicator Tube）和光離子化測定器（Photo-ionization Detector）。

比色管是由一支玻璃管，其內含指示化學劑（圖 16-4），以及一台幫浦組成的。幫浦與玻璃管相連，可經由玻璃管定量抽取污染的空氣。污染的空氣一進入管內，污染物與指示化學劑起反應，產生顏色變化，其長度與污染濃度成正比。各種污染物有其特殊的比色管，有些比色管是針對某特殊類的氣體，例如芳香族碳氫化合物（Aromatic Hydrocarbon）、醇類（Alcohols）。本法可偵測到的濃度範圍由 ppm 到百分比不等[35]。

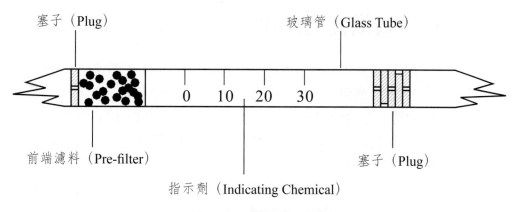

圖 16-4　直讀式比色管

比色管內之指示劑前端一般備有濾料，其目的是：

(1) 去除其他污染物，以免干擾。大部分具有除濕氣用的濾料。

(2) 與污染物先起反應，形成另一種可與指示劑起作用之化合物。

使用比色管要注意下列事項[20]：

(1) 所有比色管有其使用期限，因此要注意管上所標示之有效日期。

(2) 有很多種比色管的反應試劑，會受到其他污染物的干擾，導致使用者誤

判結果，因此要注意使用說明書的解說。有些管內之反應試劑具毒性，因此要注意不要吸入經由管排出之氣體。

(3) 比色管是密封的，因此使用時需先將管端打破，宜小心使用。

16.3.9 被動式劑量計

被動式劑量計並非傳統的取樣方法。本法目前只用於汽／氣體之取樣；主要用於人體暴露之監測。被動式劑量計可分為二大類[36]。

(1) 擴散取樣計（Diffusion Sampler）：本類劑量計的取樣方法，是分子藉由濃度梯度（Concentration Gradient）而移動。這種濃度梯度存在於污染空氣與指示劑（Indicator Materials）之間。

(2) 滲透劑量計（Permeation Dosimeter）：針對某特殊污染物，選用適當之滲透膜。本類取樣器可供我們針對混合物中之某單一成分來取樣。

有些被動式劑量計具直讀式之功能；有些功能就如同固體吸附劑（Sorbent）一樣，取樣後尚需經化驗室之分析。

16.4　直讀式儀器之限制

各類型之直讀式儀器的使用，均有使用上之限制，應特別注意（NFPA）：

(1) CO 監測器僅能使用於測定 CO 濃度，無法監測缺氧和可燃氣體環境。

(2) 比色檢知管若存放時間超過使用期限，即不得使用，因其測定結果受溫度、濕度影響很大，且以辨識檢知管的變色範圍來確定濃度並不容易，準確性也差，測定結果僅能作為參考。

(3) 可燃性氣體測定器僅能測定濃度低於爆炸下限（LEL）之環境，對於其他危害（例如：毒性）無法辨識。濃度超過爆炸上限（UEL）的空氣，測定器會很快上升到 100% 的指標，然後再回到 0，不會有濃度指示，因應人員一疏忽，可能誤以為濃度真的是零，這是相當危險的。

(4) 氧氣測定器不能測定取代氧氣之物質及其毒性，其測定結果會被高濃度之 CO 及 CO_2 逆向影響，並受溫度、壓力、濕度影響，會產生偏差；其感測元件（Sensing Element）會退化，使用一段時間後必須更換。

(5) 被動式監測計或採樣器須於確定監測物質的情形下才能使用，其測定結果易受其他化學成分影響而產生偏差。

(6) 酸鹼試紙和測定器易受油污等污染之影響,導致測定結果難以辨識。

(7) 應針對不同之輻射種類選擇適當之偵檢器。

(8) 光離子化測定器、火燄離子化測定器、紅外線分光光譜儀等可量測空氣中大部分有機物及小部分無機物蒸氣之總濃度(Total Concentration),作為因應行動之初步依據,但對許多不揮發性物質或粉塵、氣膠(Aerosols)等無法測量,所以使用這些儀器測量結果為 0 時,並不表示環境中無污染物存在。

(9) 直讀式儀器可迅速測量環境中危害物之指標,卻很難作精密的定性、定量評估,所以必須配合更精密的環境測定方式(例如以採樣器採樣)。

(10) 各種儀器應具有適當之防爆等級。

16.5 　空氣採樣

如果要進一步評估研判化災現場污染情形,直讀式儀器獲得的測定資料,必須配合空氣採樣分析結果。為達此目的,可以把裝有適當取樣介質的空氣取樣器配置在不同之地點／工作區(Working Zone),進行取樣分析。在整個因應過程中,我們藉由這些樣品去了解污染物的種類和濃度;有了取樣分析結果,再加上 DRI 的數據以及外洩物質的了解,隨著因應作業之進行,可以適時調整取樣的種類、樣品數、取樣頻率,以及所需之分析。

除了空氣取樣器外,工作區取樣站也許可以考慮增設具有記錄器之 DRI,使其具連續空氣監測之功能。工作區之劃分——冷區、暖區、熱區,請見第 17 章第 17.5 節。

工作區取樣站的設置考量包括下列各點[36]:

(1) 上風處:化學災害處若接近工廠或高速公路,可能會受其產生之污染影響,故須於意外現場上風處採樣,以建立空氣污染物之背景資料。

(2) 冷區(Cold Zone):在接近指揮站或其他支援設施處採樣,以確定其位於未受污染之區域。

(3) 暖區(Warm Zone):應沿去污線(Decontamination Line)採集樣品,以確認去污人員已採取適當防護。

(4) 熱區(Hot Zone):熱區中人員暴露之風險最大,應於本區採樣。採樣位置依發生源範圍、危害物種類、發生空氣污染物之可能性來決定。根據測定結果並配合直讀式監測器所得之資料,可設定熱區邊界、確認人員採用適當防護具等級。

(5) 下風處：為記錄由災害地區傳播而來之危害物的污染情形，應於下風處取樣。若危害物擴散到人口密集區時，應增加採樣站。

16.5.1 不明外洩物之鑑定

如果我們無法找到運貨單、告示牌或 MSDS（物質安全資料表）等資料來鑑別外洩物，可藉助監測儀器來鑑定危害類別，有些場合甚至化學物本身。但如果因應員必須到現場取樣或監測，應穿戴適當防護具（PPE）；在大部分場合應使用 A 級者。要注意應從上風處靠近，至少二人同行且有充分之支援人員。如果不確定意外現場所面臨的到底是何種危害，因應員應依下列順序進行偵測 [12]：

(1) 輻射性。

(2) 易燃性。

(3) 氧含量（是否缺氧）。

(4) pH（如果是液體）。

(5) 硫化氫（Hydrogen Sulfide）（如果靠近煉油廠）。

(6) 一氧化碳（火災意外）。

(7) 有機蒸氣。

16.5.2 採樣介質

典型的空氣採樣係指將具有某特定介質（固體或液體）之捕集裝置，裝上採樣泵抽吸空氣，以捕集污染物之過程。此過程最重要的一點是，應選用適當採樣介質，以有效捕集污染物。常見的樣品和採樣介質如下 [36]：

1. 有機物蒸氣

(1) 活性碳（Activated Carbon）：可採集沸點在 0℃以上之有機蒸氣。這些物質包括大部分之有機溶劑。

(2) 多孔隙高分子聚合物（Porous Polymer）：例如 Tenax 或 Chromosob 可捕集活性碳不易吸附之物質，例如高分子量碳氫化合物、有機磷化合物（Organophosphorus Compounds）、殺蟲劑等。

(3) 極性吸附劑（Polar Sorbent）：這類介質例如矽膠（Silica Gel），用於採集高極化之有機物蒸氣，例如芳香胺（Aromatic Amine）。

(4) 特殊吸附劑（Adsorbent）：例如弗羅矽爾（Florisil）填充材料之吸附管可用於多氯聯苯（PCBs）之採樣。弗羅矽爾是一種具選擇性吸附劑，普遍使用於

色層分析法（Analytical Chromatography）。

2. 無機物氣體

通常無機性氣體都是一些鹵酸（Haloacid）氣體等之極性物質，可用矽膠管採樣，以離子層析儀（Ion Chromatography）分析之。裝填液態試劑的衝擊式捕集瓶（Impinger）亦可使用之。

3. 氣膠

氣膠（Aerosols）可能是土壤顆粒、重金屬顆粒、殺蟲劑粉塵和有機、無機物液滴，可使用附加捕集瓶（內含適當之吸收液）的玻璃纖維或薄膜過濾式採樣器採樣。

對空氣中危害化學物質採樣及分析，可參考 NIOSH 制定之分析方法手冊。

16.5.3 採樣方法與分析

現場取樣是用來進行外洩物定性與定量之用。以下提供一些取樣方法與分析之注意事項[36]：

1. 氣膠

氣膠之取樣應以標準之工業衛生幫浦與薄膜過濾採樣器組合體為之，其流量要高，一般為 2l/min。採取總微粒量（Total Particulates）時，常用的薄膜孔隙為 $0.8\mu m$；量測總微粒後，可以破壞式方法或非破壞式方法（Destructive or Non-destructive Mode）去進行金屬分析。如採用非破壞方式者，可再進一步對樣品作有機物與無機物之分析。

2. 吸附劑

到底要選用那一種吸附劑，要採用多少劑量以及取多少樣品（體積），這全視外洩物的種類與其可能的濃度而定，例如極性外洩物無法吸附在活性碳和一些多孔隙離子聚合物上，但可吸附在極性吸附劑上（例如矽膠）。矽膠樣品可分成二部分，用來分別測定鹵酸氣體和芳香胺。

活性碳和多孔隙高分子聚合物可用來捕集很多污染物。要完完全全分析所捕集樣品的所有成分，不但在經費上可能相當貴，而且在技術上，也可能有困難。因此在實務上，要就其主要危害成分（Principal Hazardous Constituents, PHCs）加以分析。但要如何選定 PHCs 呢？這一定要參考危害物擁有者的資料，判定到底是那些物質外洩。如果沒有這項資料，只好先進行活性碳或多孔隙高分子聚合

物現場取樣，再送到化驗室進行分析，找出可能的 PHCs。一旦找出 PHCs，就可以配製 PHCs 標準，用來標定現場分析儀器。因此其後續的場外分析就只限於 PHCs 的測定了，既省錢又省時。

16.6　氣象條件

氣象資訊是空氣偵測方案不可或缺的部分。有關風速、風向、氣溫、氣壓和濕度等資料被用於下列場合[36]：

(1) 空氣採樣位置之選擇。

(2) 空氣污染物擴散模式之計算。

(3) 儀器之校正。

(4) 承受風險人口之決定。

氣象資料可設置簡易氣象站測定之，或由政府、私人氣象站獲得。要有效設置空氣取樣站，必須知道風速與風向，特別是以污染導向之大氣取樣時，不但必須在下風處不同距離設置測站；也要在上風處設置測站。

空氣取樣系統在使用前，必須依溫度與壓力進行校正；取樣後，所蒐集的空氣體積也必須依溫度與壓力做修正。因此在取樣時，應有空氣溫度與壓力之數據。

有時候為了要評估人口所受之暴露風險，取樣站會設於人口中心，因此與風向無關。雖然如此，在計算污染物擴散時，仍然必須有氣象數據代入擴散模式內，以預測或證實以人口為導向的取樣結果。

16.7　海面油污遙測技術

國外近年來，遙測在油外洩因應上，扮演一個非常重要的角色。國內目前每一次發生油外洩事件，大眾總是希望政府主管當局能夠及早知道外洩的發生和其外洩源位於何處，以及環境被污染程度。遙測正好能即時提供這方面的資訊。另一方面，藉由遙測，也可以了解外洩清除的成效。

所謂遙測係指使用一種偵測器來偵測遠處目標而言，以下就幾種較常用的技術[56, 57, 58]加以說明。

16.7.1 　光學技術

　　光學方法常用於遙測技術，尤其是照相機。照相機不管是靜止的或活動錄影的，由於其價錢便宜，因此特別普遍。近年來，由於地球定位系統（Global Positioning Systems, GPS）的發展，加強了目測與照相製圖功能。

　　可見光譜的波長範圍 400 ～ 700nm（藍到紅）之間，油在這個範圍內，其反射程度比水來得強，因此它比較容易顯示出來，特別是波長愈長，油愈能從其背景顯露出來。

　　錄影機可藉用鏡頭的濾片，來改善油的顯明度，比較容易從背景中顯示出來。

　　掃描器（Scanner）常於可見之光譜範圍內，當作監測器用。這種裝置備有一個會旋轉的鏡子或稜鏡，它掃過視野，將光導入一個偵測器上。在 CCD（Charge-Coupled Device，電荷耦合元件）偵測器發明以前，這種方法比錄影機更具選擇性和敏感性。

16.7.2 　紅外線感應器（Infrared Sensors）

　　油會吸收太陽輻射能，然後再將其以熱能（8,000 ～ 14,000nm）型態釋放。紅外線感應器（Infrared Sensors）就是利用這種特殊現象來偵測海面油污的存在；厚度大的油膜，其紅外線數據顯示是熱的；厚度中等的，顯示是涼的和黑的；至於薄的油膜則測不出。科學證據顯示，這種熱的和冷的厚度介於波長 $50 \sim 150\mu m$ 之間，可測出之最小厚度約在 $10 \sim 70\mu m$ 之間。

　　目前紅外線照相機在 $8 \sim 14\mu m$（8,000 ～ 14,000nm）的波長範圍已非常普遍。過去掃描設備常配合紅外線感應器使用，然而紅外線偵測器需具有冷卻設備，以避免熱噪（Thermal Noise）。熱噪會破壞有用的訊號。一般應用上，液氮常用來冷卻偵測器，提供四小時的操作時間。目前新式的小型感應器可用電熱冷卻器或 Joule-thompson 冷卻器，利用氣體膨脹的原理來產生冷卻效應。由於這個原因，這種小型偵測器需要配合一組氣體鋼瓶或壓縮機的運作。

　　圖 16-5 是紅外線油膜掃描器配置架構，由紅外線發射器（Transmitter）和接受器（Receiver）所組成 [59]，兩者均裝置於 30 公尺的高架塔上。接受器可為固定式或掃描式。

　　商業化情形如下所述：

紅外線油膜監測器（Infrared Oil Film Monitor）：由紅外線發射器、接收器及其他輔助顯示裝置組成。監測器裝設高度 2 ～ 10m，每次監測面積 $0.1m^2$。監測器為可移動式，以偵測海面是否有油污，技術人員可在遠方之工作站觀察海面情形，以判斷油污排放源並做適當處置。

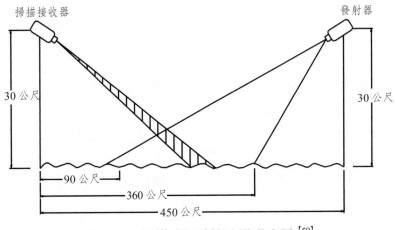

圖 16-5　掃描式紅外線油膜感應器[59]

16.7.3　螢光感應器（Fluorosensors）

利用螢光感應器來偵測油外洩是基於石油及其產品成分中有些化合物例如 PAH/BTEX（Benzene、Toluene、Ethylene 與 Xylene）會吸收光波較短之 UV 光，然後放出光波較長之螢光現象。由於很少有化合物有此種特性，因此螢光可作為油存在的強力指標。不同種類之油，對螢光之反應略有不同，因此它可用於分辨重油或輕油。油的螢光反應波長範圍介於 400 ～ 650nm 之間，其尖峰位於 480nm 的位置。

如果用人為的方法以波長很短的 UV 能量照射海面油污，油污就放射出靠近 UV 與可見光波之光譜。每一類油都有其特殊的螢光譜圖。商業化感應器可配備多種不同波長，以偵測各類油污之存在，並藉由光之強度，以分辨出背景值或外洩油污。

大部分的雷射螢光感應器（Laser Fluorosensors）操作於紫外線 340 ～ 300nm 波長的範圍。

商業化情形如下所述：

(1) 油外洩螢光感應器（Fluorescence Oil Spill Detector）：藉由油脂探測器投射紫外線至海面及由海面油膜反射回來之螢光，可以探測油膜的存在及其種類。感應器高度必須在海平面 18m 以上，以使得投射角度大於 6 度。其他規格如下：

a. 範圍：最遠 180m，但起霧時，距離縮小。

b. 操作時間：太陽下山後 45 分鐘；太陽上升前 45 分鐘。

c. 掃描高程：6 ～ 30 度水平下，每秒轉 0.5 度。

d. 掃描旋轉度：±150 度，每秒轉 2.5 度。

e. 油膜厚度：1μ。

f. 顯示：遠處經由 RF 或線路（Wire）。

(2) 油膜偵測系統（Oil Detection System）：此系統由陸上的控制中心、三個海上監測浮筒（兩個同時操作，一個備用）及聯繫電纜（Interconnecting Cables）所構成。油膜在高能量的光線（如紫外線或 X 光）照射下，能吸收部分的能量，並且輻射出較低的能量之長波（可見光），油膜偵測浮筒即藉由此能量差異偵測出特定的油膜種類。最近新發展出自由浮動之浮筒系統，其數據可藉由無線電傳輸，不必使用電纜。

(3) 油外洩遙測警報系統（Oil Spill Remote Alarm, OSPRA）：OSPRA 為商業商標，是已商業化之海面油污監測器；其特點是訊號可採用無線電傳輸，無需藉由海底通訊纜線，且可使用電腦軟體，辨識油污種類——原油、重油、潤滑油與輕油。本系統可配置太陽能板，自動補充電能（圖 16-6），其他特點如下：

a. 能設立背景值，以分辨到底是洩漏或背景值。

b. 海面油膜等即時資料能夠以無線電傳送至控制室，並且進行遠端操控、參數修改與軟體更新等功能。

c. 可以提供海域偵測區圖形化展示功能，以顯示所有現場偵測器配置及即時偵測狀況。

d. 具警報輸出功能，當有意外狀況發生時，可以發出聲音及視覺化的警報訊號，提醒操作人員。

e. 可透過無線電波雙向傳輸裝置，自基座遠端操控，修改海域現場感應器的傳輸速率、閾值、警報敏感度以及靜置狀況等參數。

圖 16-6　海上浮筒式油膜感應器（OSPRA）

16.7.4　紫外線感應器（Ultraviolet Sensors）

　　油膜即使是很薄（< 0.01μm），也對紫外線具有很強的折射，因此可藉由紫外光下油水層具有不同反射程度的這種特性，來確認油脂的存在。

　　在紫外光下油水層面之折射率為 1.02，水油層面之折射率則為 0.722，且所有的碳氫化物的折射率皆與層厚無關。

　　紫外線感應器一般包括附有適當濾光鏡的標準電視攝影機，此濾光鏡能使波長 0.25 ～ 0.35μm 的光束通過，除此之外，還包括偏光鏡。

　　紫外線油膜感應器的優點如下：

(1) 操作簡易、輕巧，所需電源少。

(2) 適合安裝於航空器上。

(3) 所輸出的影像易於處理，且顯示效果佳。

(4) 價格便宜。

　　紫外線油膜感應器的缺點如下：

(5) 雖然可得知浮於水面之油膜成分為何種碳氫化合物，但無法進一步分析油膜的厚度。

(6) 唯有在日光下操作，方能有清晰的能見度。

　　在油膜偵測上，UV 感應器較少單獨使用，一般配合 IR 感應器，藉由 UV 與 IR 影像的重疊情形，提供較明顯之海面油膜圖片。

　　UV 技術受到日光反射、水中生命物質（Biogenic Material）等干擾。這些干擾往往不同於 IR 方法，因此如同時結合 UV 和 IR 技術，可更明確地鑑定出海面

油膜的存在。

16.7.5　微波（Microwave）

1. 微波分散計（Microwave Scatterometer）

微波分散計可用於偵測目標表面的雷達波或微波分散情況。如果表面有油膜，會減少雷達訊號的分散。這種偵測器的優點是它的視野較窄，向下直視；如同其他光學偵測器，其缺點是無法分辨油的種類。

2. 微波輻射計（Microwave Radiometer, MWR）

海洋本身就是個微波輻射發射器。海表面之油也是一個強的微波輻射發射器，因此它能在黑夜的海上，顯示像一個明亮的物體。水的釋放係數（Emissivity Factor）為 0.4，但油為 0.8，因此藉由微波輻射計，自然很容易辨識油的存在，更有其甚者，油膜厚度也會影響儀器訊號。但這種方法極易受到水中生物的干擾，訊噪比（Signal-to-noise Ratio）極差。

瑞典太空公司（Swedish Space Corporation）所發展的海上偵察系統（Maritime Surveillance System），包括：

a. 側視空中雷達（Side-looking Airborne Radar, SLAR）。

b. IR/UV 掃描系統與錄影系統：提供詳細偵測與近處調查能力。

c. 掃描微波輻射計（MWR）：可於空中藉由飛機量測外洩油膜厚度，粗估外洩量（體積）。

【討論】

1. 試指出可燃氣體指示器（Combustible Gas Indicator），其測定結果是如何表示出來？

2. 由於可燃氣體指示器只能量測 LEL，因此針對含有易燃氣體的外洩處，就因應員之生命而言，應如何依據監測結果採取何種措施？試說明之。

3. 當易燃液體外洩處之蒸氣濃度超過 UEL 時，如果你以可燃氣體指示器（Combustible Gas Indicator）在現場監測，該儀器指針會有何種反應？

4. CCD（Charge-coupled Device，電荷耦合元件）：CCD 是一種對光線敏感的電路裝置，負責將光的影像訊號轉換成電的訊號。它是一種可記錄光線變化的矽晶半導體（Semiconductor），在外界光變化之下，會將電荷轉移至相鄰的元件上。CCD 通常用在數位相機、攝錄影機、監視攝影機、PC 照相機與掃描

器上，作為感光元件；具有利用感光元件表面感應來源光線，從而轉換成儲存電荷的能力。換句話說，CCD 能將光線的能量轉換成電荷；光線越強，所產生的電荷也就越多，電荷量也就成為判斷光線強弱大小的依據。CCD 元件上安排有通道線路，透過通道傳輸至放大與解碼原件，就能還原 CCD 上所有感光元件產生的訊號，並構成一幅完整的畫面。CCD 通常以百萬像素（Megapixel）為單位，數位相機規格中的多少百萬像素，指的就是 CCD 的解析度，也代表著這台數位相機的 CCD 上有多少感光元件。

5. 輻射：

我們生活於自然輻射的世界。我們的骨頭含輻射性釙（Polonium, Po）和鐳（Radium），肌肉含有輻射性碳和輻射性鉀；我們面臨太空來的宇宙輻射線和我們每天所吃的、喝的和運作的輻射性物質（自然的與人工的）。

輻射有二類：游離（Ionizing）與非游離（Non-ionizing）輻射。兩者間之區別在於其輻射能量（Energy）。

非游離輻射（Non-ionizing Radiation）包括可見光、微波（Microwave）、紅外線輻射與紫外線輻射，它們不具足夠能量把與其接觸的原子（Atom）加以離子化（Ionize）。

貝克（Becquerel, Bq）：它是用來紀念法國物理學家 Heneri Becquerel；他發現鈾鹽之放射性，而與居禮夫人同獲諾貝爾獎。他亦發現利用磁場使電子偏向；以及發現 γ（Gamma）射線之存在。

6. 倫琴（Roentgen, R）：

倫琴是一種暴露單位，仍然出現在較舊的輻射儀器上；使用於暴露（Exposure）之量測，只適用於 X 射線和 γ 射線；其定義為於標準溫度和壓力下，能使 $1.00 cm^3$ 的乾燥空氣（0.001293g）產生各有一個靜電單位（e.s.u.）之正負離子電荷時，所接受之能量。暴露率為 R/hr，應用於輻射調查計上。倫琴用來表達空氣中輻射的「場強度」（Field Strength）。

7. FTIR 傅立葉轉換紅外線光譜分析儀

當分子上的原子振動／轉動會吸收特定能量，不同的分子振動有不同的吸收，其範圍位於紅外線範圍（波長在 $25 \sim 50nm$ 的電磁輻射），形成所謂紅外線（IR）光譜。我們可藉由 IR 光譜來觀察分子的基本結構。

紅外線光譜儀是光譜分析儀的一種，紅外線分光光度計發射紅外線而被試料吸收，此與試料的轉動和振動相關，由紅外線光度計發射而殘餘的光，透過與監視後以紀錄紙紀錄下來，被記錄下來之透過光線稱為紅外線光譜。

利用 FTIR（Fourier Transform Infrared Rays Spectrometer）原理可快速偵測現場不明氣体，可達 ppb 級濃度偵測值。

【選擇題】

1. 某易燃氣體外洩，因應小組以可燃氣體指示器（CGI）進行監測，發現指針讀數為 50% 的 LEL 值，如果說氣體之 LEL 為 6%，則外洩現場之濃度為　(1)3%　(2)2%　(3)4%。　**Ans**：(1)

2. 可燃氣體指示器只能應用於空氣中氧含量大於　(1)5%　(2)7%　(3)11% 的環境。　**Ans**：(3)

3. 空氣中所謂缺氧狀態，是指氧含量少於　(1)19.5%　(2)18.5%　(3)17.5%。　**Ans**：(1)

4. 空氣中所謂富氧狀態，是指氧含量高於　(1)25%　(2)15%　(3)10%。**Ans**：(1)

5. 高極化（Polar）之有機蒸氣之捕集，可用　(1) 極性吸附劑　(2) 多孔隙高分子聚合物　(3) 活性碳。　**Ans**：(1)

6. 氣膠之捕集，要採用高流量，一般為　(1)2 ℓ/min　(2)1 ℓ/min　(3)0.1 ℓ/min。　**Ans**：(1)

7. 空氣污染物總微粒量（Total Particulates）之取樣，常用之薄膜孔隙為　(1)0.8μm　(2)0.4μm　(3)8μm。　**Ans**：(1)

8. 可燃氣體指示計（CGI）是以　(1)LFL　(2)UFL　(3) 上述兩者　的 % 表示之。　**Ans**：(1)

9. 美國 EPA 規定化災現場以 CGI 測定的結果，當其值為　(1)10% LEL　(2)10～25% LEL　(3) 大於 25% LEL 時　現場具爆炸危害。　**Ans**：(3)

10. 一般所謂空氣中缺氧，是指其氧含量少於　(1)19.5%　(2)20%　(3)15%。　**Ans**：(1)

11. 環境輻射之正常背景值為　(1)0.01～0.02mR/hr　(2)0.1～0.2mR/hr　(3)1～2mR/hr。　**Ans**：(1)

12. 依我國法規，所謂缺氧環境係指氧含量少於　(1)18%　(2)8%　(3)10%。　**Ans**：(1)

13. 蓋革牟勒計數（GM）偵檢器，可用來作　(1) 污染偵檢　(2)γ（Gamma）劑量率之量度　(3) 上述兩者皆可。　**Ans**：(3)

14. γ（Gamma）量測儀器之標定（+/−20% Accuracy），依國際標準，係採用下列那一種 γ 輻射劑：　(1)Cs-137（Cesium，銫）　(2)Co-60　(3)Ir-192。　**Ans**：(3)

【是非題】

1. 芳香胺（Aromatic Amine）有機蒸氣屬高極性化合物，其捕集可用活性碳。

   Ans：（ ✕ ）

2. 芳香胺（Aromatic Amine）有機蒸氣屬高極性（Polar）化合物，其捕集可用極性吸附劑，例如矽膠。 **Ans**：（ ○ ）

3. 可燃氣體指示計（CGI）的測定結果是以爆炸上限（UFL）的百分比表示之。

   Ans：（ ✕ ）

4. FID 可用於化災現場檢測無機氣體。 **Ans**：（ ✕ ）

5. 蓋格計數器（Geiger Counter）可同時檢出 β（Bata）與 γ（Gamma）輻射，但只能測定 γ 輻射之量。 **Ans**：（ ○ ）

6. FID 或 PID 的讀數為零，代表現場之空氣污染物為零。 **Ans**：（ ✕ ）

7. α 粒子是帶雙正電。 **Ans**：（ ○ ）

8. β 粒子是小、輕的次原子粒子，帶正電或負電。 **Ans**：（ ○ ）

9. γ（Gamma）輻射是能量的電磁波（Electromagnetic Wave）。 **Ans**：（ ○ ）

10. 光、微波（Microwave）、紅外線輻射與紫外線輻射為非游離輻射。

    Ans：（ ○ ）

11. 游離輻射（Ionizing Radiation）能造成與其接觸之物質上的原子呈帶電或游離（Ionizing）狀態。 **Ans**：（ ○ ）

12. 在氧含量低於 10% 時，有一些可燃性氣體指示器無法給予可靠之讀數。

    Ans：（ ○ ）

13. 為了安全起見，如果你的儀器讀數超越讀表刻度，立刻撤回。 **Ans**：（ ○ ）

14. 典型的 CGI 指針最高只能量測到 LEL 的程度。 **Ans**：（ ○ ）

第 17 章

去　污

17.1 一般說明

在危害物意外事件中，因應員和其所用的因應工具可能會由於下列原因而受到污染：

(1) 接觸到污染物之氣體、液滴或空氣中的微粒。下風處之因應工具或監測器，特別易受氣體污染。

(2) 取樣時或打開容器蓋子時被濺污。

(3) 從外洩池上走過或座在被污染的地面。

(4) 使用受過污染的儀器或工具。

雖然良好的作業方法可以減少人員和工具被污染的機會和程度，但危害物仍有可能藉由擴散而轉移到污染區外，使得沒有穿戴個人防護具的人員暴露於其中而不自覺。另一方面，當因應人員在脫下防護具時，也有可能由於不小心接觸到或吸入污染物。

要避免上述這些情況發生，就要事先研擬一套去污計畫，建立一些程序和方法，減少受污的「機會」和「程度」。當然整個計畫的執行責任，就落在現場指揮官肩上了。

17.1.1 去污定義

所謂去污（Decontamination or Contamination Reduction）係指在危害物外洩事件中，藉由化學和（或）物理方法來減少或阻止污染物的擴散；廣義的「去污」，包括在事故現場用來減少或防止人員和因應工具污染的所有行動（Action）；狹義的「去污」，係指將污染物從外洩現場人員身上和因應工具加以去除的步驟（NFPA）。

在外洩現場因應後，要以保守的態度假設因應員所穿的防護具與人員本身皆已受到污染，因此要執行一個徹底的、技術性良好的去污程序，直到經判斷可以不需要為止。

本章介紹去污技術、去污等級與步驟、事故現場管制應注意事項。

17.2 去污注意要點

去污計畫須考量一些項目，例如現場平面圖、工具與人力需求、因應員防護

具的層次、污染物處置方式、逕流控制、緊急醫療、受污衣物和工具之蒐集與處置方式等。

去污工作應從到達現場開始執行，例如「工作區」之建立，並提供充分的去污作業人力，持續地進行，直到現場指揮官認為去污程序已不再需要時，方可停止。

因應員個人防護具脫下來以前，應先行去污，注意不要接觸到裝備的外部表面。使用拋棄式的外套，或如有可能，將污染源覆蓋，也可以大大地降低去污工作的繁雜性。拋棄式個人防護具應棄置於塑膠袋或塑膠桶內，其選擇因最終處置的方式而異。

外部衣服在脫去前應先去污，脫下後應放在塑膠袋內，等待後續清洗或檢查。將受污染的衣物放入塑膠袋，是一個常見且實用的步驟。如果能夠就近取得附有襯裡的容器最好，可把受污染的衣服和工具置於其內。水或其他用來清洗的溶液可能必須加以截流、蒐集和分析，然後再行處置。金屬或塑膠製的鼓桶，可用來儲存清洗液。

一些較大量的污染，可以藉由擦拭、沖洗和吹乾等物理性方式清除。化學性的方法也常被用來降低或去除污染物的活性，甚至亦可同時利用物理和化學方法進行去污工作。

去污程序應由已建立好的方法測試其有效性。若去污程序無法有效地進行時，那麼程序就應重新檢討修正。

各階段的去污程序應詳加研訂並執行之，以降低人員和工具被污染的機會。詳細的去污程序之擬定規範，將詳述於後。

至於使用含化學劑之溶液，將污染物危害性減低的作業，必須先請教有經驗而熟悉該危害性的專家，才可進行。使用清潔液是相當普遍的方法，但它對特定污染物的去除效果可能比較差。然而，與化學溶液比較起來，它是較不具危險性的。假如時間允許，且技術員不在現場時，這時清潔液作為初步去污的溶液是最安全和最適當的方法。

有些去污程序反而可能會造成危害，例如去污液可能會與沾在衣服上的化學物起反應、滲透，或破壞某些防護衣，或釋放有害蒸氣，因此使用前，要先弄清楚它們的相容性。

去污的初步程序並不是一成不變的，實務上要根據所蒐集的資料，並參考實際情況，例如防護衣、呼吸防護具型式或現場情況的改變，加以修訂，看是要升級或降級。這些資料包括危害物型態、危害程度以及因應人員暴露的可能性。

　　有許多工具，一旦在因應過程中受到污染，且去污工作又是相當困難時，只好將其當做有害廢棄物處置。

　　監測儀器和一些取樣工具可置於塑膠袋內，只讓偵測的部分露出來，以降低被污染的程度。在某些情況下，設備會受到污染，例如將設備置於下風區，可能會因污染物之蒸氣或煙霧而被污染；將設備置於太接近隔離區，可能會被外洩化學劑濺到。應檢查工具以決定它的受污程度，並決定最好的去污方法。

　　大型工具如車輛和卡車的去污工作，可藉由高壓水流、蒸氣或特殊溶液等方式來進行清洗。水和其他溶液使用後，應加以截流、蒐集，裝入容器內，並在處理前加以分析。

　　去污小組成員應穿著適當層次的個人防護具，且自己本身也應接受去污。最接近「熱區」的去污人員比接近「冷區」的人員，可能需要較高層次的防護衣。隨著所使用去污工具的不同，防護衣的層次也就不盡相同。

17.3　去污技術

　　去污技術可歸納為物理方法和化學方法二大類，茲說明如下[20]。

17.3.1　物理方法

(1) 擦：以物理方式將附著於工具上之污染物擦拭掉。

(2) 刷：類似於上述擦的功能。

(3) 洗：採用低壓消防水管沖洗。

(4) 真空抽吸：真空抽吸常用於移除顆粒污染物，但採用此法易造成空氣污染，成為另一種污染源，因此真空吸塵器要配合過濾器的使用。

(5) 加熱：有一些污染物也許需要加熱，才易於去除，例如使用熱的清潔劑易於去除柴油。

(6) 冷卻：某些場合也許要將污染物冷卻，使得它變脆，易於打碎和去除。

17.3.2　化學方法

(1)溶解：在去污過程，加入中間物質，以溶解污染物，例如使用巴蘇（Varsol）或松節油（Turpentine）溶解 PCBs（多氯聯苯）污染；煤油（Kerosene）溶解重燃油污染。

(2) 中和：中和最常用於腐蝕性物質的外洩。

(3) 表面活性劑：本法有助於物理清除法的進行，做為溶解法的後續步驟。常用的表面活性劑包括磷酸鈉（1 ~ 2% Trisodium Phosphate）[12]、工業級洗衣粉和一般家庭用清潔劑。

(4) 固化：使用商業化的固化劑，使污染物固化，易於清除作業。

(5) 消毒：適用於生物性污染，可採用 5 ~ 6% 的漂白溶液（Bleach Solution）[12]。一般商店所賣之漂白液濃度為 6%。

17.4　去污等級

去污有五種不同等級，到底要採用哪一個等級，有賴指揮官根據現場之外洩物質及其他參數做出決定，例如暴露程度、可用資源以及化學物產生者之建議。下列是這五種不同去污等級[20, 36]：

(1) A 級去污：任何曾採用個人防護具（PPE）場合之基本清除。基本上，適用於有可疑之蒸氣暴露情況。

(2) B 級去污：指與任何污染物一旦接觸，可能導致經由皮膚中毒、腐蝕或反應之風險的去污。也適用於水溶性污染物以及低黏性（例汽油）之非水溶性污染物。

(3) C 級去污：適用於可能與不明污染物之接觸或與非水溶性（高黏度）、高反應性、毒性（吸入），或能造成急性毒性反應（例如氰鹽）等物質之接觸的去污。

(4) D 級去污：此去污過程不採用水，主要用於水反應性污染物之去污，一般輔以 A、B 或 C 級去污步驟。

(5) E 級去污：指生物性污染之去污。

表 17-1 是上述五種等級之去污要點。要注意的是，所有因應員在離開現場前應淋浴。

表 17-1　各種等級去污技術要點[20, 116]

去污等級	現場危害特性	步　　驟	去污小組之個人防護
A	輕度危害	1. 以水清洗，刷下任何大附著物。 2. 以表面活性劑沖洗。 3. 再以水清洗，然後離開去污站。	C 級防護衣與工具
B	中度危害	1. 以水沖淋，刷下任何大附著物。 2. 以中和劑擦拭。 3. 清洗。 4. 以表面活性劑沖洗。 5. 再以水清洗，然後離開去污站。	B 級防護衣與工具（建議採用拋棄式衣服）
C	極度危害	1. 進行 B 級的步驟 1～5。 2. 將所有防護衣與所有東西置入袋中，等待後續之去污和檢驗工作。 3. 所有去污後之人員必須立刻淋浴。 4. 所有內衣必須置入袋中或桶中，等待後續進一步試驗。	A 級防護衣與工具，依污染物之特性而定
D	水反應性以及某些乾燥物質之乾污染	1. 以附有過濾系統的真空吸塵器吸取表面。 2. 灑上泥土或滑石粉，然後再以真空吸塵器吸取。 3. 按照 B 級之步驟 3～5 進行 4. 將所有東西和防護衣置入袋中或桶中，並密封、標示等待後續之檢驗與處置。	B 級防護工具（建議採用拋棄式衣服）
E	生物劑及一些乾的殺蟲劑與毒性之污染	1. 以水沖洗。 2. 以 5～6% 氯漂白劑溶液噴灑（不包括可攜帶式無線電）。 3. 以水沖洗（步驟 2 之 10 分鐘後）。	A 級防護衣與工具

17.4.1　去污步驟

去污初步規劃是基於如下假設，所有離開隔離區（Exclusion Zone，可能污染區）的員工和因應工具均受到污染，因此設置了一套系統來作為員工和因應工具去污之用，所有使用過的防護具，也要在此至少沖洗一次。污染最嚴重的工具

要在第一站去污，越後面的站，所去污的工具，其被污染程度也越輕。每一個步驟需要一個不同的站來處理。

全世界二十年來的化災經驗顯示，應變人員所受的風險，有很多來自於脫下防護裝備之際，遭受自身防護裝備所污染；因此要建立一套去污標準作業程序，說明如何脫下鞋護套、手套的膠帶、呼吸防護具、防護衣、面罩、內部衣服以及淋浴等步驟[35c]。以下以穿戴 A 級防護裝備之因應員的去污步驟，來說明 C 級去污之標準作業（圖 17-1）[36]。

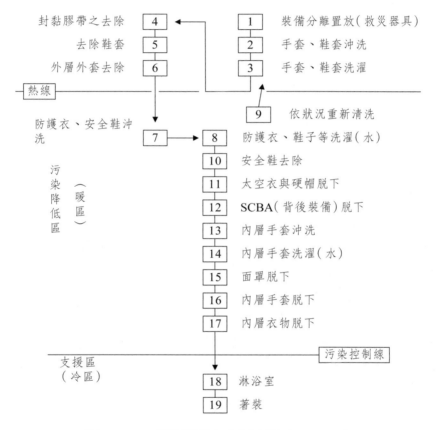

圖 17-1　A 級防護具之去污流程（U.S.EPA）

1.因應員之裝備

以下所列係針對穿戴 A 級防護裝備之因應員，在去污過程中所用之裝備：全套密閉式防護衣、SCBA 呼吸防護具、硬帽（選用）、抗化學腳趾鋼片及護脛

鞋靴、鞋靴護套、內外手套。

2. 完整之去污程序

(1) 第一站：工具分隔放置處。

將現場使用工具（包括取樣設備和容器、監測儀器、無線電等）放置於塑膠袋中，或不同之容器中（具有襯裡）。由於每樣工具都有可能遭受不同程度的污染，因此要把它們的放置點（容器）分隔，以免相互污染。

所用之工具如下：不同大小之容器、塑膠襯裡、塑膠袋。

(2) 第二站：鞋靴護套和手套之沖洗。

以去污液或清潔劑／水擦刷鞋靴護套和手套。

所用之工具如下：容器（80 ～ 120 公升）、去污液或清潔劑水溶液、2 ～ 3 支長柄軟毛刷子。

(3) 第三站：長鞋靴護套與手套之清洗。

從第二站而來的鞋靴護套與手套仍沾有去污液。第三站是以大量清水將這些去污液洗掉。必要時須重複幾次。

所用之工具如下：容器（120 ～ 200 公升）或高壓灑水器、水、2 ～ 3 支長柄軟毛刷子。

(4) 第四站：去除膠帶。

將貼在鞋靴和手套的膠帶撕下來，置入容器（備有塑膠襯裡）中。

所用之工具如下：容器（80 ～ 120 公升）、塑膠襯裡。

(5) 第五站：脫下鞋靴護套。

脫下鞋靴護套，並將其置入容器（備有塑膠襯裡）中。

所用之工具如下：容器（80 ～ 120 公升加侖）、塑膠襯裡、椅子。

(6) 第六站：脫下外部手套。

脫下手套，並將其置入容器（具有塑膠襯裡）中。

所用之工具如下：容器（80 ～ 120 公升）、塑膠襯裡。

(7) 第七站：沖洗防護衣和安全鞋靴。

沖洗太空裝式防護衣和鞋靴，以長柄軟毛刷子和大量去污液或清潔劑水溶液刷洗防護衣和鞋靴。必要時須重複數次。

所用之工具如下：容器（120 ～ 200 公升）、去污液或清潔劑／水、2 ～ 3 支長柄軟毛刷子。

(8) 第八站：防護衣和安全鞋靴清洗。

用大量的水洗掉去污液或清潔劑／水。必要時重複數次。

所用之工具如下：容器（120～200公升）、水、2～3支長柄軟毛刷子。

(9) 第九站：更換空氣鋼瓶。

如果因應員離開「隔離帶」，去更換空氣鋼瓶，那麼本站就是除污程序的最後一站。因應員的空氣鋼瓶更換了，新的外部手套和鞋靴護套穿上了，接頭也用膠布貼上，就重新回到工作崗位上。

所用之工具如下：空氣鋼瓶、膠布、鞋靴護套、手套。

(10) 第十站：脫下安全鞋靴。

脫下安全鞋靴並將其置入容器（具有襯裡）內。

所用之工具如下：容器（120～200公升）、塑膠襯裡、椅子。

(11) 第十一站：脫下太空裝和硬帽。

由旁人協助脫下太空裝（和硬帽），將其掛在架子上。

所用之工具如下：架子、置放袋、椅子。

(12) 第十二站：SCBA（背後之裝備）。

脫下背後之裝備，並將其置於桌上（此時尚戴有面罩）。拆開管線並移往下一站。

所用之工具如下：桌子。

(13) 第十三站：洗內部手套。

以不傷害皮膚之去污液或清潔劑／水清洗。必要時重複多次。

所用之工具如下：桶、去污液／清潔劑／水、小桌子。

(14) 第十四站：以水清洗內部手套。

所用之工具如下：水池、小桌子、桶。

(15) 第十五站：脫下面罩。

脫下面罩並置入容器（具有塑膠襯裡），要避免手套接觸到臉部。

所用之工具如下：容器（120～200公升）、塑膠襯裡。

(16) 第十六站：脫下內部手套。

脫下內部手套並置入附有塑膠襯裡之容器。

所用之工具如下：容器（80～120公升）、塑膠襯裡。

(17) 第十七站：脫下內部衣服。

脫下汗濕的內衣，置入容器（具塑膠襯裡）內。要將內衣儘快脫下，在脫下太空裝時，少量的污染物可能沾到內衣上，因此要將內衣儘快脫下。

所用之工具如下：容器（120～200公升）、塑膠襯裡。

(18) 第十八站：現場淋浴。

如果已知現場涉及很毒的、會腐蝕皮膚的污染物，就要沖淋。如果沒有淋浴設備，也要洗手和臉。

所用之工具如下：水、肥皂、小桌、水桶、沖淋設備、手巾。

17.5　事故現場管制

現場管制的目的是要達到減少與污染物接觸的機會，以及將附在因應員及因應工具上的污染物，在其離開現場前，加以去除。管制方法包括：

(1) 建立現場警戒線，不讓不相干人員進入。

(2) 在能維持有效作業下，盡量減少現場人員數目與工具數量。

(3) 將現場劃分為不同之工作區。

(4) 建立控制點，以管制工作區之出入。

(5) 作業之進行，要防止人員和工具的暴露，並避免污染物之飛揚。

(6) 執行去污程序。

17.5.1　工作區

減少污染物潛在轉移之最好方法，是將外洩現場依據已知或預期的污染程度，劃分為三個工作區，如圖 17-2 與圖 17-3 所示（NFPA）。在指定區域內，員工要使用適當的個人防護具（PPE），並設置檢查站，以管制不同工作區間的人員移動。

1. 熱區（隔離區）（Hot Zone）

熱區（Hot Zone）又謂隔離區（Exclusion Zone, Restricted zone），用來界定在污染發生或可能發生區，也是指污染清除作業執行區（NFPA）。所有進出此區之人員，應穿戴適當層次的防護具。

隔離區之外圍邊界是所謂熱線（Hotline），其決定因素為：

(1) 外洩物排出發現處。

(2) 外洩鄰近處。

(3) 蒸氣、空中微粒發現處。

(4) 燃燒氣體。

(5) 水和土壤的取樣檢測結果。

(6) 火災、爆炸與人之安全距離。

2. 冷區（支援區）（Cold Zone）

冷區或謂支援區（Support Zone 或 Clean zone），是指沒有被污染之乾淨地帶。所有支援事務與工具，包括指揮站、功能拖車、保全和現場檢驗工作，都設置在這一區。在這裡穿正常的工作服就可以了。要注意的是，此區必須是位於熱區之上風處（圖 17-2），而且盡可能離「熱區」遠一點。

3. 暖區（Warm Zone，污染減少區）

暖區或謂污染減少區（Contamination Reduction Area），位於熱區與冷區之間；其設立之目的是要藉由去污程序、空氣稀釋、工作區的管制等方法，避免或減少污染物被帶到冷區的機會和量。

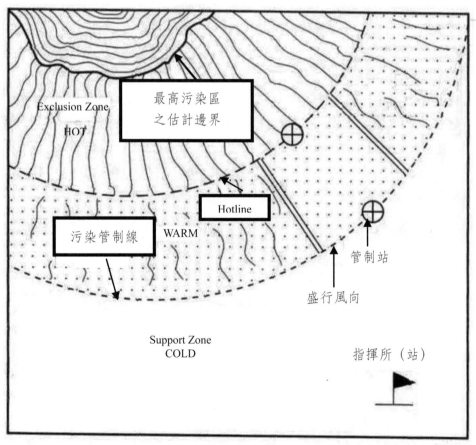

圖 17-2　紐約市消防隊工作區劃分示意圖 [12]

冷區與暖區間之界線是所謂污染管制線（Contamination Control Line）。任何人欲從冷區進入「暖區」，一定要經由管制站，並且必須穿戴適當等級的個人防護具（PPE）。反之，如果欲從「暖區」來到「冷區」，則須脫下任何可疑或已知被污染的防護衣或工具，接受適當之去污步驟。

17.6　救災安全作業守則

必須確實遵守下列作業守則，以確保員工在外洩現場之安全（紐約市消防隊）[12]：

(1) 經常考量危害物質可能同時具有二種以上之危害特性。

(2) 使用建築結構用消防衣與SCBA，以作為一旦暴露於污染物之最低保護。

(3) 每位隊員在火災和緊急過程中，必須對現場危害物存在的符號、證據以及指標提高警覺，並將這些資訊向高一層的指揮階層報告之。

(4) 必要時，也許可將隊員分成數小組（Team），每一小組應配備至少一台無線電對講機。現場之作業組長（Officer）負責指定各個小組之隊員，以及其無線電聯絡人。

(5) 將所有的工作區、檢查站，以塑膠帶子、旗子或交通錐作記號。

(6) 進入工作區之通道，不得堆積或放置不必要之工具／設施，以加速工作區之緊急出入。

(7) 任何人進出工作區，必須經由通道檢查站，完成所需之手續。

(8) 出入通道必須安全與保護，以維持工作人員之安全。門、階梯、梯子必要穩固、安全，坡道、溝和坑必須安全，以便一旦人員須經由該處可快速通過。

(9) 在任何污染處，不得食用、飲用任何東西或抽菸。

(10) 依危害與風險的分析結果，執行去污工作。

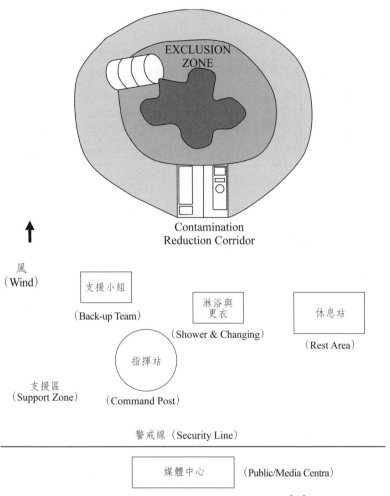

圖 17-3　外洩現場因應配置示意圖[20]

17.7　去污步驟範例

　　紐約市消防局備有一組去污拖車，其設備如圖 17-4 所示（Hazardous Material Decontamination Unit）。以下是該局最惡劣情況之去污步驟[12]：

　　第一步：建立進出口，貼上標誌以導引受污人員進入去污處。

　　第二步：脫下防護具並隔離之。

　　被污染的衣服、頭盔等應置入塑膠袋，以便隔離污染物。封閉塑膠袋並置入外面之拖車鼓桶內，等待進一步之分析，並運送到他處清洗或處置。

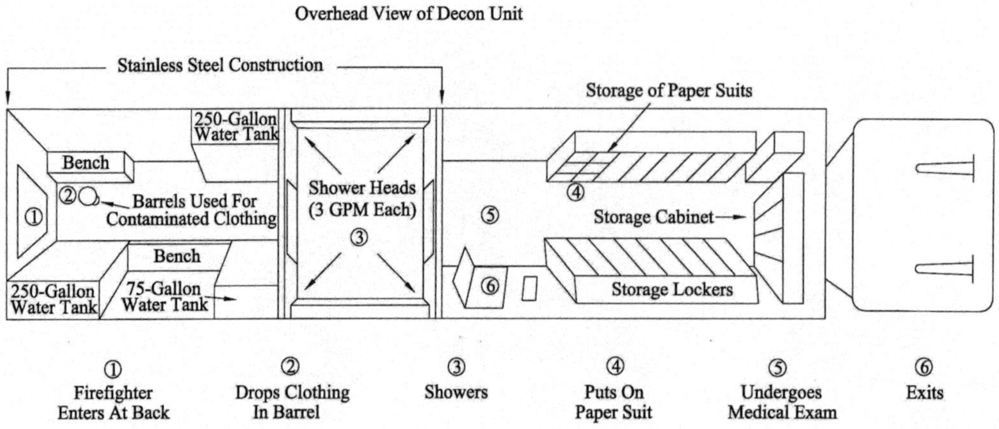

Overhead View of Decon Unit

①消防隊從後門進入　　　Bench：長形桌（椅）
②將衣服置入桶內　　　　Shower Heads：淋浴水龍頭
③淋浴　　　　　　　　　Storage of Paper Suit：紙衣存放櫃
④穿上紙衣　　　　　　　Storage Locker：存放櫃（含鎖）
⑤進行身體檢查　　　　　Storage Cabinet：存放櫥
⑥出去

圖 17-4　紐約市消防局去污拖車設備[12]

第三步：組員進入去污設施後端，緊急醫療小組負責督導整個去污步驟。脫下所有個人衣物和工作服，並置入袋子或鼓桶中。

第四步：在大部分的場合，組員進行淋浴，其時間長短依污染物特性而定。當污染物與水接觸會導致更具反應性時，不得為之

第五步：提供浴巾和衣服，以便讓去污者進入醫療人員所指定之處。成員走出去污設施。

第六步：醫療小組對成員進行身體檢查，包括記錄被去污者之醫療史，以及檢查生命跡象。本步驟通常在「冷區」執行。

第七步：醫療小組將需要進一步評估或治療者轉送他處（醫院）。

第八步：解開去污拖車，並將拖車之工具與設備儲存之。

第九步：市衛生局取樣分析淋浴所產生之廢水。

【討論】

1. 試指出化學事故現場，因應員和因應工具遭受污染的可能原因？
2. 在化災的領域內，何謂去污（Decontamination）？試說明之。
3. 在外洩現場因應時，如何減少或避免因應工具（包括監測儀器）受到污染，以降低去污的困難度。
4. 事故現場我們常將工作區劃分為三個不同地帶，以利現場管制和因應作業之進行，試說明這三個工作區的定義，並申論如何劃分？
5. 請問外洩指揮站設於哪一個外洩因應工作區？
6. 試指出去污工作常用之表面活性劑及其應用濃度。
7. SARS 呼吸防護具的新思維。（以雨衣當防護衣又有何不可？）[35c]。

　　2003 年在數名醫護因 SARS 而殉職，我們有必要來對負壓病房之防護是否足夠，加以檢討。

　　證據顯示，SARS 從口鼻甚至眼睛進入人體。既然 SARS 病毒不會穿透皮膚，所以穿著防護衣（包含頭套）的目的是防止濺污，其材質也就不是那麼重要了。醫護人員以雨衣當防護衣又有何不可？因此，重點是如何選用呼吸防護具來阻隔上述三種途徑。

　　美國派來協助的防疫專家也受到感染，顯然我們面對的是一種很陌生的污染物。那麼要完全切斷 SARS 病毒經由鼻與口途徑，只有輸氣管式呼吸防護具（SAR）或自給式呼吸防護具（SCBA）。使用者所呼吸的空氣來自外界之壓縮空氣鋼瓶，而 SCBA 裝備來自自身所攜帶之壓縮空氣鋼瓶。這二種裝備完全阻隔使用者周遭空氣中之污染物。不管是 SAR 或是 SCBA，它們對穿戴者的保護程度，可以說取決於面罩。就 SARS 病毒而言，隔離病房所有醫護人員（不管是不是執行插管任務）應配戴全面罩，以完全阻隔口、鼻與眼睛之傳染途徑。

　　全世界二十年來的化災經驗顯示，應變人員所受的風險，有很多來自於脫下防護裝備之際，遭受自身防護裝備所污染。因此有充分的理由去假設，此次 SARS 疫情醫護人員的感染部分，來自於自身所用之防護衣或口罩；醫護人員在脫下防護具時，不小心接觸到或吸入 ARS 污染物。要避免這種情況發生，就要建立一套 E 級（生物性污染）去污標準作業程序，說明如何脫下鞋護套、手套的膠帶、呼吸防護具、防護衣、面罩、內部衣服以及淋浴等步驟。

（蔡嘉一發表於中國時報，2003.05.25）

【選擇題】

1. 去污過程，磷酸鈉（Trisodium Phosphate）常用的表面活性劑，其使用的濃度一般為　(1)1～2%　(2)10～20%　(3)40～50%。　　　　　　　　**Ans：(1)**

2. 多氯聯苯污染的表面，哪一種溶劑適用於去污作業　(1)巴蘇（Varsol）　(2)汽油　(3)水。　　　　　　　　　　　　　　　　　　　　　　　**Ans：(1)**

3. 穿戴 A 級防護具所需的去污等級為　(1)A 級　(2)B 級　(3)C 級。　**Ans：(3)**

4. 現場污染物具水反應特性，其所需之去污等級為　(1)A 級　(2)B 或 C 級　(3)D 級。　　　　　　　　　　　　　　　　　　　　　　　　　　　　**Ans：(3)**

5. 現場污染物屬生物劑，其去污等級為　(1)A 或 B 級　(2)C 或 D 級　(3)E 級。　　　　　　　　　　　　　　　　　　　　　　　　　　　　　　**Ans：(3)**

6. 公關媒體站應位於因應作業之　(1)熱區　(2)冷區　(3)暖區。　**Ans：(2)**

7. 指揮站應位於因應作業之　(1)冷區　(2)熱區　(3)暖區。　　**Ans：(1)**

8. 救護車應停放於　(1)冷區　(2)熱區　(3)暖區。　　　　　　　**Ans：(1)**

【是非題】

1. 外洩因應作業之進行，為減少污染物之可能轉移，常將外洩現場劃分為熱區、冷區與暖區等三個因應工作區。　　　　　　　　　　　　　　**Ans：（○）**

2. 外洩工作區中的熱區，其污染程度最嚴重。　　　　　　　　**Ans：（○）**

3. 所有進出外洩工作區之熱區人員，應穿戴適當層次之防護具。　**Ans：（○）**

4. 任何人欲從冷區進入暖區作業，一定要經由管制站。　　　　**Ans：（○）**

5. 任何人欲從冷區進入暖區作業，必須穿戴適當等級的個人防護具。

　　　　　　　　　　　　　　　　　　　　　　　　　　　　Ans：（×）

6. 中和常用於易燃物質外洩。　　　　　　　　　　　　　　　**Ans：（○）**

7. E 級去污主要用於水反應性污染物之去污。　　　　　　　　**Ans：（○）**

8. D 級去污指生物性污染之去污。　　　　　　　　　　　　　**Ans：（×）**

9. A 級防護要採用 A 級去污。　　　　　　　　　　　　　　　**Ans：（×）**

10. 外洩化學物具水反應性，應採用 D 級去污。　　　　　　　**Ans：（○）**

11. 外背空氣瓶式防護衣（見圖 15-19）比較適用於空氣瓶維護容易的化災場合。

　　　　　　　　　　　　　　　　　　　　　　　　　　　　Ans：（○）

12. 醫療救護區應停放在暖區。　　　　　　　　　　　　　　　**Ans：（×）**

13. 媒體／公關站宜設置於暖區。　　　　　　　　　　　　　　**Ans：（×）**

14. 醫療救護車不得停放於外洩源之下風處。　　　　　　　　　**Ans：（○）**

第 *18* 章

國內外化災案例

18.1 國內化學品重大事故

表 18-1 是蒐集到的高雄地區最近重要化學緊急案例。表 18-2 是台中港西碼頭區（危險品碼頭）儲槽意外事故案例，表 18-3 提供詳細的分析與改善措施。

針對台中港西碼頭區化學緊急事件，在預防上要注意下列數點[7c]：

(1) 建立並落實船舶和儲槽之間的管道輸送標準裝卸步驟。

(2) 建立並落實儲槽之定期檢查制度。

(3) 建立並落實儲槽標準裝卸步驟。

(4) 建立並落實槽車裝卸標準步驟。

(5) 建立並落實迫淨（Purging）步驟。

(6) 實施槽車司機危害認知訓練。

在準備和因應上，要建立：緊急應變計畫書及 CCTV 監視系統。

18.1.1 槽車意外

國內也曾發生化學槽車意外事件，如第 10 章所示（表 10-1）。一般而言，槽車化學物外洩／火災／爆炸之原因可歸納如下：

(1) 陸上輸送管線之外洩（例如管線破裂）。

(2) 經灌裝（Loading）設施外洩。

a. 在灌裝時，由於設備失敗。

b. 由操作員操作失敗（人為疏忽或不當作業）。

(3) 經槽車發生外洩

a. 由於槽車司機對化學物的危害認知不足，例如未經檢測就入槽清洗，致中毒死亡。

b. 由於槽體與閥系統失敗。

c. 由於車禍所導致之外洩。

(4) 由於卸收（Unloading）設施失敗所導致之外洩

a. 在卸收時，由於工具失敗。

b. 由於操作員不當之操作。

18.1.2　其他案例：高雄地區

【案例一：丁二烯工廠火災事故】

1. 發生時間：101 年 4 月 6 日
2. 發生原因：丁二烯工廠第一萃取塔再沸器至安全閥 10 英吋管線破漏，粗丁二烯漏出，引發火警。
3. 災害狀況：無人傷亡，因大火導致製程設備報廢。

【案例二：化學品倉儲公司發生儲槽氣爆災害】

1. 發生時間：101 年 9 月 11 日
2. 發生原因：進行儲槽強制通風作業清除殘留蒸氣作業前，在不開放所有人孔的作業條件限制下，未先將儲槽進出口管線關斷或盲斷，使用未具防爆性能的送風機且未事前測定槽內可燃性液體的蒸氣濃度，以致送風機啟動時，即引爆儲槽內易燃液體的蒸氣肇災。
3. 災害狀況：造成 4 名勞工輕重傷，其中 2 名勞工於燒燙傷病房進行治療。

【案例三：高雄石化氣爆事件】

1. 發生時間：103 年 7 月 31 日
2. 發生原因：四英吋丙烯管線遭不當包覆於排水箱涵內，導致管壁由外向內腐蝕並日漸減薄，而無法負荷輸送管內之壓力而破損，致運送中液態丙烯外洩，引起本件爆炸事故。
3. 災害狀況：造成 32 人死亡、321 人受傷，其中有多位是消防救災人員，主要因穿著無法適當防護氣爆的裝備而死傷。

【案例四：因苯液閃燃引爆，導致開挖工人不幸喪命】

1. 發生時間：103 年 9 月 14 日
2. 發生原因：武營藝術文化中心捷運連通道工程僱工開挖，疑因地下苯液閃燃引發氣爆。
3. 災害狀況：導致吳姓開挖工人不幸喪命，事發後包商宣告倒閉。

表 18-1　高雄地區重要化災

時間	廠商	事件內容	備註
77.1	中油	後勁溪及其出海口附近海域廢水污染	
78.6	中油	中油苓雅輸油管破裂漏油,導致高雄市成功二路一帶大樓地下室漏油與龜裂	
83.4	中油	中油苓雅儲運所油駁船中苓號於高雄港45號碼頭外進水沉沒,燃料油外洩50公秉	
84.1	台塑仁武廠	氯乙烯廠輸送管破裂,乾氯外洩	
84.3	台灣氯乙烯	管線破裂,鹽酸外洩	
84.3	中油林園廠	廢鹼進料槽發生氣爆,並引發火警	
84.6	中美和	對二甲苯酸廠火警	
85.2	台塑仁武廠	氟氯碳廠儲槽發生氣爆、火災	二死
85.3	李長榮林園廠	乙醛廠管線破裂,管線飛散至養殖池	
85.8	中油	中油三號浮油筒受賀伯颱風侵襲,輸油軟管與海底油管接頭螺絲被沖斷,外洩油污染旗津附近海域	初步估計,須賠償漁民六億一千二百萬元。
86.3	中國人造纖維	乙二醇廠安全閥破裂片破裂	二千多份村民診斷書要求賠償
86.5	亞聚林園廠	氣爆	
86.7	國喬	ABS粉體槽爆炸	一千多份村民診斷書要求賠償
86.8	台氯林園廠	鹽酸外洩	
86.9	中油	前鎮鎮興橋LPG管路遷移施工氣爆	十四死十一傷
86.10	中纖大社廠	汽電共生廠噴出氧化鎂,污染附近車輛	
86.10	中油油輪氣爆	油氣濃度在爆炸範圍,施工時氣爆(高雄港二港口南防波堤外)	二死、海洋污染
86.12	中油大林廠	空置兩年的LPG冷凍槽,由於包商(信鼎公司)工人不慎,引發氣爆	二死
87.1	中纖大社廠	聚酯廠聚酯儲槽冷凝器爆炸	一死四傷

時間	廠商	事件內容	備註
87.3	紘洋	發生於 56、57 號頭，下午 3:45，57 號碼頭在進行 MEG（乙二醇）卸收作業，靠泊 57 號碼頭的船舶扯斷纜繩三條，船尾漸向 56 號碼頭方向移動，高壓軟管被拉直，同時將地面銜接之白鐵管拉起。57 號碼頭的船舶直接撞到停在 56 號碼頭的船舶〔李長榮（冰醋酸）的船舶〕才停止。李長榮的船舶亦因此位移	原因分析：15:45 航道有一貨櫃船急速（10 浬／時，超過 5 浬／時的規定）經過，且太偏碼頭岸邊，而捲起波浪。同時 57 號碼頭，紘洋的船靠泊超出前鎮河岸 20m，著力太弱，而且所斷掉的三條纜繩亦老舊。

表 18-2　台中港西碼頭區意外事故案例 [28c]

地點	事故狀況	發生原因	洩漏情形
3202 槽底	丁二烯卸收過程中，槽底進管緊急旁流管（By-pass）斷裂	船方卸貨未降壓，造成管路中氣液兩相紊流劇烈震動，旁流管與主管距離太近且伸縮不良，因此斷裂洩漏	丁二烯大量洩漏於防溢堤內
3201 及 3202 儲槽與碼頭區	自油輪卸收丁二烯入槽，因操作不當導致入管 8 英吋金屬軟管至球槽緊急關閉閥前彎曲、移位及變形	自油輪卸收丁二烯入槽時，因出料管閘閥開啓過大，造成壓力上升，導致碼頭卸收管移位彎曲，儲槽反壓過高時，超流閥關閉，未能及時通知船上停止幫浦壓送所致	無
702 槽	卸收 32% 的蘇打至 702 槽滿槽，因 701 槽清槽後，未將連通的管線關閉，造成 701 槽內滿槽的 48% 蘇打回流，險些造成 702 槽滿溢	卸收 32% 的蘇打至 702 槽滿槽，因 701 槽清槽後，未將與 702 槽之間連通的入管及出管管線關閉，造成 701 槽內滿槽的 48% 蘇打回流至 702 槽，險些造成 702 槽滿溢，並導致槽內 32% 蘇打的重量百分比改變	無
儲槽	油輪卸收對二甲苯入槽，造成短溢卸	自油輪卸收對二甲苯入槽的過程中，由於船方倉儲業者及公證公司的聯繫及控制不當，造成短溢卸	少量

地點	事故狀況	發生原因	洩漏情形
1403 槽出管管線	705 槽出車甲苯大量洩漏	705 甲苯儲槽因故無法出車，所以將其管線與 1403 槽連通，但 1403 槽清槽後，並未將三通管的開口完全封閉，即行卸料作業，導致灌車時 1403 槽的甲苯大量外洩	大量洩漏
705 槽	由油輪卸收環己酮，造成儲槽內壁之環氧塗裝（Epoxy Coating）嚴重破壞，不僅污染槽車並且堵塞濾網	未考量環氧塗裝對於環己酮化學性質的互容性，造成槽體內壁嚴重破壞	無
內浮頂槽	內浮頂儲槽浮頂周邊橡膠墊封（Seal）損壞，導致溶劑蒸發	1403～1406 及 2505～2510 內浮頂儲槽長期儲存苯及醇類有機溶劑，由於侵蝕造成浮頂周邊橡膠墊封損壞，導致溶劑蒸發，而槽頂通氣口因海風鹽分侵蝕嚴重腐蝕，改裝呼吸閥以減少損失	無
儲槽區	熔硫保溫用貫流式鍋爐爐筒爆裂損壞	鹽分殘留軟水器內，因此造成鍋爐長期使用之水質鹽化腐蝕鍋爐材質，造成爆裂損壞	無
儲槽區	保溫蒸氣管路碰撞毀損（含專用保溫管、灌管與基座，及回收水幫浦電纜管路）	堆高機搬運臨時管路入庫，由於超高及視線不良造成誤差，而撞及保溫管出口造成傾斜	無
儲槽區 2509 槽泵浦	苯乙烯槽車裝車時操作疏失，造成幫浦軸封損壞，險些釀成火災	苯乙烯槽車於裝載完畢後，未關閉幫浦電源，導致幫浦空轉，造成幫浦軸封過熱冒煙損壞，經現場人員以消防水撲滅冷卻，避免釀成火災	無
2505 槽及灌裝區	灌裝不慎造成溢流	油罐車為密封灌裝，只有頂部一個小灌油孔，無法量測且不易測，因為人員離開用餐未能在灌滿時停止灌裝，造成溢流	2 噸（紀錄中未說明何種化學品）

地點	事故狀況	發生原因	洩漏情形
704、705 儲槽及灌裝棚	由於蘇打（Soda）儲槽未完全清理，即進行二甲苯的卸料作業，以致管線中殘留的蘇打污染了二甲苯。此時進行灌裝的槽車司機認為無法交貨，便將此污染的油品排放至灌裝區的排水溝內	原先儲存蘇打之專用儲槽，未徹底清槽即讓二甲苯卸料，以致管線中殘留的蘇打污染了二甲苯	9 噸
灌裝區	油罐車灌裝甲苯由靜電引發氣爆及火災，造成駕駛死亡	可能是駕駛穿著之人造纖維質衣物產生靜電，引起灌裝時易燃氣體氣爆及火災	無
灌裝區	蘇打灌裝作業，流量計損壞，幫浦超載，油料由軸封溢出，造成污染	流量計不耐蘇打腐蝕，於灌裝作業時損壞，幫浦選用錯誤超負載運轉強制灌裝，導致幫浦燒毀，油料由軸封溢出	大量洩漏
丁二烯灌裝台	丁二烯（Butadiene）灌裝台氮氣緩衝器高壓彈出，丁二烯及氮氣洩漏	丁二烯灌裝台幫浦壓力迴流管閘閥關閉，造成壓力過高，氮氣緩衝器底座腐蝕，螺絲扯開不耐高壓彈出，丁二烯及氮氣洩漏	大量洩漏
灌裝台	對二甲苯（p-Xylene）由流量計噴出，司機身體、眼睛受傷	流量計螺絲未鎖滿，司機關閥過快造成瞬間高壓，導致對二甲苯噴出，司機身體、眼睛受傷	少量
西二碼頭	油輪卸收作業時，因管路連接操作疏失，導致 6 英吋 SUS 不鏽鋼管掉入海中	於油輪卸收作業時，使用堆高機連接 6 英吋 SUS 不鏽鋼管，由於操作不當，導致鋼管掉入海中	無
分裝區	力一倉儲公司 TDI 分裝桶膨脹破裂	於 TDI 分裝現場發現有一灌裝完畢的 53 加侖桶膨脹隆起，並破裂外洩，使用大量消防水沖洗，再使用甲苯稀釋中和，結晶沉澱物排入污水處理池	250 公斤

455

地點	事故狀況	發生原因	洩漏情形
C3 儲槽	C3 儲槽於吹管過程中發生爆炸，進而引發火災	因為使用壓縮空氣進行吹管，同時輸送系統（包括船體、管線及槽體）未能做好接地及等電位連結，因而導致靜電火花或電弧的產生，進而點燃易燃物與氧氣的混合氣體，造成 C3 儲槽區域性氣爆及火災	無
A2 儲槽	船舶卸料聚丙醇至 A2 儲槽時，發生氣爆	由於呼吸閥阻塞，因而無法正常操作以保持儲槽內外壓平衡，加上油輪卸料時的高壓輸送作業，造成儲槽內壓升高，超過槽體最大承受壓力，導致由槽頂弱焊處爆裂，形成約三分之一周長的裂縫	無

【案例五：對苯二甲酸粉外洩觸及火花爆炸】

1. 發生時間：80 年 3 月 7 日
2. 發生原因：對苯二甲酸粉槽車裝料作業時，操作不當噴出，經焊接作業火花引燃爆炸，導致槽內粉體大量下墜外洩，致槽體內真空，胴體縮扁下壓，災情擴大。
3. 災害狀況：二人死亡，八人受傷，儲運設施全毀。

【案例六：過氧化物觸媒起火燃燒】

1. 發生時間：80 年 9 月 16 日
2. 發生原因：聚苯乙烯工廠之過氧化物觸媒冷凍庫，因冷凍機故障，導致過氧化物高溫起火燃燒。
3. 災害狀況：無人傷亡，設備損毀。

表 18-3 台中港西碼頭區儲槽重要意外評估 [7c]

意外事件	建議方案
化學船在進行丁二烯的卸貨過程，未降壓引起管路中氣液兩相紊流劇烈震動，由於 3202 儲槽的 By-pass 管與主管距離太近且伸縮不良，因而斷裂，造成丁二烯大量外洩於防溢堤內	應建立輪船和儲槽裝卸標準步驟
丁二烯灌裝台泵浦的壓力迴流管閥關閉，造成壓力過高，加之氮氣緩衝器底座腐蝕螺絲鬆掉，無法承受高壓而彈出，引發大量丁二烯及氮氣外洩	應建立儲槽（及其附屬設備）之定期檢查制度
705 甲苯儲槽灌車區因故無法出車，因此將出料管線改接於 1403 槽之進料管。由於 1403 槽在上次清洗後球閥未完全關閉（仍開啟三分之一），導致由 705 槽灌車時，甲苯大量由 1403 槽出管洩漏。因為這兩個儲槽位處不同區域，約在 3 小時之後，才被經過的人員發覺	應建立儲槽標準清洗步驟；以及外洩偵測系統
油罐車於灌裝甲苯時，引起氣爆及火災，造成駕駛嚴重灼傷於送醫途中死亡，推測其原因可能駕駛員穿著之人造纖維質料衣物產生靜電所致	應建立槽車裝卸標準步驟，並進行槽車司機危害認知訓練
A 廠某儲槽因槽底焊接處腐蝕，而導致內容物洩漏至防溢堤內，廠方將洩漏之化學品未經適當處置，即抽離至堤外沙地棄置	應建立儲槽定期檢查步驟
B 廠某儲槽出料口於夜晚遭人為破壞開啟，直到隔日早上才被發現	港區與倉儲業者應加強保全系統；建立 CCTV 監視系統
某倉儲公司 TDI 分裝桶膨脹破裂	建立標準裝卸步驟
某倉儲公司 C3 儲槽使用壓縮空氣進行吹管，且未能做好連結（Bonding）與接地（Grounding），導致爆炸與火災	建立標準迫淨步驟（Purging）
某倉儲公司輪船卸料聚丙醇至 A2 儲槽時，因呼吸閥阻塞無法正常操作，因而引發氣爆	建立儲槽定期檢查制度

【案例七：裂解爐管破裂可燃物外洩起火】

1. 發生時間：81 年 4 月 18 日
2. 發生原因：二氯乙烷裂解爐循環管劣化破裂，引起火災。
3. 災害狀況：二人死亡，設備損毀、停車。

【案例八：加熱爐管破裂，導致可燃物外洩，起火二次】

1. 發生時間：80 年 12 月 6 日及 81 年 1 月 29 日
2. 發生原因：因加熱爐入口流量計流孔板阻塞，導致爐管溫度、壓力異常而破裂，可燃物外洩起火。經搶修後，試運轉，因施工不良導致加裝之壓力計接頭脫落，引起可燃物噴出，起火燃燒。
3. 災害狀況：設備損毀，工廠停工。

【案例九：冷媒外洩，人員窒息死亡】

1. 發生時間：81 年 8 月 1 日
2. 發生原因：漁船機艙冷凍系統冷媒（Freon-22）外洩，造成缺氧環境。
3. 災害狀況：二人死亡。

【案例十：拆管線遭氫氟酸噴濺】

1. 發生時間：81 年 7 月 15 日
2. 發生原因：拆除管線上之壓力表時，未先將該段管線洩降壓力，導致拆除法蘭時，氫氟酸噴出外濺。
3. 災害狀況：一人死亡。

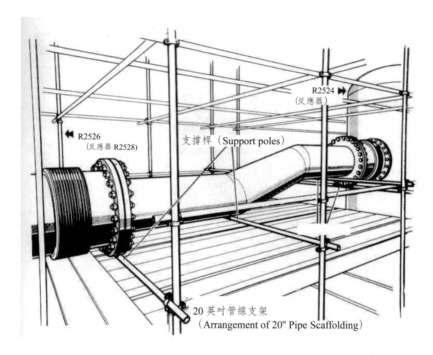

圖 18-1　環己烷反應器之旁流管（Flixborough, UK）[92]

事件：
- 水流入 MIC 槽。
- 分解導致溫度與壓力提升。
- MIC 經由無法操作、無效力的洗滌器與廢氣燃燒塔，排放到大氣中。
- 毒氣飄到村莊。

預防上的教訓：
- 改善操作程序。
- 增加操作安全防護措施。

減輕災變教訓：
- 增加系統後備支援。
- 改善緊急步驟。

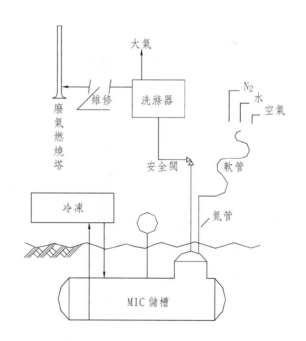

圖 18-2　印度波帕爾市 Union Carbide 廠 MIC 外洩與教訓（Environment Canada）

以下介紹英國的 Flixborough（1974 年）、印度的波帕爾（Bhopal, 1984 年）、美國 Cleveland 市的 East Ohio（1944 年）等事件。

18.2　英國 Flixborough 事件

1974 年 6 月英國化學工業中生產環己烷（Cyclohexane）之 Nypro 有限公司 Flixborough 廠，共有 6 座反應器。因第 5 座反應器發生洩漏現象，必須修護。該廠工程師決定將第 4 座反應器的出料，直接送入第 6 座反應器，每座反應器原設計進料管線直徑為 28 英吋，但因當時庫存管線只有 20 英吋的，不得不利用伸縮管，將這二種尺寸不同的管線連接（圖 18-1）。由於反應器內的高壓及旁流管（Bypass）支撐不足，造成旁流管破裂。肇事原因乃繞經第 5 座反應器的旁流管裝置完全違反安全規定，既沒有周詳的設計，施工時也未經任何安全檢查。據估計約有 30 噸的環己烷外洩而形成蒸氣雲，約 30～90 秒後，接觸到火源而點燃引起爆炸，造成 28 人死亡、36 人受傷。爆炸的威力十分強大，工廠附近 1,821 座民房、167 間商店及工廠都遭到破壞；爆炸後的火災連續燒了十幾天[92]。

事後估計，爆炸威力相當於 15～45 噸的 TNT 當量數（TNT Equivalence）；並依據觀察到的破壞情況（例如鋼條彎曲），推估所產生的超壓約為 5～10bar[92]。

18.3　印度波帕爾事件

歷史上最大的化災發生於 1974 年 12 月 3 日印度波帕爾市（Bhopal）。本事件傷亡人數眾多，2,000 多人死亡及 20,000 多人受傷，受到全球重視。事件中大量毒性物質的儲存和安全系統的失常，是造成事件的主要原因。

波帕爾市位於印度中部。印度 Union Carbide 公司是農藥製造工廠，而異氰酸甲酯（MIC）是製程的中間原料，具劇毒、易揮發、可燃且反應性甚高等特性。在常壓時，MIC 的沸點是 39.1℃，在 20℃ 時，其蒸氣壓是 384mm/Hg，比重約為空氣的 2 倍。在一天 8 小時內，最高安全暴露濃度是 0.02ppm；當濃度高於 21ppm 時，會造成鼻喉極度不適、呼吸器官衰竭，是高濃度 MIC 致死的主要原因。MIC 另一個特性是與水會起放熱反應。事件發生時，因勞資糾紛，使用 MIC 的單位並未開工，然而大量的水或其他不明物質，卻進入 MIC 儲槽，引起反應，溫度逐漸上升，引發 MIC 沸騰，大量蒸氣經過壓力釋放系統，進入洗滌器和燃燒塔，但是不幸地，這二座緊急處理系統都無法運作，約有 25 噸的 MIC

毒氣外洩，擴散到工廠四周社區，造成慘劇。

印度波帕爾市的 MIC 外洩災變提供我們下列事實[95]：

(1) 緊急醫療處理：災變的事後調查顯示，該市醫療人員已盡全力救治受害者，但是醫療人員是在災變 24 小時後，才接到有關 MIC 的治療劑資料。這個事件告訴我們，一定要採取措施，使得我們的醫療人員對於如何治療化災受害者具有足夠知識，而且能夠在短時間內取得所需的資訊。

(2) 社區認知：現在很難說，在波帕爾市的居民，如果事先對 MIC 有所認知，是否會降低災害的嚴重度。但是顯然地，由於該事件，造成全世界工業界認為，民眾有權知道他們居處附近的工廠，到底使用什麼危害化學物，以及應採取何種安全措施，以保護他們自己。

(3) 緊急應變：大部分的報告指出，當時沒有足夠的警告系統，更糟糕的是，警報器在外洩數小時後才響；同時員工和附近居民也缺乏因應訓練或知識。顯然地，外洩警報應該是要搶時間；因應對策要依據事先與社區整合的緊急應變計畫。

18.4　美國 East Ohio 事件

1944 年 10 月，美國 Cleveland 市的 East Ohio 氣體公司所屬之一座液化天然氣儲槽破裂，造成 1,900 噸液體外洩，並立即引起大火及爆炸，而且另一個儲槽也被波及破裂並起火。造成意外的可能原因是：材質因低溫（−156℃）而脆化，然後在外界震動影響下破裂。意外發生原因包括：工廠太靠近住宅區、儲槽彼此距離不夠遠、附近火源太多。

18.5　貨車氯容器外洩

1978 年 9 月 25 日，一輛載有 12 噸液氯的貨車由溫哥華區駛入碼頭區途中，在鬧區交界煞車時，6 只鋼瓶不慎跌落，至少有一個鋼瓶被來往的車輛撞到，其中一個鋼瓶的焊接處不幸因而破裂，並流出液氯。警方與消防隊封鎖了現場並疏散人群，且通知工業緊急因應小組。消防隊利用水霧欲將氯氣壓下，但是卻產生腐蝕性液體（水與氯反應而產生），這時候已經對警察、消防隊員及市民造成影響。警方也需要向軍方單位請求支援呼吸防護具。

一個半小時之後，緊急因應小組帶著「氯緊急因應箱」趕至現場，但是這套

裝備並不適用於焊接的綴合口，因為該裝備是針對罐子兩端或蓋子洩漏，以及鋼瓶（一噸容器）破裂時設計的。此時風向轉移，使得情況雪上加霜，更多水霧噴灑在鋼瓶上方，但氯氣持續放出。再過一個小時之後，一輛載有氫氧化鈉溶液的貨車抵達，因應人員利用管路，將鋼瓶中的氯導入氫氯化鈉溶液中。計算所得：在中和以前，鋼瓶中仍有三分之一的氯。該破裂的鋼瓶以及其餘的鋼瓶都被移離現場。自災害發生，經歷了四至五個小時後，現場已被清理妥當，疏散的災民也可返回原地。有 37 位警、消人員以及 40 位市民（共 77 人）被送往醫院治療。

由以上意外，專家得到下列結論：

(1) 現存的「氯緊急因應箱」（Chlorine Emergency Kit）補洞裝備，並不適用於一噸容器之焊接綴合處的破裂。

(2) 洩漏時應該將洞口轉至上部，使得外洩出來的是氣態氯，而非液氯。

(3) 消防隊員誤解噴霧壓制氯氣法。噴霧壓制法是以噴霧嘴將水噴進蒸氣中。他們在噴射時，應該遠離容器。如果灑在容器上，氯與水反應而產生腐蝕性的鹽酸，會導致洞口擴大。

(4) 如果儘早把剩餘的液氯中和，就可以減少氯氣洩漏的時間。

18.6　火車車槽氯外洩

1979 年 11 月 10 日，一列載運各種貨物的火車穿越安大略省（Ontario）原野和小鎮，目標指向多倫多市。當它剛穿過密西索卡市（Mississauga），進入多倫多市郊時，有一組鐵輪因未經適當潤滑油保養而過熱、脫軌，導致 24 節車廂和車槽翻覆。此時為深夜 11 時 53 分，離多倫多市中心只有 30 公里。所連結的車槽中，有 11 節車槽盛裝丙烷（Propane）、4 節車槽為苛性鈉（Caustic Soda），甲苯（Toluene）和苯乙烯（Styrene）各有 3 節車槽，以及 1 節車槽液氯。苛性鈉雖然不會燃燒，但遇水分產生的高熱，足以點燃丙烷、甲苯或苯乙烯。

在接到民眾通報後，幾分鐘內，鄰近的警察人員已抵達現場設立拒馬、管制交通；消防隊並開始以消防水管連接遠處之消防栓。他們並分別向其總部請求支援。

11 月 11 日凌晨時分，1 節丙烷車槽爆炸，綠色火焰，隨風飄浮上空。在一公里的爆炸圈內，門窗破裂，並摧毀三座溫室果園和一座市立娛樂中心。約 5 到 10 分鐘後，有 1 節甲烷車槽產生 BLEVE 式爆炸。整個車槽被震到半空中，著火

燃燒，掉落在 675 公尺外。約再隔 5 分鐘，又有 1 節甲烷車槽產生 BLEVE，將整個車槽炸成二段，其中一段掉落在 65 公尺外。

約距事發二個小時，氯車槽的位置才依運貨單的記載，被鑑定出來。其槽體已有裂洞，而且靠近正在燃燒的丙烷槽。消防隊長當機立斷，下達命令，撤離鄰近 3500 多名居民，以策安全。到了上午八點半（11 月 11 日），指揮中心再度發布撤離居民的命令。該市人口有 284,000 人，當天有 218,000 名居民撤離家園。加拿大的第九大城市，一下子成為鬼城。

1. 因應中心

事發不久，接到通知的單位計有密西索卡市的市長、消防隊長、市警察局和安大略省的環保處長。於很短時間內，因應中心即已在現場鄰近處成立。該中心備有對外通訊設備，因應工具和危害化學物專家也陸續抵達。再從運貨單發現翻覆車槽之一盛有液氯後，CHLOREP 方案所屬的氯專家也攜帶工具，抵達指揮中心。

2. 運貨單

為了解這些車槽所載何物和它們的緊急處理步驟，一本運貨單由多倫多市的列車調度站於 11 月 11 日上午一點半送到因應中心。省環保處、市警察局和消防人員這時才從運貨單的資料上發現事態嚴重，原來車槽盛有前面所提到的危害化學物。更令他們心驚的是，其中有液氯。由於它比空氣重二倍半，如大量逸散於大氣中，會形成黃綠霧，緊貼地面隨風移動，後果將不堪設想。他們依車槽號碼，在現場找到了那節氯車槽。

3. 救火策略

丙烷是高度爆炸性物質，當壓力減低時，液化之丙烷即達沸騰，迅速氣化，體積高度擴張而產生爆炸。此種爆炸或謂 BELVE，因此消防隊在經過一個多小時的救火作業後，決定改變策略，即以水噴灑，不再是撲滅火焰，而是為了降低車槽體本身溫度。這樣可以讓這些從車槽中逸散出來的氣體，在有控制的情況下，繼續燃燒，同時可以避免引起爆炸。結果，火焰至 11 月 13 日凌晨 2 時 30 分才完全熄滅。

4. 因應氯的策略

指揮中心從運貨單上發現翻覆車槽中盛有氯後，立即邀請 CHLOREP 方案專家支援。這些專家認為，封閉氯車槽裂洞的工作，必須等火焰熄滅後才能進行。

氯車槽的一公尺大洞，在 11 月 13 日，首先以鋼板封住，但是並不安全，仍有洩逸。11 月 15 日上午，經清除附近車廂殘骸，並把旁邊的丙烷槽移開，然後用高分子氯普林橡膠（Neoprene）製成的空氣袋覆蓋裂隙，其上再以木板和鐵鍊加強，這才完全堵住氯外洩。事後估計，車槽中 90 公噸的氯，只剩 8 公噸左右，大部分已於事發不久被丙烷火焰吸出，進而擴散到安大略湖的湖面。

5. 空氣品質監測

省環保處的空氣品質監測車和一輛 TAGA（Trace Atmospheric Gas Analysis）車先後於 11 日趕到現場，取樣分析。「聯邦能源資源礦業部」所擁有的一台 TAGA 車，也於 11 日下午抵達災區。兩輛 TAGA 車被賦予三個任務：監測空氣中的氯含量、追蹤毒霧煙流（Plume）和調查民眾訴願。TAGA 車將所得的資料，隨時通報因應中心，而因應中心人員可以利用這些資料，判斷要撤離那些區域的居民，以及何時可以讓他們返回原居處。

此外，聯邦氣象局和省環保處也都參與作業，提供所需之氣象資料。同時聯邦政府人員並在脫軌現場，施放攜有放射性物質的氣球，和追蹤氣球飛越途徑，使得省環保處人員能準確地預測煙流路線。

【討論】

1. 中油前鎮鎮興橋 LPG 管路遷移施工氣爆（86.9.13）：
   86 年中油高雄煉油廠至前鎮儲運所 LPG 地下管路氣爆，是中油的慘重工安意外。事後調查顯示，施工單位未依管線之頂水步驟執行；第一次於管道（12 英吋）開 0.9 公分小孔偵檢，未見氣體反應；但未待頂水完全釋出就再開大孔，且理應開 3/4 英吋的孔，但開了 2 英吋多的孔，造成大量氣體於短時間內溢出；且現場警戒未落實導致機車（火源）強行闖入，引發氣爆，釀成消防隊員與民眾 14 死 11 傷慘劇。頂水的作業是用來清除管道內的 LPG。

2. 美國路易斯安那州外海海上鑽油平台爆炸、沉沒、漏油
   位於美國路易斯安那州外海的英國石油公司（BP Plc）承包商所屬之海上鑽油平台（深海地平線號），於 2010 年 4 月 20 日爆炸起火，22 日沉沒。此次爆炸造成 11 人喪生、水下 5,000 呎的油管破裂，導致漏油每日約 1,000 ～ 5,000 桶；初估漏油量可能超過 1989 年的愛克森瓦德茲（Exxon Valdez）號油輪。外洩油於 4 月 29 日抵達密西西比河三角洲，威脅整個墨西哥灣四州（路易斯安那州、阿拉巴馬州、佛羅里達州及密西西比州）沿岸生態（圖 18-3、圖 18-

4）。此沿岸是魚蝦、蠔的溫床與鳥類（棕鵜鶘）棲息地。4月29日，美國政府宣布此漏油事件為全國性災難。

圖 18-3　海龜陳屍油污海灘（資料來源：美聯社）

圖 18-4　美國路易斯安那州外海強風大作，造成安放海上攔油索的困難，部分攔油索甚至被吹上海岸。（資料來源：聯合晚報、路透社）

歐巴馬政府有鑑於此次災難造成 11 人喪生以及大規模漏油污染，於 5 月 6 日頒布外海鑽油禁令——停止核發外海鑽海新許可，並暫停墨西哥灣 33 座海上鑽油平台之作業。

第 19 章

專題討論
——化災規劃與案例分析

19.1 　毒氣釋放

如果毒性物質擴散到空氣中，工程師必須要知道它在空氣中不致危害大眾之最高可能濃度。有某工廠使用丙烯醛（Acrolein），附近居民離工廠（可能外洩點）之最近距離為 3,000 英呎。該工廠於其緊急規劃時，曾估計出在最惡劣的情況下，如果發生丙烯醛外洩，最近社區將暴露於空氣中丙烯醛的濃度為 10ppm。所洩漏之丙烯醛是液體，並將慢慢蒸發，最近之居民將暴露於 IDLH 濃度以上，因此已事先規劃好疏散的措施。風速在最惡劣的氣象下是 2.2mph。我們可以假設室內空間以每小時 3 倍的外界空氣量交換。假設室內空氣充分混合，因此任何氣體一旦進入室內，將被均勻地分配於室內空間。[8]

【討論】

1. 假設丙烯醛外洩池所蒸發之蒸氣，其移動速度與風速相同，問在毒氣到達社區前，有多少時間可供居民疏散？

2. 一旦丙烯醛飄到社區，將經由窗戶、孔隙進入室內，使得室內丙烯醛濃度慢慢增加，請計算最後到達 IDLH（5ppm）程度，需時多久？假設室內空氣比重不變（採用質量平衡法）。

3. 比較前二項之結果，你認為因應小組需要多少時間去完成外洩危害減輕程序？

4. 你能建議出簡單措施去減少室內空氣中的丙烯醛濃度嗎？

19.2 　易燃物外洩

火災的產生，要具備三個條件：燃料、氧化劑與火源。在許多工業上，所儲存的、運輸的或用於製造新物質的原料具易燃特性。有些物質是當作燃料使用，因此必須具易燃性，否則就失去它們的價值。像這些東西的運作就要非常小心，要確定它們是在該燃燒的地點和時間燃燒，否則就惹禍了。

就大部分燃料而言，只有在氣態時才能燃燒。以汽油為例，在液態時它並不能燃燒，一旦蒸發成氣體，非常容易燃燒了。

燃料在空氣中燃燒，有一定的最低濃度是所謂易燃下限（LFL）。如果燃料的濃度低於 LFL，是無法點燃的。高於 LFL 時，僅需相當低之能量就可以將其

點燃。

　　燃料與空氣混合，如其濃度超過某一限度，就不能點燃，這濃度叫做易燃上限（UFL）。大部分易燃物，其 LFL 和 UFL 均已被測定過，我們可查文獻找到這些資料，例如 NFPA 出版的《Properties of Flammable Liquids》。

　　LFL 通常以體積的百分比表示之，這相當於 mole%（大氣壓力，25℃）。任何燃料與空氣混合，需要有一個最低含氧量才能點燃，其值可由 LFL 計算而得；我們可假設其為燃料在 LFL 濃度時，完全燃燒所需之化學平衡需氧量。此最低氧濃度，也就是用來計算儲槽的氧最高許可濃度。

【討論】

　　試估計 N-Butane（正丁烷）之最高許可氧濃度（Max Permissible Oxygen Concentration, MOC），正丁烷之 LFL 為 1.9mole%。

正丁烷（N-Butane）C_4H_{10}

$C_4H_{10} + 6(1/2)O_2 = 4CO_2 + 5H_2O$……氧化（燃燒）反應

MOC（最高許可氧濃度）

$= 1.9\% [6(1/2)/1]$

$= 12.4\%$

19.3　氨氣外洩

　　工業所使用的化學物，大部分具有毒性或易燃性，有些更兼具兩者之特性。毒性物質可能造成立即的健康危害，例如中毒；有的可能造成之後到來的健康問題，例如癌症。「急性暴露」（Acute Exposure）這個名詞是用來說明一種情況——物質之單一暴露，經常是指在高濃度之下，導致之立即健康危害；至於所謂「慢性暴露」（Chronic Exposure），係指經長期的暴露，通常是定期地重複，終於在相當低的濃度下，造成健康影響。但是要量度急性或慢性危害是相當困難的，因為我們不能故意把人當作實驗品，將其暴露在毒性物質的影響下。所以我們在這方面的知識，不是取自動物實驗，不然就是來自人類意外暴露。

　　雖然我們的資料可能不完全，但仍然必須努力去營造一個安全的工作場所給勞工、安全的環境給鄰居。因此有許多組織，就工業用的大部分物質，訂出它們的暴露標準。美國職業安全與健康署（Occupational Safety and Health Administration, OSHA）已對許多物質訂出它們的容許暴露濃度（Permissible Exposure Limit, PEL）。PEL 是勞工可以連續暴露的物質濃度。它是一種時量平均值（Time-Weight Average, TWA），工人在他的生命期內，每天暴露 8 個小時，每週 40 個小時。還有另外一種比較高的限值是立刻對生命和健康有危險的濃度（立即致死濃度）（Immediately Dangerous to Life and Health, IDLH），代表一個人可以暴露 30 分鐘後逃出，不致對其健康造成不可恢復性之影響的濃度。

　　當毒性物質外洩與空氣混合，可能使得工人暴露於其中。如果物質是非常毒的，在大部分的情況下，只能預防其外洩，才能達到可接受的暴露濃度。然而，萬一不幸外洩，通風往往是最容易的方法，以阻止危害物在建築物內累積。

【討論】

　　氨可用來當作冷凍劑。它在室外壓縮、液化，然後經由冷凍機的蒸發器進行熱交換。蒸發器是在室內，室內空間淨容積為 $1,000m^3$，其通風率為每小時二次室內空氣交換。假設氨管線破裂，導致氨外洩，速率為每分鐘 50 克的氨。[8]
1. 室內氨濃度增加到 PEL 程度（25 ppm）時，需時多久？
2. 室內氨濃度達到 IDLH 程度（500 ppm）時，需時多久？
3. 如果外洩流在室內濃度達 IDLH 時就停下，要多久時間，室內濃度才能下降到 PEL 程度？

　　假設氣體的混合在低壓是理想狀況，室內氨和空氣在瞬間達成完全混合，且室內的氨濃度與空氣－氨混合氣體離開室內之濃度相同。

19.4　擴散模式

　　經驗告訴我們，不管員工如何小心翼翼地執行他們的工作，發生意外的可能性仍然存在，因此我們要採取「期待與預防」（Anticipation and Prevention）的策略，期待並預防意外的發生，並及早「準備」。緊急應變規劃得愈詳細，準備得愈周全，當發生意外時，所受的人體健康、財產與環境的衝擊也就愈小。在規劃時，要考量一項最有可能發生的意外，那就是毒性或易燃性氣體的釋放。有許多方法可用於估計釋放後，所導致之濃度，然後據此決定工廠那一處或鄰近社區範圍多大需要撤離。用於煙囪污染源排放的計算方法，也可用於化學物外洩的釋放，估計離開外洩源的污染物煙流（Plume），經由擴散後所造成的影響。[8]

　　高斯煙流模式（Gaussian Plume Model）是一種比較簡單的擴散模式之一，對於連續點釋放源之下風處某點（座標 x, y, z）的平均濃度，可以下列方程式表示之：

$$C(x, y, z, t) = \frac{Q}{2\pi U \sigma_y \sigma_z} \exp\left[-1/2\left(\frac{y}{\sigma_y}\right)^2\right] \bullet$$

$$\left\{\exp\left[-1/2\left(\frac{z-h}{\sigma_z}\right)^2\right] + \exp\left[-1/2\left(\frac{z+h}{\sigma_z}\right)^2\right]\right\} \tag{1}$$

上式只對 $x \leq Ut$ 時成立。若是 $x > Ut$，則 $C(x, y, z, t) = 0$。

其中 C ＝下風處某點之氣團濃度（g/m^3）。

　　Q ＝釋放速率（污染源強度）（g/s）。

　　U ＝風速（m/s）。

　　X ＝下風距離（m）。

　　Y ＝橫風距離（離中心線，m）。

　　H ＝釋放源高度（離地面，m）。

　　σ_y ＝ y 軸擴散係數（Diffusion Coefficient, m）。

　　σ_z ＝ z 軸擴散係數（m）。

　　t ＝氣團釋放時間（s）。

　　若釋放源是在地面 h ＝ 0，則煙流中心線地面處（y ＝ 0，z ＝ 0）之濃度為：

$$C(x, 0, 0, t) = \begin{cases} \dfrac{Q}{\pi U \sigma_y \sigma_z} & x \leq Ut \\ 0 & x > Ut \end{cases} \tag{2}$$

　　實驗數據顯示，煙流擴散係數（或謂標準偏差，Standard Deviation）可以下列方程式估計之：

$$\begin{aligned} \sigma_y &= aX^b \\ \sigma_z &= cX^d \end{aligned} \tag{3}$$

其中 a, c, d, f = 常數（正數）。

　b = 0.894。

　X = 下風距離（km）。

　a、c、d、f 值因大氣穩定度和下風距離而異，可由表 19-1 估計，至於穩定度分類可由表 19-2 估計。

　表 19-3 直接提供不同距離之各種穩定度的擴散係數。

表 19-1　計算擴散係數之常數值[8]

穩定度分類	X < 1km				X > 1km		
	a	c	d	f	c	d	f
A	213	440.8	1.941	9.27	459.7	2.094	−9.6
B	156	106.5	1.149	3.3	108.2	1.098	2.0
C	104	61.0	0.911	0	61.0	1.098	0
D	68	33.2	0.725	−1.7	44.5	0.516	−13.0
E	50.5	22.8	0.678	−1.3	55.4	0.30	−34.0
F	34	14.35	0.74	−0.35	62.6	0.18	−48.6

表 19-2　穩定度之估計[8]

（m/s）*	白天			晚上	
	日光強度			雲	無雲
	強	中度	弱		
< 2	A	A～B	B	E	F
2～3	A～B	B	C	E	F
3～5	B	B～C	C	D	E
5～6	C	C～D	D	D	D
> 6	C	D	D	D	D

* 指地面 10m 高之風速。

表 19-3   不同下風距離之擴散係數 [100]

下風距離（km）	擴散係數（m）							
	B		D		E		F	
	σ_y	σ_z	σ_y	σ_z	σ_y	σ_z	σ_y	σ_z
0.2	36	20	15	8.5	11	6.4	7.5	4
0.4	68	40	29	15	23	11	15.5	7
0.6	98	62	42	22	32	15	22	9.8
0.8	130	85	55	27	40	18	27.5	12
1	160	120	68	31	50	21	34	14
2	300	230	130	50	96	33	64	22
3	420	360	190	65	140	43	94	27
4	550	500	240	78	180	50	120	31
5	670	650	300	88	220	56	146	34
6	780	780	350	98	260	61	170	37
7	880	920	400	110	300	66	200	40
8	1000	1100	460	120	340	70	225	42
9	1100	1200	500	130	380	75	250	44
10	1200	1300	550	135	410	80	275	46
15	1700	2100	780	170	580	96	395	54
20	2200	2900	1000	200	760	110	500	60
25	2600	3800	1200	230	920	120	620	64
30	3000	4400	1400	250	1080	130	720	68
35	3500	5000	1600	270	1200	138	820	71
40	3900	6000	1800	290	1380	143	925	74

【討論】

　　某工廠正在進行緊急應變規劃，估計如果某管線破裂，將釋放 NH_3，其速率為 100ℓb/sec。人如果暴露於 500ppm（IDLH）的氨，將是很危險的事，因此，任何地方如有可能達到此濃度，必須撤離。至於要撤離多遠（離破裂管線），你有何建議？[8]

(1) 風速 = 6 mile/hour，陽光很燦爛。

(2) 風速 = 10 mile/hour，晚上多雲。

19.5 外洩危害區域

在第 19.4 節，我們知道如何以高斯煙流氣體擴散模式，來估計撤退距離，即所謂危害距離。在第 19.4 節中，以 IDLH 濃度作為危害的指標，以為決策之參考，看起來是相當大的危險。加拿大政府建議以 10TLV 為決策的依據，其他國家請參閱第 19.15 節。

在外洩規劃上，我們所關心的是，下風的危害距離 (x)，以及偏離中心線的危害寬度 (y)。如果能決定危害距離以及危害寬度，我們就可以規劃出危害區。我們可以地面上偏離中心線特定點之濃度 (C') 與中心線濃度 (C) 之比值來計算 y（圖 19-1）：

依公式 (1) 與 (2)，可得：

$$\frac{C'}{C} = \exp\left[-\frac{1}{2}\left(\frac{y}{\sigma_y}\right)^2\right] \tag{4}$$

$$y = \sigma_y\left(2\ell_n\frac{C}{C'}\right)^{1/2} \tag{5}$$

故擴散寬度 W(= 2y)：

$$y = 2\sigma_y\left(2\ell_n\frac{C}{C'}\right)^{1/2} \tag{6}$$

如令 C = 10 TLV，C' = TLV，我們可得危害寬度 W：

$$W = 4.3\ \sigma_y \tag{7}$$

【討論】

1. 依第 19.4 節之討論，如果應變指揮官決定危害距離應以 10 倍的 TLV 為最大濃度限值而非 IDLH 濃度，試重新計算第 19.4 節之討論。

2. 指揮官決定危害寬度以 TLV 濃度為基準 (C')，試分別計算下面兩種情況之危害寬度：(1)10TLV；(2)IDLH 為危害距離之危害濃度限值 (C)。氨之 TLV = 25ppm，IDLH = 500ppm。

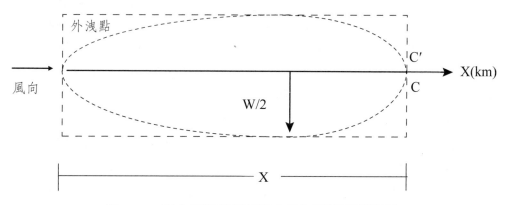

圖 19-1　最大危害距離與最大危害半寬度示意圖

19.6　瓦斯外洩

　　諸多用於化學製程的物料，往往具有毒性或易燃性，或兩者兼之。因此對這些化學物要非常小心，例如易燃液體如果蒸發，或者如果物質本來就是氣體，一旦與空氣混合，會成為一種易燃的混合物。燃料在空氣中，有二種濃度非常重要：易燃下限（Lower Flammable Limit, LFL）與易燃上限（Upper Flammable Limit, UFL）。LFL 是燃料在空氣中，能點燃之最低濃度，低於此濃度，由於燃料量不足，就點不燃了，但如果濃度高於 UFL，空氣中的氧含量就不足，同樣燃料也點不著。

　　上述易燃上、下限濃度（或謂易燃範圍）受到溫度影響，所以一旦空氣與燃料混合氣體受熱，易燃範圍就擴大。

　　工安的問題，要採取「期待與預防」的策略，要預防由於燃料—空氣之混合氣體的點燃，而造成傷害。方法之一就是要避免這種混合氣體的形成。要避免讓燃料逸漏到空氣中，或一旦外洩，藉由通風的方法，讓濃度低於 LFL 值。「預防」優於「控制」，所以要以「防止」意外洩漏為優先目標。一旦發生意外洩漏，必須採取「控制」措施以降低濃度，或不要讓濃度超過 LFL 值。通風是最常用的控制方法。

【討論】

　　某一天然瓦斯壓縮站，以數台壓縮機，來提高一條跨越全國的瓦斯管線壓力。管線之容量是每日 500 百萬標準立方英呎（1.0atm, 60 ℉）。這些壓縮機位於 200 英呎長、80 英呎寬以及 30 英呎高的廠房內。廠房有一斜斜的屋頂。如果考量壓縮機和其他附屬工具所占的體積，廠房之淨空氣體積為 510,000 立方英呎。室內溫度平均約 90 ℉，壓力約為 1.0atm。該廠房之通風系統可在二種不同的速率下運轉：(1) 每小時換氣 6 次；(2) 每小時換氣 20 次。通風速率是依據該廠房溫度與壓力，量測進入之空氣所得。平常通氣系統是以低速率運轉。該廠房備有一氣體偵測系統，監測室內空氣，如果有氣體釋放到廠房內，當其濃度達到 25% 的 LFL 程度時，通氣系統的運轉會自動調到高速率[8]。美國 EPA 認為易燃氣體濃度 ≥ 25%LEL 時，具爆炸性，人員應撤離現場（第 16 章）。

1. 假設廠房內發生天然瓦斯外洩（純甲烷），其速率為 10,000ft³/min，問需時多久警報才會響？假設通風系統在瓦斯濃度到達 25% 的 LFL 時，會自動調到高速率，而且會啟動警報系統。

2. 如果瓦斯的外洩繼續不斷，問濃度最高可達多少？假設通風在高速率。

3. 當濃度到達 25% 的 LFL 時，瓦斯的外洩也停止了，問需時多久，濃度才能降到 5% 的 LFL？假設通風速率是在 (1) 低速率；(2) 高速率。

19.7　初步因應模擬 —— 運輸意外

　　如果運輸外洩時，你是第一個在現場的人，你的第一步工作就是求救，立刻通知當地緊急因應人員及運輸公司或貨主，並盡可能地提供以下資訊：(1) 自己的姓名、所處位置和聯絡電話；(2) 發生事故的地點；(3) 車輛或容器的種類；(4) 風向與大概風速；(5) 是否有人受傷；(6) 是否有火災、濃煙或煙霧；(7) 容器或車輛上是否有任何標誌、告示牌或其他標記；(8) 運輸公司名稱；(9) 其他觀察到的資料。

　　做完初步通報，下一個工作就是隔離現場，不要讓不相關的人靠近，絕對不得抽菸或使用火焰。要注意政府法規，對於通報是否有特殊要求。

19.7.1　緊急因應五步驟

　　因應危害物外洩時，可參考下列五個步驟：

1. 建立警戒線

建立危害區域，非緊急因應人員不得進入，以避免危險。如有必要，派人巡邏此區域，使旁觀者保持安全之距離。

2. 小心移近外洩區

由於某些危害物不是靠視覺或嗅覺就能感應出來的，所以接近意外現場時，一定要小心謹慎，採取必要的預防措施。不要人家叫你衝到現場，你就衝過去。你一定要先弄清楚外洩物到底是什麼東西，它的危害特性及其嚴重性。盲目的往前亂衝，極可能使你的大名成為死傷人員名單裡的其中一位。**要由上風方向移近外洩區**，避免與蒸氣接觸。記住！有許多蒸氣和氣體是無味、無色且比空氣還重，因此可能會累積在地勢低窪處。

3. 鑑明產品

危害物具有不同的危害特性，一旦外洩，就需有不同之適當和安全的對付方法，因此在採取任何行動之前，首要之務，就是要清楚地辨別到底是何種外洩物。錯誤的鑑定可能釀成災害。

標誌或告示牌上的資料，可以告訴我們危害的種類。藉由檢查運貨單，可以正確地鑑定產品的名稱。此外，其他記號如火車廂（槽車）的編號，或車輛的車牌號碼，都可以用來追蹤所載之貨物和判斷產品之內容。

4. 評估情況

接下來的幾點是我們需要考量的：

(1) 有火災嗎？

(2) 有溢出或洩漏嗎？

(3) 天氣情況如何？

(4) 地勢如何？

(5) 有哪些處於危險之中：人員、財產或環境？

(6) 哪些是該去做的：需要疏散嗎？需要設堤圍堵嗎？需要那些救助資源（人員和設備）嗎？又有哪些資源是快速可取得的呢？

(7) 哪些是可立刻做的？

(8) 涉及意外事件的是哪一種容器？目前狀況如何？是屬於公路槽車呢？還是鐵路槽車？它的型式又是如何？是鼓形桶、特殊包裝、管模或是大型儲槽？在某些情況下容器是否有失敗的危險？

(9) 意外事件的情況為何？是穩定的？還是失控的？如果因應員在因應易燃物時，愈早鑑別出物質的特性並將火源排除，愈會使不穩定的狀態趨於穩定。抽菸、產生火花的電子開關、溫熱的引擎、電視媒體攝影機、手機、電池、發電的設備、閃光燈等火源均宜遠離。

5. 因應

(1) 以適當的方法來因應。

(2) 建立一個指揮站及通訊網路。

(3) 如果可能，馬上搶救受傷人員，並視情況判斷是否需要疏散人員。

(4) 維持現場的控制。

(5) 持續評估情況的演變，並以此修正因應措施。

(6) 第一要務是考慮鄰近現場人員的安全，包含您自身的安全。

加拿大政府和美國政府所共同出版的《北美緊急因應指導手冊》（North American Emergency Response Guide，簡稱 ERG）提供初步疏散距離的範圍，但誰有權下令？另外，誰有權阻止非救災人員靠近現場呢？這些問題的答案不是意外事件發生時才來討論的，應在意外事件之前，預先做好規劃。

如果（地方）能透過電台將意外事件現場的疏散與為什麼要疏散的理由，廣播給民眾知道，民眾就更能避免受到傷害。一旦毒性雲霧飄流得非常快，在室外的民眾就會變得很危險，所以人們可能需要留在建築物內並關緊門窗。

初步的評估是很重要的。如果意外事件的地點是在視野範圍內，或是發生意外的車輛駕駛就在附近，因應員都可以從中獲得有利資訊。容器的型式與鑑別標示都可以用來協助因應員評估現場狀況。

視覺、聽覺與嗅覺都可以協助評估的工作。如果因應者注意到可見的雲霧、火災，聽到奇怪的嘶嘶聲或是聞到奇怪的味道，這些都應該會給因應員一個重要警訊。因應員可能沒有辦法接近意外事件現場做某些判斷，所以他必須具有各種不同的評估技巧。

安全是緊急因應員最應考量，且最重要的因素。在做任何決定時，都需將安全考量列為第一位。有時某些意外事件，不採取任何救災行動可能是最恰當的。時間對於因應員而言，通常都是不夠的，所下的決定最好是簡單而清楚。

記住，在「認知級初步因應員」層次上，並不期望因應員能從事現場實際穿起防護衣的救災行動；但無論如何，初步因應員仍有許多事要做，例如保護在場人員的安全、聯絡相關人員以求協助或做其他適當的因應。當然，這些都要在考

慮自身安全為前提下進行。

在外洩因應上，有許多參與因應的人各扮演著不同角色，以下幾個劇情取材自加拿大消防隊長協會《初步因應員認知訓練教材》（First Responder Awareness Training Course, Canadian Association of Fire Chiefs），用來說明在初步因應時，各個角色所採取之措施。

19.7.2 肥料外洩

在台灣嘉義，一位市府的維修保養人員正開車前往某處做溝渠的維修工作。在開車途中，忽然間看到一位農夫在路旁揮舞著布條要他停車。他將車子停下來後，聽農夫解釋，才知道靠近路旁的一處農田發生了意外。原來農夫的噴灑機在運作時不小心車輪落入陰溝裡，造成噴灑機翻覆，導致肥料外洩，冒出危害濃煙。農夫也提到道路的另一邊有一群牛，很關心濃煙蒸氣會傷害到牠們。

這位市府人員與農夫檢視了一下當時的風向，發現風向是由意外現場吹向道路，所以他決定讓農夫立刻趕到道路的一端交叉路口阻止車輛進入。而這位市府人員則聯絡警察請求協助，並攔下另一輛卡車，讓車上的人員到另一端十字路口阻攔車輛進入，自己則位於上風處，等待警察的到來。

警察到達後，聽取市府人員的解釋，並在適當的安全距離檢視現場情況後，通知消防隊與緊急因應小組前來處理。

1. 分析

農夫立即的反應是攔下車輛請求協助，那是由於他的位置靠近道路而不是後方的農舍。農夫並擔心肥料所產生的蒸氣會隨風飄流，影響的範圍可能很大。他熟悉現場的情況並告知市府人員，關於肥料蒸氣可能的危害。

2. 農夫的行動

(1) 他尋求最近的協助。

(2) 他傳遞給市府人員意外事件適當的細節。

(3) 由於有害蒸氣吹向道路，所以他趕到下一個十字路口去阻止車輛進入。

在意外事件發生時，身為初步因應員的你，可能需要通知提供諮詢能力的相關單位，以求協助，並應了解公司的相關政策與法規。

3. 市府保養人員的行動

(1) 聯絡警員以求協助。

(2) 找尋其他人的協助，以阻止另一端交叉路口的車輛接近現場。

(3) 等待警員到達，並在到達後解釋所發生的事情與現場的情況。

4. 警員的行動

(1) 他在安全距離下觀察現場的情況，記下標示、地點與附近的牛群、以及噴灑機可能洩漏之肥料所含化學物名稱。

(2) 他聯絡消防隊，並依序通知：公共安全服務中心、肥料協會、當地養牛戶以遷移牛群、以及附近的救護車隨時待命。

19.7.3 放射性物質意外

一位觀察敏銳的架線工程車司機在開車途中，看到街旁一個上面貼有放射性圖樣的包裝物，靠近人潮擁擠的採購廣場。他並注意到，在包裝物的底角已有輕微損壞，看來像是包裝物從裝載車輛上掉落路面所致。

司機立刻以無線電通知公司的調度人員，並解釋他所發現的事情，然後將車子橫跨在路中，以防止其他車輛的靠近，並指揮交通等待警察到來。當兩位警察到達時，向司機尋求更多現場情況資料後，一名警察到另一端十字路口阻止車輛進入，另一名則以無線電通知 24 小時化災應變中心及相關單位，並要求消防隊前來因應現場可能發生的情況。隨後設置現場封鎖線，以防路人隨意闖入，並等待專業人員的處理，協助指揮交通，直到專業人員處理完畢為止。

1. 分析

當工程車司機看到包裝物時，他並不知道包裝內容物是否受損，而包裝的一端遭壓損，看起來像是從貨車上掉落下來的。但真正引起他注意的是，包裝上的輻射危害圖樣。如果包裝內容物受損，人們與車輛接近包裝物時，會受到輻射的污染。

2. 工程車司機的行動

(1) 司機能了解此事需要有人幫忙，所以他利用無線電通知公司的調度員，以聯絡警局。

(2) 然後他阻止車輛靠近現場並指揮交通，直到警員到來。

工程車司機通知公司的調度員，這項舉動為一連串救災行動的關鍵。阻止車輛進入是為了防止其他人員暴露於包裝物的潛在危害中。

3. 警察的行動

(1) 當警員到達後，立即評估現場情況。(2) 警員設置路障於街道的兩端，以隔離現場。(3) 另一位警員設立封鎖線，防止人們路過此區。(4) 警員通知消防隊，以因應可能發生的狀況，並聯絡24小時緊急電話服務網，以求進一步協助。

19.7.4 化學藥劑外洩

在一個風和日麗的早上，彭先生與范小姐由美國旅遊回國，搭乘遊覽車從機場回家。在高速公路收費站，范小姐好奇地打開彭先生的旅行袋時，一陣濃煙襲來，她立即暈了過去，並將袋子翻落在車上。原來彭先生在美國買了一罐攝影用的藥劑，蓋子沒有蓋緊就裝入袋中，以致藥劑在袋中溢出，並與袋中其他清潔劑混合，產生濃煙，因此范小姐才會被濃煙燻暈。此時，彭先生立刻告訴司機，司機馬上將車子停下，叫彭先生遠離袋子，並要車上其他乘客立即下車，遠離車輛，自己則向收費站請求協助。初步假設這是一件藥物上的緊急事件，所以站內人員打電話給 119，請求救護車的協助。

當救護車到達現場，急救人員在接近受害者范小姐時，注意到了外洩瓶上的警告標示。他們撤退到救護車上，並以無線電通知消防隊以求進一步協助，等待消防隊到達並移除危害的可能之後，救護人員再進行受害者急救的處理。

1. 分析

(1) 遊覽車司機的責任是保護乘客安全，確定乘客都已脫離可能潛在的危害。

(2) 然後司機通知收費站站員有關現場所發生的情形。

(3) 司機隨後等待救護人員的到來，並在救護人員到達時，告訴他們現場的情況。

2. 收費站站員的行動

收費站站員立刻打電話通知 119，請求救護人員的協助。

3. 救護人員的行動

(1) 救護車快速趕到，但當救護人員看到現場有危害物品時，他們需要先尋求處理危害物的協助。(2) 救護人員以無線電聯絡消防隊。

無論如何，救護人員這樣的因應行動是非常重要的。他們很小心地觀察意外事件現場後，明瞭受害暈倒是由於瓶子溢出的藥劑所致。這樣仔細的觀察，使他們不致成為下一位受害者。同時，他們詢問購買者（彭先生）袋中裝有那些物品

以蒐集資料，做為進一步採取行動的參考。

19.7.5 爆炸物意外

一位卡車司機開車至一處木材林區時，發覺車底冒出大量濃煙。他將車子停下，下車探視車底狀況，卻沒看到產生火花的現象，但他知道車上載有爆竹與丙烷鋼瓶，一旦引起火災，其危害性可能是很嚴重的。

在現今高度通訊科技的時代，偏遠地區當遇有意外事件時，應不至於有通訊方面的困難，而導致無法求救的情形產生。另外，卡車內可能也會有電話或無線電對講機。當他離開卡車時，將無線電對講機與運送資料一起攜出，並撤離到一個安全距離，聯絡公司的調度員，告訴他卡車的位置與所發生的問題，並要求調度員立即聯絡消防隊。在等待消防隊到來之前，卡車司機保持在一定安全距離外，當消防隊到達時，司機立即解釋現場所發生的情況。

消防員小心的接近意外現場，觀察現場情況。當他們看到橙色的爆炸物圖樣時，消防隊長命令所有車輛撤離到安全距離外，並研擬一套行動計畫。在與卡車司機會談後，確認危害的等級。隨後消防隊長以無線電請求山區警力與另一消防隊的支援。

1. 分析

在這個狀況下，卡車司機能夠立刻脫離危險區域，保護自身安全是最重要的。卡車冒出煙霧時，火災可能就會發生。當天一旦有風，且數天未曾下雨，附近又是林地，在這個情況下，可能馬上會引起森林大火，造成對環境無法彌補的傷害，因此，立即尋求支援是非常重要的。

2. 卡車司機的行動

(1) 公司的政策已明訂尋求協助的程序。

(2) 卡車司機通知公司的調度員，要求調度員立即聯絡消防隊。

(3) 緊急因應措施取決於意外事件是何種物質所引起的。

(4) 公司的代表或調度員應確實依據法規與公司的政策，聯絡相關單位。

3. 消防隊的行動

(1) 消防隊很小心地接近意外事件現場並讓卡車司機上車。

(2) 同時，消防隊員檢視現場的情況（如爆炸物圖樣、鋼瓶等）。

(3) 他們在完成評估現場狀況後，車輛立即撤離至安全距離外，以研擬因應

之道。

(4) 與卡車司機詳談，以了解卡車上所載之物。

(5) 消防隊隊長利用現場可取用的資訊，作為決定因應行動的參考。

(6) 聯絡相關單位以完成：阻隔交通以防車輛或人員進入危險區域、緊急因應小組到達現場處理狀況、備用的消防車與消防人員在現場附近。

爆炸物與丙烷遇熱時，會造成危害的發生。若兩者在一起時，危害性更大，因此初步因應員、卡車司機與消防隊員在這次的案例中表現得很好。

4. 討論

(1) 肥料外洩：

a. 為何要在交叉路口阻攔車輛進入？

b. 警員為何要通知肥料協會與附近的飼料業者？

c. 為什麼每個人都擔心道路另一側牛群的安危？

(2) 放射性物質外洩：

a. 包裝物上的標示顯示了什麼？

b. 為何工程車司機不將包裝物拾起並交給警員？

c. 列出初步因應員在本案例的狀況下，應做的三件事。

(3) 化學藥劑外洩：

a. 為何范小姐吸到濃煙時會暈過去？

b. 遊覽車駕駛員應該立即跑出去請求協助，然後疏散車內的人員嗎？

c. 為何救護人員在到達現場後，不立即搶救受害者？

d. 列出初步因應員在本案例的狀況下，應做的三件事情。

(4) 爆炸物意外：

a. 消防隊在到達現場時，為何不靠近卡車，並以水柱噴在冒煙處？

b. 列出當消防隊員到達現場時，所觀察到的四件事情。

c. 試指出卡車司機與消防隊員，要如何做到符合初步因應員的資格要求？

附錄1 廠區危害物質緊急
規劃評核表

危害物質緊急規劃評核是指檢討、分析廠區危害性化學物外洩應變的規劃或活動。它是廠區安全評核的一部分。下列問答題,提供一種簡易的方式來評核廠區之緊急應變規劃作業。

本檢核表雖然是針對現有項目規劃,但也可以用來當作首次進行緊急規劃時,指出哪些資訊是重要而應加以考量的。本附錄取材自美國《國家因應計畫書》(National Response Plan)的〈危害物質緊急規劃指南〉(Hazardous Material Emergency Planning Guide)。

1. 緊急預防、準備評核準則

1.1 危害分析(Hazard Analysis)

「危害分析」一般包括潛在危害性(例如爆炸、腐蝕、毒性等)的鑑定、可能遭受其侵襲的地點以及有害物外洩評估。

(1) 是否已完成危害物質相關運作場所(例如儲存地點、運輸地點)之危害分析?

是____否____

   a. 四周環境平面圖及相關資訊(例如人口、工業設施、季風等)。

   b. 廠區平面圖(包括標示廠區之出入門、消防栓、幫浦等)。

   c. 每個建築物、廠房/工具/控制室之下列資訊:

     (a) 物質之特性及其危害。

     (b) 危害區與可能之分類(例如:標出 NEC Class I Location、NEC Class II Location)。

     (c) 含危害物之工具/設備。

     (d) 關閉/開關。

   d. 可將外洩(意外)和因應措施分為:

     (a) 氣雲:燃燒/爆炸、毒性、兩者兼具。

     (b) 火災/爆炸。

     (c) 毒物(液態或固態)外洩(例如 Cl_2、LPG、NH_3)。

     (d) 其他。

   e. 可能的影響範圍大小。

     (a) 受害(傷)人數。

     (b) 對環境敏感地區的可能影響[5]。

(2) 上述分析是否包括地點、數量和危害物的種類? 是____否____

(3) 是否包括危害物質所經之路線？　　　　　　　　　　　　　　　是＿＿＿否＿＿＿

- 注意：意外也可能發生在廠周界外的運輸路線上，但其影響可能達廠周界內（爆炸、火災、毒氣包括水災、強風等因素）。

(4) 有沒有鑑定出可能引發公共安全、衛生問題的地點或社區？　　　是＿＿＿否＿＿＿

- 意外發生於廠區，但其影響超越廠區周界（例如爆炸、火災、毒氣外洩；由於超壓、熱輻射或擴散作用）。

(5) 有沒有鑑定出環境敏感的地點（依國內環保署的定義，敏感地區包括水庫、飲用水區、生態保護區、醫院、學校、機關團體等人口聚集地區及國防單位等）？
　　　　　　　　　　　　　　　　　　　　　　　　　　　　　　是＿＿＿否＿＿＿

(6) 是否已將過去所發生的外洩數據（事件）加以蒐集並分析之？（例如是否建立外洩通報表）（表格化）　　　　　　　　　　　　　　　　　　　　是＿＿＿否＿＿＿

(7) 是否已將最可能發生危害物外洩的地點（位置）找出來？（可依經驗法則或初步危害分析）　　　　　　　　　　　　　　　　　　　　　　　　　是＿＿＿否＿＿＿

(8) 在分析運輸路線和設施所導致之危害，是否把環境敏感地區和人口中心考慮進去？
　　　　　　　　　　　　　　　　　　　　　　　　　　　　　　是＿＿＿否＿＿＿

1.2 職權

(1) 與外洩緊急有關的政府機構和他們的法定責任，是否清楚地鑑定出來？
　　　　　　　　　　　　　　　　　　　　　　　　　　　　　　是＿＿＿否＿＿＿

(2) 緊急應變計畫書是否指出哪些機構（組織）能夠提供外洩因應支援？所提供的支援包括：＿＿＿＿＿＿＿＿＿＿＿＿＿　　　　　　　　　　　是＿＿＿否＿＿＿

(3) 有沒有任何法規或使用許可證的要求，公司因此必須研訂一份緊急應變計畫書呢？（注意《道安規則》第八十四條及毒管法所列管毒化物之要求）　　是＿＿＿否＿＿＿

1.3 組織架構

　　所謂「組織」係指因應緊急之組織架構。這種架構將因規劃區不同而異。就一個小公司（小規劃區）而言，它也許就是事先找到一家外洩專業服務公司，以便一旦外洩時，為其服務。注意：外洩應變組織架構應包括廠區內和廠區外。

(1) 是否在計畫書中，建立指令傳達的管道，以作為一旦外洩時，各種不同程度之因應作業之用？　　　　　　　　　　　　　　　　　　　　　　是＿＿＿否＿＿＿
　　a. 要建立外洩組織架構圖。
　　b. 警報步驟。
　　c. 廠區內和廠區外相關人員、機構之電話表應指出下班時間如何聯絡。
　　d. 能否將通報系統智慧型化（利用 ICT 技術）？

(2) 相關救災小組（例如資訊組、醫療組、安全管制組等）之角色、彼此之關係以及內部協調步驟，是否明確地為各小組所了解？　　　　　　　　　　是＿＿＿否＿＿＿

(3) 是否清清楚楚地說明，政府和非政府組織的彼此關係和協調步驟？　是＿＿＿否＿＿＿

(4) 在緊急規劃的過程，是否請下列單位參與（或提供意見）呢？（註：不要等到外洩發生了，才去與這些單位接觸，要以團隊的方法先研訂緊急應變計畫書。）

　　　　　　　　　　　　　　　　　　　　　　　　　　　　　是____否____

    a. 消防隊。　　　　　　　　　　　　　　　　　　　是____否____

    b. 警察局。　　　　　　　　　　　　　　　　　　　是____否____

    c. 環保單位。　　　　　　　　　　　　　　　　　　是____否____

    d. 交通單位。　　　　　　　　　　　　　　　　　　是____否____

    e. 其他，請指出：_____

(5) 是否指出有哪些個人（例如一些大專院校的工安老師）或團體（例如工業區區域聯防組織），一旦發生緊急事故時，可以提供技術指導和前線支援，並同時指出他們扮演的角色和責任？　　　　　　　　　　　　　　是____否____

(6) 是否把現場決策的職權交給外洩指揮官？　　　　　　是____否____

(7) 因應系統是否能「及時」和「有效」地啟動呢？　　　是____否____

1.4 溝通

    所謂「溝通」係指各小組或單位（包括內部或外部）間，就緊急因應事項所做的任何形式之資訊或意見交換。

(1) 協調

    a. 是否已建立程序（步驟），作為緊急情況時，資訊協調之依據？　是____否____

    (a) 工廠（公司）的溝通。

    (b) 與外界緊急服務單位的溝通。

    (c) 與主管單位的溝通。

    b. 是否已研訂步驟及注意事項，以便緊急事故發生時，作為與媒體溝通之依據？

　　　　　　　　　　　　　　　　　　　　　　　　　　　　　是____否____

(2) 資訊傳遞

    a. 是否已指明，一旦緊急事故發生時，負責與媒體溝通的人員（或部門）？

　　　　　　　　　　　　　　　　　　　　　　　　　　　　　是____否____

    b. 是否有一套溝通系統／方法（例如利用 ICT 技術、廣播器、警報器、無線電、電話、警示燈與電腦設施等），傳遞資訊給現場因應員、受災大眾等（資訊包括平面圖、因應器材、疏散資訊、醫療單位等）？　　　是____否____

    c. 上述系統是否 24 個小時可以運作呢？　　　　　　　是____否____

    d. 如果上述之主要溝通系統／方法一旦失靈，有無其他替代方法呢？　是____否____

(3) 資訊與資料庫的共用

    a. 是否有一套系統可以快速提供外洩化學物的危害資訊給初步因應者（First Responders）？　　　　　　　　　　　　　　　　　是____否____

    b. 如果已鑑明外洩化學物，計畫書內或其附件是否包括該化學物之物理、化學特性、安全與緊急因應資料，以及外洩清除技術？（註：並不是說上述的資訊要全

部寫在計畫書上。但至少計畫書要說明這些資訊可以從何處取得，例如已備有 MSDS。）

是＿＿＿否＿＿＿

c. 上述這些資訊，是否每天 24 小時可以取得？ 是＿＿＿否＿＿＿

d. 如果公司已存有上述這些資訊，是否定期或不定期去更新、訂正它們呢？

是＿＿＿否＿＿＿

(4) 通知

a. 是否設立一聯絡中心（例如工安中心）或電話號碼，以便外洩初步通知之用？

是＿＿＿否＿＿＿

b. 這個聯絡中心或電話號碼是否每天 24 小時都可以運作？ 是＿＿＿否＿＿＿

1.5 資源

「資源」係指可用於因應外洩之員工訓練、工具、設備和其他方法。

(1) 員工

a. 算出多少業經受訓的員工：是否已計算出有多少業經受訓的員工（專業外洩因應人員）可資借重，並列入因應小組內？ 是＿＿＿否＿＿＿

b. 這些業經受訓的員工在哪裡：是否已指出這些可資借重的專業人員在那裡，並將他們列入計畫書內？ 是＿＿＿否＿＿＿

c. 上述這些受過訓的員工人數，是否足夠去維持一定水準的外洩因應能力？

是＿＿＿否＿＿＿

d. 特殊專業領域的員工：對於外洩因應所需的特殊領域人員（例如化學、工業衛生、毒性和職業衛生等專家），是否已鑑定出有哪些可資借重？ 是＿＿＿否＿＿＿

(2) 工具

a. 是否備有下列工具？
  (a) 個人防護具（PPE）（濾清式、空氣供給式、SCBA）。 是＿＿＿否＿＿＿
  (b) 急救和其他醫療緊急工具。 是＿＿＿否＿＿＿
  (c) 危害性物質緊急車以及所需之特殊工具。 是＿＿＿否＿＿＿
  (d) 取樣工具和其他監測設備，例如易燃氣體指示器。 是＿＿＿否＿＿＿
  (e) 消防工具。 是＿＿＿否＿＿＿

b. 上述工具之數量是否充分？ 是＿＿＿否＿＿＿

c. 是否業已指明，一天 24 小時能取得上述工具的步驟？ 是＿＿＿否＿＿＿

d. 是否有一個方案，去進行上述工具所需之維護？ 是＿＿＿否＿＿＿

e. 每一件工具，是否有它自己的維修紀錄？ 是＿＿＿否＿＿＿

f. 如果需要借用外界的某特殊工具，是否已簽訂互助合作的協議？ 是＿＿＿否＿＿＿

g. 是否有充分的溝通工具（例如廣播器、警示燈、電話、無線電等），可供通知員工或傳遞資訊？ 是＿＿＿否＿＿＿

h. 是否備有交通設備，將工具運到外洩現場？ 是＿＿＿否＿＿＿

i. 是否在計畫中，列出在外洩之清除作業時，最可能用到的材料（例如沙、石灰等）？　　　　　　　　　　　　　　　　　　　　　　　是____否____

(3) 設施／機關

a. 是否指出有哪些單位，可以進行快速的化學分析？　　　　是____否____

b. 是否有足夠的空間（設施），供儲存和清理／調整因應工具之用？　是____否____

c. 是否指明哪些場所或設施，可供所清除之外洩物的儲存、處理、回收和排除之用？　　　　　　　　　　　　　　　　　　　　　　　是____否____

d. 是否指明有哪些單位，一旦所用之化學物外洩時，可對受傷人員提供所需之醫療服務？　　　　　　　　　　　　　　　　　　　　　　是____否____

e. 是否預先指定場所和步驟，以便一旦外洩，可容納所撤退之人員？（註：一旦發生外洩，第一優先就是保護員工或大眾之生命財產，生物或環境乃是次要的考量）　　　　　　　　　　　　　　　　　　　　　　　　　是____否____

f. 是否鑑定出哪些地點，適合作為外洩指揮中心（活動或是固定的地點）？　　　　　　　　　　　　　　　　　　　　　　　　　　　是____否____

2. 緊急因應

2.1 作業

所謂「作業」係指外洩因應所採取之活動。

(1) 是否已制定內部和外部通知之特殊步驟？（包括：警報的步驟、警報的級別、相關人員、機構之電話表。）　　　　　　　　　　　　　　　是____否____

(2) 是否考慮到，由於政府單位職權的重複，而須做多方面的外洩通報？（要同時通知政府勞工單位和環保單位？）　　　　　　　　　　　　　是____否____

(3) 初步通知的內容，是否有一定的標準要求？（考量表格型式）　是____否____

(4) 是否有網路存在，可以通知和動員所需之因應人員？（如何通知自己公司的因應人員？如何向外界請求支援？）　　　　　　　　　　　　是____否____

(5) 是否建有步驟，可以通知或警告有可能遭受外洩危害之鄰近居民？　是____否____

(6) 計畫書是否考慮到疏散人員之可能性？　　　　　　　　　　是____否____

a. 在何種情況下，要疏散員工？

b. 逃離路線。

c. 集合點（港區內或港區外）。

d. 疏散員工之清點。

e. 哪些機關有權去下達指令或建議這種疏散（包括鄰近居民）？

f. 如何執行疏散。

(7) 計畫書是否考慮到其他可能同時發生的緊急情況（例如停電和外洩同時發生）以及雙重危害的存在（例如燃燒和爆炸同時存在）？　　　　　　　是____否____

(8) 是否已建立適當的標準步驟，去減輕和因應這些根據危害分析（見本附錄1.1節）

所鑑定出的可能緊急情境？ 是＿＿＿否＿＿＿

(9) 是否已安排一旦外洩時，所需之現場安全管制人員／小組？ 是＿＿＿否＿＿＿

(10) 是否考慮到保險理賠和法規評估之相關問題？ 是＿＿＿否＿＿＿

3. 訓練

(1) 是否鑑定出公司所需之訓練？ 是＿＿＿否＿＿＿

(2) 是否有可供公司相關人員進修之下列相關訓練課程：因應措施、工具選用與維護、安全與急救和組織架構？ 是＿＿＿否＿＿＿

(3) 外洩預防和應變架構之機關／單位是否提供訓練？ 是＿＿＿否＿＿＿

(4) 是否有一套規劃完善的訓練方案（課程）存在，可供因應人員參與？ 是＿＿＿否＿＿＿

(5) 訓練的等級（深度），是否配合被訓練人員之責任或能力？ 是＿＿＿否＿＿＿

(6) 訓練方案是否提供溫故（複習）的課程？或其他方法，使得受訓人員能洞悉目前之技術／政府政策？ 是＿＿＿否＿＿＿

(7) 是否找出有哪些單位／機構提供訓練課程？ 是＿＿＿否＿＿＿

4. 試驗和演練

(1) 是否規劃演練，以測試該計畫書或其中某項目？ 是＿＿＿否＿＿＿

(2) 組織架構是否提供任何方式，定期運作該外洩組織？ 是＿＿＿否＿＿＿

(3) 在過去一年內，是否曾有某一組織／單位進行演訓，以試驗該因應組織架構？ 是＿＿＿否＿＿＿

(4) 該組織架構是否提供適當方式，去評估每次演訓的活動，以糾正缺點？ 是＿＿＿否＿＿＿

(5) 溝通網路是否定期測試？ 是＿＿＿否＿＿＿

5. 其他項目

(1) 是否列出目前所有之應變工具？

(2) 計畫書是否分發給哪些主要人員？

(3) 相關機關團體是否認同該計畫？

附錄2 歐盟危險化學物恕限值

	化學物名稱	恕限值
1	4-Aminodiphenyl, 0 噸（高易燃物質）	1kg
2	Benzidine	1kg
3	Benzidine salts	1kg
4	Dimethylnitrosamine	1kg
5	2-Napthylamine	1kg
6	Beryllium(Powders, compounds)	10kg
7	Bis(Chloromethyl)ether	1kg
8	1.3-Propanesultone	1kg
9	2,3,7,8-Tetrachlorodibenzo-p-dioxin(TCDD)	1kg
10	Arsenic pentoxide, Arsenic(V)acid and salts	500kg
11	Arsenic trioxide, Arsenious (III)acids and salts	100kg
12	Arsenic hydride (Arsine)	10kg
13	Dimethylcarbamayl chloride	1kg
14	4-(Chlor oformyl) morpholine	1kg
15	Carbonyl chloride	750kg
16	Chlorine	25t
17	Hydrogen sulphide	50t
18	Acrylonitrile	200t
19	Hydrogen cyanide	20t
20	Carbon disulphide	200t
21	Bromine	500t
22	Ammonia	500t
23	Acetylene (Ethyne)	50t
24	Hydrogen	50t
25	Ethylene oxide	50t

	化學物名稱	恕限值
26	Propylene oxide	50t
27	2-Cyanopropan-2-ol(Acetone cyanohydrin)	200t
28	2-Propenal (Acrolein)	200t
29	2-Propen-1-ol (Allyl alcohol)	200t
30	Allylamine	200t
31	Antimony hydride(Stibine)	100kg
32	Ethyleneimine	50t
33	Formaldehyde (conc ≧ 90%)	50t
34	Hydrogen Phosphide (Phosphine)	100kg
35	Bromomethane (Methyl bromide)	200t
36	Methyl isocyanate	150kg
37	Nitrogen oxides	50t
38	Sodium selenite	100kg
39	Bis(2-Chloroethyl)sulphide	1kg
40	Phosacetim	100kg
41	Tetraethyl lead	50t
42	Tetramethyl lead	50t
43	Promurit(1-(3,4-Dichlorophenyl)-3-triazenethio-carboxamide	100kg
44	Chlorfenvinonos	100kg
45	Crimidine	100kg
46	Chloromethyl methyl ether	1kg
47	Dimethyl phosphoramidocyanidic acid	1t
48	Carbophenothion	100kg
49	Dialifos	100kg
50	Cyanthoate	100kg
51	Amiton	1kg
52	Oxydisulfoton	100kg
53	oo-Diethyl S-ethylsulphinylmethyl phosphorothioate	100kg

	化學物名稱	恕限值
54	oo-Diethyl S-ethylsulphonylmethyl phosphorothioate	100kg
55	Disulfoton	100kg
56	Demeton	100kg
57	Phorate	100kg
58	oo-Diethyl S-ethyltyiomethyl phosphorothioate	100kg
59	oo-Diethyl S-isopropylthiomethyl phosphorodithioate	100kg
60	Pyrazoxon	100kg
61	Pensulfothion	100kg
62	Paraoxon (Diethyl 4-nitrophenyl phosphate)	100kg
63	Parathion	100kg
64	Azinphos-ethyl	100kg
65	oo-DiethylS-propylthiomethyl phosphorodithioate	100kg
66	Thionazin	100kg
67	Carbofuran	100kg
68	Phosphamidon	100kg
69	Tirpate'2,4-Dimethyl-1,3-dithiolane-2-carboxaldehyde O-methylcarbamoyloxime	100kg
70	Mevinphos	100kg
71	Parathion-methyl	100kg
72	Azinphos-methyl	100kg
73	Cycloheximide	100kg
74	Diphacinone	100kg
75	Tetramethylenedisulphotetramine	1kg
76	EPN	100kg
77	4-Fluorobutyric acid	1kg
78	4-Fluorobutyric acid, Salts	1kg
79	4-Fluorobutyric acid, Esters	1kg
80	4-Fluorobutyric acid, Amides	1kg

	化學物名稱	恕限值
81	4-Fluorocrotonic acid	1kg
82	4-Fluorocrotonic acid, Salts	1kg
83	4-Fluorocrotonic acid, Salts	1kg
84	4-Fluorocrotonic acid, Amides	1kg
85	Fluoroacetic acid	1kg
86	Fluoroacetic acid, Salts	1kg
87	Fluoroacetic acid, Esters	1kg
88	Fluoroacetic acid, Amides	1kg
89	Fluenetil	100kg
90	4-Fluoro-2-hydroxybutyric acid	1kg
91	4-Fluoro-2-hydroxybutyric acid, Salts	1kg
92	4-Fluoro-2-hydroxybutyric acid, Esters	1kg
93	4-Fluoro-2-hydroxybutyric acid, Amides	1kg
94	Hydrogen fluoride	50t
95	Hydroxyacetonitrile (Glycolonitrile)	100kg
96	1,2,3,7,8,9-Hexachlorodibenzo-p-dioxin	100kg
97	Isodrin	100kg
98	Hexamethylphosphoramide	1kg
99	Juglone (5-Hydroxynaphthalene-1,4-dione)	100kg
100	Warfarin	100kg
101	4,4'-Methylenebis(2-Chloroaniline)	10kg
102	Ethion	100kg
103	Aldicarb	100kg
104	Nickel tetracarbonyl	10kg
105	Isobenzan	100kg
106	Pentaborane	100kg
107	1-Propen-2-chloro-1,3-diol-diacetate	10kg
108	Propyleneimine	50t

	化學物名稱	恕限值
109	Oxygen difluoride	10kg
110	Sulphur dichloride	1t
111	Selenium hexafluoride	10kg
112	Hydropen selenide	10kg
113	TEPP	100kg
114	Sulfotep	100kg
115	Dimefox	100kg
116	1-Tri(Cyclohexyl)stannyl-1H-1,2,4-triazole	100kg
117	Triethylenemelamine	10kg
118	Cobalt (Metal, Oxides, Carbonates, Sulphides as powders)	1t
119	Nickel (Metal, Oxides, Carbonates, Sulphides as powders)	1t
120	Anabasine	100kg
121	Tellurium hexafluoride	100kg
122	Trichioromethanesulphenyl chloride	100kg
123	1,2-Dibromoethane (Ethylene dibromide)	50t
124	Flammable substances as defined in Annex IV(c)(i)	200t
125	Flammable substances as defined in Annex IV(c)(ii)	50,000t
126	Diazodinitrophenol	10t
127	Diethylene glycol dinitrate	10t
128	Dinitrophenol, Salts	50t
129	1-Guanyl-4-nitrosaminoguanyl-1-tetrazene	10t
130	Bis(2,4,6-Trinitrophenyl)amine	50t
131	Hydrazine nitrate	50t
132	Nitroglycerine	10t
133	Pentaerythritol tetranitrate	50t
134	Cyclotrimethylene trinitramine	50t
135	Trinitroaniline	50t
136	2,4,6-Trinitroanisole	50t

	化學物名稱	恕限值
137	Trinitrobenzene	50t
138	Trinitrobenzoic acid	50t
139	Chlorotrinitrobenzene	50t
140	N-Methyl-N,2,4,6-N-tetranitroaniline	50t
141	2,4,6,-Trinitrophenol (Picric acid)	50t
142	Trinitrocresol	50t
143	2,4,6-Trinitrophenetole	50t
144	2,4,6-Trinitroresorcinol (Styphnic acid)	50t
145	2,4,6-Trinitrotoluene	50t
146	(a)Ammonium nitrates	2,500t
	(b)Ammonium nitrates in the form of fertilisers[2]	5,000t
147	Cellulose nitrate (Containing>12.6% nitrogen)	100t
148	Sulphur dioxide	250t
149	Hydrogen chloride (Liquefied gas)	250t
150	Flammable substances as defined in Annex IV(c)(iii)	200t
151	Sodium chlorate	250t
152	Tert-Butyl peroxyacetate (conc $\geq$ 70%)	50t
153	Tert-Butyl peroxyisobutyrate (conc $\geq$ 80%)	50t
154	Tert-Butyl peroxymalea (conc $\geq$ 80%)	50t
155	Tert-Butyl peroxy isopropyl carbonate (conc $\geq$ 80%)	50t
156	Dibenzyl peroxydicarbonate (conc $\geq$ 90%)	50t
157	2,2-Bis (Tert-butylperoxy)butane (conc $\geq$ 70%)	50t
158	1,1-Bis (Tert-butylperoxy)cyclohexane (conc $\geq$ 80%)	50t
159	Di-sec-butyl peroxydicarbonate (conc $\geq$ 80%)	50t
160	2,2-Dihydroperoxypropane (conc $\geq$ 30%)	50t
161	Di-n-propyl peroxydicarbonate (conc $\geq$ 80%)	50t
162	3,3,6,6,9,9-Hexamethyl-1,2,4,5-tetroxacyclononane (conc $\geq$ 75%)	50t

	化學物名稱	恕限值
163	Methyl ethyl ketone peroxide (conc ≧ 60%)	50t
164	Methyl isobutyl ketone peroxide (conc ≧ 60%)	50t
165	Peracetic acid (conc ≧ 60%)	50t
166	Lead azide	50t
167	Lead 2,4,6-trinitroresorcinoxids (Lead styphnate)	50t
168	Mercury fulminate	10t
169	Cyclotetramethylenetetranitramine	50t
170	2,2',4,4',6,6'-Hexanitrostilbene	50t
171	1,3,5-Triamino-2,4,6-trinitrobenzene	50t
172	Ethylene glycol dinitrate	10t
173	Ethyl nitrate	50t
174	Sodium picramate	50t
175	Barium azide	50t
176	Di-isobutyryl peroxide(conc ≧ 50%)	50t
177	Diethyl peroxydicarbonate (conc ≧ 30%)	50t
178	Tert-Butyl peroxypivalate (conc ≧ 77%)	50t
179	Liquid oxygen	2,000t
180	Sulphur trioxide	75t

* 凡超過恕限值者，即為重大危害工廠（Major Hazard Installation）；對於設施彼此間
之距離少於 500 公尺者，可將其相同之化學物量相加，然後再與恕限值比較。

資料來源：Annex III to EC Directive (82/501/*EEC*)。

本附錄取自世界勞工組織《Major Hazard Control》[6] 一書。

附錄3　荷蘭危害風險評估技術

1. 評估方法

　　荷蘭的《危害性工業活動指南》（Guide to Hazardous Industrial Activities，或謂 The Dutch Guide/Method）是由 TNO（為荷蘭政府之研究機構）替政府行政單位所研發的規範，其目的是作為「需要研訂緊急管理計畫的工業活動之分類和選定的手冊」。本指南提供一種篩選的方法（Screening Method），去鑑定出對大眾有顯著之風險。指南的第一個目的是：有系統地考量這些對大眾有潛在風險的大部分化學物。一旦找出這些化學物，就可以針對每一種化學物之風險加以評估，以便主管當局能決定哪些風險最重要，然後採取風險控制措施。

　　荷蘭指南內容非常簡潔，其內容目錄如以下表 1 所示。

　　荷蘭指南類似於其他工業意外風險評估技術，它把需要風險評估的化學物表列出來。這些危害化學物共有 400 種。

　　荷蘭指南的最大用途是依風險分析，假設某已知量的化學物外洩，我們可以從指南的各種圖表，估計影響距離、範圍以及死亡或受傷人數。舉個例子來講，儲存 20 噸的丙烷，如果連續外洩，可能導致 BLEVE 和火災（或爆炸）；如果瞬間外洩，則可能引起火災或爆炸。

　　加拿大的重大工業災害協調委員會（MIACC）在發展都市風險評估（Municipal Risk Assessment）手冊時，也是參考該指南作為量化的依據。這本指南，可以說是世界上最早文件化、而且可以量化的危害物儲存與運輸的都市風險評估方法。

　　由於本指南採用量化的方法，因此各種風險的鑑定方式是一致性的，使得評估者能就不同之風險加以比較。這種將風險以數目字來表達（量化），可以確保這些風險不被高估或低估；而且在安全上取得平衡。如果我們把寶貴有限的資源從顯著風險移至非常小而且不尋常之風險，其結果將會使更多人受到傷害或死亡。

表 1　荷蘭危害性工業活動指南目錄

以氯為例，荷蘭指南採用一系列步驟去評估致死與受傷兩區域的平均距離（L_1、L_2）與平均寬度（B_1、B_2）。下頁圖 1 與圖 2 分別說明 80 噸壓縮液化氯外洩時，死亡與受傷之平均距離（L_1、L_2）分別為 650 公尺與 4,500 公尺。再與 L_1、L_2 與圖 3 之縱軸對應，可推估出死亡與受傷兩區域之平均寬度（B_1、B_2）分別為 80 公尺與 400 公尺。由此得知，死亡與受傷人口之平均受害面積分別為 52,000 平方公尺（650m×80m）及 1.8×10^6 公尺（4500m×400m）。

由於風向會影響受害人口，因此我們以 L_1 為半徑畫圓，所得圓面積為死亡人口的可能受襲區（Vulnerability Area）。

荷蘭指南可用來估計受害面積之暴露人口數，它考量了風向、人口密度和住宅區之可能人口。

2. 評估步驟

Dutch Method 應用於已存在的狀況，方法中之分類與評定重點在於使用各種表格，用以登錄區域內所有潛在危害性運作及其參考資料，判定傷害程度及風險性。其所劃分的 11 類危害性化學物質，每一類物質均有一組表格，包括特性值和傷害距離為系統成分函數的圖表。從各組圖表或標準值來計算「致命區」及「受傷區」之災害範圍。茲將其主要步驟說明如下：

2.1 鑑定（Identification）
確認危害物質名稱及其存在之容器，例如管線、鐵路槽車、倉庫、冷凍槽體等，然後依其危害性，判定其屬於 11 類物質中的哪一類。

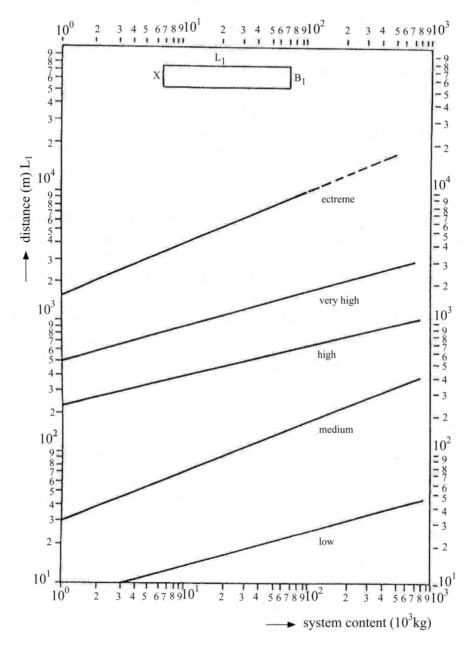

圖1　推估致死區域之平均距離（L₁）

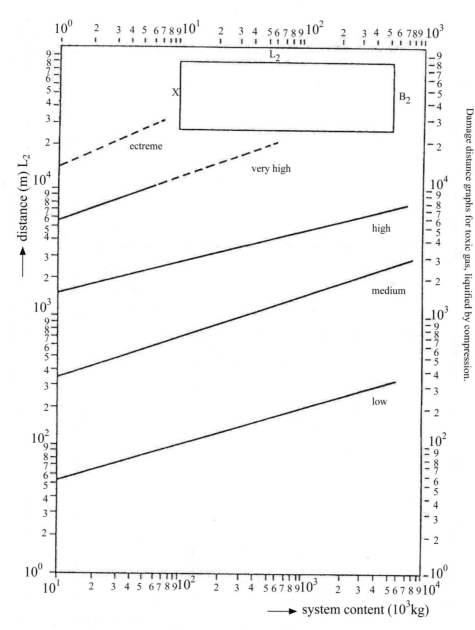

圖2　推估受傷區域之平均距離（L₂）

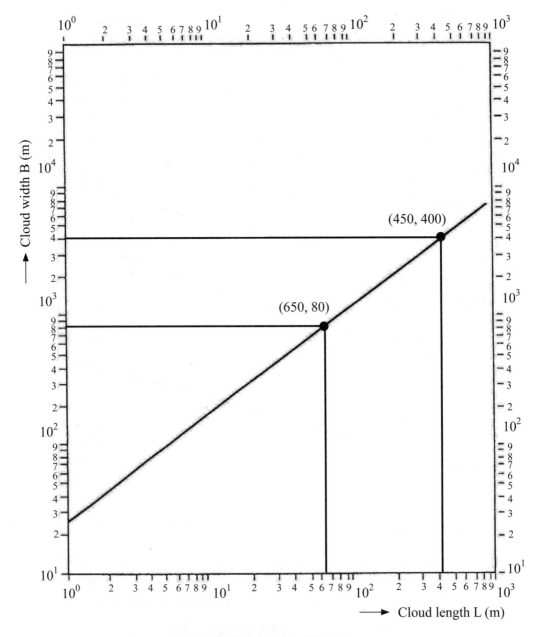

圖 3　推估致死與受傷區域之平均寬度（B_1、B_2）

　　例如儲存在容器中的「氣體」是屬燃燒性或毒性，並加以說明儲存條件（例如壓縮液化、冷卻液化或加壓氣體等）。若有數種危害物質同時存在同一主體時，則需將各種物質分開個別處理。

2.2 後果判定（Determination of Consequence）

完成確認危害性分類及運作型態後，可藉由每種物質圖表計算每一危害物質所造成之「致命」及「可回復傷害」範圍大小，於地形圖上繪出受災區域。地圖比例依災區大小選定，並清楚標註人口稠密地區，尤其是可能存在的人數眾多之建築物，如學校、養老院、運動場等。若配合區域內之人口密度，可進一步估算致命及受傷人數。

2.3 判定事件頻率

判定意外事件之可能傷亡人數之機率時，有兩個重要因素需要考慮：

(1) 最初意外事件頻率

即任何一年中，類似意外事件發生之機率。Dutch Method 針對全球意外災害事件的統計資料，分別歸納出各種運作狀況下，各類危害物質之意外事件發生頻率 f（acc），稱為最初意外事件頻率（Initial Accident Frequency, IAF），用以估計意外事件頻率值。

(2) 區域性修正因子

針對受災區域內之人口分布狀況及特定區域（如海邊、足球場等）這兩個因素，界定了區域均勻係數 p(hom) 與地區係數 p(loc) 這兩個修正因子。

a. 區域均勻係數 p(hom)

如果受災地點周圍區域之人口密度有極大差異時（例如農業區在住宅區的邊緣），機率必須隨人口密度之分布做同步的修正，如此才可以正確評定事件發生後，可能造成傷亡人數之機率。

至於地區的選擇與災害之機率計算，皆取決於均質因子（Homogeneity Factor, H），其定義為：在爆炸氣雲（下頁圖 4）中之人口密度除以在爆炸氣雲中圓面積內的人口密度，如下式：

$$H = \frac{N_w/(R \cdot B)}{N_c/(\pi \cdot R^2)} = \frac{\pi \cdot R \cdot N_w}{B \cdot N_c} \tag{1}$$

式中 R = 爆炸氣雲之半徑（m）。

B = 爆炸氣雲之雲寬（m）。

N_w = 爆炸氣雲內之人口數。

N_c = 爆炸氣雲中之圓面積內之人口數。

- H < 1，代表爆炸氣雲中可能受襲區中之某特定位置（風方向），其人口密度小於周遭區域（受襲區）人口密度。此時必須重新估計災區及意外災害受傷之人數。
- H ≧ 1 時，此區代表最大災區。
- 如 H 比 1 大很多，指受襲區人口稀疏。

為了確定所選擇的區域為較大人口密度，且具代表性，區域均勻係數 p(hom) 之建議值如下：

- H < 1，重新選擇災區進行計算。
- H = 1 ～ 10，P = 1。
- H > 10，P = 0.1。

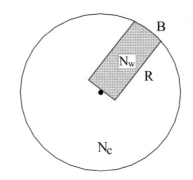

圖 4　爆炸氣雲與人口密度關係示意圖

b. 地區係數 p(loc)。

【範例】

> 爆炸氣雲之半徑長 (m)：650.00。
> 爆炸氣雲之雲寬 (m)：80.00。
> 爆炸氣雲之區域內人口數：72.00。
> 爆炸氣雲中，圓形面積內之人口數：292.00。
> 依上頁公式 (1) 計算得知均質因子 (H) 為 6.29，由於 H 介於 1 至 10 的範圍，故區域均勻係數 p(hom) 為 1。

　　若受災區域內存有某些特定場所（如海灘、足球場等），而不同特定場所中的族群只出現在某些特定時段，就需要適度修正傷亡機率。假設某些族群只存在於某些時段，根據「其他」機率級數，其修正因子為 10 的倍數，如下表所示。

描　述	修正因子
此地區在一週內僅使用數小時（如：足球場）	10^{-2}
僅於夏天有活動之場所如（海灘、露天游泳池或同性質地方）	10^{-1}
其他	1

　　特定型態族群的總修正因子，亦即地區係數 p(loc)，可由加權平均決定之：

$$p(loc) = \frac{n_1 \times 1 + n_2 \times 10^{-1} + n_3 \times 10^{-2}}{n_1 + n_2 + n_3} \tag{2}$$

式中n_1 = 正常存在之人口數。

　n_2 = 海灘或其他類似地方之人口數。

　n_3 = 足球場或其他類似場所之人口數。

事件危害結果頻率由下式求得：

$$F = f\,(acc) \times p\,(loc) \times p\,(hom) \tag{3}$$

表 2 是 Dutch method 建議之危害頻率所代表的意義，若危害頻率高，即表示潛在發生機率高。

表 2　危害頻率表所代表之意義

頻率高低程度	頻率（次／年）
高～相當高	$> 10^{-3}$
明顯	$10^{-5} \sim 10^{-3}$
普通	$10^{-7} \sim 10^{-5}$
低～相當低	$10^{-9} \sim 10^{-7}$
可忽略	$< 10^{-9}$

附錄4 物質安全資料表範例

1. 四乙基鉛物質安全資料表

(1) 製造商或供應商資料

製造商或供應商名稱：
製造商或供應商地址：
諮詢者姓名及電話：
緊急聯絡電話：

(2) 辨識資料

物品中（英）名稱：四乙基鉛（Tetraethyl Lead）								
同義名稱：Tetraethyl Plumb、Tetraethyl Plumbane、TEL、Anti-knock Compound（抗震化合物）								
危害性成分			化學文摘社登記號碼 CAS.NO.	容許濃度			LD_{50} 測試動物（吸收途徑）	LC_{50} 測試動物（吸收途徑）
中（英）文名稱	化學式	含量 (%)		時量平均容許濃度 TWA	短時間時量平均容許濃度 STEL	最高容許濃度 CEIL-ING		
四乙基鉛（Tetraethyl Lead）$Pb(C_2H_5)_4$ 100			00078-00-2	$0.1mg/m^3$ 以 Pb 計（皮膚）	$0.3mg/m^3$ 以 Pb 計（皮膚）		15mg/kg（大鼠，皮膚）	$850mg/m^3$/60 分（大鼠，吸入）

(3) 物理及化學特性

物質狀態：☐糊狀物　☐粉末　　　　☐固體　☑液體　　　　☐氣體	pH 值：　　　　　—
	外觀：無色或染成紅色、橘色、藍色
	氣味：霉臭味　有悅人氣味
沸點：℉ /100℃　熔點：℉ /-130 ～ -138℃	
蒸氣密度：（空氣＝1）　　8.6	

揮發速率：（乙酸乙酯＝1） —	

(4) 火災及爆炸危害資料

閃火點：93℃（200 ℉） 測試方法：□ 開杯 ☑ 閉杯	爆炸界限	爆炸下限（LEL） 1.8%
		爆炸上限（UEL） —

火 災	滅火材料：水、二氧化碳、化學乾粉、泡沫
	特殊滅火程序：以水冷卻槽體（容器）

(5) 反應特性

安定性	安定		應避免之狀況：溫度升至攝氏100℃以上；不得長時間暴露於熱或火源，否則可能引發爆炸。 危害分解物：鉛燻煙。
	不安定	100℃以上 產熱分解	
危害之聚合	可能發生	—	應避免之狀況：
	不會發生	—	
不相容性	應避免之物質：強氧化劑、SO_2Cl_2、$KMnO_4$ (Potassium Permanganate)。		

(6) 健康危害及急救措施

進入人體之途徑： ☑ 吸入 ☑ 皮膚接觸 ☑ 吞食
健康危害效應：急性：中毒現象、臉色蒼白、心跳緩慢、體溫降低、血壓過低、噁心、驚厥、昏迷、顫抖。 慢性：疲倦、焦慮、失眠、食慾降低、體重減輕、產生幻覺、導致畸胎。
暴露之徵兆及症狀：中毒、眼睛疼痛、疲倦、體溫降低、顫抖、臉色蒼白。
緊急處理及急救措施： 一、吸入：1. 立即將患者移至通風處。2. 若呼吸停止則施以人工呼吸。3. 若呼吸困難則供給氧氣。4. 使患者保持安靜、維持正常體溫。5. 立即就醫。 二、皮膚接觸：1. 立即以肥皂或中性清潔劑和水清洗皮膚。2. 若滲透衣物則立即除去，並以肥皂或中性清潔劑和水清洗。3. 立即就醫。

三、眼睛接觸：1. 立即以大量清水沖洗並不時撐開上下眼皮 15 分鐘。2. 立即就醫。

四、食入：1. 若患者清醒立即喝大量水或牛奶。2. 以手插入喉嚨催吐。3. 若患者意識不清勿催吐。4. 立即就醫。

(7) 暴露預防措施

個人防護設備	眼部：1. 安全護目鏡。2. 全面罩。
	呼吸：1. 藥罐式防毒面具。2. 手提送風式防毒面具。3. 自給式呼吸防護具（SCBA）。
	手套：防護手套（使用 PVC 橡膠或新戊烷等材質）。
	其他：防護衣服（使用 PVC 橡膠或新戊烷等材質）。
通風設備	局部排氣通風。
操作與儲存注意事項	1. 嚴禁煙火。2. 嚴防各種洩漏。3. 嚴防其以氣態或液態經吸入、食入、皮膚或眼睛接觸等方式進入人體。
個人衛生	1. 工作後儘速去除污染之衣物，進行除污程序。 2. 工作場所嚴禁抽菸或飲食。 3. 身體若接觸，須儘速徹底清洗乾淨。

(8) 洩漏及廢棄處理

洩漏之緊急應變	1. 避免吸入蒸氣。2. 位於上風。3. 穿 SCBA。4. 避免身體接觸外洩物。5. 避免搬運破裂包裝物，除非穿上個人防護具。6. 防護衣物與手套應為 PVC 橡膠或新戊烷等材質製造。
廢棄處理方法	1. 利用真空幫浦吸取注入密封容器。2. 利用泥土、沙等吸著劑吸收後，予以安全衛生掩埋。3. 受污染衣物殘留物應視同有害廢棄物，予以安全掩埋。4. 水泥地污染滲入，須挖起安全掩埋。

(9) 運送資料

聯合國編號 （UN. NO.）	UN. 1649	危害性分類	6.1	所需圖式種類 (Hazard labels)	6

(10) 製表者資料

製表單位	名稱：台加工程顧問股份有限公司（蔡嘉一）
	地址：台北市內湖區瑞光路二號四樓之一
	電話：(02)8792-1066
製表人	職稱：總經理　　　　姓名：蔡嘉一　　　　（簽章）
製表日期	民國　　八十九　　年　　二　　月　　二十一　　日

2. 甲醇物質安全資料表（ISO 模式）

一、物質與廠商資料

物品中（英）文名稱：甲醇 (Methyl Alcohol)

同義名稱：木　精（Wood Spirit、Wood Alcohol、Cabrinol、Methylol、Methyl Alcohol、Methyl Hydrate、Methyl Hydroxide、Monohydroxymethane）

製造商或供應商名稱／地址／電話／傳真：

緊急聯絡電話：

二、成分辨識資料					
危害性成分			容許濃度		
化學品名稱	含量 (%)	化學文摘社登記號碼 CAS NO.	八小時日時量平均容許濃度 TWA	短時間時量平均容許濃度 STEL	最高容許濃度 CEILING
甲醇（Methyl Alcohol）	100	00067-56-1	200ppm（皮膚）	250ppm（皮膚）	—

三、危害辨認

☆☆☆☆☆ 危害概要 ☆☆☆☆☆

透明無色流動液體，輕微酒精味。液體和蒸氣易燃。白天甲醇起火看不見火焰。會造成視覺損害，甚至失明。會由皮膚吸收達中毒量。大量暴露會致死。

☆☆☆☆ 特殊危害 ☆☆☆☆☆

健康危害效應：

急性：吸入：1. 會造成咳嗽、頭痛、暈眩、虛弱、困倦、頭昏眼花、噁心、嘔吐、酒醉、視力模糊等症狀。2. 大量暴露會喪失意識、失明，甚至死亡。

皮膚：可能由皮膚吸收達中毒量。

眼睛：1. 其蒸氣刺激眼睛。2. 其液體會損害角膜表面組織，但通常可復原。

食入：1.初期症狀類似酒精中毒（如：過度欣快感、判斷力喪失、口齒不清，具攻擊性）。2.可能會伴隨呼吸急促、嚴重的上腹疼痛、視力模糊，甚至永久性失明。3.嚴重可能造成長期昏迷、死亡。4.症狀將會遲延 1～30 小時後出現（通常為 12～18 小時）。

慢性：1.會造成皮膚炎、紅斑及剝落。2.長期暴露於 1200～8300ppm 會造成視覺損害，有時會完全失明。3.可能損害腎、心臟及其他器官。4. 60～250ml 之劑量可致命。

主要症狀：咳嗽、頭痛、暈眩、虛弱、困倦、頭昏眼花、噁心、嘔吐、酒醉、視力模糊、喪失意識、失明、過度欣快感、口齒不清、呼吸急促、嚴重的上腹疼痛、昏迷、皮膚炎、紅斑。

四、急救措施

急救方法：

吸　　入：1.移除污染源或將患者移至新鮮空氣處。2.若呼吸停止立即由受過訓的人施予人工呼吸，若心跳停止則施行心肺復甦術。3.立即就醫。

皮膚接觸：1.儘速以緩和流動的溫水沖洗 20 分鐘以上。2.沖洗時並脫掉污染的衣物鞋子以及皮飾品（如錶帶、皮帶）。3.須將污染的衣物、鞋子以及皮飾品完全除污後再使用或丟棄。

眼睛接觸：1.立即撐開眼皮，以緩和流動的溫水沖洗污染的眼睛 20 分鐘。2.立即就醫。

食　　入：1.若患者即將喪失意識、已失去意識或痙攣，勿經口餵食任何東西。2.催吐。3.加 2 匙蘇打粉於一杯水中給患者喝。4.若患者自發性嘔吐，讓患者身體向前傾以減少吸入嘔吐物之危險。5.反覆給予喝水。6.立即就醫。

五、滅火措施

滅火材料：化學乾粉、二氧化碳、水霧、泡沫。

特殊滅火程序：1.除非能阻止其外洩，否則不要滅火。2.噴水霧驅散蒸氣並稀釋外洩物成為不燃物。3.使用大量水霧或滅火，水柱無效。4.用大量水霧冷卻容器直至火災結束。5.在白天，甲醇起火看不見火焰。6.配戴自攜式呼吸防護具及保護衣服。

滅火者防護：消防人員必須穿著耐化學品的防護衣，並配戴正壓空氣呼吸器（自攜式呼吸防護具）。

六、洩漏之緊急應變

注意事項：

1.限制人員進入洩漏區域。

2.供應適當的防護裝備及通風設備。

3.移除熱源及火焰。

清理時：

1. 勿接觸洩漏物。

2. 在安全許可狀況下，設法阻止或減少洩漏。

3. 避免洩漏物流入下水道或其他密閉空間。

4. 用沙、泥土或其他惰性吸收劑圍堵洩漏物。

5. 盡可能將液體回收，置於合適且標示的有蓋容器內。

6. 殘餘外洩物用惰性吸收劑吸收，並置於有蓋之容器內。

7. 用水沖洗洩漏區。

8. 注意事項：已污染之吸收劑，與外溢物具有同等危害性。

七、處理與儲存

1. 在指定之良好通風處所，以最小量處理。

2. 遠離熱源或明火。

3. 使用耐火容器。

4. 當搬運或混合時皆應將容器接地。

5. 作業時避免產生霧滴。

6. 穿戴適當防護的裝備，以防濺入眼睛和皮膚。

7. 儲存於密閉容器內，置於陰涼、乾燥處，並遠離一般作業場所及不相容物。

8. 儲存區應有獨立通風系統，但無熱源、明火及火花。

9. 最好儲於合格之安全溶劑容器內。

10. 容器不使用時應加蓋，置於接地的防火櫃內。

11. 儲存區及作業區內皆應使用耐溶劑的材料構築。

八、暴露預防措施

通風設備：1. 分開使用不會產生火花且接地之通風系統。 2. 排氣口直接通到室外。 3. 供給充分新鮮空氣，以補充排氣系統抽出的空氣。4. 可採局部排氣裝置或整體換氣裝置。

個人防護：

眼部：化學安全防濺護目鏡、全面式護面罩。

呼吸：2,000ppm 以下：供氣式或 SCBA（自給式呼吸防護具）。

5,000ppm 以下：一定流量型供氣式呼吸防護具。

10,000ppm 以下：全面型供氣式、全面型自攜式或含緊密貼合面罩的一定流量型供氣式呼吸防護具。

25,000ppm 以下：正壓式全面型供氣式呼吸防護具。

手套：氯丁橡膠、丁基橡膠、天然橡膠、聚乙烯、氯化聚乙烯、腈類、氟化彈性體、苯乙烯—丁二烯橡膠、聚氯乙烯、聚氨基甲酸乙酯等防護手套。

防護衣物／裝備：上述橡膠材質連身式防護衣、工作靴。

個人衛生：1. 工作後儘速脫掉污染之衣物，洗淨後才可再穿戴或丟棄，且須告知洗衣人員污染物之危害性。2. 工作場所嚴禁抽菸或飲食。3. 處理此物後，須徹底洗手。4. 維持作業場所清潔。

九、物理及化學特性

物質狀態：液體	揮發速率（乙酸丁酯＝1）：>2
外觀：透明、無色流動液體	蒸氣壓：160mmHg @30℃
氣味：輕微酒精味	比重（水＝1）：0.79
沸點：< 64.7℃	水中溶解度：全溶
熔點：−97.8℃	pH 值：—
蒸氣密度（空氣＝1）：1.1	閃火點：12℃（閉杯）
爆炸下限（LEL）：6.0%	爆炸上限（UEL）：36.5%

十、安定性及反應性

安定性：正常狀況下安定

危害分解物：二氧化碳、一氧化碳（燃燒）

危害之聚合：【　】可能發生　【✓】不會發生

應避免之狀況或物質：1. 強氧化劑。2. 鋁、鉛：甲醇腐蝕鋁及鉛。3. 鹼金屬。4. 酸。5. 醛類。6. 氯化醯。

十一、毒性資料

劇毒性：LD_{50}（測試動物，吸收途徑）：5,628mg/kg（大鼠，吞食）

LC_{50}（測試動物，吸收途徑）：64,000ppm/4H（大鼠，吸入）

LD_{L0}：428mg/Kg（人類，吞食）

LC_{L0}：$50g/m^3/2H$（小鼠，吸入）

局部效應：20mg/24H（兔子，皮膚）造成中度刺激。

40mg（兔子，眼睛）造成中度刺激。

慢毒性：7500mg/Kg（懷孕 17～19 天雌鼠，吞食）造成新生鼠中毒。

十二、生態資料

生物蓄積性及分解性：—

環境流佈：1. 當釋放至土壤中，可能會生物分解、滲入地下、揮發。

2. 當釋放至水中，可能會生物分解及揮發。

3. 當釋放至大氣中，可能與光化學反應產生之氫氧自由基作用，其半衰期約 17.8 天。

十三、廢棄處理與處置

1. 可於核准地點焚化。

2. 量小時，可用大量的水沖入排水溝。

3. 依照環保法規處理。

十四、運送資料

聯合國編號（UN. NO.）：1230。

危害性分類：3（易燃液體）。

所需圖式種類（Hazard Labels）：3，6.1。

十五、適用法規

適用法規：

勞工安全衛生設施規則。　　　　危險物及有害物通識規則。

有機溶劑中毒預防規則。　　　　勞工作業環境空氣中有害物質容許濃度標準。

道路交通安全規則。　　　　　　事業廢棄物儲存清除處理方法及設施標準。

十六、其他資料

參考文獻：1. CHEMINFO 資料庫，CCINFO 光碟，96-4。

　　　　　2. MSDS 資料庫，CCINFO 光碟，96-4。

　　　　　3. RTECS 資料庫，TOMES PLUS 光碟，Vol.30，1996。

　　　　　4. HSDB 資料庫，TOMES PLUS 光碟，Vol.30，1996。

製表者資料：—

製　表　人：—

製表日期（有效期限為三年）：—

備註：上述資料中符號「—」代表目前查無相關資料，而符號「/」代表此欄位對該　　　物質並不適用。

資料來源：工研院工安衛中心。

3. 環氧乙烷物質安全資料表（ISO 模式）

一、物質與廠商資料

產品名稱：環氧乙烷（Ethylene Oxide）

同義名稱：乙烯化氧丙環（1, 2-Epoxyethane、Dihydrooxirene、Epoxyethane、Oxacy-clopropane、Oxane、Oxirane、EO、ETO、Anprolene、Dimethylene Oxide）

製造商或供應商名稱／地址／電話／傳真：—

緊急聯絡電話：—

二、成分辨識資料					
危害性成分			容許濃度		
化常品名稱	含量(%)	化學文摘社登記號碼 CAS NO.	八小時日時量平均容許濃度 TWA	短時間量平均容許濃度 STEL	最高容許濃度 CEILING

環氧乙烷（Ethyl-ene Oxide）	-	75-21-8	1ppm（瘤）	2ppm（瘤）	-

三、危害辨識

無色似醚味液體。液體和蒸氣高度易燃。其蒸氣比空氣重，易傳播至遠處，遇火源可能造成回火。可能產生危害聚合、刺激灼傷眼睛、皮膚、呼吸系統。高濃度可能造成昏迷甚至死亡。疑似致癌物。

☆☆☆☆☆ 重大危害概要 ☆☆☆☆☆

健康危害效應：

急性：1. 吸入：刺激喉嚨、肺部產生咳嗽、噁心、嘔吐、頭痛、呼吸困難、嗜睡、衰弱、困倦、動作不協調、麻木、腹內壓迫感、頻尿等，高濃度暴露會造成昏迷甚至死亡。可能因失去嗅覺而無法察覺到暴露。

　　　2. 皮膚：引起水泡、浮腫、灼傷、凍傷、嚴重皮膚炎。

　　　3. 眼睛：刺激眼睛造成灼傷。

慢性：1. 傷害神經系統，導致失去感覺、焦慮不安、手腳無力。

　　　2. 會損傷肝和腎。

　　　3. 產生皮膚過敏。

　　　4. 為人體可能致癌物，會造成白血病。

主要症狀：噁心、麻木、腹內壓迫感、頻尿、嘔吐、刺激感、灼傷、白血病、腫瘤。

四、急救措施

急救方法：

吸　　入：1. 移離暴露區。

　　　　　2. 若呼吸停止，立刻施行人工呼吸。

　　　　　3. 立即就醫。

皮膚接觸：1. 立刻以肥皂和水清洗。

　　　　　2. 若是經由衣服滲入皮膚，立刻脫去衣服，再以肥皂和水清洗。

　　　　　3. 立即就醫。

眼睛接觸：1. 立刻以大量水沖洗眼睛並不時地撐開上下眼皮。

　　　　　2. 立即就醫。

　　　　　3. 工作時不可配戴隱形眼鏡。

食　　入：1. 患者應喝大量的水以稀釋其濃度。

　　　　　2. 立即就醫

五、滅火措施
滅火材料：酒精泡沫、二氧化碳、化學乾粉、水霧。 特殊滅火程序：1. 控制所有的引火源包括靜電。 　　　　　　　2. 可能會發生沿蒸氣回火。 滅火者防護：消防人員必須穿著耐化學品的防護衣，並配戴正壓空氣呼吸器（自攜式呼吸防護具）。

六、洩漏之緊急應變
1. 未穿戴防護裝備及衣物者，禁止進入洩漏區，直到外洩清理完畢。
2. 若是氣體溢漏，停止洩漏的氣流。由鋼瓶之漏洩，無法止漏時，則將鋼瓶搬至有局部排氣裝置處，加以修補或洩空。
3. 除去所有發火源，對該區進行通風換氣。
4. 小量液體洩漏：以紙巾吸收並置於適當容器內，將其置於安全的地方（如通風櫃），給予充分時間，使其揮發，直到排煙管完全乾淨為止，遠離可燃物的適當地點將紙巾燒掉。
5. 大量液體洩漏可以吸收劑、乾沙、土或類似物質吸收，並置於適當的容器，洩漏物不可排入封閉區域如下水道，因可能導致爆炸。
6. 可以適當的真空系統蒐集，使用時附近必須沒有發火源且提供預防回火的設計。

七、處理與儲存
操作與儲存注意事項：
1. 避免儲存容器受損。
2. 此物會與一些塑膠、襯裡和橡膠起反應。
3. 儲於保溫的儲槽或有遮蔽陽光和熱等功能之容器。
4. 所有裝置皆需接地。
5. 僅可使用不會生火花的工具及防爆型裝置，特別是開啟容器時。
6. 遠離熱源、火花、火焰。
7. 包含 5 加侖以上的環氧乙烷之金屬容器，轉裝時需接地。
8. 儲桶必須裝設自動關閉閥，釋壓塞、防火焰裝置。

八、暴露預防措施
通風設備：製程密閉、局部排氣裝置。 個人防護： 眼部：— 呼吸：濃度 5ppm 以下：含防環氧乙烷濾罐的氣體面罩、全面型自攜式呼吸防護具、全面型供氣式呼吸防護具。 　　　未知濃度：正壓自攜式呼吸防護具、正壓全面型供氣式呼吸防護具輔以正壓自攜式呼吸防護具。

逃生：含防環氧乙烷濾罐之氣體面罩、逃生型自攜式呼吸防護具。

手套：防滲手套材質建議以 Barricade、Chemrel、Responder 為佳。

防護衣物／裝備：上述橡膠材質工作靴。

個人衛生：1.工作後儘速脫掉污染之衣物，洗淨後才可再穿戴或丟棄，且須告知洗衣人員污染物之危害性。2.工作場所嚴禁抽菸或飲食。3.處理此物後，須徹底洗手。4.維持作業場所清潔。

九、物理及化學特性

物質狀態：液體、氣體	揮發速率（乙酸丁脂＝1）：—
外觀：無色液體或氣體	蒸氣壓：1095mmHg @20°C
氣味：似醚氣味	比重（水＝1）：0.882 @10°C
沸點：51°F，10.7°C	水中溶解度：可溶
熔點：−111°C	pH 值：—
蒸氣密度（空氣＝1）：1.52	閃火點：−29°C
爆炸下限（LEL）：3.0%	爆炸上限（UEL）：100%

十、安定性及反應性

安定性：正常狀況下不安定

危害分解物：—

危害之聚合：【✓】可能發生　【　】不會發生

應避免之狀況或物質：1. 熱。

　　　　　　　　　　2. 儲存於陰涼處。

　　　　　　　　　　3. 鹼金屬氫氧化物或高活性觸媒（如無水氯化鐵、氯化錫、氯化鋁和鐵或鋁的氧化物）——起反應。

　　　　　　　　　　4. 銅。

　　　　　　　　　　5. 酸類。

十一、毒性資料

劇毒性：LD_{50}（測試動物、吸收途徑）：72mg/kg（大鼠、吞食）。

　　　　LC_{50}（測試動物、吸收途徑）：72mg/kg（大鼠，吸入）。

局部效應：1%/75（人類，皮膚）造成刺激。

　　　　　18mg/6H（兔子，眼睛）造成中度刺激。

慢毒性：100ppm/6H（懷孕 6～15 天雌鼠，吸入）造成胚胎中毒。

十二、生態資料

生物蓄積性及分解性：1.在試驗中發現，有 3～5% 在 5 天後分解，20 天後有 52% 分解。

環境流佈：1.當釋放至土壤中，會很快地蒸發。

　　　　　2.當釋放至水中，主要為蒸發、水解、生物分解（依重要性排列）。

　　　　　3.當釋放至大氣中，主要和氫氣自由基反應而退化（半衰期約 1 週）。

十三、廢棄處理與處置
依相關法規處理。
十四、運送資料
聯合國編號（UN. NO.）：1040 危害性分類：2.3（毒性氣體） 所需圖式種類（Hazard Labels）：2.3，2.1
十五、適用法規
標示： 危害警告訊息：1. 吞食有害，吸入有毒。 　　　　　　　2. 極高度易燃。 　　　　　　　3. 會引起灼傷。 　　　　　　　4. 可能造成癌症。 危害防範措施：1. 置於陰涼且通風良好處，緊蓋容器。 　　　　　　　2. 遠離火源，容器接地。 　　　　　　　3. 配戴護目鏡、口罩、手套。 　　　　　　　4. 避免長期暴露。 適用法規： • 勞工安全衛生設施規則。 • 危險物及有害物通識規則勞工作業環境。 • 空氣中有害物質容許濃度標準。 • 道路交通安全規則。 • 事業廢棄物儲存清除處理方法及設施標準。 • 高壓氣體安全衛生設施標準。 • 毒性化學物質管理法。
十六、其他資料
參考文獻：1. HAZARDTEXT 資料庫，TOMES PLUS 光碟，Vol.34，1997。 　　　　2. RTECS 資料庫，TOMES PLUS 光碟，Vol.34，1997。 　　　　3. HSDB 資料庫 TOMES PLUS 光碟，Vol.34，1997。 　　　　4. 危害化學物質中文資料庫，環保署。 製表者資料： 製　表　人： 製表日期（有效期限三年）：

資料來源：工研院工安衛中心。

附錄5　加拿大危害化學物恕限值

　　本表為加拿大重大工業危害協調委員會（Major Industrial hazard Coordination Committee, MIACC）所建議之危害化學物及其恕限值，如果工廠所運作之列管化學物量超過恕限值，應進行後果分析。

危害化學物	常態物	UN. No.	恕限值（頓）	特性
Acetaldehyde	L	1089	50	C high bp
Acetaldehyde, chloro-	L	2232	10	F med
Acetic anhydride	L	1715	10	A
Acetone	L	1090, 1091	50	A
Acetonitrile	L	1648	10	A
Acetyl chloride	L	1717	1	F low, A
Acetylchloride, chloro-	L	1752	10	F very low
Acetylchloride, dichloro-	L	1765	10	F very low
Acetylchloride, trichloro-	L	2442	10	F very low
Acetylene	G	1001	10	C low bp
Acrolein	L	1092	1	F med, A
Allyl alcohol	L	1098	1	A, F low
Allylamine	L	2334	1	F low, A
Allyl bromide	L	1099	1	F low, A
Allyl chloride	L	1100	1	F low, A
Ammonia, anhydrous	Liquefied G	1005	10	D high
Ammonia solutions（>35% and <50% ammonia）	L	2073	10	F low
Ammonia solutions（>50% ammonia）	L	1005	10	F med
Antimony pentafluoride	L	1732	1	F high
Arsenic trichloride	L	1560	10	F high

危害化學物	常態物	UN. No.	恕限值（噸）	特性
Arsine	Comp-gas	2188	0.1	D/E Extreme, C low bp
Benzene	L	1114	10	A
Benzyl chloride	L	1738	1	F med
Benzyl chloride	L	2470	10	F high
1,1-Biphenyl	L	1993	50	F med, A
Boron trichloride	Comp-gas	1741	1	D/E high
Boron trifluoride	Comp-gas	1008	0.5	D/E med
Bromine & Bromine solutions	L	1744	5	F low
1,3-Butadiene	Liquefied G	1010	10	C high bp, A
Butane & Butane mixtures	Liquefied G	1011, 1075	10	C high bp, A
Butanols	L	1120	100	A
2-Butenal	L	1143	1	A
Butene	Liquefied G	1012	10	C high bp, A
Sec-butylamine	L	2924	10	F very low, A
Butyl chloride	L	1127	10	A
Tert-butylamine	L		10	F very low, A
Butyraldehyde	L	1129	10	A
Calcium carbide	S	1402	10	C high bp
Carbon disulphide	L	1131	1	A, B, F high
Carbon monoxide	Comp-gas	1016	10	D/E med, C low bp
Carbonyl sulphide	Comp-gas in situ	2204	0.1	D/E high, c low bp
Chorine	Liquefied G	1017	1	D/E high
Chlorine dioxide	G in situ		1	F very high
Chlorpicrin	L	1580, 1583	0.1	F low
Chlorosulphonic acid	L	1754	1	F med

危害化學物	常態物	UN. No.	恕限值（噸）	特性
Cobalt carbonyl	S in situ		0.1	F very high
Cyanogen	Liquefied G	1026	0.5	D very high /E high
Cyanogen bromide	S	1889	1	F med
Cyclohexane	L	1145	50	A
Cyclohexane, methyl-	L	2296	50	A
Cyclohexene	L	2256	50	A
Cyclopentane	L	1146	50	A, B
Cyclopropane	Liquefied G	1027	10	C low bp, A
Diborane (6)	Comp-gas	1911	0.1	D/E very high, C low bp
Dichlorodimethyl ether	L	2249	1	F high
Diethylamine	L	1154	10	A
Diethyl ether	L	1155	50	A, B
Diisobutylene	L	2050	50	A
Diisopropylether	L	1159	50	A
Dimethylamine, anhydrous	Liquefied G	1032	10	D/E med, C high bp, A
Dimethylamine, solutions	L	1160	50	B, F low
Dimethyldichlorosilane	L	1162	0.1	F med, A
Dimethyl ether	Liquefied G	1033	10	D very high /E high, A
Dimethyl sulphide	L	1164	10	F low, A
1,4-Dioxane	L	1165	10	A
Ethane & Ethane mixtures	Comp-gas Ref. Liq.	1035, 1961	10	C low bp, A
Ethyl acetate	L	1173	1000	A
Ethyl acrylate	L	1917	1	A
Ethylene benzene	L	1175	50	A

危害化學物	常態物	UN. No.	恕限值（噸）	特性
Ethyl bromide	L	1891	10	A, B, F low
Ethyl chloride	Liquefied G	1037	10	C high bp, A
Ethyl chloroformate	L	1182	1	F med, A
Ethyl formate	L	1190	50	A
Ethyl isocyanate	L	2481	1	F low, A
Ethyl mercaptan	L	2363	1	F low, A
Ethyl methyl ketone	L	1193	100	A
Ethylamine or Ethylamine solutions	Comp-gas; liquid	1036, 2270	10	D/E low
Ethylene	Ref. Liquid G under pressure	1038, 1962	10	C low bp, A
Ethylene chlorohydrin	L	1135	1	F low
Ethylene diamine	L	1604	10	A, F med
Ethylene dibromide	L	1605	1	F low
Ethylene dichoride	L	1184	50	A, F low
Ethylene oxide	L: G under pressure	1040	10	D/E med, A
Fluorine	G	1045	1	D/E very high
Formaldehyde	L	1198, 2209	1	D high/E med, A
Furan	L	2389	50	A
Furfural	L	1199	10	A
Gasoline	L	1203	50	A, B
Germane	Liquefied G	2192	10	C low bp, D/E very high
Heptane	L	1206	50	A
Hexane	L	1208	50	A
Hydrazine	L	2029, 2030	10	F very low, A

危害化學物	常態物	UN. No.	恕限值（噸）	特性
Hydrocyanic acid	Liquefied G/L	1051, 1613	0.5	F high
Hydrogen	Comp-or liquefied gas	1049, 1966	1	C low bp
Hydrogen bromide	Liquefied G/L	1048,1788	1	D/E high
Hydrogen chloride/acide	Liquefied G/L	2186, 1789	10	D/E high
Hydrogen fluoride/acid	Liquefied G/L	1052, 1790	10	D/E med
Hydrogen iodide	Liquefied G/L	2197, 1787	1	D/E high
Hydrogen peroxide	L	2984, 2014 2015	10	
	Hydrogen peroxide is an oxidizing substance and will accelerate burning when involved in a fire; it may ignite combustibles.			
Hydrogen selenide	Liquefied G	2202	0.5	D/E extreme, C low bp
Hydrogen sulphide	G/L under pressure	1053	10, 1	D/E high, C low bp
Iron pentacarbonyl	L in situ	1994	1	F low
Isoamyl alcohol	L	1105	50	A
Isoamylamine	L	1214	10	F med, A
Isobutylene	L	1055	10	Chigh bp, A
Isobutyronitrile	L	2284	10	A
Isofluorophate	L		0.1	F high
Isophorone diisocyanate	L	2290	1	F low
Isoprene	L	1218	50	A, B
Ketene	Liquefied G in situ		0.1	D/E very high
Liquefied natural gases	Liquefied G		10	C low bp, A
LPG	Liquefied G	1075	10	C low bp, A
Manganese trichlorocarbonyl	L in situ	1649	1	F very high
Mercury	L	2809	1	F med

危害化學物	常態物	UN. No.	恕限值（噸）	特性
Methacrylaldehyde	L	2396	1	F med, A
Methacryloyloxyethyl isocyanate	L	2478	1	F med, A
Methane	Liquefied G; Ref. L	1971, 1972	10	C low bp, A
Methanol	L	1230	50	A
Methyl acetate	L	1231	1000	A
Methyl acetylene and Propadiene mixtures	Liquefied G	1060	10	C low bp, A
Methyl acrylate	L	1919	1	A
Methyl bromide	Liquefied G	1062	0.5	D/E high
Methyl chloride	Liquefied G	1063	1	D/E high/E med
Methyl chloromethyl ether	L	1239	1	F med, A
Methyl formate	L	1243	50	A, B
Methyl iodide	L	2644	1	F med
Methyl isobutyl ketone	L	1245	50	A
Methyl isothiocyanate	S or L	2477	1	F med, A
Methyl magnesium bromide in ethyl ether	L solution in situ	1928	10	A, B
Methyl mercaptan	Liquefied G	1064	1	F low, C high bp
Methyl methacrylate	L	1247	1	A
Methyl vinyl ketone	L	1251	50	A
Naphtha, petrolum Naphtha or Naphtha solvent	L	2553, 1256 2553	50	A, B
Nickel carbonyl	L in situ	1259	0.1	F very high, A
Nitric acid, fuming or red fuming	L	2031, 2032	1	F high
Nitric oxide	Comp-gas	1660	0.5	D/E high

危害化學物	常態物	UN. No.	恕限值（噸）	特性
Nitrogen dioxide	Liquefied G	1067	0.5	F high
Nitrosylsulphuric acid	L	2308	1	F med
Octanes	L	1262	50	A
Osmium tetroxide	S	2471	10	F low
Oxygen	Liquefied G, Ref. L	1072, 1073	10	
	Oxygen does not burn, but supports the combustion of other substances, and may ignite combustibles.			
Pentane and pentane mixtures	L	1265	50	A, B
Perchloryl fluoride	G in situ	3083	0.1	D med/E low
Phenol	S molten or liquid	1671, 2312 2821	10	A
Phosgene	L; liquefied G in situ	1076	0.01	D very high
Phosphine	Comp-gas	2199	0.5	D/E very high, C low bp
Phosphorus, white or yellow, dry or in solution; white molten; amorphous or amorphous red.	S or L, molten, S	1381, 2447 1338	1	A
Phosphorus oxychloride	L	1810	0.1	F low
Phosphorus trichloride	L	1809	0.1	F low
Propadiene	Liquefied G	2200	10	C low bp, A
Propane, and Propane Mixtures	Liquefied G	1075, 1978	10	C low bp, A
Propane, 2-methyl-	Liquefied G	1969	10	C low bp, A
Propionaldehyde	L	1275	10	A
Propionitrile	L	2404	1	F high, A
n-Propylamine	L	1277	10	F very low A

危害化學物	常態物	UN. No.	恕限值（噸）	特性
Propylene Oxide	L	1280	1	A, B
Pyridine	L	1282	10	A
Silicon tetrafluoride	Comp-gas	1859	0.5	D/E high
Sodium chlorate	S; L	1495, 2428	10	
	Sodium chlorate is an oxidizing substance and will accelerate burning when involved in a fire; it may ignite combustibles.			
Stibine	Comp-gas	2676	0.1	D/E very high, C high bp
Styrene monomer	L	2055	50	A
Sulphur dichloride	L	1828	1	F high
Sulphur dioxide	Liquefied G	1079	0.5	D high/E med
Sulphur tetrafluoride	Comp-gas	2418	0.5	D/E very high
Sulphur trioxide	S	1829	1	F high
Sulphuric acid, fuming	L	1831	1	F med
Sulphuryl chloride	L	1834	1	F low
Tetraethyl Lead	L	1649	1	F low
Tetrafluoroethylene	Comp-gas	1081	1	C high bp
Tetramethyl lead	L	1649	1	F low
Thionyl chloride	L	1836	1	F med
Thiophosgene	L	2474	1	F high
Titanium tetrachloride	L	1838	1	F high
Toluene	L	1294	50	A
Toluene-2,4-diisocyanate	L	2078	1	F low
2,4-Toluylenediamine	S	1709	50	F med
Triethylamine	L	1296	10	A
Trimethylamine	Liquefied G	1083	10	D/E med
Trimethylchlorosilane	L	1298	10	F very low A
Tungsten hexafluoride	L	2196	0.5	F high

危害化學物	常態物	UN. No.	恕限值（噸）	特性
Uranium hexafluoride	S	2977, 2978	1	F high
Vinyl acetate	L	1301	50	A
Vinyl Chloride	Liquefied G	1086	10	C low bp, A, D med/E low
Vinyl methyl ether	Liquefied G	1087	50	C high bp
Vinylidene chloride	L	1303	10	F low, A
Xylene	L	1307	50	A

註：A：易燃液體（池火危害）；B：易燃液體（閃火危害）

　　C：液化易燃氣體（閃火危害）；D：壓縮液化毒性氣體（毒性氣雲危害）

　　E：冷凍液化毒性氣體（毒性氣雲危害）；F：毒性液體（蒸發所致之毒性氣雲危害）

附錄6　工廠安全檢核表範例

一、總則

項目	是	否	評論	督導單位
1. 廠區內通道入口是否標示高度限制？				港務組
2. 排水系統： (1)污水系統儲存池是否加蓋並預留鎖孔上鎖？ (2)污水系統是否通往廢（污）水儲存池（槽）或處理設備？ (3)通往外界之排水系統是否於廠界設有閘門設備？ (4)閘門設備是否鉛封並指派專人負責啓閉？				環保所
3. 高煙囱是否有避雷裝置				機務組
4. 液化易燃氣體（1,000公噸以上）及液化毒性氣體儲槽（5公噸以上），其儲槽防溢堤內外側是否設置其附屬設備以外之設備？				勞安室
5. 具有危險及易引起火災及爆炸之工作場所、機具、管線或容器是否有警告標示				勞安室
6. 有橫越道路管線者，其管架高度是否距地面4m以上？				港務組
7. 是否具有場區車輛動線規劃？				港務組
8. 人員配額是否充足？				港務組
9. 事故處理方式與紀錄是否完備？				港務組 環保所 勞安室

二、作業設施

（一）作業區

項目	是	否	評論	督導單位
1. 是否明確標示： (1) 作業場所名稱 (2) 危害化學物質中文名稱、危害及注意事項 (3) 各種流體之管線有無依照 CNS9329 之規定， 　　以顏色表示流體種類及流向： 　　水—藍色； 　　蒸氣—深紅； 　　空氣—白色； 　　氣體—黃色； 　　酸或鹼—紫灰色； 　　油—深橙色； 　　電氣—淺橙色； 　　危險—橙二側黑； 　　滅火—紅二側白； 　　流向； 　　流量或流速； 　　壓力； 　　溫度。				勞安室 勞安室 機務組
2. 門窗、出口大小是否足夠緊急逃生？				消防隊
3. 作業區是否有二個以上反向出口？				消防隊
4. 引火性或毒性液體或氣體及處理設備附近是否裝設有效之漏氣檢知警報設備？				消防隊
5. 控制室： (1) 加壓室內之空氣進口是否裝設氣體檢知警報設備？ (2) 室內壓力是否保持正壓？ (3) 門窗是否採用夾金屬絲網玻璃？ (4) 出入門是否二處，其中一處面向安全方向？ (5) 出入口是否裝置推出式二重門？ (6) 易燃氣體警報器是否設置於 25%LFL 時，即發出警報？				消防隊 勞安室 消防隊 消防隊 消防隊 消防隊

項目	是	否	評論	督導單位
6. 是否設置緊急抽氣及除毒裝置？				勞安室
7. 是否裝設局部排氣或有無足夠之整體換氣？				勞安室
8. 空氣壓縮機： (1) 空氣壓縮機取氣口是否設在安全區（無易燃性或毒性氣體存在）？ (2) 是否裝設消除靜電措施？ (3) 流體為易燃性或毒性氣體時，是否裝設氣體漏氣檢知警報設備（25%LEL、TLV）？ (4) 壓縮機入口是否設氣液分離器過濾器；出口設單向閥？ (5) 是否保持通風？				機務組
9. 馬達／泵： (1) 是否其有立即停止轉動之裝置？ (2) 易燃流體，本體是否設消除靜電措施？ (3) 正位移泵浦是否有超壓、防止措施？ (4) 流體為易燃性或毒性氣體時，是否裝設氣體漏氣檢知警報設備？ (5) 維修保養時，有否上鎖或標示作業？				機務組
10. 是否具備各項作業之工作標準手冊（安全手冊）或張貼工作守則？				勞安室
11. 製造設備之配管、管接頭及閥之接合，是否採用熔接或具必要強度之凸緣接合？				機務組
12. 化學設備是否有緊急釋壓設備，及下列其中二種以上之可發出失常警報之監視裝置： (1) 溫度； (2) 壓力； (3) 流量； (4) 氣體密度及成分。				勞安室
13. 設有特定作業（高壓氣體、有機溶劑、特定化學物質、粉塵、缺氧作業）設備者，是否各依法設置安全作業或受過有害作業主管安全衛生教育之有資格作業主管？				勞安室

項目	是	否	評論	督導單位
14. 處理危害化學物設備附近是否設置緊急沖洗器設備？				勞安室
15. 處置之特定毒性氣體（氨、二氧化硫、氯、氯甲烷、環氧乙烷、氰化氫、光氣、硫化氫）設備，是否有符合法規之防止擴散、除毒措施、除毒設備及除毒劑等措施，並配置適當之除毒作業必要之個人防護具？				勞安室
16. 高壓氣體設備及冷凍機設備之附近 8 公尺範圍內，有無動火設備（但設於另一房間之冷凍機設備除外）？				港務組
17. 防爆區內之電氣設備是否採用防爆型？				機務組
18. 電氣設備是否有接地？				機務組
19. 是否依法令規定設置緊急電源？				消防隊
20. 轉動機械是否呈異常振動、聲音、高溫等現象？				機務組
21. 消防設備是否適當、足量且經定期維護運作正常？				消防隊
22. 作業場所禁煙工作是否落實？				港務組
23. 各項動火工程是否均依規定申請？				港工處
24. 場區人員管制是否落實？				港務組

（二）儲存區

項目	是	否	評論	督導單位
1. 需設立警告標示，並遠離作業區域。				勞安室
2. 應避免陽光直射，保持通風乾燥。				勞安室
3. 是否影響照明？				勞安室
4. 是否妨礙機械設備之操作？				勞安室
5. 是否減少自動灑水器及火警警報器之有效功能或妨礙消防器具之緊急使用？				消防隊
6. 是否依靠牆壁或結構支柱堆放？				勞安室

（三）灌裝區

項目	是	否	評論	督導單位
1. 是否標示： (1) 場所名稱； (2) 危害化學物質名稱； (3) 操作程序； (4) 禁火標示； (5) 管線及閥之顏色、內容物、流向及最高耐壓。				勞安室
2. 是否具備防車撞措施？				港務組
3. 八公尺範圍內無動火設備？				港務組
4. 是否具備接地裝置（電阻小於 10Ω）？				機務組
5. 進出料管端是否裝設於五公尺外可操作的緊急遮斷閥（但進料專用管者，可以逆止閥取代）？				機務組
6. 是否有排放灌裝管內氣體之除毒或揮發性有機氣體回收設備？				環保所
7. 是否配置備用之輪檔二個以上？				港務組
8. 是否配備法令規定量之除毒劑，並設置其噴灑設備，供漏氣事故之用？				環保所
9. 是否配備法令規定量之有效防護具？				勞安室
10.是否於附近設置緊急淋浴設備？				勞安室
11.是否設置意外時使用之緊急警告設備？				港務組
12.卸料時，車輛是否加輪檔？				港務組
13.明火管制是否落實？				港務組
14.操作照明與注意事項之標示是否落實？				勞安室
15.消防設備是否適當足量且經定期維護，運作正常？				消防隊

（四）消防

項目	是	否	評論	督導單位
1. 消防水源供應充足。				消防隊
2. 消防水帶依規定摺疊。				消防隊

項目	是	否	評論	督導單位
3. 自動消防滅火系統泡沫櫃依規定儲存泡沫液。				消防隊
4. 備用泡沫液儲存量合於規定。				消防隊
5. 自動消防系統泵浦正常運轉。				消防隊
6. 消防器材設施地點保留通道。				消防隊
7. 是否裝置有緊急自動發電系統，在停電時，於最短時間內供應多重安全系統必要之電力，確保反應器等設備安全？				消防隊
8. 其他合於公眾使用建築物消防安全設備檢查規定。				消防隊

三、儲存容器及設備

（一）一般儲槽 (常溫壓儲存)

項目	是	否	評論	督導單位
1. 槽外安全措施： (1) 儲槽周圍安全空地，是否有動火設備？ (2) 是否設置監測器（易燃／毒性物）？				港務組 環保所
2. 防溢堤： (1) 防溢堤的膨脹接頭及四英吋以上管線貫穿處，是否為二重堤？ (2) 防溢堤是否有破洞或任何通外部之空隙？				港務組
3. 槽體： (1) 合格證（依法同意使用）。 (2) 是否設置儲存物料名稱及危險特性與處理之注意事項之標識（危害通識）？ (3) 儲槽是否用銅線確實接地？ (4) 儲存閃火點 45℃ 以下物質的儲槽，其通風口是否裝設滅火設備？ (5) 消防設備是否適當且經定期維護運作正常？				勞安室 勞安室 機務組 機務組 消防隊

（二）液化氣體儲槽（固定高壓氣體容器）（壓力儲槽）

項目	是	否	評論	督導單位
1. 槽外安全措施： (1) 儲槽周圍八公尺範圍內，是否有任何動火設備？				港務組
(2) 是否設置氣體洩漏偵測警報設備？				消防隊
(3) 消防設備是否適當且經定期維護運作正常？				消防隊
2. 防液堤： (1) 易燃氣體儲槽之防溢堤外部 10 公尺範圍內，是否有與該儲槽無關之任何設備？				勞安室
(2) 毒性液化氣體儲槽儲量 (x) 於 1000 公噸以下 5 公噸以上時，防溢堤周圍〔4/995(X−5)〕＋ 4 公尺範圍內是否設置儲槽附屬設備以外之設備？				勞安室
(3) 儲槽防溢堤，其內部積水之排放設備是否設在防溢堤外操作？				港務組
(4) 防溢堤是否無破洞或通至外部的任何空隙？				港務組
3. 槽體： (1) 合格證（依法同意使用）。				勞安室
(2) 標示儲存氣體名稱、危險特性與處理之注意標識（液化易燃／毒性氣體）。				勞安室
(3) 緊急遮斷閥。				勞安室
(4) 標示最高操作溫度之溫度計。				勞安室
(5) 標示最高操作壓力之壓力計。				勞安室
(6) 標示 90% 之液面計。				勞安室
(7) 逆止閥。				機務組
(8) 易燃性液化氣儲槽安全閥排氣管口是否高出槽頂 2 公尺並朝天排放？				機務組
(9) 毒性液儲槽之破裂板或安全閥之排氣管，是否有除毒或揮發性有機氣體回收設備？				環保所
(10) 消防設備是否適當且經定期維護運作正常？				消防隊

（三）其他

項目	是	否	評論	督導單位

1. 鋼瓶（可移動性高壓氣體鋼瓶）：
(1) 一般規定：
    A. 鋼瓶之檢驗合格證是否有效？
    B. 鋼瓶表面是否標明灌裝氣體之名稱或代表該氣體之顏色？
    C. 鋼瓶是否固定於不燃性構造之鋼瓶間（室）內？
(2) 易燃性氣體鋼瓶：
    A. 易燃性氣體鋼瓶間，是否配置8公斤型乾粉滅火器兩個以上？
    B. 易燃性氣體鋼瓶與助燃性氣體鋼瓶是否區分保管？
(3) 毒性氣體鋼瓶：
    A. 毒性氣體鋼瓶間是否為不燃性且漏氣不易流出外部構造？
    B. 毒性氣體鋼瓶間，是否有適當之漏氣除毒設備？
    C. 氯氣鋼瓶之使用場所，是否裝設漏氣偵測警報設備之感應器一點以上，及有適當之漏氣除毒設備？
    D. 氯氣鋼瓶之使用，是否裝用逆止閥，防止其他液體流入？
    E. 鋼瓶之保管單位及毒性氣體鋼瓶之使用單位，是否配備閥故障漏氣時之緊急止漏工具？
    F. 毒性氣體之使用及保管單位，是否配備必要數量之個人防護具（PPE）？
    G. 毒性氣體使用及保管單位，是否有緊急應變計畫及其演練紀錄？
				消防隊
				
				勞安室

2. 鍋爐： (1) 有合格證（依法同意使用）。 (2) 具有操作人員訓練合格證書。 (3) 具有維護保養紀錄。				勞安室

項目	是	否	評論	督導單位
3. 電梯及吊車等機具是否具有最大安全負荷之標？				勞安室

四、危害物質安全衛生

項目	是	否	評論	督導單位
1. 勞安衛管理員設置情形？				勞安室
2. 危害性化學物質儲存：				
(1) 是否具有危害通識標示？				勞安室
(2) 引火性物質、毒性物質、含氧物質、混合危險物、禁水物質、自燃性物質等是否分別儲存於危險品倉庫內，並採取適當防火安全措施？				勞安室
(3) 倉庫內物料之堆置高度是否適當（理想高度為墊板或存放物料底邊之三倍以下）？				勞安室
(4) 儲存於倉庫內的物料，是否有堵塞通風口狀況？				勞安室
(5) 必須有消防設備及配備必要防護具之倉庫，該等設備之狀況是否妥善？				消防隊
(6) 是否有桶裝引火性（閃火點 $21°C$ 以下）物料儲存於露天？				港務組
(7) 儲存桶裝或瓶裝易燃液體或毒害性液體的倉庫，其地面構造是否可蒐集洩漏液體於一處供處理？				環保所
(8) 備用的鋼瓶、裝高壓氣體鋼瓶及空瓶，是否儲存於鋼瓶倉（鋼瓶間）分類存放並加標示之？				消防隊
(9) 環氧乙烷及其他限制儲存溫度是否適當？				消防隊
(10)是否設置偵測警報設備？				消防隊
3. 作業場所通風與換氣： (1) 有機溶劑作業設備是否有足夠之密閉裝置？ (2) 有機溶劑作業設備是否有足夠之局部排氣或整體換氣裝置？				勞安室

項目	是	否	評論	督導單位
(3) 局部排氣裝置排氣口是否置於室外？				
(4) 局部排氣裝置設有空氣清淨裝置，是否置於排氣機之前？				

4. 自動檢查：
(1) 訂定自動檢查計畫。
(2) 是否於每年定期實施除塵裝置、廢氣、廢液處理裝置自動檢查一次，及於開始使用、改造、修理之際實施重點檢查，並依規定記錄及保存三年？
(3) 特定化學設備或其附屬設備（如各種閥件、計測、控制裝置等），是否於每二年內定期實施自動檢查，並依規定記錄及保存三年？
(4) 從事特定化學物質作業場所，是否每六個月內定期測定丙類物質一次以上，並依規定記錄及保存三年？
(5) 從事有機溶劑室內作業場所，是否每六個月內定期測定有機溶劑一次以上，並依規定記錄及保存三年？
(6) 下列機械設備是否每年實施整體定期檢查一次？
   A. 堆高機；
   B. 固定式起重機；
   C. 移動式起重機；
   D. 升降機；
   E. 簡易升降機。
				勞安室

5. 儲槽檢測與記錄： (1) 管線試壓／測厚； (2) 靜電測試； (3) 儲槽垂直水平； (4) 儲槽沉陷； (5) 槽頂板厚度測試； (6) 槽壁板厚度測試； (7) 槽底板厚度、測漏；				勞安室

項目	是	否	評論	督導單位
(8) 儲槽管線表面鏽化 / 腐蝕； (9) 儲槽基座情形； (10) 附屬設備檢視； (11) 保養記錄與其他。				

五、危害通識及緊急應變規劃

項目	是	否	評論	督導單位
1. 危害通識： (1) 是否建立危害通識制度？ 　□ 認識「物質危害資訊通識制度」，並熟悉 　　有關法令規定 　□ 編撰「危害通識計畫書」 　□ 製備「危害物質清單」（含安全講習） 　□ 編修及提供「物質安全資料表」 　□ 設計及提供「標示或其他形式警示」 　□ 辦理「勞工教育訓練」（含安全講習） 　□ 員工接受危害通識訓練				勞安室
2. 緊急應變規劃： (1) 廠內應變資訊支援系統： 　□ 工廠鄰近地區平面圖 　□ 緊急應變組織 　□ 廠區平面圖 　□ 運作點 　□ 廠內緊急疏散資訊 　□ 廠內緊急應變器材 (2) 緊急應變共同資訊支援系統： 　□ 物質安全資料表（MSDS） 　□ 應變支援組織 　□ 醫療單位 　□ 消防單位 (3) 工廠緊急疏散工具： 　□ 手提式廣播器 　□ 手提式警報器				港務組

項目	是	否	評論	督導單位
□ 中央廣播系統 □ 無線電對講機 □ 行動電話 □ 臨時路障 □ 臨時交通號誌 □ 交通疏散指示牌 (4) 定期應變演練辦理情形。				

六、事業廢棄物

項目	是	否	評論	督導單位
1. 清理計畫書： 　(1) 是否為檢具事業廢棄物清理計畫書之指定機構？ 　(2) 是否已檢具清理計畫書送審？ 　(3) 清理計畫書是否被核准？ 　核准字號：＿＿＿＿＿＿＿＿＿ 　(4) 是否能提供清理計畫書，以供參考？ 　(5) 清理計畫書記載內容是否與現場稽核狀況相符？ 　(6) 清理計畫書是否逾期？ 　(7) 新設立或變更時，是否重新提出清理計畫書？				環保所
2. 事業廢棄物之儲存： 　(1) 是否儲存有害事業廢棄物？ 　(2) 一般及有害事業廢棄物是否分開儲存？ 　(3) 儲存容器或設施與所存放之廢棄物是否相容？不具相容性的廢棄物，是否分開儲存？ 　(4) 有害事業廢棄物之儲存容器標示是否明顯？ 　　□容器密封式　□分類編號 　　□儲存日期　　□數量　□成分 　(5) 儲存區是否有預防洩漏之設施？ 　(6) 儲存容器或設施是否有損壞或洩漏之虞？				環保所

項目	是	否	評論	督導單位
(7) 儲存區地面是否有防止地表水流入之設備或雨水滲透之設備或措施？				
(8) 儲存區所產生之廢水、廢氣、惡臭等，是否蒐集或具有防止其污染之設備或措施？				
3. 廠（場）外遞送聯單（廢棄物之清運） (1) 收受廢棄物之清除處理機構是否具有許可資格？ 　　□甲級　□乙級　□丙級許可 (2) 運送含水量高的廢棄物時，是否有防止廢水滴漏的設備或使用槽車？ (3) 使用槽車時，是否妥善檢查排放閥或其他可能洩漏的閥門？				環保所
4. 記錄申報 (1) 廠（場）外遞送聯單副本有依規定保存三年。 (2) 意外事故報告或不定期報告有整理成檔案備查。				環保所
5. 備置適量之油污清除劑或吸油棉、攔油索等設備器材。				環保所
6. 作業場所環境清潔。				環保所

參考資料：1. 蔡嘉一（計畫主持人），高雄港港區石化品作業安全研究，委託單位：高雄港務局，1998。

　　　　　2. 蔡嘉一（計畫主持人），台中港西碼頭區安全管理與稽核制度建立評估，台中港務局，1997。

附錄7 美國空氣清淨法化學意外預防條款所列管之化學物

本書第 8 章「危害評估」指出，美國環保署（US EPA）依據美國的《空氣清淨法》（Clean Air Act）的化學意外預防條款（40 CFR Part 68 Chemical Accident Prevention Provisions），要求工廠所使用運作之列管化學物，其量超過恕限值（Threshold Quantity）者，應進行危害評估，包括廠外後果分析（Offsite Consequence Analysis），並將其評估結果列入「風險計畫」內（Risk Management Plan, RMP）。化學意外預防條款共列管了 77 種毒性化學物質與 63 種易燃化學物質。

US EPA「廠外後果分析」技術，請參閱蔡嘉一所著《有害化學物及油類外洩因應技術》一書[32c]。

1. 列管毒性物質（77 種）

化學物名稱	恕限值 (lbs)	表列理由
Acrolein [2-Propenal]	5,000	b
Acrylonitrile [2-Propenenitrile]	20,000	b
Acrylyl chloride [2-Propenoyl chloride]	5,000	b
Allyl alcohol [2-Propen-l-ol]	15,000	b
Allylamine [2-Propen-l-amine]	10,000	b
Ammonia (Anhydrous)	10,000	a, b
Ammonia (≥ 20%)	20,000	a, b
Arsenous trichloride	15,000	b
Arsine	1,000	b
Boron trichloride [Borane, Trichloro-]	5,000	b
Boron trifluoride [Borane, Trifluoro-]	5,000	b
Boron trifluoride compound with methyl ether (1:1) [Boron, trifluoro [Oxybis[metane]]-, T-4-	15,000	b
Bromine	10,000	a, b
Carbon disulfide	20,000	b

545

化學物名稱	恕限值 (lbs)	表列理由
Chlorine	2,500	a, b
Chlorine dioxide [Chlorine oxide(ClO$_2$)]	1,000	c
Chloroform [Methane, Trichloro-]	20,000	b
Chloromethyl ether [Methane, Oxybis[chloro-]	1,000	b
Chloromethyl methyl ether [Methane, Chloromethoxy-]	5,000	b
Crotonaldehyde [2-Butenal]	20,000	b
Crotonaldehyde, (E)- [2-Butenal, (E)-]	20,000	b
Cyanogen chloride	10,000	c
Cyclohexylamine [Cyclohexana-mine]	15,000	b
Diborane	2,500	b
Dimethyldichloro-silane [Silane, Dichlorodimeth-yl-]	5,000	b
1,1- Dimethylhydrazine [Hydra-zine, 1,1-Di-methyl-]	15,000	b
Epichlorohydrin [Oxirane, (Chloromethyl)-]	20,000	b
Ethylenediamine [1,2-Ethanediamine]	20,000	b
Ethyleneimine [Aziridine]	10,000	b
Ethylene oxide [Oxirane]	10,000	a, b
Fluorine	1,000	b
Formaldehyde (Solution)	15,000	b
Furan	5,000	b
Hydrazine	15,000	b
Hydrochloric acid (≥ 37%)	15,000	d
Hydrocyanic acid	2,500	a, b
Hydrogen chloride (Anhydrous)	5,000	a
Hydrogen fluoride/Hydrofluoric acid (≥ 50%) [Hydrofluoric acid]	1,000	a, b
Hydrogen selenide	500	b
Hydrogen sulfide	10,000	a, b
Iron, Pentacarbonyl-[Iron carbonyl (Fe(CO)$_5$)]	2,500	b

化學物名稱	恕限值 (lbs)	表列理由
Isobutyronitrile [Propanenitrile, 2-Methyl-]	20,000	b
Isopropyl chloroformate [Carbonochloridic acid, 1-Methylethyl ester]	15,000	b
Methacrylonitrile [2-Propenenitrile, 2-Methyl-].	10,000	b
Methyl chloride [Methane, Chloro-]	10,000	a
Methyl chloroformate [Carbonochloridic acid, Methylester]	5,000	b
Methyl hydrazine [Hydrazine, Methyl-]	15,000	b
Methyl isocyanate [Methane, Isocyanato-]	10,000	a, b
Methyl mercaptan [Methanethiol]	10,000	b
Methyl thiocyanate [Thiocyanicacid, Methyl ester]	20,000	b
Methyltrichlorosilane [Silane, Trichloromethyl-]	5,000	b
Nickel carbonyl	1,000	b
Nitric acid (≥ 80%)	15,000	b
Nitric oxide [Nitrogen oxide s(NO)]	10,000	b
Oleum (Fuming Sulfuric acid) [Sulfuric acid, mixture with sulfur trioxide]	10,000	e
Peracetic acid [Ethaneperoxoic acid]	10,000	b
Perchloromethyl mercaptan [Methanesulfenyl chloride, Trichloro-]	10,000	b
Phosgene [Carbonic dichloride]	500	a, b
Phosphine	5,000	b
Phosphorus oxychloride [Phosphoryl chloride]	5,000	b
Phosphorus trichloride [Phosphorous trichloride]	15,000	b
Piperidine	15,000	b
Propionitrile [Propanenitrile]	10,000	b
Propyl chloroformate [Carbonochloridic acid, Propylester]	15,000	b
Propyleneimine [Aziridine, 2-Methyl-]	10,000	b
Propylene oxide [Oxirane, Methyl-]	10,000	b
Sulfur dioxide (Anhydrous)	5,000	a, b

化學物名稱	恕限值 (lbs)	表列 理由
Sulfur tetra-fluoride [Sulfur fluoride (SF$_4$),(T-4)-]	2,500	b
Sulfur trioxide	10,000	a, b
Tetramethyl lead [Plumbane, Tetramethyl-]	10,000	b
Tetranitromethane [Methane, Tetranitro-]	10,000	b
Titanium tetrachloride [Titanium chloride(TiCl$_4$) (T-4)-]	2,500	b
Toluene 2,4-diisocyanate [Benzene, 2, 4- Diisocyanato-methyl-]	10,000	a
Toluene 2,6-diisocyanate [Benzene, 1, 3-Diisocyanato-2-methyl-]	10,000	a
Toluene diisocyanate (Unspecified isomer) [Benzene, 1, 3-Diisocy-anatom-ethyl-]	10,000	a
Trimethylchlorosi-lane [Silane, Chlorotrimethyl-]	10,000	b
Vinyl acetate monomer [Aceticacid ethenyl ester]	15,000	b

* a. 國會要求表列者。

b. 在 EHS（Extremely Hazardous Substances）表列上，蒸氣壓 ≥ 10mmHg。

c. 毒性氣體。

d. 氯化氫之毒性，潛在釋放氯化氫和過去意外紀錄。

e. 三氧化硫與硫酸之毒性，潛在釋放三氧化硫和過去意外紀錄。

2. 列管易燃物質（63 種）

化學物名稱	恕限值 (lbs)	表列 理由
Acetaldehyde	10,000	g
Acetylene [Ethyne]	10,000	f
Bromotrifluorethylene [Ethene, Bromotrifluoro-]	10,000	f
1,3-Butadiene	10,000	f
Butane	10,000	f
1-Butene	10,000	f
2-Butene	10,000	f
Butene	10,000	f
2-Butenecis	10,000	f

化學物名稱	恕限值 (lbs)	表列 理由
2-Butene-trans [2-Butene, (E)]	10,000	f
Carbon oxysulfide [Carbon oxide sulfide (COS)]	10,000	f
Chlorine monoxide [Chlorine oxide]	10,000	f
2-Chloropropylene [1-Propene, 2-Chloro-]	10,000	g
1-Chloropropylene [1-Propene, 1-Chloro-]	10,000	g
Cyanogen [Ethanedinitrile]	10,000	f
Cyclopropane	10,000	f
Dichlorosilane [Silane, Dichloro-]	10,000	f
Difluoroethane [Ethane, 1,1-Difluoro-]	10,000	f
Dimethylamine [Methanamine, N-Methyl-]	10,000	f
2,2-Dimethylpropane [Propane, 2,2-Dimethyl-]	10,000	f
Ethane	10,000	f
Ethyl acetylene [1-Butyne]	10,000	f
Ethylamine [Ethanamine]	10,000	f
Ethyl chloride [Ethane, Chloro-]	10,000	f
Ethylene [Ethene]	10,000	f
Ethyl ether [Ethane, 1,1'-Oxybis-]	10,000	g
Ethyl mercaptan [Ethanethiol]	10,000	g
Ethyl nitrite [Nitrous acid, Ethyl ester]	10,000	f
Hydrogen	10,000	f
Isobutane [Propane, 2-Methyl]	10,000	f
Isopentane [Butane, 2-Methyl-]	10,000	g
Isoprene [1,3-Butadinene, 2-Methyl-]	10,000	g
Isopropylamine [2-Propanamine]	10,000	g
Isopropyl chloride [Propane, 2-Chloro-]	10,000	g
Methane	10,000	f
Methylamine [Methanamine]	10,000	f
3-Methyl-1-butene	10,000	f
2-Methyl-1-butene	10,000	g
Methyl ether [Methane, Oxybis-]	10,000	f

化學物名稱	恕限值 (lbs)	表列 理由
Methyl formate [Formic acid, Methyl ester]	10,000	g
2-Methylpropene [1-Propene, 2-Methyl-]	10,000	f
1,3-Pentadinene	10,000	f
Pentane	10,000	g
1-Pentene	10,000	g
2-Pentene, (E)-	10,000	g
2-Pentene, (Z)-	10,000	g
Propadiene [1,2-Propadiene]	10,000	f
Propane	10,000	f
Propylene [1-Propene]	10,000	f
Propyne [1-Propyne]	10,000	f
Silane	10,000	f
Tetrafluoroethylene [Ethene, Tetrafluoro-]	10,000	f
Tetramethylsilane [Silane, Tetramethyl-]	10,000	g
Trichlorosilane [Silane, Trichloro-]	10,000	g
Trifluorochloroethylene [Ethene, Chlorotrifluoro-]	10,000	f
Trimethylamine [Methanamine, N,N-Dimethyl-]	10,000	f
Vinyl acetylene [1-Buten-3-yne]	10,000	f
Vinyl chloride [Ethene, Chloro-]	10,000	a, f
Vinyl ethyl ether [Ethene, Ethoxy-]	10,000	g
Vinyl fluoride [Ethene, Fluoro-]	10,000	f
Vinylidene chloride [Ethene, 1,1-Dichloro-]	10,000	g
Vinylidene fluoride [Ethene, 1,1-Difluoro-]	10,000	f
Vinyl methyl ether [Ethene, Methoxy-]	10,000	f

＊a.國會要求表列者。

 f.易燃氣體。

 g.揮發性易燃液體。

資料來源：US EPA Risk Management Program Guidance for Offsite Consequence Analysis, Chemical Emergency Preparedness and Prevention Office, 1999.

附錄8 OSHA之PSM指南

本書第 4 章第 4.2.2 節提到 PSM，本指南（OSHA Guidance on PSM）直接取自 OSHA 的 PSM 標準（26CFR1910.119）之附錄 C，但其內容之順序業經 US EPA 重新安排，以反映 US EPA 之《風險管理方案》（RMP Risk Management Program）的相關條文（Part68）。

美國職業安全與健康署（OSHA）1992 年頒布 PSM 標準（製程安全管理標準，Process Safety Management），以監督生產與使用高危害性化學物質的事業單位，期望透過「製程安全管理」達到預防與製程有關的重大意外事件之發生。我國勞委會也於 1994 年頒布《危險性工作場所審查暨檢查辦法》，規定危險性工作場所應經審查、檢查合格，始得使勞工在該場所作業（見本書第 3 章第 3.3.3 節）。

PSM 係藉由 PDCA（Plan-Do-Check-Action，規劃、執行、查核與行動）的系統化管理模式，來進行辨識、評估「製程」可能發生的危害及風險，並採取有效的控制措施，將整體風險降低至可接受程度，以確保廠內外人員的安全與健康。依 OHSA 之 PSM，共有 14 個單元，如下所述。

1. 製程安全資料（Process Safety Information）

有關製程所用的化學物、製程技術與製程工具等之完整與正確資料，乃是進行有效製程安全管理方案和製程危害分析之基本要件。這些資料對許多使用者而言，可以說是必備之資料，例如，執行製程危害分析小組、研發訓練方案與操作步驟者、進行該製程有關之工作的承攬商、進行起動前之回顧工作者、地方緊急應變之準備規劃者、保險業者與落實法規之公務員。

所應蒐集之化學物資料（包括製程中間反應物）必須充分，才足以作為火災與爆炸特性、反應性危害、工人安全與健康危害，以及腐蝕（Corrosion）與沖蝕（Erosion）對製程工具（Process Equipment）與監視設備（Monitoring Tool）之影響的正確評估。化學物的物質安全資料表（MSDS），有助於滿足上述要求，但還要輔以製程之相關化學資料，必要時，可能包括失控反應（Runaway Reaction）與超壓危害。

製程技術資料乃是整套製程安全資料的一部分，包括流程（Diagram）以及雇主所訂定之製程化學物最大儲存量準則（Maximum Inventory Level）、導致不正常情況之限值（Limit）；如果操作超越所訂定之製程限值，所產生之後果（Consequence）或偏差／偏離（Deviation）之定性估計（Qualitative Estimate）。應鼓勵雇主利用流程來協助其使用者了解整個製程。

可用格子流程圖（Block Flow Diagram）來表示主要製程工具和聯絡製程流量（Process Flow）線，當有必要清晰時，於其上標出流量速率、成分、溫度與壓力。格子流程圖是一種簡化的流程。

製程的流程圖（Process Flow Diagram）是比較複雜的，它可用來顯示出所有主要

內容物的流動方向，包括閥（Valve），有助於對製程、進料線與產品（所有主要容器、熱交換器之進出口、以及各壓力與溫度控制點）之壓力和溫度的了解。必要時，為了清晰起見，也要標註設備之建構材質、幫浦容量、壓力頭（Pressure Head）、壓縮機馬力以及容器之設計壓力與溫度。除此之外，控制流程環段（Control Loop）的主要元件一般也連同主要水電設備（Utility），在製程流程圖上標出來。

上面所述之一些較細節者，可藉用管路與儀控圖（P&IDs）來表達，以提供較詳細之資料給管路設計者與工程人員。P&IDs 圖可用來加強說明工具（Instrument）與儀控（Equipment），以及其他相關資料之間的關係。專門作 P&IDs 或其他流程的電腦軟體，可用來滿足這項要求。與製程工具設計有關的資料要建檔；換句話說，到底是依據什麼規範（Code）與標準（Standard）去建立良好的工程作業實務，必須要弄清楚。這些規範與標準是由 ASME、API、ANSI、NFPA、ASTM、鍋爐與壓力容器檢查員國家處，及國家腐蝕工程師協會等機構所訂定的。除此之外，許多工程協會也出版與製程設計有關的技術文件，例如 AIChE 所出版的技術文件主題，包括排氣裝置之二相流（Two Phase Flow）。這類在技術上被認可的報告，也構成良好的工程實務（Good Engineering Practice）。

至於目前所用之工具，往往是多年前依據當時的規範與標準所設計與建構的，而這些規範與標準今日一般已不再使用，雇主應該將這些規範與標準建檔。如果能這樣做，那麼這些設計與建構連同其測試、檢查與操作都還可以繼續使用。

2. 製程危害分析（Process Hazard Analysis）

製程危害分析（Process Hazard Analysis, PHA）可以說是製程安全管理方案中最重要的一部分。它是一項藉由有組織的、系統性的努力，去鑑定及分析與高危害性化學物有關之加工（Process）或運作（Handling）的潛在危害之顯著程度。PHA 所提供的資料，有助於雇主與員工就如何改善安全、減少不要或非預期的危害化學物外洩之後果等問題，做出決策。

PHA 是針對火災、爆炸、毒性或易燃化學物的釋放以及危害性化學物重大外洩之潛在原因與後果，進行分析。PHA 的對象著重於工具、儀器、水電設備、人為活動（定期的與非定期的），以及可能衝擊製程之外在因子。這些考量，有助於判定製程中之危害、潛在失敗點或失敗模式。

PHA 方法的選用要考慮許多因素，包括對該製程之現有知識的程度。該製程是否已操作一段相當長的時間，且沒有做任何更新或更新有限？對該製程是否已累積相當豐富的經驗？是否為新製程？或該製程常常增加新式設備？除此之外，製程之規模與複雜性也會影響 PHA 方法選用。每一種 PHA 方法都有其限制性，例如檢核表法最適用於那些製程很穩定且未變更過的，但很可能對那些最近變更的部分漏檢了。另一個要考量的是，評估小組所做的假設，因為 PHA 全賴於評估小組的良好判斷能力，於研究過程中，評估小組的假設要建檔且為小組與回顧者（Reviewer）所了解，並保留作為未來之PHA 的參考。

評估小組必須了解其所使用的 PHA 方法，其成員應在 2 名或以上，具各種不同之

操作與技術背景。一些成員也許只是參與整個過程中的一段時間。評估小組組長對其所實施之 PHA 方法應具充分知識，公正無私地進行分析；至於其他成員，不管是全時間的（Full-time）或非全時間的（Part-time），必須提供各領域之專業知識，例如製程技術、製程設計、操作步驟與實務，包括如何實際進行工作、警報、緊急步驟、儀器、維修程序、定期與非定期任務（包括任務如何授權）、零件之購買與供應、安全與健康，以及任何其他相關主題。成員中至少有一位應對所欲評估之製程熟悉。

理想上，評估小組應了解所欲評估之製程的相關規範（Code）、標準（Standard）、規格（Specification）與規則（Regulation）。小組組長必須能夠管理小組與 PHA 研究。成員們必須能在一起工作，同時得到他人專長的協助，以解決各種課題，並對研究發現與建議達成共識。

PHA 執行過程中，對製程各部分也許可運用不同的評估方法，例如一個製程包括一系列的單位操作（Unit Operation），而且每個單位操作各有其不同之規模、複雜性與使用時間長短（Age），在這種情況下，可就個別單位操作之特殊性，也許可以應用不同的評估方法和小組成員進行分析。然後，將結論整合成一個最終的研究和評估。

一個比較特定的例子，是採用檢核表的 PHA 來評估一個標準鍋爐或熱交換器，與使用危害與操作性 PHA 於全體製程的評估。對批式製程（Batch Process），如果單體（Monomer）或其他成分比例只有小小的改變，而且全部範圍與批式成分比例之化學也有建檔，可考量採用一個代表性之批式的共通性（Generic）PHA。其他可考量使用共通性 PHA 的例子是瓦斯廠製程，這些廠往往由一個地方搬到另一個地方，一個共通性 PHA 可適用這種移動性化工廠。另一方面，當雇主有數座類似大小的瓦斯廠，且廠址沒有酸氣處理的製程，那麼應用共通性 PHA 是可行的，只要把個別廠址之變化考量到 PHA 就可以了。

如果雇主有一座大型的連續性製程（Continuous Process），且具備好幾個控制室（例如蒸餾塔有一個控制室，又混合操作也有一個控制室），雇主可考量把整個製程分成好幾段來評估，然後把結果整合在一起。

屬本條例所列管範圍內的小廠商，往往其製程具較少之儲存量與容量，而且比大廠單純，因此 OSHA 希望這些廠商能以較不複雜的評估方法，去滿足製程危害分析準則。像這類 PHA 的進行，可用較短的時間與較少的人力去完成。一個較不複雜的製程，一般也就表示 PHA 的進行所需之數據、P&IDs 以及製程資料較少。

許多小廠商的製程並不具有什麼特殊性，例如給水處理廠。如果雇主所屬的協會有好幾個會員也具有類似設施，可研擬共通性的 PHA（用檢核表或什麼—如果問題的方式研擬），讓每一個雇主使用，以有效地反應出其特殊之製程，這樣就可以簡化他們在合乎法規方面的問題。

3. 訓練（Training）

為了保護自己、同事和鄰近社區居民，凡從事高度危害性化學物運作之員工（包括維修與承攬商之員工），應充分了解他們自己在工作中所面臨之製程安全與健康危害問題，以保護他們自己。依危害溝通標準（Hazard Communication Standard）進行

訓練，不但有助於員工對其所運作之化學物更加了解，同時也能看懂物質安全資料表（MSDS）；其他訓練課題，例如操作步驟、安全工作實務、緊急疏散與因應、安全步驟、例行性與非例行性工作授權活動，以及其他與製程安全、健康有關的領域，也應考量納入雇主的訓練方案內。

在擬定訓練方案時，雇主應清楚地界定出哪些員工要接受訓練以及訓練應包括哪些課題；也要清楚地建立所欲達成之訓練目標（Goal）與目的（Objective）。訓練開始之前，要清楚地以書面訂定可度量之學習目標與目的。這些目標與目的要針對每一個特殊訓練模式來研擬。雇主應說明重要的行動（Action）與條件，如此員工才能示範出其專業與知識、以及合格之表現。

現場指導或操作訓練（Hand-on-training）能夠讓員工實際感受到某些實務，像這種不是讓學員全然以聽的方式來進行的訓練方法，有助於學習，例如將被分配到控制室或控制板工作的操作員工，可藉用模擬的控制操作板來進行訓練。各種型式的非正常情況，可以顯示在模擬板（Simulator）上，因此學員可按照適當操作步驟進行糾正，讓模擬板恢復到正常的操作參數。盡可能製造一個能讓學員感覺起來有如真實情況一樣。當然，這些是在控制的條件下。這種真實型態的訓練一方面可以有效地教導學員正確步驟，另一方面也可以讓受訓者看到，如果不按照既定的步驟操作，可能產生的後果。其他的訓練技術，例如使用錄影帶或在職訓練，也是一種很有效的方式，來教員工其他任務或其他重要資訊。總而言之，一個有效的訓練方案，可以使得員工在訓練過程能全心全力投入，磨練他們的技能與知識。

雇主應定期評估其訓練方案，看看這些受過訓的員工是否適當地了解所需之技術、知識與日常工作，並落實之。評估方法要配合訓練方案之目標與目的來研訂。雇主從訓練方案評估可以知道，員工到底由訓練方案學到多少？有沒有達到預期效果？如果經過評估發現受訓過的員工，在技能上與知識上並沒有達到預期的程度，那麼雇主宜修訂訓練方案，提供再訓練或開多一點再訓班，一直到缺點被糾正為止。當然，為了改進訓練過程，應聽取講師與受訓學員的意見。

4. 機械完整性（Mechanical Integrity）

雇主需回顧他們的維修方案與工作時間表，以了解是不是有哪些地方如果採用「故障維修」（Breakdown Maintenance），比採用例行機械完整性方案來得好。用來加工、儲存或運作高度危害物的工具（Equipment），必須將其設計、施工、安裝與維護，以期減少該化學物外洩的風險。為達此目的，就需要實施機械完整性方案，以確保製程工具之連續的完整性。

機械完整性方案要項，包括：工具與儀器之鑑明和分類、檢查與測試、測驗和檢查頻率、維修步驟之研訂、維修員之訓練、可接受的測試結果之準則的建立、測試與檢查結果之文書建檔、以及製造廠商有關工具與儀器失敗之建議的建檔。

雇主的第一道防衛線（First Line of Defense）是讓製程依其原來所設計的方式來操作與維修，使化學物不外洩；然後再以控制性的釋放來支援第一道防衛線，而排放到洗滌器（Scrubber）、廢氣燃燒塔（Flare）、突增或溢流槽（Surge or Overflow Tank）的

釋放。上述防衛線是預防不預期之化學物釋放的主防衛線（Primary Line of Defense）或方法。第二道防衛線（Secondary Line of Defense）包括固定式消防系統（例如自動灑水器、灑水或泡沫系統、監測消防水槍等）、防溢堤、排水系統以及其他用來控制或減輕危害化學物之不預期釋放的系統。這些主要防衛線與第二道防衛線就是機械完整性方案所必須保護和加強的。

　　一個有效的機械完整性方案，第一步是蒐集一系列製程工具與儀器並分類之。包括壓力容器、儲存槽、製程管線、釋放（Relief）與排氣（Vent）系統、消防系統元件、緊急關斷系統、警報與連鎖（Interlock）、幫浦。至於儀器與表列工具之分類，雇主宜依須檢查之嚴格度，將其依順序排列。

　　另一方面，雇主應從製造廠商或自己對該零件的經驗，了解各種儀器與工具之可能失敗，因為這些會影響到檢查與測試頻率及其相關步驟。NBIC（National Board Inspection Code）、ASTM、API、NFPA、ANSI 與 ASME 和其他團體都有出版相關規範（Code）與標準（Standard），有助於建立有效之測試、檢查頻率和適當之方法。

　　上述出版之相關規範與標準提供一些外部檢查之準則，例如基礎、支柱、錨螺栓（Anchor Bolt）、混凝土或鋼柱、噴嘴與自動灑水器、管之吊架、接地連結、保護性塗裝與絕緣、管線與容器之外部金屬表面。這些規範與標準也提供內部檢查方法的資料，以及依構材腐蝕速率之頻率公式。內部與外部之沖蝕（Erosion），也要與管線和閥之腐蝕效應同時考量進去。如果不知道腐蝕速率，建議採用最高檢查頻率；規範可以找到研擬腐蝕頻率的方法。內部檢查應包括容器壁、槽底與頂端；金屬襯壁與非金屬襯壁；容器與管線之厚度；沖蝕、腐蝕、裂痕與突起之檢查；內部設備例如盤（Tray）、緩衝板（Baffle）、裂痕與突起；感應器（Sensor）與沖蝕、腐蝕或裂痕之攔柵（Screen），以及其他缺陷之處。上述有一些檢查也許是由政府檢查員依法執行的，然而每個雇主必須研擬步驟，以確保測試與檢查之適當進行。而且雖由不同員工執行上述工作，但其過程應是一致性的。要提供維修人員之適當訓練，以確保他們了解預防維修方案步驟、安全實務、特殊工具之適當使用。呼籲上述訓練應納入整體訓練方案之一部分。

　　為了有助於確保施工與檢查步驟是適當的、建構材質是適當的、同時裝置步驟也有考量現場因素，應建立品保系統。品保方案是機械完整性方案中之基本要素項，它有助於維護上述之主要防衛線與第二道防衛線。如同建好的藍圖，以及依規範施工的容器和其他工具的認證，構材都必須加以確認，並納入品保文書內。工具的裝置作業必須適當地在現場檢查，以了解是否使用適當材料和步驟，並確保使用合格工作人員；要在現場確認使用適當的墊片（Gasket）、包裝（Packing）、螺栓（Bolt）、閥（Valve）、潤滑油和焊接桿。同時也要確認安全設備之裝置是使用適當之步驟，例如破裂板閥上之螺栓轉矩（Torque）、琺瑯螺栓之均勻轉矩扭力、幫浦密封之適當安裝等等。如果發現零件之品質有了問題，也許可以對工具供應商之設施進行評核，以確保能買到較好所需工具。如果工具必須改變，需經改變管理之步驟。

5. 改變之管理（Management of Change）

　　如要對製程化學物、技術、工具與設施的改變加以適當地管理，首要之務是界定：

所謂「改變」（Change）是什麼意思？在製程安全管理的標準內，所謂「改變」，包括工具、步驟、原料與製程條件之修改（Modification），而非指「同類的掉換」（Replacement of Kind）。要落實這些改變，事先要藉由鑑明與回顧加以適當管理；例如，操作步驟包括操作參數（壓力限制、溫度範圍、流量等等）與此等限值內操作的重要性。一方面操作員應具有彈性，以維持安全操作能在既定的參數內；任何在這些參數外的操作，都需加以回顧，並取得改變步驟之書面管理的核准。改變之管理的領域，包括製程技術之改變、工具與儀器之改變。製程技術之改變，包括生產速率、原料、實驗、工具之不可取得性、新工具、新產品開發等之改變，以及催化劑與操作條件（以改善生產與品質）之改變等。工具的改變包括建構材料、工具規格、管路之事先配置、實驗工具、電腦程式修改等之改變，以及警報和連鎖（Interlock）之改變。雇主必須建立方法，來偵測技術上與機械上之改變。

　　過去幾年來，臨時性的改變已造成一些災難案例，因此雇主必須建立方法去偵測臨時性的改變與永久性的改變。就臨時性的改變而言，要建立一個時間限制並監測之，否則一旦不加以管制，這些改變也許會演變成永久性的——這點很重要。臨時性的改變要藉由管理改變條款加以管理；除此之外，要以管理改變之步驟來確保工具與步驟在臨時性的改變終了時，恢復到原來或設計條件的情況。對這些改變的適當建檔與回顧，在確保安全及健康被整合到操作步驟與製程內，具有相當價值的。

6. 起動前審查（Pre-startup Review）

　　就新製程而言，從可靠性與品質的觀點，雇主將發現 PHA 技術有助於改善製程之設計與施工。在最終的裝置完成前，利用 PHA 建議有益於促進該新製程的安全操作。P&IDs 圖的完成，要配合操作步驟的建立與製程起動前的操作員訓練。開始的起動步驟與正規操作步驟必需充分評估，作為起動前審查工作的一部分，以確保能安全地轉移到正規操作模式上，符合製程參數要求。

　　對於那些暫時關閉來進行整修或修改的既存製程，雇主應確認，在關閉期間，任何非「同類零件之抽換」（Replacement in Kind）的製程之改變，應經由改變之管理的程序。必要時，要更新 P&IDs 圖、操作步驟與指導說明。如果在關閉期間所做之製程改變是顯著且影響訓練方案，那麼操作員與在製程區工作的員工，應針對這些改變加以訓練。任何意外調查之建議、符合法規要求之評核或 PHA 建議，應在起動前加以回顧，以了解它們對製程有何衝擊。

7. 法規符合情形之評核（Compliance Audit）

　　雇主必須選一位曾受過訓練的人或組成一個小組，去評核製程安全管理系統與方案。對一個小廠或小製程而言，只需要一位專業人員就可以進行評核。評核內容包括：製程安全管理系統之設計與效率之分析、安全和健康條件與實務之現場調查，以證實是否有效地落實雇主的系統。評核小組組長在評核技巧方面，應具充分之知識，且能公正無私地執行評核任務。一項評核方案之基本要素，包括：規劃、成員選用、評核之進行、分析與校正行動、後續追蹤與文書建檔。

事先之規劃可以說是製程評核成功之最基本要件。在評核進行前，每一個雇主必須建立格式、選用評核成員、訂出期程與核實（Verification）方法。格式的設計要能提供評核組長一份步驟（Procedure）或檢核表（Checklist），其上含有各種標準之詳細要求。評核小組成員名字也應列在格式上。一份經過適當設計的檢核表，可以作為評核表，提供評核者必須之資料，以加速回顧工作之進行，並確保未遺漏任何標準之要求。這份表可作為研訂後續工作與文書建檔之用。

如何選用評核小組成員，可說是一個評核方案是否能成功之關鍵所在。成員之選用應基於他們的經驗、知識與訓練，且必須了解所欲評核之製程、評核技巧、實務與步驟；至於小組成員要多少人，就要看製程的規模與複雜性。如果是一座大規模、複雜、高度儀器化的工廠，小組成員最好包括具有製程工程與設計、製程化學、儀器與電腦控制、電氣危害與分類、安全與健康領域、維修、緊急準備、倉儲或運送、製程安全評核等專業領域之專家。小組也可以藉助非全職（Part-time）人員，來提供較深度專業知識。

一項有效之評核，包括相關文書檔案與製程安全資料之回顧、物理設施之檢查、以及各階層員工之面訪。藉用評核步驟與事先規劃階段所研擬的檢核表，評核小組可以有系統地分析是否符合相關標準和公司相關政策之要求，例如：小組將回顧訓練方案相關議題。小組將檢討書面訓練方案，來評估訓練內容的充分性、訓練頻率、訓練之有效性、是否達到訓練之目標與目的，以及是否達到標準之要求等。經由面訪，小組可以了解員工的知識以及對安全步驟、責任、規則、緊急因應任務等之認知。在檢查過程中，小組可以藉由觀察，以了解實際之作業，例如：安全與健康政策、操作步驟，以及工作授權實務等。這種方法可以讓小組找出缺點和決定採取何種校正行動或改善措施。

8. 事故調查（Incident Investigation）

事故調查係指鑑明意外的原因，並落實預防再發生類似事故的步驟之過程（Process）。事故調查的意向，是為了使員工記取過去的教訓，因此避免重複過去的錯誤。有些事故有時被認為「幾乎閃失」（Near Miss），意謂一項嚴重的後果未發生，但可能發生。

雇主應培養廠內能力，去調查發生在自己工廠內的事故。他要組成一個小組，並對調查技術加以訓練，包括如何面談證人、所需之文書建檔以及編寫調查報告等。由各種專業人員組成的小組較有能力去蒐集事證，並分析之，以了解到底發生什麼事？為何發生？小組成員的選擇，應基於他們的訓練、知識與能力，才能對事故調查有所貢獻。應諮詢發生事故之製程區的員工，加以面談或使其成為調查小組成員。他們對所發生之事故的知識，對事實的認定是相當重要的。調查報告、發現和建議要與那些能從中獲得益處的人分享；員工的合作是一項有效意外調查的基本要件。調查的重心應在於獲得事實，而不是在於指責。小組與調查過程應對所有相關人員，以公平、公開和一致性的態度為之。

9. 員工參與（Employee Participation）

《空氣清淨法修訂案》（Section 304 of Clean Air Act Amendments）第 304 節指出，

雇主應就其在發展與落實製程安全管理方案的要項及危害評估，向員工與員工代表進行諮詢。該節也要求雇主訓練和教育其員工，並將 PSM 方案所做意外調查之發現，通知受到影響的員工。

在他們的安全與健康方案下，許多雇主已經建立措施與方法，去讓員工與其代表知道安全與健康相關議題。雇主也許可以採用這些實務和步驟去符合在此標準下，他們應有的義務。這些尚未落實職業安全與健康方案的雇主，也許願意組成一個由員工和管理代表所組成的安全與健康委員會，去協助雇主符合此標準所指定之義務。這些委員會可以構成一顯著之協力單位，有助於雇主為所有員工去落實和維持一個有效的製程安全管理方案。

10. 動火許可（**Hot Work Permit**）

雇主必須管制在製程區進行之非定期工作。這些所欲達成的工作涉及之危害，不但必須讓參與這些工作的人知道，也要讓能影響到製程安全的操作員知道。工作授權的通知或許可應有步驟，說明維修領班、承攬商代表或相關人員必須依照哪些步驟，才能進行工作。工作授權之程序，必要時需配合鎖外（Lockout）程序、密閉空間進入程序；也要提供清楚的步驟，讓相關人員知道工作已完成，工具可恢復到原來的正常狀態。

11. 承攬商（**Contractor**）

如使用承攬商在涉及高度危害性化學物的製程附近工作，雇主應建立承攬商聘用之篩選步驟，以確保其所僱用之外人能如預期完成所交代之工作，而不致危害到工廠員工之安全與健康。

如果事先不了解所欲僱用之承攬商在作業安全方面的表現，雇主需要取得承攬商之受傷、生病率與經驗方面的資料，並應取得承攬商之諮詢資料（Reference）。除此之外，雇主應確認承攬商具有所需之工作技能、知識與相關證件（例如壓力容器焊接工）。要評估承攬商之工作方法與經驗，例如，承攬商在進行拆除工作時，是否在操作製程上面搖晃負荷物？或承攬商有避免這種危害？

承攬商必須安全地執行他們的工作。想一想，承攬商常常執行非常特殊性與潛在危害性的任務，例如限制性空間的進入活動與非定期性的修復工作，因此相當重要的是，當他們要在列管製程區或附近作業時，需管制他們的活動。工作許可系統或工作授權系統有助於雇主達成此目的，採用工作授權系統可以讓雇主得知承攬商的活動，其好處是雇主可就製程區的工作，得到較佳之協調與管理控制。一個運轉與維護良好的製程，其員工安全是被充分考量的，如此也有利於整個工廠之員工，包括進入廠內工作之承攬商員工。

本文取自：OSHA PSM standard (29CFR 1910.119) 之非強制性附錄 C (Non-mandatory Appendix C)。

參考資料：General Guidance For Risk Management Programs (40 CFR PART 68), EPA 550-B-00-008 US EPA, 2000.

工安國考題目──高考與特考

【103 年專門職業及技術人員高等考試試題】

1. 高等考試──類科：工業安全技師

1.1 科目：工業安全工程

一、一利用蒸汽產生電力的大型汽電共生鍋爐，依傳熱面積的大小，屬於何級鍋爐？鍋爐一旦熄火而再點火，其再點火的步驟和安全注意事項為何？由鍋爐操作的條件和火災爆炸的基本理論說明其原因。（25 分）

二、限氧濃度（Limiting Oxygen Concentration，簡稱 LOC）又稱為最小需氧量（Minimum Oxygen Concentration，簡稱 MOC），常應用於惰化（Inerting）。丙烯的燃燒下限為 2%，求丙烯的限氧濃度？（25 分）

【解題】本題所要求的儲槽於惰化（Inerting）作業的儲槽內部「氧最高許可濃度」（Max. Oxygen Concentration），亦即儲槽的限氧濃度（Limiting Oxygen Concentration）。出題委員用語「最小需氧量」顯然不正確。MOC 係為 Max. Oxygen Concentration 之簡寫，不是指最小需氧量（Minimum Oxygen Concentration）。計算方法，請參閱本書第 19 章第 19.2 節。本題出題委員取自《Instructor's Guide-Safety, Health, and Loss Prevention in Chemical Processes（CCPS, AlChE., 1990）》Page 4 之範例。出題委員只把 n-Butane 改為丙烯而已！ n-Butane C_4H_{10}；而丙烯（Propylene）為 $CH_2 = CHCH_3$。

三、2014 年 7 月 31 日半夜，發生震驚國內外的高雄氣爆事件，大量的丙烯外洩後爆炸，至目前為止，造成 32 人死亡，超過 300 人受傷。試根據事故發生前後的相關過程及發現的相關證據，由製程安全管理（Process Safety Management）的角度詳細申論說明：若採取了哪些措施可避免該事故發生或降低事故的嚴重性及其原因。（25 分）

四、半導體光電製程設備及相關系統所使用的管件材料包括哪幾種？依其特性，申論說明個別的使用時機，並說明適用的化學品或物質。（25 分）

1.2 科目：工業安全管理（包括應用統計）

一、依據職業安全衛生法新增規定，對於從事石油裂解等石化業或製造、處置、使用危害性化學品達一定量以上之危險性工作場所，如未定期實施製程安全評估並報勞動檢查機構備查，且因其危害性化學品洩漏或引起火災、爆炸致發生重大職業災害者，所增訂罰則的重點及精神為何？（20 分）

二、請寫出統計假設檢定（Hypothesis Testing）的步驟？（20 分）

三、如果你從系統工程的角度來作安全管理規劃，你會考慮哪些步驟？（20 分）

四、在規劃石化廠時，從安全角度考量，應包括哪些原則？（20 分）

五、請解釋安全稽核（Safety Audit）與安全檢查（Safety Inspection）的差異？（20 分）

1.3 科目：風險危害評估

一、請解釋下列名詞：

（一）BLEVE。（13 分）

（二）UEL。（6 分）

（三）FAR。（6 分）

二、今年夏天，在高雄市區發生嚴重的丙烯（C_3H_6）氣爆事件，並造成重大的傷亡。

（一）請估計丙烯氣體的密度是空氣的幾倍？（5 分）

（二）若埋在地底下的丙烯氣體輸送管線未穿越下水道箱涵，但同樣發生輸送管線破裂，及同樣在輸送丙烯氣體，則請判斷其造成的危害會比此次高雄丙烯氣爆事件更嚴重或較輕微，請說明你的理由。（15 分）

（三）此次氣爆事件，事後發現穿越下水道箱涵的管線鏽蝕嚴重且破裂，但其他埋在地底下未穿越下水道箱涵的輸送管線則未發生鏽蝕的情況，請說明其原因為何。（5 分）

三、（一）請說明獨立事件、相依事件及互斥事件的定義。（9 分）

（二）T 是由 A、B 兩事件所促成的，即 T = A + B，已知 A、B 及 T 的發生機率分別為 P(A) = 0.28、P(B) = 0.47 及 P(T) = 0.68，試問：

(1) A 與 B 是否為互相獨立事件？（6 分）

(2) A 與 B 是否為互斥事件？（5 分）

(3) 請計算 B 事件發生後，再發生 A 事件的機率 P(A | B) = ？（5 分）

四、某石化工廠管線是用來輸送某可燃性氣體，若管線破裂未被察覺會導致可燃性氣體濃度上升至爆炸下限以上，此時若遇火源或高溫表面則會立刻引起氣爆。為避免此事故發生，工廠內設有下列安全措施：(1) 可燃性氣體濃度達爆炸下限濃度 1/50（V1）時，自動偵測器的警報響起（故障率 = 5×10^{-2} 次／次）；(2) 操作員聽到警報響起（故障率 = 5×10^{-2} 次／次，未聽到），會立即手動關閉管線輸送（故障率 = 2×10^{-2} 次／次）；可燃性氣體濃度達爆炸下限濃度 1/10（V2）時，管線自動關閉系統自動啟動（故障率 = 2×10^{-2} 次／次）。起始事件（管線破裂，可燃性氣體洩漏）發生的機率為 10^{-3} 次／時。

（一）請依前述條件繪製事件樹。（15 分）

（二）計算可燃性氣體濃度超過 V2 的機率（次／年）？（10 分）

2. 高等考試──類科：工礦衛生技師

2.1 科目：工業安全概論

一、高雄氣爆事件由於地下管線腐蝕導致，請試述腐蝕防制方法有哪些？（20 分）

二、為維護勞工安全，新進人員教育訓練與在職人員教育訓練有何差異？安全教育訓練規劃應有哪些基本的程序？（20分）

三、若有 H_2 40%、CH_4 35%、CO 25% 之混合物，設 H_2、CH_4、CO 之燃燒上限各為 75%、15%、74%，下限各為 4.0%、5.0%、12.5%，試計算混合瓦斯之燃燒界限？（註：計算至小數點第二位）。（20分）

【解題】

LEL = 1 / 【（40% / 4%）+（35% / 5%）+（25% / 12.5%）】= 5.26%；

UEL = 1 / 【（40% / 75%）+（35% / 15%）+（25% / 74%）】= 31.21%；

燃燒界限為 5.26% ～ 31.21%。

四、何謂企業持續營運管理（Business Continuity Management, BCM）？企業在潛在危害辨識中可發現許多風險，請試述企業至少八種主要可能風險？（20分）

五、燃燒有多種方式，可分為哪些燃燒形態？試述之。（20分）

【103年特種考試地方政府公務人員考試】

1. 三等考試——類科：工業行政

1.1. 科目：工業管理

一、SOP（標準作業程序）制定，是工業管理人員必要職能，在工業管理的工作研究中有詳細討論。請問為什麼企業或事業單位要制定 SOP？SOP 該怎麼制定？（10分）

二、何謂品質成本？最近國內發生多起食安風暴，很多優質廠商被牽連受害。請由品質成本角度，探討或舉例說明，這些廠商犯什麼錯誤、造成什麼後果？（15分）

三、請說明什麼是 ERP？最近媒體報導，本屆世界盃足球賽冠軍德國，是因透過 ERP 廠商 SAP 的開發資訊系統，有效分析並掌控每一個球員、全隊與對手的體能狀況和表現，使球隊維持在最佳狀況。根據此說法，請由企業角度，探討 ERP 廣義的功能應包括哪些？如何才能讓企業獲得更佳競爭力？（15分）

四、請說明何謂供應鏈（Supply Chain）管理？在供應鏈問題中主要探討的問題有哪些？如何提升各環節的附加價值？（15分）

五、當代企業十分重視大量客製化（Mass Customization），請問何謂大量客製化？大量客製化有什麼好處？一般而言，企業要採用大量客製化生產，可以有哪幾種方式？（15分）

六、請回答下列問題：
- 何謂供應商管理庫存 VMI（Vendor Managed Inventory）？（7分）
- 何謂有限負載（Finite Loading）排程與無限負載（Infinite Loading）排程？並請說明其作法。（8分）
- 一般專案都有所謂的要徑（Critical Path），請問何謂要徑？專案的要徑要如何決定？（8分）
- 何謂拉式系統？何謂看板？兩者間有何關聯？（7分）

2. 四等考試──類科：工業安全

2.1 科目：工業安全管理（包括應用統計）概要

一、請詳述職業事故或職業傷害控制的三個介入策略，包括工程介入（Engineering Interventions）、行為介入（Behavioral Interventions）及執法介入（Enforcement Interventions）。（25 分）

二、安全訓練（Safety Training）有助於改進安全行為，雇主對新僱勞工或在職勞工於變更工作前，應使其接受適於各該工作必要之一般安全衛生教育訓練，請說明該教育訓練課程內容及時數。（25 分）

三、個人防護具包括那些？雇主供給勞工使用之個人防護具，依規定應辦理哪些事項？請說明之。（25 分）

四、何謂「爆炸」（Explosion）？爆炸依其產生的方式可區分哪三種？請說明之。（25 分）

【102 年專門職業及技術人員高等考試】

1. 工礦衛生技師

1.1 科目：工業安全衛生法規

一、民國 102 年所通過的「職業安全衛生法」與以往「勞工安全衛生法」相較，除名稱外，還有哪些重要變動？請詳述之。（30 分）

二、勞工或工作者在哪些情況下會違反「勞工安全衛生法」或「職業安全衛生法」？（12 分）罰則為何？（3 分）請分別述之。

三、危險性機械與危險性設備各包括哪些？（12 分）中央主管機關依機械、設備之種類、特性，有哪些檢查種類？（8 分）請分別詳述之。

四、根據「職業災害勞工保護法」，勞工保險之被保險人，在保險有效期間，遭遇職業災害，得向勞工保險局申請那些補助？請詳述之。（20 分）

五、根據「勞工健康保護規則」，實施一般健康檢查的頻率與工齡的關係為何？請試述之。（15 分）

1.2 科目：工業安全概論

一、製程安全管理的要項中，何謂變更管理？變更管理（Management of Change）涵蓋那些範圍？請詳述之。（20 分）（參閱本書「附錄 8 OSHA 之 PSM 指南」）

二、何謂工作安全分析？每天開始工作前要做哪些工作安全分析？為何要做這些工作安全分析？（20 分）

三、試述電銲作業需要哪些安全知識？並描述電銲作業可能碰到的作業環境及作業條件，以及闡述其安全知識的重要性。（20 分）

四、營造業四大潛在危害為何？何種狀況會造成這些危害？這些危害的影響又如何？

（20 分）

五、何謂機械設備完整性？建立機械設備完整性計畫之步驟為何？（20 分）

2. 工業安全技師

2.1 科目：工業安全管理（包括應用統計）

一、何謂「安全政策」（Safety Policy）？其制定與執行的程序為何？（20 分）

二、為創造正面安全文化（Safety Culture），雇主、作業主管、工安人員及勞工各應扮演的角色為何？（20 分）

三、「勞動檢查」（Labor Inspection）、「自動檢查」（Self-inspection）及「職業災害」（Occupational Disaster）的意義為何？三者之間的關係為何？（20 分）

四、請就「反應」（Reaction）、「學習」（Learning）、「行為」（Behavior）及「結果」（Results）等四方面評估安全訓練方案的成效。（20 分）

五、某部門 5 名勞工的年齡及其在 1 個月內出現不安全行為的次數如下：

年齡	20	24	30	36	40
不安全行為次數	10	8	5	3	2

請回答下列問題：

（一）算出勞工年齡的中位（Median）及不安全行為次數的全距（Range）（請寫出計算過程）。（10 分）

（二）請繪出散布圖（Scatter Plots），並請說明勞工年齡與不安全行為之間的關係。（10 分）

2.2 科目：風險危害評估

一、國內關於執行製程安全評估的規範規定於哪一個辦法？該辦法的法源依據為何（哪一個法規第幾條）？哪幾類工作場所須執行製程安全評估？建築物頂樓樓板高度在五十公尺以上之建築工程是否需執行製程安全評估？（25 分）

二、國內半導體光電產業執行「初步危害分析」時，常採用半導體機台相對危害等級分析。針對供應半導體光電產業於清洗和濕式蝕刻製程所使用的過氧化氫（H_2O_2）的 H_2O_2 供應系統，利用半導體機台相對危害等級分析所得到的結果不會屬於高度危害，可以無需進行進一步的製程安全評估。而 H_2O_2 為國內「危險性工作場所審查暨檢查辦法」所定義的危險物，用半導體機台相對危害等級分析所得到的結果與法規精神相矛盾。試從半導體機台相對危害等級分析方法考慮的因子說明其原因。（25 分）

三、關於 HAZOP，試回答下列問題：

（一）於執行 HAZOP 時，偏離應考慮何處的偏離？（5 分）

（二）評估氧化製程時，空氣本身沒有危害，空氣進料管線是否需要評估？為什麼？（提示：一般氧化製程的操作濃度位於燃燒上限以上）（20 分）

四、針對易燃性液體儲槽區之防液堤（Dike），至少寫出五個設計上所應注意的硬體設施？（儘量寫詳細）（25 分）

2.3 科目：工業安全工程

一、設備完整性的基本觀念為何？（20 分）

二、安全係數的定義為何？（10 分）有個吊車使用鋼索吊提物品，鋼索每條可抗力 5,000kg；今天要吊起 2 公噸的物品，如果安全係數為 15，請問要用多少條鋼索紮起來的鋼纜？（10 分）

三、感電的原因有哪些？（20 分）

四、哪些物質會引起粉塵爆炸？（10 分）哪些是起爆條件和影響因素？（10 分）

五、請寫出化工業初步危害評估的目的和使用對象。（20 分）

2.4 科目：工業衛生概論

一、依據勞工健康保護規則，雇主使勞工從事特別危害健康的作業時，應建立健康管理資料，並實施分級健康管理，請說明進行健康管理分級之依據（12 分），並說明在第二級至第四級管理時醫師及雇主應有之作為。（12 分）

二、依據危險性工作場所審查暨檢查辦法，事業單位向檢查機構申請審查甲類工作場所，應填寫具製程安全評估報告書，其中應實施初步危害分析（Preliminary Hazard Analysis）以分析發掘工作場所重大潛在危害，並針對重大潛在危害實施安全評估，請分別說明何謂：
（一）初步危害分析（Preliminary Hazard Analysis）。（5 分）
（二）檢核表（Checklist）。（5 分）
（三）如果─結果分析（What-If Analysis）。（5 分）
（四）危害與可操作性分析（Hazard and Operability Studies, HAZOP）。（5 分）
（註：參閱本書第八章「危害評估」）

三、依據危險物與有害物標示及通識規則，試說明危險物及有害物之分類。（16 分）
（註：參閱本書第二章「危險物品分類與特性」）

四、進行危害性化學物質健康風險評估之第一步驟為危害性鑑定（Hazard Identification），該步驟主要是針對危害性化學物質之固有毒性作一確認，因而需有毒理資料，請分別說明毒理資料之來源及其權重（Weighting）。（20 分）

五、在熱作業環境中工作之工人可能產生熱危害，進而誘發疾病，請說明：
（一）熱環境中，影響人體熱蓄積的主要因子為何？（8 分）
（二）熱誘發疾病之種類？（4 分）
（三）在防止熱危害上，常用相關之物理性環境指標，最常使用之物理性環境指標為「綜合溫度熱指標」（WBGT），請說明其內涵及量測方法。（8 分）

【102 年公務人員普通考試試題】

1. 工業安全

1.1 科目：工業安全管理（包括應用統計）概要

一、為了避免人員因誤操作控制器，而造成意外事件發生，可透過哪些人因工程的介面設計方式來進行控制器設計？（15 分）

二、請解釋閃火點（Flash Point）與著火點（Fire Point）。（15 分）

三、說明執行工作安全分析的程序為何？針對最後二個程序來說明搬運強酸、強鹼等有腐蝕性物質時的情形。（30 分）

四、某公司有員工 200 位，於 7 月進行工安訓練測驗以驗證員工對安全知識之瞭解程度，測驗成績經分析發現呈常態分配，平均成績為 70 分，標準差 10 分，則此次考試及格者約有幾位？（10 分）

五、依據臺灣職業安全衛生管理系統（Taiwan Occupational Safety and Health Management System,TOSHMS）在決定或變更現有控制措施時，應依據何種順序來降低風險，並各舉一例說明。（30 分）

【102 年特種考試地方政府公務人員考試】

1. 三等考試——工業安全

1.1 科目：工業衛生概論

一、請說明現場訪視調查時（Walk-through Survey），應收集的資料包括哪些？（20 分）

二、請說明中暑（Heat Stroke）、熱衰竭（Heat Exhaustion）及熱痙攣（Heat Cramp）之發生原因及主要症狀。（20 分）

三、消防人員由於經常暴露在高溫、濃煙及化學危害的環境，因此是罹患癌症的高風險族群。為了減少相關風險，請說明應如何訂定預防計畫？（20 分）

四、請說明容許暴露濃度標準（Permissible Exposure Limits）的訂定意義及應用限制。（20 分）

五、以固態吸附管採集氣狀污染物時，可能影響採集特性的因素包括哪些？（20 分）

1.2 科目：機電防護與防火防爆

一、依消防法第 13 條：「一定規模以上供公眾使用之建築物，應由管理權人，遴用防火管理人，責其製定消防防護計畫，報請消防機關核備，並依該計畫執行有關防火管理上必要之業務。……」其中消防防護計畫的內容應包含哪些項目？（20 分）

二、說明沸騰液體氣化膨脹爆炸引發的步驟？當中涉及物理性與化學性的爆炸，說明其中哪一個過程是涉及到物理性的爆炸？哪一個過程是涉及到化學性的爆炸？（10 分）

三、試說明化工廠製程中，爆炸危害削減的設計有哪些？（20 分）

四、靜電放電導致火災及爆炸之發生需要同時符合哪些條件？（10 分）

五、勞工在高壓電塔工作遭到電擊時，僅兩腿受到嚴重的灼傷，請說明原因為何（2分）？另外說明一般導致人體會被電擊的條件為何（6分）？並依對人體的影響，將流經人體的電分類且說明之（12分）。

六、試說明機械防護的原因為何？（20 分）

【101 年專門職業及技術人員高等考試】

1. 工業安全技師

1.1 科目：工業安全工程

一、假設鍋鼓的內（直）徑為 D（cm），鋼板厚度為 t（cm），長軸方向的拉張應力為 TS_1（kg/cm^2），圓周方向的拉張應力力為 TS_2（kg/cm^2），鍋鼓長度為 L（cm），蒸汽壓力為 P（kg/cm^2），長軸方向所作用的負荷為 W_1（kg），圓周方向所作用的負荷為 W_2（kg），試推導出圓周方向的拉張應力為長軸方向的 2 倍。（25 分）

二、國內曾發生於廢水槽管線執行動火作業時，廢水槽爆炸，損壞廢水槽的事件。除了廢水外，廢水槽內含有少許與水不互溶的易燃性液體，且廢水槽內的廢水未經過任何攪拌，試由部分互溶水溶液的閃火點變化說明為何於極少量易燃性液體存在的情況下，廢水槽仍會發生爆炸。（30 分）

三、易燃性氣體或蒸氣外洩時，分別於何條件下會形成蒸氣雲爆炸（爆燃和爆轟）、閃火或噴射火燄？（20 分）

四、針對半導體光電製程，回答下列問題：

（一）寫出三種半導體光電產業常用的有機溶劑及三種半導體光電產業常用的特殊氣體。（12 分）

（二）針對控制 SiH_4 輸送的氣動閥，其領氣閥（Pilot Valve）的氣源應選用 GN_2（氣態氮氣）或 CDA（壓縮乾燥空氣）？為什麼？（13 分）

1.2 科目：工業安全管理（包括應用統計）

一、安全組織通常會有不同階層，請敘述領導者、中階管理階層及基層員工在安全問題上各應扮演何種角色？（20 分）

二、如何應用階層式的危害降低步驟來規劃處理公司所面臨的安全問題？並各舉一例說明。（20 分）

三、何謂潛行迴路分析（Sneak Circuit Analysis）？為何在安全稽核時不容易發現此種潛在危害？（20 分）

四、勞工所接受的一般安全衛生教育訓練課程內容及時數規定分別為何？（20 分）

五、假設要比較二家公司的安全績效，若採同一基準年數平均意外事故件數 μ_1 及 μ_2 來比較，且提出二個假設：

$H_0：\mu_1 = \mu_2$（虛無假設）

$H_1：\mu_1 \neq \mu_2$（對立假設）

當要進行此種檢定測試時，

（一）請解釋可能會發生哪些錯誤？（10 分）

（二）這些錯誤的定義及機率值的名稱為何？（5 分）

（三）此安全績效的檢定力（Power of Test）會受到哪些因素影響？（5 分）

1.3 科目：風險危害評估

一、化學物質混合可能產生非預期反應，對人員健康與安全構成威脅。例如：生成毒性物質、可燃性／爆炸性物質，造成火災爆炸等、劇烈反應產生高溫／高壓等。實驗廢液相容表將反應類別分 19 項（附表 1），將反應結果分為 8 個種類（附表 2）及範例（附表 3），請例說明哪兩個類別的不相容反應會產生哪種反應結果。（請舉 10 例，每例 2 分，共 20 分）

附表 1　實驗廢液相容反應類別

編號	反應類
1	酸、礦物（非氧化性）
2	酸、礦物（氧化性）
3	有機酸
4	醇類、二元醇類和酸類
5	農藥、石綿等有毒物質
6	醯胺類
7	胺、脂肪族、芳香族
8	偶氮化合物、重氮化合物和聯胺
9	水
10	鹼
11	氰化物、硫化物及氟化物
12	二磺氨機碳酸鹽
13	醯類、醚類、酮類
14	易爆物（註一）
15	強氧化劑（註二）
16	烴類、芳香族、不飽和烴
17	鹵化有機物

編號	反應類
18	一般金屬
19	鋁、鉀、鋰、鎂、鈣、鈉等易燃金屬

註一：易爆物包括溶劑、廢棄爆炸物、石油廢棄物等。

註二：強氧化劑包括鉻酸、氯酸、雙氧水、硝酸、高錳酸。

附表 2　實驗廢液不相容反應結果種類

	說明
反應顏色	
	產生熱
	起火
	產生無毒性和不易燃性氣體
	產生有毒氣體
	產生易燃氣體
	爆炸
	劇烈聚合作用
	或許有危害但不確定

附表 3　實驗廢液不相容反應結果範例

	範例
	產生熱並起火及有毒氣體

二、（一）安全系統往往有多個子系統，卻不以聯集（並聯）或交集（串聯）的形式啟動，原因為何？（5分）

（二）請以有 3 組功能全同的偵測系統的消防設施為例說明之。（5分）

（三）假設有一安全措施，它有 4 組功能全同的偵測系統，其中，只要有 3 組做動正確，就能完成安全任務，請問此安全措施的可靠度如何求得？故障率為何？（5分）

（四）假設前述 4 組偵測系統的可靠度為 0.95，請問此安全措施的可靠為何？（3分）故障率為何？（2分）

三、風險的 2 個重要因子為：機率與後果，因此，對機率的了解就會是很重要的事。現在有 A、B、C 三個門，其中只有一道門後面有獎品，如果你選對了門，就可以得到該獎品。甲同學選了 A 門後，教授提供百分之百正確資訊說道：「C 門後面沒有獎品。」此時，甲同學可以再作一次選擇，請問：

（一）甲同學應該維持原來 A 門的選擇，還是應該變更改選擇改選 B 門？請說明。（10 分）

（二）甲同學維持原來 A 門的選擇，得獎的機率有多少？（5 分）

（三）甲同學變更改選 B 門時，得獎的機率有多少？（5 分）

四、安全風險管理不外乎：（一）去源（3 分）、（二）預防（4 分）、（三）應變（4 分）、（四）善後（3 分）、（五）復原（3 分）及（六）風險自留（3 分）等工作，請就前述工作逐項說明其重點及作法。

五、工安的 5S 首重目視管理，請說明目視管理的重點為何？（5 分）實務為何？（5 分）及如何應用現代的 e 化技術，讓 5S 更能落實？（10 分）

1.4 科目：勞工安全衛生法規

一、請說明「危險性之機械或設備檢查」及「危險性工作場所審查或檢查」之法規依據及其內容。（20 分）

二、勞工安全衛生係屬專業（Profession），目前勞工安全衛生法規對於勞工安全衛生人員資格之規定為何？其合理性為何？（20 分）

三、勞工安全衛生法中對於承攬安全衛生管理的規定有哪些？（20 分）

四、勞工安全衛生法第 15 條及第 23 條有關安全衛生教育訓練的內容有何差異？（20 分）

五、雇主僱用勞工時，應就那些項目實施一般體格檢查？（20 分）

【101 年公務人員高等考試三級考試試題】

1. 工業安全

1.1 科目：工業安全管理（包括應用統計）

一、有一工作場所員工 100 人，每日工作 8 小時，每月工作 25 日，本月份發生事故 1 件，其中 2 人雙手截斷，2 人死亡，3 人小輕傷（僅於廠內敷藥）、3 人受驚嚇（看心理醫師請病假四小時）。請計算失能傷害頻率（10 分）、失能傷害嚴重率（10 分）及失能傷害平均損失日數（5 分）。須將計算公式及過程詳列。

二、請說明全球產品策略（Global Product Strategy, GPS）是配合聯合國的什麼管理政策？（5 分）由哪個單位所建議？（5 分）又請詳述 GPS 欲達成之目標。（15 分）

三、請詳述化學品風險評估的概念（10 分）請依危害特徵描述（Hazard Characterization）、暴露評估（Exposure Assessment）、風險特徵描述（Risk Characterization）說明風險評估的內容。（15 分）

四、請詳述臺灣職業安全衛生管理系統（Taiwan Occupational Safety and Health Management System, TOSHMS）之發展緣起；（10分）「勞工安全衛生組織管理及自動檢查辦法」如何規定事業單位應建立適合該事業單位之職業安全衛生管理系統？（10分）又實施 TOSHMS 或適合該事業單位之職業安全衛生管理系統之優點為何？（5分）

1.2 科目：工業衛生概論

一、請說明完整的個人防護具計畫應包括哪些內容？（20分）

二、高溫作業的熱暴露標準，把那二大工作條件納入考慮？納入考慮的理由是什麼？除了熱暴露標準的規範之外，工作場所還必須注意哪些措施，才能避免勞工發生熱危害？（20分）

三、請從污染源、傳輸途徑、工作者三方面，分別說明作業場所有害物防制的措施有哪些？（20分）

四、「危害通識」是避免化學物質造成職災以及降低勞工健康風險很重要的工作。試說明危害通識計畫的重要項目及內容。（20分）

五、現代的職業衛生已經從過去的降低職災，轉向「職場健康促進」的目標。試從現今職業病類型轉變的角度說明「職場健康促進」的重要性以及職場健康促進計畫的主要內容。（20分）

【101 年特種考試地方政府公務人員考試】

1. 三等考試──工業安全

1.1 科目：工業衛生概論 101 年特種考試

一、物質安全資料表是作業場所危害物質管理的重要工具之一，試簡要說明其內容與功能，以及這項物質安全資表是我國哪一項安全衛生相關法規所規定要求的內容之一？（20分）

二、（一）某工作場所某日的作業環境甲醛濃度測量結果如下，請計算該工作場所當日甲醛之濃度的八小時時量平均濃度若干？（10分）

樣本	時間	甲醛濃度，$\mu g/m^3$
甲	早上八點至十點	10
乙	早上十點至十二點	16
丙	下午一點至五點	18

（二）假設若該工作場所另測得工作場所中鉛粉塵平均濃度為 $100\mu g/m^3$，標準差為 $10\mu g/m^3$，試問此鉛粉塵之分布在平均值的上下一個單位標準差範圍為何？（5分）

（三）又該鉛粉塵濃度表示為幾何平均值（Geometric Mean, GM）為 $100\mu g/m^3$，幾何標準差（Geometric Standard Deviation, GSD）為 2，試問該鉛粉塵之濃度分布在幾何平均值的上下一個單位幾何標準差的範圍為何？（5 分）

（四）請說明容許暴露濃度標準（Permissible Exposure Limits）的訂定意義及應用限制。（20 分）

三、工作場所肌肉骨骼危險因子檢核表中所觀察的作業環境危害因子包括哪些因素？並試舉一種檢核表說明之。（20 分）

四、試述選用、配戴防音防護具的要點。（20 分）

五、直讀式儀器（Direct Reading Instrument, DRI）是現今常用的作業環境監測之工具，評估選用此項工具時應考慮哪些影響因素？（20 分）（註：參閱本書「第十六章第 16.2 節環境偵測種類」）

1.2 科目：工業安全管理（包括應用統計）

一、事業單位勞工安全衛生委員會所應辦理的事項為何？（25 分）

二、緊急應變計畫書應包含哪些內容？（25 分）

三、如下圖所示的可靠抵性方塊圖（Reliability Block Diagrams, RBD）系統中，若一元件故障即無法通過，當自左方進入無法由右方打開時，此系統即屬失效狀態。各元件故障的機率為：PA = 0.02、PB = 0.04、PC = 0.03、PD = 0.02 且 PE = 0.1。

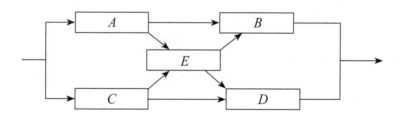

（一）在某些特定元件組合同時故障時，無論其他元件故障與否，均會使整個系統失效，完整寫出這些組合。（5 分）

（二）計算上述各元件組合同時故障的機率。（10 分）

（三）計算此系統失效的機率。（10 分）

四、一工廠在兩年期間內，每月對作業人員進行 25 次的督導，其中總共有 120 次發現不安全的行為。

（一）發現不安全行為的機率為何？（5 分）

（二）發現不安全行為機率的標準差為何？（5 分）

（三）如以 95% 做為信賴區間，建立每月發現不安全的行為的安全行為機率與次數的控制上限（UCL）及控制下限（LCL）。$Z_{0.1} = -1.28$；$Z_{0.05} = -1.64$；$Z_{0.025} = -1.96$。（15 分）

1.3 科目：機電防護與防火防爆

一、抑焰器（Flame Arrester）是化工廠內一種常用之防火防爆設備，請說明抑焰器之基

本構造？又線中抑焰器與線端抑焰器之裝設位置與目的為何？（15 分）

二、有某混合氣體由一種分子量為 58 之正烷屬烴氣體與另一種分子量為 28 之烯烴氣體所組成，其中正烷屬烴氣體所占體積百分比為 30%，其餘為烯烴氣體，試求此混合氣體之爆炸下限（原子量 C：12，H：1）。（30 分）〔作者註：烯烴是指含有 C＝C 鍵（碳－碳雙鍵）的碳氫化合物。屬於不飽和烴，分為鏈烯烴與環烯烴。按含雙鍵的多少分別稱單烯烴、二烯烴等。只擁有一個雙鍵的簡單烯烴組成了一個由通式 C_nH_{2n}（其中 n ≥ 2）代表的同系物。〕

三、說明機械作業中容易產生之危害點或裝置？且該危害在哪些作業或元件中常發生，請每個危害舉二例。（15 分）

四、水是最普通與低價的滅火劑，詳細說明其滅火之作用方式有哪四種。（20 分）

五、試述防止靜電災害對策，並於每一對策中舉出兩種具體措施。（20 分）

2. 四等考試 ── 工業安全

2.1 科目：工業衛生概要

一、工業衛生的三大主要範疇為何？試簡述之。（20 分）

二、試簡述聽力保護計畫以及其要領與判斷流程。（20 分）

三、放射性射源分密封射源與非密封射源兩種，試簡要說明其意義與輻射物種特性，並說明其各別防護原則為何？（20 分）

四、請以作業環境空氣中揮發性有機蒸氣（Volatile Organic Compound）個人採樣為例，用簡單圖示說明進行相關採樣所需設備或裝置，以及在採樣時這些設備或裝置之間的連結關係。若此組揮發性有機蒸氣採樣設備裝置需進行流量校正，應如何進行？請以圖示說明之。（20 分）

2.2 科目：安全工程概要

一、某可燃性氣體含有甲苯（Toluene）體積百分比 0.8%、甲烷（Methane）體積百分比 2%、乙烯（Ethylene）體積百分比 0.5%，其餘為空氣，試估算此氣體的燃燒下限與上限，並判斷此氣體是否有進入燃燒界限。

參考資料：甲苯之燃燒下限為體積百分比 1.4%、燃燒上限為體積百分比 6.7%；甲烷之燃燒下限為體積百分比 5.1%、燃燒上限為體積百分比 15%；乙烯之燃燒下限為體積百分比 3.1%、燃燒上限為體積百分比 32%（25 分）先算出混合氣中各可燃性成份的體積百分比：

【解題】混合氣中各可燃性成份的體積百分比：

甲苯 0.8/(0.8 + 2.0 + 0.5) = 24%。

甲烷 2.0/(0.8 + 2.0 + 0.5) = 61%。

乙烯 0.5/(0.8 + 2.0 + 0.5) = 15%。

二、試說明鉛酸電池充電過程可能發生爆炸之機制與預防措施。（25 分）

三、試說明感電發生的原因與列舉至少五種感電災害預防措施。（25 分）

四、試說明施工架作業之墜落預防措施。（25分）

2.3 科目：工業安全衛生法規概要

一、解釋說明勞工安全衛生相關法規中「就業場所」、「工作場所」、「作業場所」之定義。（20分）

二、雇主因商業機密之必要，可保留危害物質的哪些資訊不公開？如何申請核定？（20分）

【解題】

（一）依照「危險物與有害物標示及通識規則」第十九條規定，雇主為維護國家安全或商業機密之必要，可保留危害物質成分之名稱、含量或製造商、供應商名稱等資訊。

（二）應檢附下列書面文件，經由勞動檢查機構轉報中央主管機關核定：

　　1. 認定為國家安全或商業機密之證明文件。

　　2. 為保護國家安全或商業機密所採取之對策。

　　3. 對申請者及其競爭者之經濟利益。

三、依「勞工安全衛生教育訓練規則」規定，勞工安全衛生在職教育訓練之對象包括哪幾類？其訓練時數為何？（20分）

四、工作場所有立即發生危險之虞時，雇主或工作場所負責人應即令停止作業，並使勞工退避至安全場所，依「勞工安全衛生法施行細則」，此立即發生危險之虞指那些情形？（20分）

五、依「勞工安全衛生法設施規則」規定，高壓氣體之存放應如何辦理？（20分）

2.4 科目：工業安全管理（包括應用統計）概要

一、一系統中有兩裝置，每個裝置故障的機率均為 1/100。（每小題 5 分，共 25 分）

　　（一）在系統 A 中，若兩裝置都故障，系統才會失效，系統失效的機率為何？

　　（二）繪出系統 A 的失誤樹（Fault Tree）。

　　（三）若兩裝置任一故障，系統就會失效，系統失效的機率為何？

　　（四）繪出系統 B 的失誤樹。

　　（五）系統 A 與系統 B 中，哪一個系統中的裝置可互為安全裝置？

二、事業單位勞工安全衛生委員會成員由誰指派？（5分）可包括哪些成員？（20分）

三、呼吸防護具依其功能主要類別有哪些？分別使用於哪些場合？（25分）

四、（一）燃點的定義為何？（10分）

　　（二）閃火點的定義為何？（10分）

　　（三）燃點與閃火點何者較高？（5分）

【100 年專門職業及技術人員高等考試】

1. 工業安全技師

1.1 科目：風險危害評估

一、國內「危險性工作場所審查暨檢查辦法」中對於製程安全評估小組成員的規定為何？美國職業安全衛生署（OSHA）之高危害化學製程安全管理法規（Process safety management of highly hazardous chemicals）29CFR 1910.119 的規定與台灣的規定有何不同？（25 分）

二、半導體機台相對危害等級分析中，於估算某一液態化學品的立即健康危害時，若物質安全資料表（SDS）上只查到 20℃下的飽和蒸汽壓，利用下式求出該液體於25℃下的飽和蒸汽壓：

$$\frac{P_1 V_1}{T_1} = \frac{P_2 V_2}{T_2}$$

上述計算式是否正確？若是，其假設為何？並導出上式。若否，又是為什麼？應如何估算？（20 分）

三、關於製程安全評估方法 HAZOP，試回答下列問題：
(一) HAZOP 的英文全名為何？中文名稱為何？（6 分）
(二) HAZOP 的執行作法有逐管線（Line by Line）、逐容器（Vessel by Vessel）或逐步驟（Step by Step）來進行研討，這些方式所針對的對象有何不同？（8 分）
(三) 寫出兩個節點劃分有關的注意事項或相關技巧？（10 分）
(四) 執行 HAZOP 評估時，若將改善建議寫於防護措施的欄位，於風險控制時可能衍生出那些不良的影響？（6 分）

四、變更管理（Management of Change）的目的為對變更作把關、管理。依美國職業安全衛生署（OSHA）的高危害化學製程安全管理法規（Process safety management of highly hazardous chemicals）29CFR1910.119 的規定，當變更的衝擊很小、同時很容易了解（the impact of the change is minor and well understood）和對於較複雜、明顯的設計變更（for a more complex or significant design change），其製程危害分析有何不同？（25 分）

1.2 科目：勞工安全衛生法規

一、事業單位工作場所如發生職業災害，依規定雇主應如何辦理？雇主對職業災害勞工有何責任？（25 分）

二、依據「勞工安全衛生教育訓練規則」，雇主對於擔任那些職務之勞工，應施以多少小時數的勞工安全衛生在職教育訓練？（25 分）

三、勞工處置或使用石棉作業時，雇主應如何置備防護具？對於這些勞工，雇主應採取哪些健康管理措施？（25分）

四、基於保護，雇主不得使童工及女工從事哪些危險性或有害性工作？（25分）

2. 工礦衛生技師

2.1 科目：工業安全概論

一、一般所謂的製程安全管理（PSM）的14個項目是指哪14項？（20分）

二、何謂工安事故的骨牌理論（Domino Theory）？（20分）

三、安全行為觀察的重點為何？酒精和藥物對於工作安全有何影響？（20分）

四、水的消防特性為何？以水滅火的危害和缺點為何？（20分）

五、如何確保安全使用機械和動力工具？操作機械和動力工具的作業人員應符合哪些要求？（20分）

2.2 科目：工業安全衛生法規

一、「勞工健康保護規則」中所謂的醫護人員，應具備何資格？（20分）

二、「危險性機械及設備安全檢查規則」中，鍋爐、第一種壓力容器與高壓氣體特定設備在何種情況下，應由所有人或雇主向檢查機構申請重新檢查？（20分）

三、根據「事業單位僱用女性勞工夜間工作場所必要之安全衛生設施標準」，事業單位僱用女性勞工夜間工作場所所應設置的必要安全衛生設施有哪些？（20分）

四、根據「有機溶劑中毒預防規則」、「粉塵危害預防標準」、「鉛中毒預防規則」與「勞工作業環境測定實施辦法」，「作業時間短暫」、「作業期間短暫」以及「臨時性作業」的定義為何？（12分）在這些狀況下有何相關規定？（8分）

五、「勞工安全衛生法」中規定雇主不得使女工從事何種危險性或有害性工作？（20分）

【100年公務人員高等考試三級考試試題】

1. 工業安全

1.1 科目：工業衛生概論

一、請說明應用生物偵測（Biological Monitoring）進行暴露評估（Exposure Assessment）時所可能遭遇之限制。（20分）

二、請說明被動式空氣採樣（Passive Air Sampling）之原理、優點及使用限制。（20分）

三、請說明健康風險評估的四個主要步驟。（20分）

四、請說明游離輻射的防護原則。（20分）

五、請說明正確選擇呼吸防護具時，應考慮的因素包括哪些？（20分）

【100 年特種考試地方政府公務人員考試】

1. 三等考試——工業安全

1.1 科目：安全工程

一、防止人體墜落，開口附近作業之災害預防對策為何？（25 分）

二、試說明升降機的安全裝置。（25 分）

三、工作場所需具有良好之照明，試說明哪些特定場所一定要保持適當之照明？（25 分）

四、試就作業環境中缺氧之預防及改善加以說明。（25 分）

2. 四等考試——工業安全

2.1 科目：工業安全概論

一、請說明統計中幾何平均數、算術平均值、標準差、中位數和眾數的定義。（25 分）

二、請說明冰山理論（Iceberg Theory）的意義，以及其在安全管理的運用。（25 分）

三、請說明災害發生的能量釋放理論的意義，以及其在安全管理的運用策略。（25 分）

四、請說明：（一）安全管理中自動檢查的意義。（10 分）（二）自動檢查的種類有哪些？（15 分）

【100 年公務人員升官等考試試題】

1. 薦任考試——工業安全

1.1 科目：工業衛生概論

一、請寫出職業衛生人員常用的危害控制的方法和策略。（25 分）

二、甲君在工廠中工作其暴露的噪音量有：（一）100DBA 4 小時，（二）95DBA 2 小時，（三）75DBA 2 小時；請於計算後並判斷是否合乎勞工安全衛生法的標準？（25 分）

三、造成職業肌肉骨骼不適的主要因子為何？請由環境、工作、人員三方面加以說明。（25 分）

四、請寫下如何選用個人呼吸防護具的策略。（25 分）

【99 年專門職業及技術人員高等考試】

1. 工業安全技師

1.1 科目：工業安全管理（包括應用統計）

一、高階主管的決心和領導是貫徹事業單位安全衛生政策的關鍵因素，請列舉 5 項足以影響事業單位安全文化的高階主管態度和行為。（15 分）

二、全員參與、責任交付、權責劃分是事業單位落實安全管理，必須履行的作業，請舉列說明前述三項作業具體的作法。（15 分）

三、風險控制是安全衛生管理系統運作的核心，請依控制效果順序，敘述風險控制的基本原則，並舉列說明各種控制方法的特性。（20 分）

四、持續觀察（Monitoring）是安全管理系統必須具備的功能，請列舉持續觀察作業主要項目，並說明各項持續觀察作業的目的。（15 分）

五、訓練需求的確認為教育訓練流程設計首要的考量，請分別就組織、工作、個人三方面，各列舉 5 項基本安全訓練需求。（15 分）

六、柏拉圖（Pareto Chart）是簡單的統計分析方法，可協助分析者確認造成某特定問題的關鍵因素。請針對下列工傷資料，分別就部門、人員平均傷害率和傷害類別，製作相關的柏拉圖。（20 分）

（一）部門職災統計（件數）

部門	墜落	眼部受傷	割傷	肌肉骨骼傷害	交通事故
行政	0	0	2	3	0
操作	1	0	1	2	1
維修	7	3	5	16	9
工安	0	0	1	1	1
訓練	0	1	0	1	2

（二）部門職災統計（人員平均傷害率）

部門	墜落	眼部受傷	割傷	肌肉骨骼傷害	交通事故
行政	0.0	0.0	0.2	0.3	0.0
操作	0.1	0.0	0.1	0.2	0.1
維修	0.035	0.015	0.025	0.08	0.045
工安	0.0	0.0	0.2	0.2	0.2
訓練	0.0	0.2	0.0	0.2	0.4

1.2 科目：風險危害評估

一、心臟血管疾病已列入國內十大死亡原因之一，2009 年的調查顯示每十萬人口中的死亡人數約為 47.7 人。某一工廠員工人數為 299 人，每人每年平均產值為 8,900,000 元整，試估算該工廠該年度因心臟病死亡的預期人數？該年度的產值風險為多少？（20 分）

二、道氏火災與爆炸指數（Dow Fire & Explosion Index；Dow F & EI）是屬於相對等級（Relative Ranking）之危害分析技術之一，其利用物質係數及製程危害中的每種化學反應或狀況給予危害點數；及透過各種安全防範措施等相關步驟，最後可估算出生產停頓損失（Business Interruption, BI）；其分析結果可提供管理決策者相當明確的量化數據。請說明 Dow F & EI 的風險分析程序。（25 分）

三、失誤樹分析（Fault Tree Analysis, FTA）適用於航太、核電等複雜系統之事故分析，屬複雜、工作量大、精確的風險危害分析方法。（一）請簡述說明失誤樹分析意義；（二）請列舉失誤樹分析的功效（或特色）。（15 分）

四、風險危害控制是風險管理重要的一環，其目的主要是透過事前預防或事後有計畫的緊急處理以降低災害所帶來的傷害。請就工廠的危險性化學物質之風險控制依儲存、運送、供應等三項提出您的設計規劃要項。（20 分）

五、安全並非是指零風險，而是指企業經營管理可有效將風險降至可接受的程度。請說明以達成風險降低為目標之風險管理的六大步驟。（20 分）

2. 工礦衛生技師

2.1 科目：工業安全概論

一、如下表某混合可燃性氣體由乙烷、環氧乙烷、異丁烷等三種可燃性氣體組成：

（一）試計算此一混合氣體在空氣中之爆炸上限與爆炸下限？（5 分）

物質名稱	爆炸界限（%）	組成百分比
乙烷	3.0-12.4	25%
環氧乙烷	3.6-100	50%
異丁烷	1.8-8.4	25%

（二）試說明化學反應失控，為何會引起爆炸災害？（5 分）並列舉 10 種可能造成反應失控之原因。（10 分）

二、某造紙公司指派勞工甲、乙清理密閉污水處理槽（人孔直徑 80 公分），甲、乙二人進入後不久昏倒，槽外勞工丙、丁二人發現災害後立即入槽搶救，惟不幸罹難於內，該槽經測定結果空氣氧氣含量 10%，硫化氫含量為 50ppm，（一）試就本災害分析事故之直接原因、間接原因及基本原因，並說明類似災害之防範對策。（10

分）；（二）若您為某生產事業單位之勞工安全管理師，欲擬訂職業災害防止計畫，而該計畫要適合該事業單位之各部門，則您應掌握哪些資料？（10分）

三、試列出電氣火災發生的原因（五種）？並說明其預防對策？（10分）若發生火災時，試列明滅火劑之種類及滅火原理。（10分）

四、某事業單位欲採購某類機械器具時，應該依照勞工安全衛生法第六條規定，選擇合於中央主管機關之「防護標準」，請問：

（一）此項「防護標準」現在涵蓋的是哪些機械器具？（5分）

（二）何謂「型式檢定」？（5分）

（三）為避免機械災害之發生，機械應有妥善之防護，試將機械防護之十大基本原理列明，並簡要說明之。（10分）

五、失誤樹分析如下圖，圖中各基本事件（Basic Events）之失誤如圖所示，試回答及計算下列問題：

（一）以直接消去法或舉證（矩陣）法，並應用布林代數化簡此失誤樹，並寫出此失誤樹最小切集合之方程式。並計算此失誤樹頂端事件（Top Events）之機率。（5分）

（二）系統安全分析目的為何？（2分）

（三）請指出失誤樹分析方法的實施步驟為何？（3分）

（四）除了失誤樹以外之分析方法，請列舉出其餘五種分析方法。（10分）

【99年公務人員高等考試三級考試試題】

1. 工業安全

1.1 科目：工業安全管理（包括應用統計）

一、請回答下列問題：

與勞工安全衛生相關的組織及人員，主要有哪些？（5分）

其職責明定在哪個法規裡？（5分）

其職責有哪些？（20分）

二、以下問題，請詳加說明：

何謂 GHS？（5分）

GHS 有哪些危害類別？（10分）

GHS 有哪些危害圖示（簡略的圖即可）？（5分）

三、以下問題，請詳加說明：

何謂 5S？（10分）

如何推動與落實 5S？（15分）

四、以下問題，請詳加說明：

何謂缺氧？（5分）

所謂缺氧危險作業，是指哪些缺氧危險場所從事之作業？（10分）雇主使勞工於缺氧危險場所或其鄰接場所作業時，應將哪些注意事項公告於作業場所入口顯而易見之處所，使作業勞工周知？（10分）

【99年特種考試地方政府公務人員考試】

1. 三等考試──工業安全

1.1 科目：工業衛生概論

一、請說明呼吸防護具中，防止粉塵暴露與有機溶劑暴露的防護具之原理分別是什麼？如何評估測試呼吸防護具的有效性？（15分）

二、請舉出工作環境中屬於高溫作業的工作三種。如何對高溫作業的勞工進行熱馴化（又叫熱適應）？經過熱馴化的勞工與未經熱馴化的勞工對熱的反應有哪些不同？（15分）

三、職業病的判定需要滿足哪些條件？以「過勞死」為例，說明在判定勞工因職業造成「過勞死」的困難有哪些？（20分）

四、說明作業環境中，「環境監測」與「生物偵測」兩者的目的各是什麼？並以鉛作業為例，說明兩者的互補性。（20分）

五、假設有一個容納60人的辦公環境，已知每個人呼吸所產生的二氧化碳速率約為 $0.028m^3/hour$。假設該環境之其他二氧化碳產生源可以忽略，那麼若欲維持室內二氧化碳濃度在室內空氣品質建議值1000ppm，則該環境所需要的新鮮空氣（含二氧化碳350ppm）供給速率應為多少？（以單位 m^3/min 表示）（15分）

六、在某一個工作場所，勞工配戴噪音劑量計2小時，所得的劑量是50%，則該勞工噪音之暴露是否符合標準？另外，請推估該勞工8小時暴露之劑量（D）以及時量平均（TWA）音壓級分別是多少？（假設8小時內噪音是穩定的，且勞工工作8小時）（15分）

1.2 科目：工業安全衛生法規

一、依「勞動檢查法」，勞動檢查機構可針對那三種情形，對事業單位工作場所處以停工處分？（20分）

二、依「危險物與有害物標示及通識規則」，雇主對於裝有危害物質之容器，應明顯標示哪些項目？針對100毫升以下之容器可簡要標示哪些項目？另符合哪些情形者，得免標示？（20分）

三、依「勞工安全衛生組織管理及自動檢查辦法」，設有總機構及分散於臺灣各地分機構之事業單位，在設置勞工安全衛生管理單位及管理人員時，應如何計算其勞工人數？（20分）

四、依「營造安全衛生設施標準」，雇主僱用勞工從事露天開挖時，為防止地面之崩塌或土石之飛落，應採取哪些措施？（20分）

五、「職業災害勞工保護法」對未加入勞保之勞工有何保障之措施？（20分）

1.3 科目：機電防護與防火防爆

一、已知甲醇的閃火點為 10℃，求甲醇的燃燒下限？其中甲醇的蒸氣壓（bar）與溫度（K）的關係式如下：（20分）

$$\log P^{sat} = 5.20277 - \frac{1580.080}{T - 33.650}$$

二、試述粉塵著火爆炸的條件。（20分）

三、何謂混合燃燒？何謂擴散燃燒？各舉一例。（20分）

四、鍋爐及壓力容器安全規則中，對第一種壓力容器操作人員的規定為何？（不用寫操作人員應實施的事項及清掃修理保養作業）（20分）

五、研磨機使用上應注意之安全事項為何？若研磨機的最高使用周速度為 2500 公尺／分，則速率試驗的周速度為何？（20分）

【98 年專門職業及技術人員高等考試】

1. 工業安全技師

1.1 科目：工業安全工程

一、一壓力儲槽之錶壓力為 $2kgf/cm^2$，其直徑為 10 公尺且高為 10 公尺，若其液位為 8 公尺且槽底有直徑 2 公分之破洞，試計算其最大之洩漏率為每小時多少公斤？（若液體密度為 $860kg/m^3$，洩漏常數 C_d 為 0.6）（20分）

$$P_1 + \rho g h_1 = P_2 + \frac{1}{2}\rho u_2^2 , \quad \dot{m} = C_d \times \rho u_2 A$$

二、8000 ppm 之氨氣洩漏造成 50% 人數死亡之曝露時間為多少分鐘？試利用下列公式計算之：$Pr = -35.9 + 1.85\ln(C^2 T)$。（20分）

三、有一處地下室發生 CO_2 氣體鋼瓶洩漏，已將氧氣濃度稀釋至 13%，有立即的致命危險，請問此刻的 CO_2 濃度約為多少？若此時鋼瓶洩漏已被控制並關斷，且開始啟動排風機，以每小時四次的換氣量將地下室氣體抽出。若 CO_2 的容許濃度標準是 5000 ppm，請問一個鐘頭後，地下室已達安全要求了嗎？請用計算結果說明之。（此題濃度屬體積濃度，且假設換氣時地下室氣體始終分布均勻）（20分）

四、有一天車之作業用吊箱如下圖所示，係使用四根 3m 長且安全係數為 6 的吊掛用鋼索支撐並維持平衡，鋼索材料在斷裂荷重時之強度為 $3,750kg/cm^2$。若此天車屬於危險性機械，則每一吊掛用鋼索之截面積應在多少以上？（20分）

五、某員工至工地安裝臨時插座如下圖所示，供桌上型研磨機使用。（20分）

（一）請評論此臨時插座的接線方式。

（二）該員工將插頭插上插座的瞬間，可能會發生哪些狀況？

（三）在什麼情況，該員工會發生感電意外？

（四）依照下表數據，當意外發生時，通過其身體的電流有多少？有無致命的危險？

1.2 科目：工業安全管理（包括應用統計）

一、風險管理（Risk Management）一般包含主動（Proactive）和被動（Reactive）兩種指標，而主動指標首重變更管理。請問工作場所中會影響勞工安全衛生的變更事項有那些？試列舉之。（15分）

二、風險（Risk）如何定義？（5分）評估靜電所引起之火災爆炸危害的風險時應考慮哪些因素？（10分）

三、請為人為失誤（Human Error）下定義。（5分）依據 J. Rasmussen 的 SRK 模式，人的行動依性質可分為技能層面（Skill-base）、規則層面（Rule-base）以及知識層面（Knowledge-base）。試就此模式說明基本的三大人為失誤類型──Slip、Lapse、Mistake。（10分）

四、試依安全組織中領班或現場基層主管的職責，說明其所需之安全教育內容為何？（15分）

五、請問具有火災爆炸風險的危險性工作場所，依 CNS 3376 之規定，分為哪些防爆區域？（5分）又在劃分防爆區域時，應考量哪些事項？（10分）另耐壓防爆電氣機具的「防爆等級」之分級依據為何？（5分）

六、某工廠有欲決定 A、B 兩裝置之維修保養方式，經隨機抽出各 10 個的資料顯示，其壽命分別如下：A－840、850、860、880、865、875、915、890、870、895 天；B－875、870、880、885、880、895、905、890、875、890 天，試求 A 裝置的標準偏差。（10分）又設 A、B 兩裝置的壽命為正規分布，B 裝置的標準偏差約為10，試問那一種裝置較適合以時間基準為考量的維修保養方式（Time Based Maintenance）？為什麼？（10分）

1.3 科目：風險危害評估

一、請敘述系統安全的 5M 是那五項因素，且這五項因素又如何互相影響？（20分）

二、解釋名詞：（20分）

（一）最小切集合。

（二）LEL。

（三）UEL。

（四）物理性爆炸。

三、某造紙工廠欲對一座高約 3m，上端為開放式之大型久未使用且底部積滿約 1ft 深的極為黏稠之紙漿污泥的處理槽進行底層污泥的清除作業。在作業前，廠方已對處理槽內部用檢測合格之偵測儀對 H_2S、O_2 及可燃性氣體的濃度進行測定。由於測定結果顯示上述三種氣體的濃度均合於安全規定，因此廠方在覺得安全無虞下立即

下令作業人員進入槽內以圓鍬來清除底泥。請問此項作業有何風險存在，若有風險存在，則應使用何種方式來進行清除作業方可避免此風險的發生？（20分）

四、請以矩陣法求出下列失誤樹之頂上事件 A 的最小切集合。（20分）

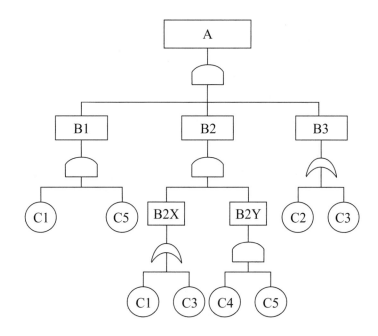

五、請以計算法估算出丙酮的爆炸下限值。（假設氧氣在空氣中所占的比例為 20%）（20分）

【98 年特種考試地方政府公務人員考試】

1. 三等考試──工業安全

1.1 科目：工業安全衛生法規

一、依照「重體力勞動作業勞工保護措施標準」，所稱之「重體力勞動作業」為哪些作業？該法規定應給此類勞工何種保護？（20分）

二、依「機械器具安全防護標準」中之動力衝剪機械之防護標準，使用安全裝置應具備哪些機能？及其裝置應符合哪兩項規定？（20分）

三、依照「職業災害勞工保護法」，雇主在何種情形下，才得預告終止與職業災害勞工之勞動契約？又勞工經醫療終止後，雇主應進行哪些措施協助勞工？（20分）

四、依民國 97 年 9 月後發布之「勞工安全衛生組織管理及自動檢查辦法」，規定雇主應依其事業之規模、性質，設置安全衛生組織，其所稱的「事業」是依何種方法區分為幾類？以此分類方法來規範事業單位的哪些安全衛生措施或組織？此種分類方法，其優劣點請說明。（20分）

五、侷限空間之作業依「勞工安全衛生設施規則」，雇主應有哪些作為及設施？（20分）

1.2 科目：工業安全管理（包括應用統計）

一、試述醫療事業工作常見危害，以及影響的醫護人員。（20分）

二、重複性上肢肌肉骨骼之人因危害之因素有哪些？請分項說明之。（20分）

三、請說明安全管理的骨牌效應理論為何？（20分）

四、某工廠的產品為粉末狀，製程中使用電氣設備，試問有哪些作業有靜電爆炸的危險並請問如何防止靜電？（20分）

五、工廠中有 10 名抽菸員工參加衛生教育訓練，以下是他們參加前後的每日抽菸支數，請問衛生教育訓練後每日抽菸數量是否減少？（$t_{1-0.01, (10-1)}$ = 2.821）（20分）

	A	B	C	D	E	F	G	H	I	J
前	11	10	6	5	12	4	4	8	8	2
後	8	6	2	1	5	4	4	6	8	2

【98年公務人員升官等考試試題】

1. 薦任考試──工業安全

1.1 科目：工業衛生概論

一、依我國法令分類有機溶劑可分為幾種？（10分）其定義為何？（15分）

二、何謂矽肺症？（10分）試描述三種行業勞工潛在矽肺症暴露危害風險。（15分）

三、試比較作業環境測定與生物偵測，應用在暴露評估上之主要差異。（25分）

四、試描述健康危害風險評估之四個步驟。（15分）並探討如何利用其結果進行風險管理。（10分）

1.2 科目：工業安全管理（包括應用統計）

一、試述我國實施化學品全球分類及標示調和制度（GHS）之理由。（20分）

二、試述製作工作安全分析的主要程序為何？（20分）

三、原事業單位、承攬人、再承攬人分別僱用勞工共同作業時，原事業單位應採取何種必要措施？（20分）

四、為防止靜電產生災害，可採取那些防制方法？（20分）

五、假設甲公司欲實施一新的安全衛生績效評估制度，隨機從公司員工中抽取 N 個樣本進行對此新評估制度引進之喜好，若公司初步預估全體員工中會有 45% 喜好此一制度，則在 90% 的信賴度下，抽樣誤差水準不大於 0.05 時，本次抽樣應有多少

員工樣本較為適當？（備註：假設本題為常態分配 $Z_{0.05} = 1.645$；$Z_{0.10} = 1.289$；$Z_{0.01} = 2.325$）（20分）

【97年專門職業及技術人員高等考試】

1. 工業安全技師

1.1 科目：工業衛生概論

一、何謂「化學品全球分類及標示調合制度」（簡稱 GHS 制度）？試說明 GHS 制度之緣起與目的及其危害標示與分類方面之特色。（20分）

二、解釋名詞：（20分）
（一）燻煙。
（二）可呼吸性粉塵。
（三）衝擊性噪音。
（四）短時間時量平均容許濃度。

三、某一長寬高各為 50、40、15 公尺之作業現場，其懸浮微粒質量濃度為 $5mg/m^3$，假設該廠房內微粒由粗微粒與細微粒所組成，其中粗微粒（密度 $1.1g/cm^3$）佔重 30%，且由 $4\mu m$ 與 $5.5\mu m$ 兩種微粒組成，各佔重 50%。而細微粒為 $2\mu m$ 與 $0.6\mu m$ 兩種（密度 $1.2g/cm^3$），亦各佔重 50%，試問該廠房之粒數濃度為何？該廠房懸浮微粒之質量中位粒徑（MMD）與粒數中位粒徑（CMD）為何？（20分）

四、某作業現場長寬高各為 30、25、4 公尺，內有 50 名作業勞工。試問（一）每分鐘每一勞工至少需要多少立方公尺之新鮮空氣？（二）作業現場通風設備換氣能力至少應為多少 m^3/min？（三）若每人每小時二氧化碳產生率為 $0.05m^3$，在該作業場所中每分鐘二氧化碳產生率為多少 m^3/min？若新鮮空氣中二氧化碳濃度為 350ppm，根據均勻混合模式計算，整體通風設備換氣能力應為多少 m^3/min 方能使作業場所二氧化碳濃度低於容許濃度？（20分）

五、試說明何謂生物偵測（Biomonitoring）？為何生物偵測較一般作業環境測定更能反映勞工之暴露實況？並舉出四種生物偵測常用之生物檢體及其優缺點。（20分）

2. 工礦衛生技師

2.1 科目：工業安全概論

一、試說明雇主使勞工於有遭受溺水或土石流淹沒危險之地區中作業，應有之災害預防對策。（20分）

二、試說明化學品分類與標示之全球調和制度（Globally Harmonized System, GHS）之特色（10分）及依「危險物與有害物標識及通識規則」規定，說明那些物品不適用本規則。（10分）

三、試說明何種設備（非製程）易因靜電引起爆炸或火災之虞（15 分）及可採取之對策以去除靜電。（5 分）

四、試列舉五種製程危害分析方法（5 分）及說明其各適合在製程生命週期中之哪些階段。（15 分）

五、請勞工進入鍋爐或煙道之內部，從事輕掃、保養等作業時，應採取哪些安全措施，以避免災害發生，試說明之。（20 分）

【97 年特種考試地方政府公務人員考試】

1. 三等考試——工業安全

1.1 科目：工業安全管理（包括應用統計）

一、侷限空間作業可能導致缺氧的原因有哪些？一般人在氧氣濃度低於多少以下會有缺氧症狀出現？（20 分）

二、何謂企業持續營運計畫？一般企業持續營運計畫之要項有哪些？（20 分）

三、IOSH 安全資料表在機械安全、靜電感測裝置保護與全斷面隧道鑽掘工法（TBM）之一般安全需求均有上鎖／上掛籤作業程序（Lockout／Tagout Procedure）。請簡述上鎖／上掛籤作業程序之意義與作法。（20 分）

四、何謂沸騰液體膨脹蒸氣爆炸（BLEVE）、限氧濃度、火災四角型原理及滅火理論？（20 分）

五、請解釋下列電氣安全裝置之設計原理。（20 分）

　　（一）保險絲。

　　（二）地線接駁。

2. 四等考試——工業安全

2.1 科目：工業衛生概要

一、何謂短時間時量平均容許濃度？（6 分）若某兩種污染物的 8 小時日時量平均容許濃度分別為 $0.1mg/m^3$ 和 1,000ppm，請問其短時間時量平均容許濃度分別是多少？（5 分）

二、二甲苯的分子量為 106，在大氣壓力 760mm-Hg、溫度 25℃的環境條件下，二甲苯的濃度 $106mg/m^3$ 相當於多少 ppm？（10 分）

三、請將下列各種職業病，選出相關性最強的致病原物質作答（單選），例如：致畸胎——汞。（一）聽力損失、（二）視神經傷害、（三）鼻中隔穿孔、（四）痛痛病、（五）膀胱癌、（六）肺部間皮瘤、（七）精子毒性。

　　※致病原：甲烷、乙醇、二溴氯丙烷、甲醇、鉻、鎳、鎘、汞、正己烷、聯苯胺、丙酮、石綿、噪音、鐵、甘蔗渣、病毒。（每小題 2 分，共 14 分）

四、工作場所要有良好的照明，應該考量哪些因素？（15 分）

五、身為安全衛生管理人員，對於高溫作業的勞工，有哪些行政管理措施可以預防其熱危害？（15 分）

六、裝有危害物質容器之標示，應該包含哪些項目？（10 分）

七、何謂局部排氣、整體換氣？（5 分）作業場所選擇設置通風設備時，何種情況適合選用局部排氣？（10 分）何種情況適合選用整體換氣？（10 分）

參考資料

英文

1. Guidelines for Auditing Process Safety Management System,AICHE,1993.

2. Dept of Supply & Services Canada, Transportation of Dangerous Goods Act and Regulations, Consolidated edition 1986.

3. UNEP,Guidelines on Risk Management and Accident Prevention in the Chemical Industry,1982.

4. Toxic Substance Storage Tank and Containment, Noves Publications, 1985.

5. AIChE, Guiding for Hazard Evaluation Procedures, 1985.

6. ILO, Major Hazard Control, Geneva,1988.

7. Goodier et al,Spill Prevention and Fail-Safe Engineering For Petroleum and Related Products, Noyes Publications,1983.

8. AIChE,Safety、Health and Loss Prevention in Chemical Processes,1990.

9. Environment Canada, Environmental Protection Services, Technical Information for Problem Spills-Introduction Manual,1985.

10. Rizzo,J.A.,and Young,A.D., Aboveground Storage Tank Management:A Practical Guide,Government Inst. Inc.,1990.

11. Chemecolgy,Vol.21, Oct,1992. P.3.

12. NFPA,Hazardous Materials Response Handbook,2nd ed. 1993.

13. World Bank, Office of Environmental and Scientific Affairs,Manual of Industrial Hazard Assessment Techniques,1985.

14. Rich,G.A.,Air Toxics,Pudvan Publishing Co.Inc., 1990.

15. Fauske, H.K.,The Discharge of Saturated Water through Pipes,CEP Symp.Series 61, P.210.

16. Environment Canada, From Cradle to Grave: A Management Approach to Chemicals, 1986.

17. NFPA, Flammable and Combustible Liquids Code Handbook, 5th ed.,1994.

18. Environment Canada,Bhopal Aftermath Review:An Assessment of the Canadian Situation,1986.

19. US.EPA,Emergency Response to Hazardous Material Incidents,(165.15),1990.

20. Hosty,J.W.,A Practical Guide to Chemical Spill Response,Van Nostrand Reinhold,New York,1992.

21. Chemical Manufacturers Association,Association of American Railroads,and Bureau of Explosives, Packaging for the Transportation of Hazardous Materials,1989.

22. Environment Canada,An Industrial Emergency Planning Standard,1990.

23. Fingas,M.F,Selection of Chemical Protective Clothing for Spill Emergencies,Spill Technology Newsletter, Oct-Dec.1987.

24. Kenworthy,W.E.,Transportation of Hazardous Materials,2nd ed.,Government Institutes,Inc.,1992.

25. Fire Protection Management for Hazardous Materials- An Industrial Guide,Professional Loss Control,Inc. Government Inst.,1994.

26. Nolan,D.P,Handbook of Fire and Explosion Protection Engineering Principles for Oil,Gas,Chemical,and Related Facilities,Noyes Publications,1996.

27. Korver,W.O.E.,Classifying Explosion-Prone Areas for the Petroleum, Chemical and Related Industries,Noyes Publications,1995.

28. NFPA,Fire Protection Guide to Hazardous Materials (NFPA49,325M,491M,704),10th ed.,NFPA,1991.

29. API(American Petroleum Institute)Publications:API STD 653:Tank Inspection, Repair, Alteration and Reconstruction.
    · API RP 2003:Protection Against Ignitions Arising out of Static, Lightning and Stray Current.

30. NFPA(National Fire Protection Association) Publications:
    · NFPA 43D:Code for Storage of Pesticides in Portable Containers.
    · NFPA30:Flammable and Combustible Liquids Code.
    · NFPA30A:Autombile and Marine Service Station Code.
    · NFPA 77:Static Electricity.
    · NFPA 78:Lightning Protection Code.
    · NFPA 15:Water Spray Fixed Systems for Fire Protection.
    · NFPA1405 Land-based Fire Fighters who Respond to Marine Vessel Fires.
    · NFPA16:Standard on Deluge Foam-Water Sprinkle and Foam Water Spray Systems.
    · NFPA307:Standard for the Construction and Fire Protection of Marine Terminals, Piers and Wharves.

31. OECD,Guiding Principles for Chemical Accident Prevention,Preparedness and Response,1992.

32. Turner,D.B.,Workbook for Atmospheric Dispersion Estimates,Washington D.C.,1969.

33. World Commission on Environment and Development,UN, Our Common Future,Oxford University Press,Oxford,New York,1989.

34. WHMIS Core Manual,The Province of British Columbia, Canada.

35. US.EPA,Hazardous Materials Incident Response Operations, Office of Emergency and Remedial Response, US.EPA,1993.

36. US EPA Standard Operating Safety Guide,US EPA,1988.

37. The Basics of Oil Spill Cleanup, Environment Canada, 1978.

38. Handbook of Hazardous Materials, Alliance,1988.

39. Almegren.R.,Environmental Auditing in Sweden, Federal of Sweden Industries,1990.

40. Summary of Sweden Handbook of Environmental Auditing, 1990.

41. Cahill,L.B.,Environmental Audits, Government Institutes Inc.,1992.

42. Reed,J.,Environmental Auditing—A Review of Current Practice,Environment Canada,1984.

43. Reed,J.,Environmental Auditing in the Canadian Private Sector, Environment Canada,1984.

44. ALTECH Environmental Consulting Ltd., Environmental Auditing Principles Vol.1,Principle of Effective Environmental Auditing,Submitted to Environment Canada,1990.

45. Toxic Real Estate Manual,Corpous Information Services,1988.

46. The Canadian Environmental Protection Act and Environmental Auditing—An Information Seminar for Federal Department Agencies and Crown Corporation, Environment Canada, 1988.

47. US.EPA,Environmental Auditing Policy Statement, Federal Register, Vol.51,No.131,July 9,p.25005-25010, 1988.

48. International Chamber of Commerce, Position Paper on Environmental Auditing,1988.

49. Glenn,W.M.and Thia Sterling, The Environmental Manage's Safety Manual, Corpous Information Services, July 1988.

50. International Chamber of Commerce, Environmental Auditing,1990.

51. Andrews,L.P.et.al.,Emergency Responder Training Manual for the Hazardous Materials Technician, Van Nostrand Renhold,1992.

52. United Nations, Recommendations on the Transport of Dangerous Goods, Committee of Experts on the Transport of Dangerous Goods,1986.

53. Hazardous Material Emergency Planning Guide, US. National Response Plan,1987.

54. Environment Canada,A Survey of Chemical Spill Countermeasures,Report EPS9/SP/2,1986.

55. AIChE,Guidelines for Auditing Process Safety Management Systems,1993.

56. Fingas, M.F., "Review of Remote Sensing for Oil Spills, Spill Technology," Newsletter,Vol.20(1-4),1995.

57. Fingas, M.F., "The Technology of Oil Spill Remote Sensing," Spill Technology Newsletter,Vol.15(3), 1990.

58. Goodman, R., "Overview and Future Trends in Oil Spill Remote Sensing," Spill Sci. & Technology,Vol.1,NO.1, p11-21,1994.

59. Yoon,M.S.and Yurchevich, J.O., A Study of the Pipeline Leak Detection Technology, Submitted to Environment Canada,1985.

60. The Canadian Producers'Association,Responsible Care Safety Assessment,(No date).

61. ICC Guide to Effective Environmental Auditing, International Chamber of Commerce,1991.

62. Robinson,J.S.,Hazardous Chemical Spill Cleanup, Noyes Data Corp.,1979.

63. Hazardous Materials in the N.W.T.-Spill Prevention and Response, Environmental Protection Services, Environment Canada,1983.

64. Federal Emergency Management Agency, Planning Guide and Checklist for Hazardous Materials Contingency Plans,FEMA,1981.

65. Canadian Standard Association, Industrial Emergency Planning Standard,1990.

66. Pomaville,D.and Utterback,D.F., Environmental Emergency Response Team Personal Protection Plan Guidelines, J.of Environmental Health,Vol.49,No.3, 1986.

67. Environment Canada, Interim Federal Contingency Plan for Oil and Toxic Material Spills, Ottawa, Canada, 1971.

68. Consortium on Spill Training,Contingency Planning Guidelines-A Spill Training Module,PACE,Transport Canada,Ontario Ministry of the Environment and Environment Canada,1975.

69. Kletz,T.A., "Risk Evaluation in Plant Design" Chapter 4 in Health and Safety in Oil Industry, Proc. of the Institute of Petroleum,1976 Annual Conference, Eastourne, England,Heyden and Son Ltd.,1977.

70. Bureau of Labor Standards,Respiratory Protective Equipment,Bulletin 226,Safety in Industry：Environmental and Chemical Hazards,No.3,US. Department of Labor, Washington,D.C.

71. US.,OSHA Technical Manual, 3rd ed., Dept of Labor and OSHA,1993.

72. Meyer,R.J.,Oil Spill Response Guide, Noyes Data Corp., 1989.

73. World Bank,Guidelines for Identifying, Analysis and Controlling Major Hazard Installations in Developing Countries, 1985.

74. MIACC, Risk Assessment Guidelines for Municipalities and Industries － An Initial Screening Tool, Ottawa, Canada,1997.

75. Environment Canada, Manual for Spills of Hazardous Materials,1984.

76. Fingas, M., Duval, W.S., and Stevenson, G. B., The Basics of Oil Spill Cleanup, Environment Canada 1979.

77. CSA,Highway Tanks and Portable Tanks for the Transportation of Dangerous Goods- Preliminary Standard B620-1987- Material Handling and Distribution,1992.

78. CSA,Highway Tanks and Portable Tanks for the Transportation of Dangerous Goods- Preliminary Standard B620-1987-Material Handling and Logistics, 1992.

79. CCPA,Community Awareness Emergency Response,1991.

80. CCPA,Responsible Care: Safety Assessment, Ottawa, 1991.

81. Canadian Chemical Producers Association, Distribution Code of Practice, Ottawa,1989.

82. Canadian Chemical Producers Association, Transportation Emergency Assistance Plan Procedures Manual(revised Version),Ottawa,1990.

83. Canadian Chemical Producers Association, Responsible Care:A Total Commitment,Ottawa,1991.

84. The Bureau of Chemical Hazards Environmental Health Directorate, Health Protection Branch,Health and Welfare Canada, Risk Assessment/Risk Management: A Handbook for Use Within the Bureaus of Chemical Hazards,Jan.1991.

85. Christou,M.D. and Porter,S.,Guidance on Land Use Planning As Required By Council Directive 96/82/EC(Seveso II),Inst. for Systems Informatics and Safety,1999.

86. IMO,Manual on Oil Pollution (Section IV),1988.

87. OECD,Harmonized Integrated Hazard Classification System for Human Health and Environmental Effects of Chemical Substances,1998.

88. Hazardous Materials Awareness Three-Day Seminar- Participant Workbook, Colorado Training Institute,Dept of Highways,Denver,Colorado(NO Date).

89. ISO, Safety Data Sheet for Chemical Products-Part I: Content and Order of Sections(ISO 11014-1: 1994(E)), 1994.

90. Dow's Fire & Explosion Index Hazard Classification Guide,6thed.,American Inst. of Chemical Engineers, 1987.

91. IMO,IMDG Code,Vol.I ～ Vol.IV and Supplement, IMO,London,1998.

92. CCPS,Guidelines for Evaluating the Characteristics of Vapor Cloud Explosions, Flash Fires and BLEVEs,American Inst. of Chemical Engineers,1994.

93. Canutec,Dangerous Goods- Initial Emergency Response Guide,Transport Canada,1992.

94. NFPA,Fire Protection Handbook,7th ed.,1991.

95. Environment Canada, Bhopal Aftermath Review- An Assessment of the Canadian Situation,1986.

96. CCPS,Guidelines for Use of Vapor Cloud Dispersion Models,2nd ed.,AIChE,1994.

97. CCPS,Guidelines for Consequence Analysis of Chemical Release,AIChE,1999.

98. Weiss,G.,Hazardous Chemical Data Book,2nd ed.,Noyes Data Corp.,1986.

99. Alberta Environment,Guidelines for Plume Dispersion Calculations,1989.

100. Environment Canada,Characteristics of Atmospheric Emissions from an In-Situ Crude Oil Fire, EPS 4-EC-79-1,1979.

101. US. EPA,Risk Management Program Guidance for Offsite Consequence Analysis,EPA 550-B-99-009,1999.

102. Western Canada Region-Major Spill Response Plan,Esso Chemical Canada,Esso Petroleum Canada and Esso Resources Canada Ltd.

103. Zugman,R.,Coutto,D.,Haddad,E., and Minniti,V., Classification Methodology for New Industrial Facilities Handling Hazardous Materials, Proceedings of the International Conference and Modeling the Consequences of Accidental Releases of Hazardous Materials,1999.

104. SIGTTO,Guidelines for Hazard Analysis as An Aid to Management of Safe Operations,1992.

105. Better Space for Work(short version of land-use planning guidelines with respect to en-

vironmental, health and safety aspects),Swedish Board of Housing, Building and Planning,1998.

106. Pauldrach, H.,Swedish Land-use Planning in the Context of Major Accident Hazards-Procedure,Criteria and Examples,Board of Housing,Building and Planning,1998.

107. ASTM,A Guide to the Safe Handling of Hazardous Materials Accidents,2nd ed.,1990.

108. AIChE,Fire and Explosion-Safety and Loss Prevention Guide,1973.

109. US.Navy Supervisor of Salvage Exxon Valdez Oil Spill Response,JMS Publishing,Connecticut,(no date)

110. IMO,Dangerous Hazardous and Harmful Cargoes- Model Course 1.10, IMO, London, 1999.

111. US EPA, Manual of Protective Action Guides and Protective Actions for Nuclear Incidents,1992.

112. Colorado Training Institute, Proceedings of the Hazardous Material Awareness Program, Denver, Colorado, 1980.

113. US EPA Standard Operation Safety Guide,US.EPA,1988.

114. ALOHA Manual：http：//www.epa.gov/ceppo/camero/aloha.htm

115. Noll, G.G., Hildebrand, M.S.and Donahue,M.L.,Gasoline Tank Truck Emergencies-Guidelines and Procedure, Fire Protection Publications,Oklahoma University, 1996.

116. Guidelines for Decontamination of Fire Fighters and Their Equipment Following Hazardous Materials Incidents,Canadian Association of Fire Chiefs.

117. The Canadian Petroleum Association, Environmental Audit Guidelines for the Petroleum Industry, (no date).

118. Transportation Regulations at Tunnel and Bridge Facilities, the Port Authority of NY & NJ, 1887.

119. Traffic Rules and Regulations for the Holland Tunnel, Lincoln Tunnel, George Washington Bridge, Bayome Bridge, Goethals Bridge, Outer Bridge Crossing, the Port Authority of NY & NJ, 1990.

中文

1c 李照仁等，儲槽，高立圖書公司，1982。

2c 「工業設施改變用途時應有之環境改善對策」計畫期末報告，國立中山大學環工所，台中市環保局委託，1995，9。

3c 工業區工廠設立準則、工程規範及規定計畫報告，工業局，1990。

4c 韓精忠等人，設備抗震鑑定與加固，台灣復文興業公司，1993。

5c 高壓氣體勞工安全規範暨相關基準，勞委會，1989。

6c 蔡嘉一、陳康興，高壓氣體危害物質之安全製造、儲存、使用與處置研究，國立中山大學環工所，勞委會委託，1994。

7c 蔡嘉一（計畫主持人），台中港西碼頭區安全管理與稽核制度建立評估，台中港務局，1998。

8c 國內化學工廠製程布置安全評估手冊，經濟部工業局，1995。

9c 化學暨石油工廠之防災措施，勞委會，1988。

10c 化學安全工學，林熾昌譯，（無出版社名稱），1989。

11c 蔡嘉一，加拿大化學物質外洩應變體系簡介，工業污染防治，第 25 期，1988,1。

12c 蔡嘉一，診斷企業經濟體質－環境評核，環保與經濟，第 31 期，1992，2。

13c 蔡嘉一，外洩緊急應變，環保與經濟，第 32 期，1992，3。

14c 蔡嘉一，我們的共同未來，環保與經濟，第 30 期，1992，1。

15c 蔡嘉一，責任照顧制與工業安全，國際職業安全性研討會論文集，P.11-1 ～ P.11-14，1994。

16c 蔡嘉一，運輸責任照顧制－邁向化學物運輸安全之路，桃園縣化學災害預防推動工作 83 年度研討會，1994。

17c 加拿大運輸部，危險物品初步緊急因應指導手冊（Dangerous goods Initial Emergency Response Guide），蔡嘉一譯，1992。

18c 蔡嘉一，社區應變體制、要領與實施，工業區緊急應變研討會論文集，工業局，1991,10,22。

19c 蔡嘉一，八種高壓氣體運送安全性探討，八十三年度化學安全研究成果發表會暨化學安全學術研討會論文集，1995。

20c 教育部環境保護小組，化學工業安全概論之第 16 章「化學災害緊急應變計畫之研訂」（作者：蔡嘉一），1992，7。

21c 環境監測的理論與實務，黃奕孝，工研院工安衛中心。

22c 工業安全概論，勞委會，1993。

23c 日本高壓氣體保安協會，日本石化工業區等保安規則暨製造告示等，工業安全衛生協會譯，1992，9。

24c 鄭福田、李俊璋、呂學智等人，建立全國化學災害緊急應變體系計畫，國立台灣大學環工所，1993。

25c 公路危險物品運送管理法規草案及管理制度之研究，交通部委託，交通大學運管系辦理，計畫主持人：吳水威，協同主持人蔡嘉一，1997。

26c 蘇德勝，零災害與安全衛生管理，勞委會，1997。

27c 蔡嘉一，加拿大之化學物外洩因應措施，化學災害防止技術研討會會議專輯，環保署與高雄醫學院主辦，1990，4。

28c 毒性化學物質在環境中流佈調查及運作管理，工研院 1996，2。

29c 黃柏嘉，台灣地區國際商港危險物品管理制度探討，碩士論文，中山大學環工所，1999。

30c 日本消防法。

31c 蔡嘉一，印度波帕爾市化學災難二十年後的工安檢討 ── 台中港內港設置 LNG 接受站儲槽之環評缺失，工業污染防治第 96 期，Oct.2005。

32c 蔡嘉一，有害化學物及油類外洩因應技術，滄海書局，2010。

33c 蔡嘉一，輻射安全，五南圖書，2014。

34c 高雄港港區石化品作業安全研究，計畫主持人蔡嘉一，高雄港務局，1998。

35c 蔡嘉一，呼吸防護具的新思維，中國時報，2003，5，25。

索　引

W

X

Y

國家圖書館出版品預行編目資料

工業安全與緊急應變概論／蔡嘉一、陳珊玫
著. －－初版.－－臺北市：五南, 2016.08
　面；　公分
ISBN 978-957-11-8281-0（平裝）
1.工業安全 2.工業災害
555.56　　　　　　　104016578

5T21

工業安全與緊急應變概論

作　　者 ― 蔡嘉一(367.8)、陳珊玫

發 行 人 ― 楊榮川

總 編 輯 ― 王翠華

主　　編 ― 王者香

封面設計 ― 陳翰陞

出 版 者 ― 五南圖書出版股份有限公司

地　　址：106台北市大安區和平東路二段339號4樓

電　　話：(02)2705-5066　傳　　真：(02)2706-6100

網　　址：http://www.wunan.com.tw

電子郵件：wunan@wunan.com.tw

劃撥帳號：01068953

戶　　名：五南圖書出版股份有限公司

法律顧問　林勝安律師事務所　林勝安律師

出版日期　2016年8月初版一刷

定　　價　新臺幣680元